Naturschutz und Biologische Vielfalt
Heft 68

Naturschutz und Bildung für nachhaltige Entwicklung Fokus: Globales Lernen

Ergebnisse des F+E-Vorhabens
„Bildung für nachhaltige Entwicklung (BNE) –
Positionierung des Naturschutzes"

Bearbeitung:
Thomas Lucker
Oskar Kölsch

Bundesamt für Naturschutz
Bonn - Bad Godesberg 2009

Titelfotos: Oben: Luftbild Ise im Mittellauf (Aktion Fischotterschutz e.V.); Unten von links nach rechts: Kakaofrüchte kennen lernen im Regenwalddiplom (Katja Machill, Universität Kassel); von der Kaffeefrucht zur Bohne (Archiv Tropengewächshaus, Universität Kassel); Kinder am Strand von Dahab mit Naturführer „Rotes Meer" (Michael Pütsch, BfN).

Adressen der Bearbeiter:

Thomas Lucker und
Dr. Oskar Kölsch

Aktion Fischotterschutz e.V.
Sudendorfallee 1
29386 Hankensbüttel
Tel.: 05832 / 9808-0
Fax: 05832 / 9808-51
E-Mail: t.lucker@otterzentrum.de
 o.koelsch@otterzentrum.de
URL: www.otterzentrum.de/front_content.php?idcat=163

Fachbetreuung im BfN:

Dr. Christiane Schell und Bianca Quardokus, Fachgebiet II 1.2 „Gesellschaft, Nachhaltigkeit, Tourismus und Sport"

Das Projekt „Bildung für nachhaltige Entwicklung (BNE) – Positionierung des Naturschutzes" sowie die Erstellung und Veröffentlichung dieses Ergebnisberichtes wurden unter dem Förderkennzeichen 805 11 001 gefördert durch das Bundesamt für Naturschutz (BfN) mit Mitteln des Bundesministeriums für Umwelt, Naturschutz und Reaktorsicherheit (BMU).

Diese Veröffentlichung wird aufgenommen in die Literaturdatenbank *DNL-online* (www.dnl-online.de).

Herausgeber: Bundesamt für Naturschutz (BfN)
 Konstantinstr. 110, 53179 Bonn
 URL: www.bfn.de

Der Herausgeber übernimmt keine Gewähr für die Richtigkeit, die Genauigkeit und Vollständigkeit der Angaben sowie für die Beachtung privater Rechte Dritter. Die in den Beiträgen geäußerten Ansichten und Meinungen müssen nicht mit denen des Herausgebers übereinstimmen.

Das Werk einschließlich aller seiner Teile ist urheberrechtlich geschützt. Jede Verwertung außerhalb der engen Grenzen des Urheberrechtsgesetzes ist ohne Zustimmung des Herausgebers unzulässig und strafbar. Dies gilt insbesondere für Vervielfältigungen, Übersetzungen, Mikroverfilmungen und die Einspeicherung und Verarbeitung in elektronischen Systemen.

Nachdruck, auch in Auszügen, nur mit Genehmigung des BfN

Druck: LV Druck GmbH & Co. KG, Münster

Bezug über: BfN-Schriftenvertrieb im Landwirtschaftsverlag oder im Internet:
 48084 Münster www.lv-h.de/bfn
 Tel.: 02501/801-300, Fax: 02501/801-351
 Preis: 18,– €

ISBN 978-3-7843-3968-9

Gedruckt auf FSC-Papier

Bonn - Bad Godesberg 2009

Inhaltsverzeichnis

Vorwort 5

Editorial 7

Rahmenkonzepte

Naturschutz und Bildung – Globales Lernen für Nachhaltigkeit
(THOMAS LUCKER und OSKAR KÖLSCH) 13

Globalisierung und Globales Lernen
(BERND OVERWIEN) 63

Ansätze zur Vernetzung von Globalem Lernen und Bildung für nachhaltige
Entwicklung (GABRIELE JANECKI) 81

Biodiversität und Globales Lernen

Der Beitrag des Bundesamtes für Naturschutz (BfN) zum Globalen Lernen –
Akzente im Rahmen des „Übereinkommens über die biologische Vielfalt"
(HORST FREIBERG, CHRISTIANE SCHELL, KARL-HEINZ ERDMANN und
GISELA STOLPE) 101

Biodiversität und Globales Lernen – Ein neuer Forschungsbereich
(SUSANNE MENZEL und SUSANNE BÖGEHOLZ) 125

Globales Lernen, Natur- und Umweltbildung sowie BNE in der informellen Bildungspraxis

Der Weltladen als Plattform für Bildungsangebote zu entwicklungs-
und naturschutzpolitischen Themen (JULIA GOEBEL) 149

Wie lassen sich Umweltbildung und Globales Lernen in der Praxis vereinen?
Das Internationale Wildniscamp als Praxisbeispiel aus dem Nationalpark
Bayerischer Wald (LUKAS LAUX, ACHIM KLEIN und THORA AMEND) 161

Bildung trifft Entwicklung – Rückkehrerinnen und Rückkehrer in der
entwicklungspolitischen Bildungsarbeit (MARKUS HIRSCHMANN) 179

Globales Lernen in Botanischen Gärten und ähnlichen Einrichtungen
(MARINA HETHKE und CORNELIA LÖHNE) 189

Potenziale der Entwicklungszusammenarbeit am Beispiel Tambacounda /
Senegal und Hannover / Deutschland (ABDOU KARIM SANÉ) 209

Globales Lernen, Natur- und Umweltbildung sowie BNE im formalen Bildungsbereich

Globales Lernen und Bildung für nachhaltige Entwicklung in der Schule
(GERTRAUD GAUER-SÜß und ANGELIKA KRENZER-BASS) 225

Aspekte der Umsetzung von Bildung für nachhaltige Entwicklung durch
die UNESCO-Projektschulen (KARL-HEINZ KÖHLER) 235

Kunstbezogene Zugänge zu Globalem Lernen

Globales Lernen in der Natur- und Umweltbildung
(ELISABETH MARIE MARS) 247

Westafrikanische Musiken und Tänze als Mittel der interkulturellen
Bildung (ULI MEINHOLZ) 261

Autorinnen- und Autorenverzeichnis 271

Vorwort

Mit der wirtschaftlichen und medialen Erschließung des Globus verbinden sich neue Wahrnehmungsperspektiven von Natur wie auch neue Anforderungen an übergreifend angelegte Bildungskonzepte, die notwendige Veränderungen und Werteverschiebungen im individuellen wie im gesellschaftlichen Handeln mit reflektieren. Bildung und Naturschutz machen nicht an Grenzen halt. Unser Naturschutzhandeln kann lokal, regional und national kleine wie große Auswirkungen auf Arten und Lebensräume ferner Orte haben – im positiven wie im negativen Sinne. Der globale Blick zeigt aber auch, dass wir nicht nur die Natur sehen dürfen und sollten, sondern auch die in ihr lebenden Menschen, mit ihren eigenen kulturell geprägten Gesetzmäßigkeiten.

Insbesondere seit den „Konferenzen der UN für Umwelt und Entwicklung" (UNCED) in Rio de Janeiro 1992 und Johannesburg 2002 mit den Forderungen nach nachhaltiger Entwicklung und einer „Bildung für Alle" wird ein Zusammendenken und -handeln dieser globalen Herausforderungen von vielen Akteuren immer stärker vorangetrieben. Gerade bei der Umsetzung internationaler Konventionen, wie beispielsweise auch dem „Übereinkommen über die biologische Vielfalt" (CBD), wird deutlich, dass hier neben dem Wissen über die Schutzerfordernisse von Arten und ihren Lebensräumen ebenso Kenntnisse über die kulturellen Zusammenhänge und sozioökonomischen Lebensverhältnisse der Menschen in anderen Erdteilen erforderlich sind.

Dieser Herausforderung hat sich auch die globale Bildungsinitiative der CBD „CEPA" (Communication, Education, Public Awareness) mit einem umfassenden Arbeitsprogramm gestellt. In Deutschland fördern Bundesumweltministerium und Bundesamt für Naturschutz die zunehmend enge Kooperation vieler Akteure aus Naturschutz und Entwicklungszusammenarbeit. Eine Klammer des gemeinsamen Handelns bildet hierbei sowohl auf nationaler wie internationaler Ebene die UN-Dekade „Bildung für nachhaltige Entwicklung" (2005-2014).

So hat die in diesem Tagungsband dokumentierte Veranstaltung mit dem Fokus „Globales Lernen" viele Akteure aus unterschiedlichen wissenschaftlichen wie praxisorientierten Institutionen des Naturschutzes und der Entwicklungszusammenarbeit zu einem intensiven Erfahrungsaustausch zusammengebracht. Die Ergebnisse tragen in besonderer Weise dazu bei, das Verstehen für die Anliegen beider Arbeitsfelder zu schärfen und das Potenzial für kreative Kooperationsprojekte zu erschließen.

Das Bundesamt für Naturschutz will insbesondere im Rahmen der Umsetzungen der „Nationalen Strategie zur biologischen Vielfalt" und des „Übereinkommens über die biologische Vielfalt" (CBD), das Bewusstsein für den Stellenwert gerade auch der informellen Bildung schärfen und auch auf diesem Wege einen Beitrag zur Sicherung der biologischen Vielfalt leisten.

Prof. Dr. Beate Jessel
Präsidentin des Bundesamtes für Naturschutz

Editorial

Seit den Beschlüssen der Weltkonferenz in Rio de Janeiro 1992 besteht der politische Wille, das Leitbild der Nachhaltigkeit zur Grundlage jeglichen Handelns zu erheben und die beiden großen Bereiche „Umwelt" und „Entwicklung" zusammenzuführen. Zur Unterstützung dieses Prozesses haben die Vereinten Nationen in ihrer Vollversammlung im Jahr 2002 die Weltdekade „Bildung für nachhaltige Entwicklung" (BNE) 2005-2014 ausgerufen. Mit dem hier dokumentierten zweiten Workshop einer dreiteiligen Veranstaltungsreihe möchten das Bundesamt für Naturschutz und die Aktion Fischotterschutz e.V. einen konstruktiven Beitrag zum Diskurs über die Implementation der BNE in das bestehende Bildungssystem und die Entwicklung pädagogischer Konzepte leisten.

Knapp ein Jahr nach Abschluss des ersten Workshops mit dem Schwerpunkt „Lebenslanges Lernen" im Dezember 2006 hatte der zweite Workshop, der vom 23. - 26. September 2007 in der Internationalen Naturschutzakademie Insel Vilm stattfand, den Fokus auf „Globales Lernen" gelegt. Über 50 Fachleute aus der entwicklungspolitischen Arbeit, Großschutzgebieten, den Naturschutzverwaltungen, von Umweltzentren, Verbänden, Initiativen, Hochschulen und Naturschutzakademien sowie Akteure des Globalen Lernens und der Natur- und Umweltbildung kamen nach Vilm, um sich mit Vorträgen zu beteiligen und um in Ideen-Werkstätten gelungene Bildungsmaßnahmen und Projekte zu diskutieren und weiter zu entwickeln.

Die Teilnehmenden aus den unterschiedlichen Bildungsbereichen wurden miteinander vernetzt und es konnten grundlegende Informationen zu verschiedenen Bildungskonzepten vermittelt werden. Des Weiteren wurde darüber diskutiert, inwieweit sich Natur- und Umweltbildung, Globales Lernen und BNE voneinander unterscheiden und wo inhaltliche und methodische Schnittmengen existieren, um strategische Allianzen zu bilden, die die gesellschaftliche Position aller Bildungsbemühungen stärken. Die Beiträge zum Workshop sind in Themenkomplexen zusammengefasst. Ein kurzer Überblick soll im Folgenden die Orientierung erleichtern.

Rahmenkonzepte

Nach einer ideengeschichtlichen Einführung in das Thema und einem kriteriengeleiteten Vergleich der drei Bildungskonzeptionen stellen **Thomas Lucker und Oskar Kölsch** die wesentlichen Ergebnisse der Ideen-Werkstätten und Diskussionslinien des Workshops dar. Mit Hilfe der konkreten Projektbeispiele konnten einige zentrale Themen identifiziert werden, die in fast allen Vorhaben auftauchten. Dies waren: die Vernetzung der pädagogisch arbeitenden Institutionen und Akteure unterschiedlicher gesellschaftlicher Aktionsfelder, die erfolgreiche Ausrichtung der Bildungsangebote auf die Erfordernisse der BNE, die Aus- und Fortbildung und die Initiierung von Kooperationen zwischen Schulen und außerschulischen Bildungsanbietenden sowie die hierfür benötigten Rahmenbedingungen und Kompetenzen.

Bernd Overwien erläutert die Wesenszüge der Globalisierung und die sich daraus ergebenden Anforderungen an die Bildungslandschaft. Der zunehmenden Interdependenz globalisierter Prozesse steht eine abnehmende Fähigkeit der Individuen darauf zu reagieren gegenüber. Er weist darauf hin, dass die Lernerfordernisse der Globalisierung erst neuerdings von der schulischen und Erwachsenenbildung aufgegriffen werden. Die pädagogischen Konzepte der BNE und des Globalen Lernens sind bislang selten in Rahmen- und Lehrplänen schulischen Unterrichts sowie in der Lehrkräfteaus- und Fortbildung zu finden. Darüber hinaus vermisst Overwien die Anschlussfähigkeit an bereits vorhandene Kompetenzdebatten der Erwachsen- und Jugendbildung.

„Die Welt ist nicht auf Kurs", fasst **Gabriele Janecki** die aktuelle Situation, die zur Notwendigkeit der nachhaltigen Entwicklung geführt hat, zusammen. Eine Trendwende in Richtung Nachhaltigkeit setzt ihrer Meinung nach voraus, dass die Hemmnisse, die bislang einer nachhaltigen Entwicklung entgegenstehen, erkannt und überwunden werden. Globales Lernen kann im Rahmen der BNE die heranwachsende Generation zu einem Denken und Handeln im Welthorizont qualifizieren und über staatsbürgerliche Verantwortung hinaus weltbürgerliche Werte und Perspektiven vermitteln. Sie sieht große inhaltliche Schnittmengen des Globalen Lernens mit der Natur- und Umweltbildung sowie mit der BNE. Ihr geht es jedoch nicht um eine Verschmelzung dieser Ansätze, sondern um eine stärkere Vernetzung und Kooperation unter dem Leitbild der nachhaltigen Entwicklung.

Biodiversität und Globales Lernen

Bildung und Kommunikation sind zentrale Elemente für das Verständnis von Naturschutz und biologischer Vielfalt in lokaler wie auch globaler Sichtweise, erläutern **Horst Freiberg, Christiane Schell, Karl-Heinz Erdmann und Gisela Stolpe**. Vor diesem Hintergrund stellen sie die Arbeitsschwerpunkte des Bundesamtes für Naturschutz vor. Zentrale Themen sind die nationale Umsetzung des Übereinkommens über die biologische Vielfalt, die daran gekoppelte globale Bildungsinitiative und die Verknüpfung mit der BNE. Sie berichten über laufende Projekte mit dem Fokus auf Globalem Lernen und stellen Faktoren dar, die für die erfolgreiche Gestaltung von Partnerschaften und kreativen Prozessen von Vorteil sind.

Susanne Menzel und Susanne Bögeholz nähern sich dem komplexen Thema der Bedeutung von Biodiversität in unterschiedlichen Kulturen und der individuellen Bewertung des Verlustes an Biodiversität auf empirischem Weg. Ziele der durchgeführten Befragung chilenischer und deutscher Jugendlicher waren, herauszufinden, ob von den Probandinnen und Probanden sozio-ökonomische Zwänge des Biodiversitätsverlustes erkannt, ob Empathie für die Menschen, die von biologischen Ressourcen abhängen, aufgebaut werden kann und welche Konsequenzen sich für Lernprozesse daraus ergeben. An den Ergebnissen kann die große Bedeutung einer sozio-ökonomischen Problemwahrnehmung für ein Verständnis des Biodiversitätsverlustes und für die Bereitschaft zu handeln abgelesen werden. Bildungsarrangements mit dem Anspruch, einen Beitrag zur BNE zu leisten, sollten deshalb immer interdisziplinär und multiperspektivisch aufgebaut sein.

Globales Lernen, Natur- und Umweltbildung sowie BNE in der informellen Bildungspraxis

Der Faire Handel und die Weltläden sind seit Jahrzehnten im Bereich der entwicklungspolitischen Bildung und des Globalen Lernens aktiv. **Julia Goebel** beschreibt in ihrem Beitrag das pädagogische Konzept und die Besonderheiten, die die Weltläden als attraktive außerschulische Lernorte auszeichnen. Sie sieht vielfältige Überschneidungen mit dem Bereich Naturschutz, insbesondere wenn es um die Themen Welternährung, Biodiversität und ökologische Produktionsbedingungen geht. Dauerhafte Kooperationen zwischen Weltläden und Schulen bieten gute Möglichkeiten, BNE, Natur- und Umweltbildung sowie Globales Lernen in die formale Bildung zu transportieren.

Der Nationalpark Bayerischer Wald ist ein außerschulischer Lernort, der von der Bevölkerung aber auch von Gruppen des formalen Bildungssystems aufgesucht wird. **Lukas Laux, Achim Klein und Thora Amend** stellen das Internationale Wildniscamp vor, das durch die Gestaltung mit einfachen Unterkünften (von Bewohnerinnen und Bewohnern aus verschiedenen Nationalparken) sowie durch das Projektlernen zu vielfältigen Lernprozessen anregt. Mit der Kombination aus authentischer Naturerfahrung und dem Kennenlernen der Lebensweisen anderer Kulturen werden intensive Erlebnisse gefördert, die in gelungener Form Naturschutz, Globales Lernen und BNE miteinander verknüpfen und für das persönliche Handeln von großer Bedeutung sind.

Markus Hirschmann berichtet über die Möglichkeit, die Kompetenzen von zurückgekehrten Entwicklungshelferinnen und -helfern in Bildungsprozesse mit globalen Perspektiven einzubinden. Sie stehen vor allem für einen gelebten Perspektivwechsel und Authentizität. Sie können durch spezifische Lernarrangements das Verständnis für andere Kulturen und Lebensweisen fördern sowie die Reflexion des eigenen Lebensstils anregen. Wichtige Voraussetzung ist dabei das Korrigieren stereotypischer Medienbilder sowohl der Länder des Südens als auch der Länder des Nordens. Er präsentiert in seinem Beitrag verschiedene Projekte und hebt die besondere Qualität hervor, die sich aus der Verknüpfung von umweltrelevanten mit entwicklungspolitischen Themen ergibt. Weiterhin wird die Wichtigkeit von (internationalen) Kooperationen und Netzwerken betont, die für die Umsetzung von interdisziplinären Projekten mit multiperspektivischen Zugängen im Rahmen von BNE eine große Rolle spielen.

Marina Hethke und Cornelia Löhne geben einen Überblick vor allem über die Bildungsarbeit in Botanischen Gärten und die Ausrichtung auf neue Anforderungen, die sich durch das Konzept der BNE ergeben. Die Botanischen Gärten pflegen und erhalten vor allem Pflanzensammlungen und dienen der universitären Lehre und Forschung. Sie unterstützen damit die Bemühungen um die Erhaltung der pflanzlichen Biodiversität. Mittlerweile zählt jeder zweite Botanische Garten die Natur- und Umweltbildung zu seinen Aufgaben und jeder siebente ist im Bereich des Globalen Lernens aktiv. In dem Beitrag werden beispielhaft Kooperationen mit Eine-Weltläden sowie Bildungsangebote vorgestellt und mit denen anderer Einrichtungen, wie Zoologische Gärten und Freilichtmuseen, verglichen.

Entwicklungspolitische Bildungsarbeit und die Umsetzung konkreter Unterstützungsprojekte zählen traditionell auch zur Arbeit von Nichtregierungsorganisationen. **Abdou Karim Sané** stellt in seinem Beitrag die Aktivitäten des seit 1991 aktiven Freundeskeises Tambacounda e.V. vor. Der Verein verbindet Bildungsarbeit und gesundheitliche Aufklärung mit der ökologischen Entwicklung der Region um die Stadt Tambacounda / Senegal. Präsentiert werden der Bau des Solar- und Hygienezentrums in Tambacounda und das Projekt „Afrika macht Schule", in dem es darum geht, mit unterschiedlichen Materialien und Methoden sowie durch den Einsatz afrikanischer Expertinnen und Experten ein differenziertes „Afrikabild" und ein differenziertes „Europabild" zu entwickeln. Karim Sané hob die Bedeutung von Partnerschaften von unterschiedlichen Institutionen hervor, deren Handlungsfelder sich bislang nur wenig oder gar nicht überschnitten habe. Seiner Meinung nach sind zukünftig vor allem die Kooperationen mit umweltpolitischen Gruppen auszubauen.

Globales Lernen, Natur- und Umweltbildung sowie BNE im formalen Bildungsbereich

Gertraud Gauer-Süß und Angelika Krenzer-Bass vom Bremer Informationszentrum für Menschenrechte und Entwicklung (biz) berichten von den Aktivitäten des Projekts „FAIROS-Kaffee" und stellen den Bezug zur BNE her. Das Projekt ist in die Schulfächer Wirtschaft, Politik und Spanisch eingebunden. Die Schülerinnen und Schüler von zwei berufsbildenden Schulen erstellten ein Marketing- und PR-Konzept für die Vermarktung des Kaffees der Kooperative RAOS.

Der Betrieb eines Fairos-Kaffe-Shops sowie regelmäßige Informations- und Probierstände in der Bremer Innenstadt gehören zum praxis- und handlungsorientierten Projektkonzept. Durch gegenseitige Besuche in Marcala / Honduras und Bremen konnte ein persönlicher Erfahrungsaustausch und das Kennenlernen der jeweils anderen Kultur organisiert werden. In dem Beitrag werden Stärken und zukünftige Herausforderungen analysiert sowie der Erwerb von verschiedenen Teilkompetenzen der Gestaltungskompetenz beschrieben.

In seinem Beitrag über die Arbeit der UNESCO-Projektschulen erläutert **Karl-Heinz Köhler** die grundlegenden Prinzipien des sogenannten Delors-Berichts, der 1997 in deutscher Sprache erschienen und die Grundlage für die Projekte der UNESCO-Projektschulen ist. In diesem Bericht wird insbesondere das Mensch-Natur-Verhältnis thematisiert und in das Zentrum von integrativen Bildungsanstrengungen sowohl in den Natur- als auch den Sozialwissenschaften gestellt. Präsentiert wird ein Praxisprojekt, in dem Schülerinnen und Schüler einer Grundschule einen Acker biologisch bewirtschaften und naturnahe Lebensräume schaffen, die erzeugten Produkte auf einem Markt zusammen mit Transfair-Produkten verkaufen, eine Schülerfirma betreiben und eine Ausstellung über die Essgewohnheiten der Kinder auf anderen Kontinenten erstellten. Der Erwerb unterschiedlicher Teilkompetenzen der Gestaltungskompetenz wird in diesem Projekt, in dem auch mit der lokalen Agenda 21-Gruppe kooperiert wird, gefördert.

Kunstbezogene Zugänge zu Globalem Lernen

Elisabeth Marie Mars fordert in ihrem Beitrag einen Paradigmenwechsel weg vom fachorientierten, sektoralen Denken hin zu ganzheitlichem, vernetztem Denken und Lernen. Für sie sind Umwelt, Wirtschaft und Politik ohne internationale Dimension nicht mehr denkbar. Die sozialen Erfahrungen der Beteiligten müssen zu Ausgangspunkten von Lernprozessen gemacht werden, da nicht immer mehr und bessere Informationen zu Veränderungen führen, sondern Gefühle, wie Mut, Empathie und Kreativität. Elisabeth Marie Mars stellt u. a. das Projekt „Grünkultur" vor, das mit der Bewirtschaftung von Färbergärten in Mpumalanga / Südafrika und in vier Projektschulen in Nordrhein-Westfalen eine ökologisch-kulturelle Brücke schlägt. Der Austausch von Produkten und Briefen fördert das Kennenlernen unterschiedlicher Lebensstile und Lebensentwürfe. Sie plädiert dafür, künstlerische Vermittlungsformen stärker als bisher einzusetzen, um ein differenziertes Verständnis unserer eigenen multikulturellen, global vernetzten Lebenswirklichkeit sichtbar zu machen.

Auf den ersten Blick sind Gesang, Musik und Tanz für die allermeisten Menschen Freude spendende und erholsame Tätigkeiten. Sie als Methode für Bildungsangebote einzusetzen ist eine Erfolg versprechende Strategie. Auf den zweiten Blick, so erläutert **Uli Meinholz** in ihrem Beitrag, vermitteln die westafrikanischen Rhythmen, Texte und Tänze, die in den allermeisten Fällen für soziale Anlässe konzipiert sind, einen Einblick in den Alltag und die kulturellen Eigenheiten sowie die gesellschaftlichen Werte der Herkunftsethnien. Über die Musik und Erfahrungsberichte von verschiedenen Reisen gelingt ihr das Verweben von globalen, kulturellen, ökologischen, sozialen und ökonomischen Themen sowie die Reflexion des eigenen Lebensstils. Durch das gemeinsame Musizieren werden der Teamgeist und das Gemeinschaftsgefühl gestärkt, so dass mit diesen Methoden ein Beitrag zum interkulturellen Lernen und zur BNE geleistet wird.

Naturschutz und Bildung – Globales Lernen für Nachhaltigkeit

THOMAS LUCKER und OSKAR KÖLSCH

1 Einleitung und Problemaufriss

Bildung steht immer in einem engen Zusammenhang mit den jeweiligen ökonomischen, ökologischen und sozio-kulturellen Gegebenheiten in der Gesellschaft und deren historischen Veränderungen. Vor dem Hintergrund der Zunahme der sozialen Differenzierungen, der Vielgestaltigkeit der sozialen Lebensbereiche und der gesellschaftlichen Verflechtungen sowie aufgrund der zunehmenden Komplexität der weltweiten sozialen, ökonomischen und ökologischen Problemlagen haben sich verschiedene Bildungskonzepte entwickelt, die sich auf unterschiedliche gesellschaftliche Teilaspekte fokussieren.

Die Natur- und Umweltbildung ist vor dem Hintergrund der gesellschaftlich bedingten Zerstörung von Lebensräumen und des Verlustes biologischer Vielfalt entstanden und konzentriert sich auf die Mensch-Natur-Beziehung. Das Globale Lernen basiert auf den Erfahrungen in der entwicklungspolitischen Arbeit bezüglich der Armut und der fehlenden Chancengleichheit in den Ländern des Südens. Das Herstellen von mehr sozialer Gerechtigkeit ist eine Orientierung, an der sich Globales Lernen ausrichtet. Diese beiden gesellschaftlichen Aktionsfelder sind sehr eng mit dem Wirken von Nichtregierungsorganisationen verbunden. Die Bildung für nachhaltige Entwicklung (BNE), die eine deutlich jüngere Entstehungsgeschichte aufweist, entspringt eher einer politischen Konzeption, die beide Fragen, die ökologische Frage nach einem besseren Mensch-Natur-Verhältnis und die entwicklungspolitische Frage nach einem gerechteren Zusammenleben in Nord und Süd, verknüpft und mit einem ganzheitlichen Ansatz beantworten will.

Diese drei aus unterschiedlichen Zusammenhängen entspringenden Bildungskonzepte weisen in vielerlei Hinsicht Überschneidungen auf. Wenn sie noch stärker „zusammenwachsen" und die Akteure noch intensiver kooperieren, können sie in der pluralistischen Bildungslandschaft einen Stellenwert erreichen, der dem Anspruch gerecht wird, das Leben der Menschen und die Politik der Staaten auf Dauer positiv zu verändern. Das für die Stärkung der Relevanz der einzelnen Bildungskonzepte notwendige „Zusammenwachsen" kann jedoch nur gelingen, wenn sich die Akteure der Bildungstheorie und der Bildungspraxis aus den jeweiligen pädagogischen Bereichen in theoretischen und praktischen Diskursen vernetzen. Die in diesem Buch vorliegenden Artikel sind als erste Ergebnisse eines solchen Vernetzungsversuchs und als Beiträge zum aktuellen Bildungsdiskurs zu BNE und der Gestaltungskompetenz zu verstehen.

2 Globalisierung als Auslöser „neuer" Bildungskonzepte

Der Begriff „Globalisierung" ist allgegenwärtig und in unserer Gesellschaft in vielen Bereichen populär. Bereits 1996 wurde der Begriff von der Gesellschaft für deutsche Sprache (www.gfds.de) u. a. zum „Wort des Jahres" gewählt. Die Assoziationen zum Themenkomplex Globalisierung sind jedoch mindestens ebenso vielschichtig und schillernd wie zu den Begriffen Kultur, Bildung, Natur oder Nachhaltigkeit.

Globalisierung wird häufig als Prozess der Zunahme der weltweiten Verflechtungen und Abhängigkeiten in allen Bereichen des menschlichen Lebens verstanden. Globalisierungsprozesse bewirken jedoch nicht nur einen Wandel der wirtschaftlichen Verhältnisse sondern auch einen Wandel der politischen, sozialen, kulturellen und ökologischen Systeme und Beziehungen. Weltweite Flüchtlingsströme und Migration, zunehmende Armut und die unzureichende Befriedigung der Grundbedürfnisse im weltweiten Maßstab, Treibhauseffekt und Klimawandel, Abholzung der tropischen Regenwälder und Überfischung der Meere, Verlust von Biodiversität und Ressourcenverknappung sind nur wenige Schlagworte, die auf zunehmende Globalisierungseffekte sowohl im sozialen als auch im ökologischen Bereich hinweisen. Nach BECK (1979) ist Globalisierung jedoch kein eindimensionaler Prozess, in dem ausschließlich weltumspannende Entwicklungen im Fokus stehen, sondern es kommt gleichzeitig zu einer neuen Betonung des Lokalen und zu neuen sozialen Phänomenen: *„Globalisierung und Lokalisierung sind also nicht nur zwei Momente, zwei Gesichter desselben. Sie sind zugleich Antriebskräfte und Ausdrucksformen einer neuen Polarisierung und Stratifizierung der Weltbevölkerung in globalisierte Reiche und lokalisierte Arme."*

Aber mit der Globalisierung, einem Phänomen, das seit den 1960er Jahren so genannt wird, sind nicht nur negative Entwicklungen verbunden sondern für viele Gruppen und Staaten sind auch positive Wirkungen zu konstatieren. Zunehmend stehen Menschen in der ganzen Welt miteinander in Kommunikation und es wächst das Gefühl, dass wir, trotz aller Unterschiede, Teil einer globalen Gemeinschaft sind. Es eröffnen sich zumindest für einen Teil der Menschheit neue Chancen. Mit der Ausdehnung der Handelsbeziehungen sind darüber hinaus Chancen verbunden, durch die die unterentwickelten Länder ihre Wirtschaft stärken und den Teufelskreis von Armut und Unterentwicklung überwinden können.

BECK (1979) weist in diesem Zusammenhang darauf hin, dass die Wirkungen und Effekte der zunehmenden Globalisierung das Resultat bewusst getroffener Entscheidungen sind und nicht wie Naturkatastrophen über die Menschheit hereinbrechen. Insbesondere die fehlende politische Kontrolle des Finanzsektors wird häufig kritisiert: *„Wir erleben eine zunehmende Dominanz des Finanzsektors, der sich der Kontrolle und Besteuerung immer weiter entzieht, negative Effekte für die mittelständische Industrie, einen Abbau sozialen Ausgleichs, mittlerweile auch in den reichen Ländern. All dies ist Folge einer ungenügend regulierten Globalisierung zum Vorteil weniger, zu Lasten der Umwelt und zu Lasten von Milliarden Menschen."* (RADERMACHER 2006). Auch das Wachstum des Welthandels wird als zu wenig in einen institutionellen Rahmen eingebettet gesehen: *„Die Weltmärkte sind rasch gewachsen, ohne dass parallel dazu die wirtschaftlichen und sozialen Institutionen aufgebaut wurden, die für ihre reibungslose und ausgewogene gerechte Funktionsweise erforderlich sind. Gleichzeitig bestehen Befürchtungen hinsichtlich der Ungerechtigkeit der wichtigsten internationalen Regeln im Bereich von Handel und Finanzen und ihrer asymmetrischen Auswirkungen auf reiche und arme Länder. […] Ein weiteres Problem ist das Versagen der gegenwärtigen internationalen Politik in bezug auf eine angemessene Reaktion auf die Herausforderungen der Globalisierung"* (WELTKOMMISSION 2004). Globalisierungsprozesse können und müssen also gesteuert werden, um positive Effekte zu fördern und negative abzumildern (JANECKI in diesem Band).

Neben dem Umgang der internationalen Politik mit den Herausforderungen der Globalisierung stellt sich auch die Frage des individuellen Verhaltens angesichts des Zusammenwachsens der Welten. Vor dem Hintergrund der „Grenzen des Wachstums" (MEADOWS et al. 1972) steht dabei die Aufrechterhaltung bzw. die Nachahmung des westlich geprägten Lebensstils im Fokus der Diskussion und der Kritik (MEADOWS 2008).

Die immense Vielfalt der Chancen und Risiken, die mit der Globalisierung verbunden sind, stellen auch neue Herausforderungen an die Bildungssysteme (OVERWIEN in diesem Band). Als eine Reaktion auf die Globalisierungsphänomene haben sich zum einen Konzepte zum „Globalen Lernen" entwickelt und zum anderen – zeitlich später – das Konzept der „Bildung für nachhaltige Entwicklung" (BNE), das in LUCKER & KÖLSCH (2008a) näher beschrieben wurde. Im Folgenden wird die Entwicklung und Ausgestaltung des Globalen Lernens dargelegt und die Beziehung zur BNE sowie zur Natur- und Umweltbildung untersucht, um Gemeinsamkeiten und Unterschiede als Basis für ein bildungspolitisches und pädagogisches Verständnis der Konzepte sowie zur Fortentwicklung des aktuellen Bildungsdiskurses herauszuarbeiten.

2.1 Vorgeschichte des Globalen Lernens

Auf der internationalen Ebene können mit der Gründung von „The New Era" pädagogische Vorläufer des Globalen Lernens bereits in den 1920er Jahren ausgemacht werden. In diesem pädagogischen Netzwerk trafen sich 1929 rund 2.000 Delegierte aus über 43 Ländern in Helsingör (Dänemark). Die versammelten Pädagoginnen und Pädagogen bemühten sich um internationale Verständigung (international understanding), „world citizenship", eine gerechte Weltordnung und das Bewusstsein für eine Weltgemeinde. Gegen Ende der 1930er Jahre wurden das „Council for Education in World Citizenship" (CEWC) sowie Vorläufer der nach dem Zweiten Weltkrieg gegründeten UNESCO ins Leben gerufen (RATHENOW 2000). Ab 1982 führte David Selby die Anliegen der „World Studies Bewegung" am „World Studies Teacher Training Center" der Universität York in die Lehrerbildung ein. Hieraus bildete sich Mitte der 1980er Jahre das „Centre für Global Education" (SELBY & RATHENOW 2003).

Aufgrund der Analysen und Prognosen des Berichts „Die Grenzen des Wachstums" von MEADOWS et al. (1972) an den Club of Rome wurde eine neue Dimension des Denkens eröffnet. Obwohl es auch Kritik an den Annahmen und Abschätzungen des Berichts gab, förderte er eine gewisse Skepsis gegenüber den Versprechungen der Wirtschaft auf ewiges Wachstum und ein Nachdenken über die Endlichkeit der Erdressourcen. Dieser Ansatz war jedoch durch das eindimensionale technisch-naturwissenschaftliche Denken geprägt, das monokausale Erklärungsmuster bevorzugte.

Eine Verbindung zu sozialen Problemen und kulturellen Aspekten schaffte erst der sieben Jahre später erschienene Bericht von BOTKIN et al. (1979) „No Limits to Learning – Bridging the Human Gap", ebenfalls an den Club of Rome. Unter „human gap" wird das Dilemma verstanden, welches sich durch die Zunahme der Komplexität von Entwicklungen und Zuständen sowie der menschlichen Fähigkeit diese zu erkennen, zu analysieren und damit umzugehen, ergibt. Darüber hinaus wird das zunehmende wirtschaftliche Ungleichgewicht zwischen den Ländern des Nordens und des Südens thematisiert. Für die Autoren und Autorinnen besteht das Hauptproblem darin, dass die Wirtschaftsmacht der industrialisierten Länder sehr stark und schnell angewachsen ist, wodurch das Weltgleichgewicht der sozialen Gerechtigkeit stark gestört ist, weil die Menschheit die Befriedigung der Grundbedürfnisse nicht für alle Mitglieder sicherstellen, untereinander nicht in Frieden leben und nicht im Einklang mit der Natur handeln kann: *„That something fundamental is wrong with our entire system is quite evident, for even now humanity is unable to assure the minima of life to all its members, to be at peace with itself, or to be in harmony with nature"* (BOTKIN et al. 1979).

Dieser Bericht, der oft als „Lernbericht" an den Club of Rome bezeichnet wird, skizziert die ökologischen, kulturellen und politischen Herausforderungen, die sich aus dem mangelhaften Umgang mit Komplexität ergeben. Einer Komplexität, die nicht allein auf Naturphänomenen beruht, sondern zunehmend auch auf menschliche Aktivitäten zurückgeht, die beispielsweise durch Eingriffe in natürliche Kreisläufe erzeugt (Artenrückgang, Klimaverschiebung, Wüstenbildung, weltweite Verbreitung von persistenten Spurenstoffen, Armut, etc.) oder durch den schnellen Wandel der sozialen, wirtschaftlichen und politischen Rahmenbedingungen geschaffen werden. Da diese Veränderungen insbesondere auch durch kulturelle Besonderheiten eine eigenständige Prägung erhalten, darf der Entwicklungsbegriff nicht allein auf wirtschaftliche Aspekte bezogen werden, sondern muss ebenfalls die Dimensionen der ökologischen, sozialen und kulturellen Entwicklung mit einschließen.

BOTKIN et al. (1979) nehmen dies zum Anlass, Fertigkeiten und Fähigkeiten in das Zentrum von Lernprozessen zu stellen, um das menschliche Dilemma zu überbrücken und zukünftigen komplexen Entwicklungen und Entscheidungen adäquat und antizipativ begegnen zu können. Das Lernen soll auf zukünftige Situationen vorbereiten. Deshalb wird es in einem weiten Sinnzusammenhang gesehen und ihm eine besondere Rolle zugewiesen. Im Mittelpunkt steht ein Veränderungsprozess, der über die konventionellen Begriffe wie „Bildung" oder „Schule" weit hinausgeht. Der Erwerb und die Praxis neuer Methoden, neuer Fähigkeiten, neuen Haltungen und neuer Werte, die notwendig sind, um in einer Welt der Änderung zu leben, sollen gefördert werden:
„*This report examines how learning can help to bridge the human gap. Learning, as we shall use the term, has to be understood in a broad sense that goes beyond what conventional terms like education and schooling imply. For us, learning means an approach, both to knowledge and to life, that emphasizes human initiative. It encompasses the acquisition and practice of new methodologies, new skills, new attitudes, and new values necessary to live in a world of change.*" (BOTKIN et al. 1979)

FLECHSIG (1996) stellt fest, dass der Bericht bereits alle wichtigen Prinzipien des Globalen Lernens thematisiert, ohne dass dieser Terminus explizit gebraucht wird:

- *„Globales Lernen muß den Umgang mit Komplexität und Interdependenz des globalen Systems vermitteln.*
- *Globales Lernen muß durch Thematisierung von Wertvorstellungen und Interessen die Sinnbezüge erweitern, in denen Lerntätigkeit steht, muß somit Abschied nehmen vom Konzept wertfreier Information.*
- *Globales Lernen muß innovativ sein, indem es die Prinzipien von Vorwegnahme („Antizipation") und Teilhabe („Partizipation") in den Mittelpunkt stellt, muß also die Einseitigkeit eines bloß überliefernden Lehrens überwinden.*

- *Globales Lernen muß einen Beitrag zum Gleichgewicht und zur gleichzeitigen Sicherung und Entwicklung von kultureller Autonomie und kultureller Integration, von kultureller Identität und kultureller Vielfalt, von Lokalkultur und Weltkultur leisten.*

- *Mit globalem Lernen muß deshalb gleichzeitig auch sein Komplement, das lokale Lernen, entwickelt werden.*

- *Globales Lernen muß die Möglichkeiten der Telekommunikation nutzen, gleichzeitig aber vermitteln, wie man deren Mißbrauch verhindert."* (FLECHSIG 1996)

2.2 Entwicklung des Globalen Lernens in Deutschland

In Deutschland wurden gegen Ende der 1950er Jahre die großen kirchlichen Hilfswerke (Brot für die Welt, Misereor) gegründet und die staatliche Entwicklungshilfe durch die Gründung des Ministeriums für wirtschaftliche Zusammenarbeit und Entwicklung (BMZ) im Jahr 1961 sowie des Deutschen Entwicklungsdienstes (DED) 1963 institutionalisiert. Darüber hinaus entstanden unzählige entwicklungspolitische Nichtregierungsorganisationen (NRO), die ebenfalls vielfältige Materialien zum Themenkomplex „Dritte Welt / Globales Lernen" erstellten. Ihre Anliegen und pädagogischen Materialien wurden teilweise in der Jugendarbeit und in Schulen aufgegriffen (PETERMANN 2007). Darüber hinaus setzte in den 1970er Jahren eine intensivierte politische Debatte über die einseitigen und in Abhängigkeit führenden Wirtschaftsverflechtungen ein (STRAHM 1975).

Das Nord-Süd-Gerechtigkeitsgefälle und die krassen Unterschiede der Lebensbedingungen weltweit werden zu Beginn der 1980er Jahre von der Entwicklungspädagogik aufgegriffen. Nach TREML (1979) kann die Entwicklungspädagogik auf vier „Wurzeln" zurückgeführt werden, die Dritte-Welt-Pädagogik, die Zukunftspädagogik, die Friedenspädagogik sowie die Bürgerinitiativ- und Umweltschutzbewegung. Entwicklungspädagogik stellt demnach eine integrative Kraft dar, die ermittelt, wie Menschen leben wollen und wohin ihre Entwicklung gelenkt wird. Sie hat sich zur Aufgabe gemacht, auf die globalen, regionalen und individuellen Entwicklungsprobleme, die längst zu Überlebensproblemen geworden sind, eine pädagogische Antwort zu geben (TREML 1979).

Die beiden widerstreitenden Entwicklungstheorien, die Modernisierungs- und die Dependenztheorie, die die entwicklungspolitischen Debatten bis in die 1980er Jahre beherrschten, verlieren durch die unterschiedlichen Entwicklungen in vielen Ländern, die von keiner der beiden Theorien hinreichend erklärt werden, ihre Geltung. Dagegen ist das Zusammenwirken von endogenen und exogenen Ursachen der Unterentwicklung empirisch in vielen Ländern nachweisbar. Dieses Zusammenwirken von exogenen und endogenen Faktoren der Unterentwicklung ist seit der Veröffentlichung des sog. Brundtland-Berichts „Our common future" (UNESCO 1987) dargestellt worden. So werden die globalen Umweltprobleme hauptsächlich als Resultat der großen Armut im Süden und der nicht nachhaltigen Konsum- und Produktionsmuster im Norden betrachtet. Die Gründe für das Zunehmen von Artensterben, Schuldenkrise der Entwicklungsländer, Flächenverbrauch und Armut werden in einem Wirkungszusammenhang gesehen und damit nicht als durch einen sektoralen Politikbereich oder eine Einzeldisziplin lösbar. Der Brundtland-Bericht schlug deshalb bereits 1987 eine integrative Strategie vor, die die beiden Bereiche „Entwicklung" und „Umwelt" zusammenbringt. Dies wird mit dem heute geläufigen Begriff „sustainable development" (nachhaltige Entwicklung) beschrieben (vgl. LUCKER & KÖLSCH 2008a).

Ullrich Menzel analysierte zu Beginn der 1990er Jahre in seinem Buch „Das Ende der Dritten Welt und das Scheitern der großen Theorie", dass die bisherigen Entwicklungstheorien u. a. deshalb ihre Erklärungskraft eingebüßt hätten, weil Modernisierung nicht automatisch zu mehr Wohlstand und weniger Armut in den Entwicklungsländern führte (MENZEL 1992). Gleichzeitig wird von ihm ein reduziertes Engagement in Dritte-Welt-Gruppen, ein Rückgang der Fachzeitschriften und schwindende Finanzmittel beobachtet (MENZEL 2002). Nach ASBRAND (2002) wird ab Mitte der 1990er Jahre die Situation der entwicklungspolitischen Bildung auch von vielen Engagierten als problematisch wahrgenommen, da die Zielgruppen nicht mehr erreicht werden. Gründe für diese Situation sieht sie auf der pädagogischen Ebene darin, dass seit Mitte der 1980er Jahre keine pädagogisch-didaktische Weiterentwicklung der Theorie und keine kritische Reflexion der Praxis stattgefunden hat. Der Verband Entwicklungspolitik Deutscher Nichtregierungsorganisationen (VENRO) veranstaltete 1998 unter seinen rund 100 Mitgliedsorganisationen eine Umfrage zur Relevanz der entwicklungspolitischen Bildung. Das Ergebnis zeigt eine schwindende Bedeutung des Themas auf, die auch auf die mangelnde Eindeutigkeit einer lerntheoretischen Verankerung zurückzuführen ist: *„Die konzeptionelle Diskussion über Globales Lernen ist mittlerweile so weit verzweigt, dass es für die NRO* [Nichtregierungsorganisationen, Anm. d. Verf.] *schwierig ist, ihre Positionen in die Debatte einzubringen, zumal das Arbeitsfeld „entwicklungspolitische Bildung" in vielen NRO selbst unter Legitimationsdruck geraten ist. Häufig haben die Akteure in der Bildungsarbeit den Kontakt zur Jugendkultur weitgehend verloren."* (VENRO 2000)

Eine didaktisch sehr ausgereifte, handlungstheoretische Konzeption von Globalem Lernen findet sich beim Schweizer Forum „Schule für Eine Welt", das den Begriff des Globalen Lernens in die deutschsprachige Fachdiskussion eingeführt und verbreitet hat

(LIN 1999, ASBRAND et al. 2006). Dies alles mag dazu beigetragen haben, dass auch in Deutschland eine breite Debatte über die pädagogischen und lerntheoretischen Grundlagen des Globalen Lernens einsetzte, in deren Verlauf die bestehenden Konzeptionen neu formuliert bzw. neue didaktische Konzepte entwickelt wurden.

2.3 Definitionen für Globales Lernen

Nach SEITZ (2002) ist es schwierig, Globales Lernen in eine Definition zu fassen, weil zum einen das Globale Lernen aus einer vielfältigen Praxisarbeit heraus entstanden ist und zum anderen, weil der Gegenstand, mit dem sich Globales Lernen auseinandersetzt, die Entwicklung einer humanen Weltgesellschaft, so komplex und auch widersprüchlich ist. SCHEUNPFLUG & SCHRÖCK (2000) beschreiben Globales Lernen als ein offenes Konzept, das sich aus verschiedenen pädagogischen Theorien entwickelt hat und eine Vielzahl pädagogischer Perspektiven und Intentionen zusammenführt.

Globales Lernen bedeutet also nicht ausschließlich Friedenserziehung oder Umwelterziehung und darf nicht mit interkultureller Erziehung, ökumenischem Lernen und auch nicht mit Entwicklungspädagogik verwechselt werden (FORGHANI 2004). Impulse aus diesen Bereichen werden vom Globalen Lernen aufgegriffen und deren Zusammenhänge, Überschneidungen und gemeinsame Grundsätze unter die inhaltlichen Zielperspektiven Zukunftsfähigkeit und Nachhaltigkeit gestellt. Globales Lernen firmiert deshalb auch als Querschnittsaufgabe aller Teildisziplinen und die Herausforderung liegt in der Integration dieser bisher getrennten pädagogischen Arbeitsfelder (VENRO 2005). *„Wenn sich Globales Lernen den Herausforderungen der Weltgesellschaft stellen will, wird es auch auf die Vielfalt der Kontexte eingehen müssen und somit, je nach Standpunkt, auch unterschiedliche pädagogische Zugänge entwickeln."* (FORGHANI 2004)

Für ASBRAND et al. (2006) ist Globales Lernen ebenfalls kein einheitliches, fest umrissenes Konzept, sondern eher eine Fragehaltung, um Menschen auf eine Welt vorzubereiten, die als Weltgesellschaft zusammen wächst. Unterschieden wird dabei in sachlicher Perspektive als Herausforderung mit neuen Problemlagen umzugehen, in zeitlicher Perspektive als Herausforderung den schnellen sozialen Wandel zu bewältigen und in sozialer Perspektive, den Umgang mit verschiedenen Religionen, Kulturen und Lebensentwürfen zu lernen. KRÄMER (2007) schlägt als Definition folgende Formulierung vor: *„Globales Lernen unterstützt den Erwerb von Kompetenzen, die wir brauchen, um uns in der Weltgesellschaft – heute und in Zukunft – zu orientieren und verantwortlich zu leben."*

Im Gegensatz zu früheren Formen entwicklungspolitischen Lernens ist Globales Lernen, bei allen definitorischen Problemen, dadurch gekennzeichnet, dass gesellschaftliche Entwicklungsfragen nicht nur in der „Dritten Welt" lokalisiert werden, sondern im Zusammenhang weltgesellschaftlicher Strukturen verstanden werden. Eine detaillierte Darstellung der Historie der entwicklungsbezogenen Bildung und des Globalen Lernens in Deutschland findet sich bei SCHEUNPFLUG & SEITZ (1995). Globales Lernen ist ein Bildungskonzept, das eine Erziehung zu Weltoffenheit und Empathie mit fachübergreifenden Wissensinhalten zu Eine-Welt-Themen kombiniert. Es spielt hierbei die Achtung anderer Kulturen mit ihren spezifischen Lebensweisen und Weltsichten eine wichtige Rolle (vgl. EIßING & AMEND 2007). Die Entwicklung dieser Fähigkeiten ist angesichts des Zusammenwachsens der Welt zu einer Risikogemeinschaft eine besonders dringliche Aufgabe der Bildung. *„Globales Lernen fokussiert auf weltweite soziale Gerechtigkeit, ohne die anderen Dimensionen des Leitbilds der nachhaltigen Entwicklung aus dem Blick zu verlieren"*. (VENRO 2005) Der enge Bezug des Globalen Lernens zum Konzept der Bildung für nachhaltige Entwicklung wird nicht nur in diesem Zitat deutlich, wobei das Globale Lernen zumindest im deutschsprachigen Raum als ein Teilaspekt der BNE gesehen wird (SCHEUNPFLUG 2007).

2.4 Globales Lernen als handlungsorientierter oder systemtheoretischer Entwurf

Um die theoretische Debatte zum Globalen Lernen stärker zu strukturieren, schlägt SCHEUNPFLUG (2007) vor, die Konzepte in handlungstheoretische Entwürfe mit der Formulierung normativer Bildungsziele und in evolutions- bzw. systemtheoretische Ansätze zu unterscheiden. Diese beiden unterschiedlichen Entwürfe sollen im Folgenden näher beschrieben werden.

2.4.1 Der handlungsorientierte Ansatz

Einen handlungsorientierten Ansatz stellen David Selby und Hanns-Fred Rathenow vor. Sie knüpfen an die Definition des Globalen Lernens an, die auf die anglo-nordamerikanische Debatte zurückgeht. Darin wird „global education" als der pädagogische Ausdruck eines holistischen, ökologischen und systemischen Paradigmas gesehen (SELBY & RATHENOW 2003). In diesem Sinne thematisiert Globales Lernen die Verflechtungen des Zusammenlebens von Menschen, die Verflechtungen von Mensch und Natur sowie die Vernetzungen von gesellschaftlich-kulturellen mit naturgegebenen Phänomenen. Normative Bildungsinhalte und Ziele Globalen Lernens (z. B. ganzheitliche Weltsicht, solidarisches Handeln, Toleranz und Empathie) sollen mittels Bildung erreicht werden.

Grundlage des Konzepts ist die Kritik an dem vorherrschenden naturwissenschaftlichen Erklärungs- und Problemlösungsmodell, dessen ausschließliche Anwendung zu vielen globalen Problemen (Atomunfällen, Waldsterben, Treibhauseffekt etc.) geführt hat. Globales Lernen wird als „transformatorisches Lernen" beschrieben, das zu persönlichen und gesellschaftlichen Veränderungsprozessen führen soll und sich gegen politische, gesellschaftliche und politische Asymmetrien wendet (SELBY & RATHENOW 2003). Insbesondere werden die gesellschaftlichen Schlüsselprobleme von Wolfgang Klafki sowie Methoden und Lernprinzipien der Reformpädagogik aufgegriffen, da diese durch die Ansprache möglichst vieler Sinne (rechte und linke Gehirnhälfte), die niedrigsten Vergessensraten aufweisen. Globales Lernen nach Selby und Rathenow ist einem ganzheitlichen Verständnis der Welt und einem biozentrischen Ansatz (im Gegensatz zu anderen anthropozentrischen Konzepten) verpflichtet, in dem der Mensch nicht mehr im Mittelpunkt der Betrachtung steht. Es unterstützt jene „[...] *Bildungsansätze, die den Übergang von der gegenwärtigen industrie-, markt- und konsumorientierten Phase des Weltgeschehens zur „ökologischen" Phase befördern, in der das Wohlergehen der gesamten Weltgemeinschaft das zentrale Ziel ist.*" (SELBY & RATHENOW 2003)

Nach Ansicht der beiden Autoren haben sich didaktische Methoden wie beispielsweise Kleingruppenarbeit, Erfahrung vermittelnde Übungen, Rollen- und Planspiele sowie imaginative Aktivitäten (Fantasiereisen, geleitete Visualisierungen) als besonders erfolgreich in der Konzeption des Globalen Lernens erwiesen. Dabei wird die Anwendung von Methodenvielfalt (einschließlich des Frontalunterrichts) betont. Die Rolle der Lehrkräfte, die „facilitators" genannt werden, sollte sich jedoch stark in Richtung „Vermittlung" und „Moderation" verändern. Sie sollten für stimulierendes Lehrmaterial sorgen und möglichst selbständige Lernerfahrungen ermöglichen (SELBY & RATHENOW 2003). Darüber hinaus treten sie für eine Veränderung von schulischer Bildung sowohl in curricularer wie auch didaktischer Hinsicht ein, da der Schule eine entscheidende Rolle bei der Umsetzung des gesellschaftlichen Veränderungsprozesses zugeschrieben wird (TRISCH 2005).

Globales Lernen im handlungstheoretischen Paradigma ist nach SCHEUNPFLUG (2007) gekennzeichnet durch:

1. das Leitbild der nachhaltiger Entwicklung und die normativen Ziele der Verbesserung der sozialen Gerechtigkeit sowie die Parteinahme für die Leidtragenden des Globalisierungsprozesses sowie der Förderung von Partizipationsfähigkeit, individueller Emanzipation und Selbstkompetenz,

2. das Erkennen der Verflechtungen von eigenem lokalen Handeln im globalen Kontext, sowie das Erkennen der eigenen partikularen kulturellen Identität und die Fähigkeit des Perspektivenwechsels,

3. vielfältige, ganzheitliche und partizipatorische Methoden mit Erkundung des Nahbereichs und sinnlicher Erfahrung, die von den Erfahrungen und Zugängen der Lernenden ausgehen und

4. die Ausbildung individueller und kollektiver Handlungskompetenz im Zeichen weltweiter Solidarität, die Förderung selbstgesteuerten Lernens und die Fähigkeit zur Mitgestaltung der Weltgesellschaft (VENRO 2000).

2.4.2 Der systemtheoretische Ansatz

Im Gegensatz dazu wurden Mitte der 1990er Jahre die unterschiedlichen Konzepte Globalen Lernens einer evolutionär- und systemtheoretischen Kritik unterzogen und reflektiert (TREML 2000, SCHEUNPFLUG & SCHRÖCK 2000). In diesem Ansatz bilden die Herausforderungen der Globalisierung in gesellschaftspolitischer, ökologischer und ökonomischer Hinsicht Ausgangspunkte für Globales Lernen, das als pädagogische Antwort auf Globalisierungsprozesse verstanden wird (SCHEUNPFLUG 2000). Ziel der Neuausrichtung des Globalen Lernens ist deshalb in dem systemtheoretischen Konzept nicht mehr die normativ geprägte „Bewusstseinsbildung", die auch aufgrund ihres hohen „Moralingehalts" als nicht zielführend angesehen wird, sondern die Vorbereitung der Lernenden auf das Leben in einer Weltgesellschaft und in einer ungewissen Zukunft, sowie der Umgang mit Komplexität und der Erwerb entsprechender Kompetenzen (SCHEUNPFLUG & SCHRÖCK 2000, SCHEUNPFLUG 2007). Damit befindet sich das Konzept im Einklang mit den Zielanforderungen wie sie im Orientierungsrahmen einer Bildung für nachhaltige Entwicklung (BLK 1998) beschrieben sind (ASBRAND et al. 2006).

Aus evolutionstheoretischer Sicht bleiben dem Menschen als Nahbereichswesen mit der Fähigkeit zur Abstraktion nach TREML (2000) zwei Reaktionsmöglichkeiten für die Anpassung an die sich aus der Globalisierung ergebenden Herausforderungen: Entweder die eng gebundene Anpassung an eine bestimmte Umwelt (Verringerung der äußeren Komplexität) oder eine breite, vielfältige Anpassung an unbestimmte und damit nicht überschaubare Umwelten (Erhöhung der Eigenkomplexität), so dass die Autopoiesis – selbständiges zweckgebundenes Handeln / Produzieren – erhalten bleibt. Eine gewisse Reduzierung der Außenkomplexität setzt auch SCHEUNPFLUG (2000) voraus, wenn sie davon spricht, dass der Erwerb von Gestaltungskompetenz kleinschrittig auf unterschiedlichen Ebenen erfolgen kann, in den Teilkompetenzen, die im

Hinblick auf globale Herausforderungen vermittelt werden. Die Vermittlung eines differenzierten Weltbildes ist jedoch nur die „halbe Wahrheit", denn durch den Zuwachs an verwertbaren Informationen steigt auch das Nicht-Wissen an und die komplexer werdende Welt erscheint vielen Menschen nicht mehr erfassbar und damit subjektiv unsicherer. *„Es ist also eine große didaktische Aufgabe, Schülerinnen und Schüler daran heranzuführen, die Entwicklung zur Weltgesellschaft angemessen zu verstehen und in Worte fassen zu können. […] Gerade aufgrund der Komplexität der Situation müsste das Lernziel eigentlich heißen, verstehen zu lernen, dass wir diese Situation nicht hinreichend verstehen können."* (SCHEUNPFLUG 2000)

Um Globales Lernen effektiv umsetzen zu können sollten vor allem schülerorientierte, kooperative und kommunikative didaktische Methoden eingesetzt werden, die selbständiges und eigenverantwortliches Handeln fördern. SCHEUNPFLUG & SCHRÖCK (2000) schlagen u. a. folgende Methoden für den Einsatz im Rahmen des Globalen Lernens vor, die jeweils auf den Schwerpunkt innerhalb der Unterrichtseinheit (Sensibilisierung, Bearbeitung, Problematisierung) abgestimmt werden müssen: Kartenabfrage, Assoziationsmethoden, Plakate und Mindmaps entwerfen, Lernzirkel, Karrikaturenrallyes, Planspiele, Zukunftswerkstätten, Pro+Contra-Debatten, Rollenspiele, Fishbowl-Diskussion, Galeriemethode, Expertenbefragungen. Auch in diesem Konzept sollte die Lehrkraft eher beraten, steuern und koordinieren, sowie Lernarrangements erstellen, die eigenverantwortliches Lernen und Handeln ermöglichen. Die dadurch geschaffene Kombination von Fach-, Methoden-, Sozial- und personaler Kompetenz fördert sowohl für Schülerinnen und Schüler aber auch für die Lehrkräfte die Fähigkeiten für das Problemlösen in einer globalisierten Welt (SCHEUNPFLUG & SCHRÖCK 2000).

Nach SCHEUNPFLUG (2007) ist der evolutionär- und systemtheoretische Ansatz mit folgenden anthropologischen und lerntheoretischen Überlegungen unterfüttert:

1. Durch die Komplexitätssteigerung der Weltgesellschaft und den schnellen sozialen Wandel verliert vorhandenes Wissen in immer kürzeren Zeitspannen an Bedeutung. Im unmittelbaren Lebensumfeld (Nahbereich) stoßen vermehrt Vertrautes (früher vertraute Umgebung) und Fremdes (früher in der Ferne lokalisiert) aufeinander. Die daraus entstehende unzureichende Problemlösefähigkeit kann nur durch abstraktes Denken überwunden werden.

2. Ethisch verantwortliches Handeln, das sich auf weit entfernt lebende Menschen oder kommende Generationen bezieht, fällt dem Menschen als Nahbereichswesen schwer. Dies gilt auch für komplexe, globale Zusammenhänge. Das Einüben einer abstrakten Sozialität soll diese Hürde überwinden.

3. Die Lerntheorie hat gezeigt, dass Lernen nicht als Vermittlung von Wissen und Werten zu Einstellungs- und Handlungsänderungen führt. Insofern geht das evolutionäre Konzept Globalen Lernens von selbstgesteuerten Lernprozessen aus, die auf individuellen, autopoietischen Vorgängen basieren. Diese Lernprozesse können durch entsprechende Lernarrangements angeregt aber nicht determiniert werden. Hierfür ist es notwendig, dass sich die Rolle und das Selbstverständnis der Lehrkräfte aber auch die Rahmenbedingungen in der Institution Schule verändern (SCHEUNPFLUG & SCHRÖCK 2000).

Diese Diskussionen zeigen, dass es nicht „das eine" theoretische Lernkonzept des Globalen Lernens gibt, sondern dass viele Wurzeln und verschiedene Paradigmen existieren, die auch die Fülle der didaktischen Materialien erklären. SCHEUNPFLUG (2007) stellt heraus, dass vielen Aktiven im Globalen Lernen diese Unterschiede in den theoretischen Lernkonzepten nicht bewusst sind. Deshalb wird eine Herausforderung innerhalb des Globalen Lernens darin bestehen, die Wirksamkeit, Effektivität und Resonanzfähigkeit bestehender pädagogischer Ansätze (beispielsweise handlungstheoretischer Ansatz und evolutionär-systemtheoretischer Ansatz) zu untersuchen und diese weiter zu entwickeln (vgl. OVERWIEN in diesem Band).

2.5 Weichenstellung für Globales Lernen in der Schule

Im Jahr 2007 verabschiedete die Kultusministerkonferenz zusammen mit dem Bundesministerium für wirtschaftliche Zusammenarbeit und Entwicklung (BMZ) den „Orientierungsrahmen für den Lernbereich Globale Entwicklung im Rahmen einer Bildung für nachhaltige Entwicklung" (KMK & BMZ 2007), der dem Lernbereich Globale Entwicklung in der allgemeinen und beruflichen Bildung eine stärkere systematische curriculare Verankerung bringen soll.

Fast gleichzeitig erschienen die, von der Kultusministerkonferenz zusammen mit der Deutschen UNESCO-Kommission entwickelten, „Empfehlung zur Bildung für nachhaltige Entwicklung in der Schule" (KMK & DUK 2007), die auf die im BNE-Konzept formulierte Gestaltungskompetenz (mit den 10 Teilkompetenzen) zurückgreift. Die Gestaltungskompetenz ist anschlussfähig an das System der Schlüsselkompetenzen der OECD (Organisation for Economic Cooperation and Development) (HAAN 2008, OECD 2005). Das Konstrukt der Gestaltungskompetenz verfolgt das Ziel, Wissen über nachhaltige Entwicklung anzuwenden und Probleme nicht nachhaltiger Entwicklung zu erkennen. Dies bedeutet insbesondere, die gegenseitigen Abhängigkeiten ökologischer, sozialer, kultureller und ökonomischer Entwicklungen analysieren und darauf basierend, Entscheidungen treffen und umsetzen zu können, die mit den Zielen einer nachhaltigen Entwicklung vereinbar sind. Das Kompetenzkonzept ist interdisziplinär ausgerichtet, stärkt das Erfahrungswissen, berücksichtigt die Rolle der Emotionen und Handlungsmotive der Lernenden. Darüber hinaus stellt es die sozialen und kommunikativen Kompetenzen gleichberechtigt neben die fachlichen Kompetenzen. Es impliziert daher eher die Auflösung der Fachorientierung, um dem Situations- und Problembezug des Kompetenzerwerbs gerecht zu werden (HAAN 2007).

Der „Orientierungsrahmen" benennt 11 Kernkompetenzen, die die Bereiche „Erkennen", „Bewerten" und „Handeln" innerhalb des globalen Wandels und von Entwicklungsprozessen abdecken. Sie sind an den Dimensionen des Leitbilds der nachhaltigen Entwicklung orientiert und mit den zu erwerbenden Kompetenzen in bestehenden Schulfächern synchronisiert (SCHREIBER 2007, KMK & BMZ 2007). Nach SEITZ (2007) wird im Rahmen der BNE-Kompetenzen jedoch gerade die Reformbedürftigkeit des Fächerkanons hervorgehoben. Tatsächlich wird der „Orientierungsrahmen" in der „Empfehlung" gleichrangig neben den Ergebnissen der BLK-Projekte „21" und „Transfer-21" zitiert, ohne auf die Wiedersprüche einzugehen. *„So bleibt also das konzeptionelle Verhältnis von „Globalem Lernen" und „Bildung für nachhaltige Entwicklung" noch unscharf und weiter in Bewegung. Es ist zu hoffen, dass die gestressten Lehrerinnen und Lehrer angesichts der zahlreich aufgestellten Wegweiser nicht die Orientierung verlieren – zumal die Positionen der Nichtregierungsorganisationen mit ihrem Akzent auf dem Empowerment der Zivilgesellschaft (vgl. VENRO 2005) nochmals quer zu den genannten bildungspolitischen Dokumenten liegen".* (SEITZ 2007, siehe hierzu auch JANECKI und OVERWIEN beide in diesem Band).

Zu den Schwierigkeiten einer Definition von Kompetenzen, ihrer Operationalisierung und Messung, die an dieser Stelle nicht weiter ausgeführt werden können, siehe ausführlich u. a. FISCHER & BANK (2006), BARTH (2007) und BORMANN & HAAN (2008).

3 Das Verhältnis von Natur- und Umweltbildung, Globalem Lernen und Bildung für nachhaltige Entwicklung

Die Wurzeln und die Historie der Natur- und Umweltbildung sowie des Konzepts „Bildung für nachhaltige Entwicklung" (BNE) werden an dieser Stelle nicht detailliert widergegeben, da sich ausführliche Ausführungen dazu in BORCHERS et al. (2008), MICHELSEN (2008) und LUCKER & KÖLSCH (2008a) befinden.

Zwischen Natur- und Umweltbildung und BNE existieren viele Gemeinsamkeiten und parallele Entwicklungen bezüglich der Ziele, Inhalte und Methoden aber auch bezüglich der Strukturen, Kompetenzen und Zielgruppen. Dies ist darauf zurückzuführen, dass die Bildungs-Prinzipien der nachhaltigen Entwicklung, wie sie im Kapitel 36 der Agenda 21 dargelegt sind, aus der Erklärung und den Empfehlungen der 1977 von der Organisation der Vereinten Nationen für Erziehung, Wissenschaft und Kultur (UNESCO) und dem Umweltprogramm der Vereinten Nationen (UNEP) in Tiflis veranstalteten Intergovernmental Conference on Environmental Education stammen (UNESCO 1978, BMU 1992).

Insofern wird die Natur- und Umweltbildung häufig als Vorläuferkonzept für die BNE betrachtet (vgl. BUNDESREGIERUNG 2005, HAUENSCHILD & BOLSCHO 2005). Dies wird auch vom Verband Entwicklungspolitik deutscher Nichtregierungsorganisationen e.V. (VENRO) so gesehen: *„Dieser Ansatz* [des Globalen Lernens, Anm. d. Verf.] *hat seine Wurzeln in der entwicklungspolitischen Bildung, die wiederum eng mit den Strukturen der Dritte-Welt-Bewegung und der staatlichen wie nichtstaatlichen Entwicklungsorganisationen verknüpft ist, wogegen sich weite Teile der Bildung für nachhaltige Entwicklung (education for sustainable development) im nationalen wie im internationalen Rahmen aus der Tradition der Umweltbildung heraus entwickelt haben, für die wiederum die Natur- und Umweltschutzverbände eine wichtige gesellschaftliche Basis darstellen"*. (VENRO 2005)

BNE ist auf das Leitbild der nachhaltigen Entwicklung ausgerichtet und greift die globalen Wirkungen der zunehmenden Disparitäten im Umwelt- sowie im sozialen und im ökonomischen Bereich auf und geht damit über die Ziele der Natur- und Umweltbildung und des Globalen Lernens hinaus. Die globale Betrachtung von Wirkungen menschlichen Handelns, die Reflexion des eigenen Lebensstils und die ethisch orientierte Frage der inter- sowie intragenerationellen Gerechtigkeit sind die zentralen Elemente, die BNE gegenüber der Natur- und Umweltbildung zum ganzheitlicheren Konzept machen (LUCKER & KÖLSCH 2008a). Mit diesem ganzheitlichen Anspruch verbunden ist natürlich auch, dass sich BNE von der Fokussierung auf ökologische Fragestellungen löst (KREJCAREK 2005) und sich auch auf globale Themen konzentriert. Die aus Naturschutzsicht entscheidende Frage ist, ob es durch ein Zusammenwachsen von BNE, Natur- und Umweltbildung und Gobalem Lernen gelingt, durch Überwindung der Fokussierung auf rein ökologische Problemlagen bzw. Nord-Süd-Themen die Persönlichkeiten so zu bilden, dass die negativen Einflüsse des Klimawandels, der Verlust der biologischen Vielfalt und andere ökologische Risiken stärker verringert und die bestehende soziale Ungerechtigkeit zwischen Nord und Süd dauerhafter beseitigt werden, als es die Teilpädagogiken momentan vermögen.

Natur- und Umweltbildung, BNE und Globales Lernen verweisen auf unterschiedliche Entstehungsgeschichten. Alle drei Bildungskonzepte streben jedoch zumindest in den offiziellen Papieren eine mehr oder weniger deutliche Reform der Lehr- und Lernprozesse sowie des gesamten Bildungswesens an. Den innovativen Kräften innerhalb der Natur- und Umweltbildung aber auch den Akteuren, die sich seit mehr als 30 Jahren für die Verankerung der entwicklungsbezogenen Bildung im Unterricht einsetzen, ist dies jedoch bisher nur sehr begrenzt gelungen. Im Folgenden wird versucht, die Unterschiede und Gemeinsamkeiten zu beleuchten, um ein besseres Verständnis für die unterschiedlichen Positionen zu erzeugen und die zukünftige Vernetzung zu fördern.

3.1 Gemeinsamkeiten – Unterschiede

Aus der Analyse der Bildungskonzepte werden Gemeinsamkeiten und Differenzen sichtbar. Eine Schwierigkeit des Vergleichs ergibt sich aus den unterschiedlichen Wirkungsebenen (Politik, Wissenschaft, praktische Umsetzung) und unterschiedlichen Steuerungswirkungen der Programme, sodass immer herausgestellt werden muss, auf welche Ebene sich der Vergleich bezieht.

Darüber hinaus ergibt sich häufig eine große Diskrepanz zwischen den offiziellen Dokumenten und allgemeinen politischen Zielen auf der einen Seite sowie der Realität bzw. der konkreten Umsetzung dieser Ziele auf der anderen Seite. Beispielsweise bilden die Leitlinien zur Natur- und Umweltbildung aus dem Jahr 1977 (Konferenz in Tiflis) den ambitionierten Versuch, die Bildungssysteme zu verändern, Methodenvielfalt bei der Vermittlung einzuführen und globale Auswirkungen des menschlichen Handelns zu thematisieren (UNESCO 1978). Wird die Realisierung dieser Leitlinien analysiert, muss konstatiert werden, dass nur wenig davon Eingang in die Bildungspraxis gefunden hat. Eine ähnliche Entwicklung ist für die BNE zu befürchten, wenn nicht in relativ kurzer Zeit Finanzmittel, Strukturen und politische Strategien bereitgestellt werden, um BNE sowohl im formalen Bildungssystem wie auch im informellen Bildungsbereich in die Breite zu tragen.

Die Darstellung von Gemeinsamkeiten und Unterschieden konzentriert sich dabei zunächst auf den bei den bisherigen Ausführungen noch nicht hinreichend analysierten Bereich der Methoden. Danach werden in einer Synopse die wichtigsten Elemente der Bildungskonzepte gegenübergestellt werden.

3.1.1 Methoden der Natur- und Umweltbildung

Die Beschreibung der Umweltbildungsmethoden ist nicht ganz einfach, da auf der einen Seite innerhalb der unterschiedlichen Bildungsansätze (u. a. Umwelterziehung, Ökopädagogik, Natur erleben, Umwelt lernen, Erlebnispädagogik) verschiedenartige Methodensammlungen aufgebaut wurden. Auf der anderen Seite ist zwischen der Umwelterziehung in Schulen (formale Bildung), den umweltorientierten Lernangeboten von freien Trägern (Umweltzentren, Naturschutzverbänden) und von Selbständigen in der Umweltbildung (non-formale bzw. informelle Bildung) zu unterscheiden. Weiterhin ist eine Verallgemeinerung schwierig, da es außerhalb des Mainstreams Vordenkerinnen und Vordenker gab und gibt, die sehr früh neuartige, kreative und ganzheitliche Methoden, wie z. B. Plan- und Rollenspiele, beschrieben und als Unterrichtsmaterialien entwickelt haben (TROMMER 1978, MEADOWS et al. 1993).

In den 1970er Jahren ist die Natur- und Umweltbildung unter dem Eindruck der sich abzeichnenden Ressourcenverknappung und Umweltkatastrophen sowie aufgrund der vorherrschenden wissenschaftlich-theoretischen Erklärungsmuster in den Naturwissenschaften (und damit auch im Naturschutz) überwiegend durch kognitive Zugänge geprägt. Eine große Rolle spielt jedoch schon das „soziale Lernen" (Gruppenarbeit, Projekte, Diskussionen). Ende der 1980er Jahre gerät dieser Ansatz, der die Natur zum Objekt degradiert, zunehmend in die Kritik und durch eine Gegenbewegung erleben die „alten Methoden der Natur- und Naturschutzpädagogik" eine Renaissance (KREUTER & FROHN 2004). Parallel dazu werden die emotional-sinnlichen Konzepte von CORNELL (1979, 1991), TILDEN (1977) und MATRE (1990) aus dem anglo-nordamerikanischen Raum aufgenommen und mit Modifikationen in die naturbezogene deutsche Bildungsarbeit integriert. Diese „moderneren" Konzeptionen stellen die Originalbegegnung mit der Natur, Naturerlebnisse mit allen Sinnen, emotionalisierte Vermittlung, Selbsterkundung, spielerische Zugänge und ganzheitliche Lernprozesse in den Mittelpunkt. Nicht länger Zeigerfinger- oder Katastrophenpädagogik bestimmen in diesen Ansätzen und Konzepten das Vorgehen, sondern im Mittelpunkt stehen der positiv konnotierte unmittelbare Kontakt zur Natur und die Anbahnung von Problemlösungskompetenzen. Eine Nähe zu reformpädagogischen Ansätzen des ausgehenden 19. Jahrhundert ist erkennbar (u. a. KUHN et al. 1986, JANßEN 1988, TROMMER 1988, GÖPFERT 1988, KOCK & MEYER 1990, MAAßEN 1990, REINERS 1992, IPTS & NPA 1993, KLEBER 1993, WINKEL 1995, WWF 1996).

In vielen neueren Texten wird die Bedeutung von Naturerfahrung für späteres Umwelthandeln betont und empirisch belegt (BÖGEHOLZ 1999, LUDE 2006, NÜTZEL 2007). Beispielsweise verbessert ein einwöchiger Nationalparkaufenthalt mit Bildungsprogramm längerfristig die Naturschutzeinstellungen (BOGNER 1998). GEBHARD (2001) weist auf die hohe Bedeutung der Natur für die psychische Entwicklung von Kindern hin. Wie differenziert Naturerlebnisse und Naturerfahrungen betrachtet werden müssen, zeigt LUDE (2008), der 12 unterschiedliche Dimensionen der Naturerfahrung identifiziert hat. Dazu gehören: soziale, nachbezogene, ästhetische, abenteuerliche, erholungsbezogene, mediale, instrumentelle, erkundende, ernährungsbezogene, spirituelle, naturschutzbezogene und destruktive. Aus einer Zusammenschau mehrerer Befragungen von Schülerinnen und Schülern geht hervor, dass die meisten Naturerfahrungen im privaten Bereich gemacht werden. Dabei treten am häufigsten soziale Naturerfahrungen (mit Haustieren) und am seltensten spirituelle, naturschutzbezogene und destruktive Naturerfahrungen auf. JUNG (2005) fordert deshalb folgerichtig, nicht einen Gegensatz zwischen rationaler Umweltbildung und emotionaler Naturerfahrung aufzubauen, sondern „Verständnis-Brücken" zwischen den Lagern zu schaffen, um gemeinsam vielfältige, ganzheitliche Zugänge zur Erfassung der Welt zu entwickeln. In diesen Erkenntnissen steckt ein besonderer Wert der Natur- und Umweltbildung, der für die Umsetzung der BNE von großer Bedeutung ist. Die Vielfalt der Methodik bildet eine wichtige Qualität, die stärker als bisher für die Umsetzung und Weiterentwicklung der BNE genutzt werden sollte.

Neben non-reaktiven Veranstaltungsformen (Vorträge, Führungen, Demonstrationen) führen GIESEL et al. (2002) insbesondere partizipative und handlungsorientierte Methoden wie beispielsweise Zukunftswerkstätten, interaktive Lernangebote (Planspiele), Kreativmethoden (Ausstellungserarbeitung), Moderationsmethoden, Exkursionen mit entdeckendem Lernen, Erlebnispädagogik, Natursensibilisierung, Gruppenlernen und Projektarbeit auf. Es wird in dem Bericht jedoch hervorgehoben, dass im Umgang mit Problemen in komplexen Welten strategische Handlungskompetenzen notwendig sind, die in der außerschulischen Umweltbildung noch zu selten erworben werden können.

3.1.2 Methoden der BNE

Als Grundprinzipien der BNE werden fächerübergreifendes Arbeiten bzw. fächerverbindende Lernangebote (Inter- bzw. Transdisziplinarität) genannt. Die Schülerinnen und Schüler werden an der Auswahl und Gestaltung der Unterrichtsthemen beteiligt, dabei können eigene Sichtweisen eingebracht werden (Partizipation). Sie sollen lernen, gemeinsam mit Anderen Lösungen im Sinne der nachhaltigen Entwicklung zu erarbeiten (Arbeiten in Teams). Projektarbeit, Entwicklung von unterschiedlichen Handlungsszenarien, selbstgesteuertes Lernen und Förderung der Eigeninitiative stehen im Vordergrund. Die Schulen sollen innovative Strukturen wie z. B. Kooperation mit außerschulischen Partnern, wie Umweltbildungszentren, Wirtschaft, Kommunen und Verbänden, aufbauen und die Grundprinzipien der BNE in Schulprogramme aufnehmen (HAAN & HARENBERG 1999).

Abhängig vom Unterrichtsinhalt sollte ein Wechsel der verschiedenen Sozialformen des Lernens (Gruppen-, Partner- und Einzelarbeit) und der vielfältigen Methoden erfolgen. BNE bedient sich damit unterschiedlicher Methoden, die aus verschiedenen pädagogischen Bereichen entliehen sind. Sie können an dieser Stelle nicht erschöpfend aufgeführt werden. BNE plädiert vor allem für offene Lernformen (weniger Frontalunterricht), in denen den individuellen Lernprozessen der Lernenden ein möglichst großer Spielraum gegeben wird. Das praktische Tun steht im Vordergrund und die fachlichen sowie die überfachlichen Interessen der Schülerinnen und Schüler bestimmen das Lerngeschehen. Dabei wird auf das soziale Geschehen und die (außerschulischen) Interaktionen großer Wert gelegt. Zu den Methoden der BNE werden insbesondere situiertes Lernen, Lernen an Stationen, projektorientiertes Lernen, selbstorganisiertes Lernen, Zukunftswerkstätten, Syndromansatz, Plan- und Rollenspiele, Simulationen, Teamentwicklungsprozesse (kooperative Übungen), Service Learning, Szenariotechnik und nachhaltige Schülerfirmen gezählt (PROGRAMM TRANSFER-21 2007a, 2007b, 2007c).

In den Rahmenrichtlinien für die inhaltliche und methodische Gestaltung des Unterrichts an Schulen, die von Land zu Land sehr unterschiedlich für die einzelnen Fächer ausfallen, finden sich häufig Hinweise auf Methodenvielfalt, unterschiedliche didaktische Prinzipien, wie soziales Lernen, interdisziplinäres Lernen und Projektlernen. Bedingt durch die Rahmenbedingungen an den Schulen ist der Bildungsmainstream in allgemein bildenden Schulen, Berufsschulen und Hochschulen jedoch durch instruktionistische Methoden, Frontalunterricht und Fachorientierung gekennzeichnet. Verstärkt wird dieser durch die Einführung des Abiturs in 12 Schuljahren in einigen Ländern. Der Einsatz der beschriebenen BNE-Methoden gehört noch zur Ausnahme.

3.1.3 Methoden des Globalen Lernens

Nach Scheunpflug und Schröck sollten im Globalen Lernen vor allem schülerorientierte, kooperative und kommunikative didaktische Methoden eingesetzt werden, die selbständiges und eigenverantwortliches Arbeiten fördern. *„Um sich in der Weltgesellschaft zu bewegen, benötigen Jugendliche Fachkompetenz, Methodenkompetenz, Sozialkompetenz sowie personale Kompetenz"*. SCHEUNPFLUG & SCHRÖCK (2000) Als methodisch didaktische Bausteine werden Kartenabfragen, Assoziationsmethoden, Plakate und Mindmaps entwerfen, Lernzirkel, Karrikaturenrallyes, Planspiele, Projektarbeit, Zukunftswerkstätten, Pro- und Contra-Debatten, Gestaltung und Auswertung von Rollenspielen, Fishbowl-Diskussionen, Schreiben von Texten, Galeriemethode, Expertenbefragungen, Kleingruppenarbeit, Erfahrung vermittelnde Übungen und imaginative Aktivitäten (Fantasiereisen, geleitete Visualisierungen) vorgeschlagen. Dabei wird die Anwendung von verschiedenen Methoden (einschließlich des Frontalunterrichts) betont (SELBY & RATHENOW 2003, SCHEUNPFLUG & SCHRÖCK 2000).

3.1.4 Synopse der Gemeinsamkeiten und Unterschiede

Bei dem Vergleich wird eine große Ähnlichkeit der drei Ansätze deutlich. Als wesentliches Unterscheidungsmerkmal scheinen eher die „Wurzeln" und unterschiedlichen Ideengeschichten der Konzepte und damit die Inhalte und Themen eine Rolle zu spielen. Die Methoden und Zielgruppen lassen sich als sehr deckungsgleich identifizieren, wobei sich BNE als der inhaltlich weitreichendere Ansatz herausstellt.

Bezüglich der Strukturen ist gerade beim Globalen Lernen die Unterscheidung zwischen Engagement in einer Nichtregierungsorganisation und der damit einhergehenden Informationsarbeit sowie dem durch wissenschaftliche Forschung und Praxis fundierten Bildungskonzept zu unterscheiden. Eine Entwicklung, die für den Bereich der Natur- und Umweltbildung seit Anfang der 1990er Jahre als abgeschlossen gelten kann. Dennoch ist für die Natur- und Umweltbildung und das Globale Lernen anzumerken, dass es nicht „das eine" Bildungskonzept gibt, in das sich alle Bildungsmaßnahmen nach lerntheoretischen und pädagogischen Kriterien einordnen ließen. Vielleicht kann sich BNE zukünftig zu einem gemeinsamen Dach entwickeln, das die „Wurzeln" der unter diesem versammelten Teilpädagogiken wertschätzt, respektiert und zugunsten einer breiten bildungspolitischen wenn nicht gar gesellschaftspolitischen Bewegung eint.

Bezüglich der einzusetzenden Strategien stehen alle Konzepte vor der Aufgabe, Lehr-Lernbeziehungen und darüber hinaus letztendlich das Bildungssystem reformieren zu wollen. Damit einher geht das Problem, vor allem im formalen Bildungssystem, sich in der Praxis von der „Gesinnungspädagogik" abzuwenden und offene Lernprozesse anzubieten, die die Lernenden mitgestalten können (Partizipation). Den Anspruch erheben alle drei Bildungskonzepte. Bis jetzt scheint er jedoch hauptsächlich im informellen Bereich (und auch dort nicht überall) verwirklicht zu sein.

In der Tabelle 1 werden die Charakteristika der Bildungskonzepte in inhaltlich stark verkürzter, holzschnittartiger Form gegenüber gestellt, um die wesentlichen Aspekte zusammenzufassen.

Tab. 1: Gemeinsamkeiten und Unterschiede der Bildungskonzepte.

Gemeinsamkeiten und Unterschiede bezüglich der Ziele	
Natur- und Umweltbildung	Strategie zur Veränderung von umweltrelevantem Verhalten. Ging zu einem Teil von Umweltkrisen und einem Bedrohungsszenario aus. Zum Teil wird in verschiedenen Konzepten (z. B. Naturerlebnispädagogik, Ökopädagogik) aber auch die Abkehr von Bedrohungsszenarien explizit thematisiert. Analyse und Bewertung von Umweltbelastungen und persönlichen Verhaltensmodi als Möglichkeit zur Verbesserung der (globalen) Umweltsituation. Die Verflechtungen von ökologischen, sozialen, ökonomischen Prozessen soll thematisiert werden. Das Bildungssystem soll reformiert werden.
BNE	Entwicklung globaler Modernisierungs- und Zukunftsgestaltungsstrategie. Ein Wertewandel für die nachhaltige Gestaltung der Weltgesellschaft und eine Reform der Bildungssysteme wird in einem prinzipiell ergebnisoffenen Diskurs angestrebt. Geht zum Teil jedoch auch von Bedrohungsszenario aus, will mit Analyse und Bewertung jedoch eine Reflexion der Lebensstile und die Förderung von Verantwortung für bestehende und kommende Generationen sowie unterschiedliche Kulturen mit dem Ziel der Etablierung nachhaltiger Lebensstile erreichen. BNE soll ebenfalls als Methode zur Organisations- und Personalentwicklung genutzt werden (Integration in Schulprogramme, Institutionsleitbilder und Visionen).
Globales Lernen	In diesem Ansatz bilden die Herausforderungen der Globalisierung in gesellschaftspolitischer, ökologischer und ökonomischer Hinsicht Ausgangspunkte für Lernprozesse, die als pädagogische Antwort auf diese Entwicklung verstanden wird (SCHEUNPFLUG 2000). Ziele des evolutionär-systemtheoretischen Ansatzes sind die Vorbereitung der Lernenden auf das Leben in einer Weltgesellschaft und in einer ungewissen Zukunft, sowie der Umgang mit Komplexität und der Erwerb entsprechender Kompetenzen. Das handlungsorientierte Konzept von SELBY & RATHENOW (2003) geht von einer Kritik am naturwissenschaftlich-technisch geprägten Weltbild aus und vertritt eher normative Lernziele, wie z. B. Solidarität mit den Leidtragenden der Globalisierung, Mitgestaltung einer „besseren und gerechten Welt". Das Verhältnis von Lehrenden und Lernenden soll sich verändern (knüpft z. T. an Reformpädagogik an) aber auch die Rahmenbedingungen an den Schulen.

Fortsetzung Tab. 1: Gemeinsamkeiten und Unterschiede der Bildungskonzepte.

Gemeinsamkeiten und Unterschiede bezüglich der Kompetenzen	
Natur- und Umweltbildung	Verbesserung von Handlungs-, Sach-, Methoden-, sozialen und personalen Kompetenzen. Weitreichende Ziele in der Erklärung von Tiflis (UNESCO 1978), die u. a. als Vorläufer der BNE angesehen werden können. Sie sind in der Ausdifferenzierung kompatibel zu Kompetenzkategorien der OECD (2005).
BNE	Förderung des Erwerbs von Gestaltungskompetenz, die auf die Fähigkeit zur Modellierung der Zukunft durch das Individuum in Kooperation mit anderen abzielt (Haan & Harenberg 1999) und sich aus folgenden Teilkompetenzen zusammensetzt: Weltoffen Wissen aufbauen, vorausschauend denken und handeln, interdisziplinär Erkenntnisse gewinnen, gemeinsam mit anderen planen und handeln, an Entscheidungsprozessen partizipieren, andere motivieren, Leitbilder reflektieren, selbständig planen und handeln, Empathie und Solidarität zeigen, sich motivieren, aktiv zu werden. Sie sind in der Ausdifferenzierung kompatibel zu Schlüsselkompetenzkategorien der OECD (2005).
Globales Lernen	Im „Orientierungsrahmen" (KMK & BMZ 2007) werden die zu erwerbenden Teilkompetenzen folgendermaßen beschrieben: Informationsbeschaffung und -verarbeitung, Erkennen von Vielfalt, Analyse des globalen Wandels und von Entwicklungsprozessen, Perspektivenwechsel und Empathie, kritische Reflexion und Stellungnahme, Beurteilen von Entwicklungsmaßnahmen, Solidarität und Mitverantwortung, Verständigung und Konfliktlösung, Handlungsfähigkeit im globalen Wandel, Partizipation und Mitgestaltung. Zu den Kompetenzen der OECD wird nur ein lockerer Zusammenhang formuliert. Keine Bezüge zur Gestaltungskompetenz.
Gemeinsamkeiten und Unterschiede bezüglich der Zielgruppen	
Natur- und Umweltbildung	Für den Bereich der Schulen und Hochschulen bilden die Lernenden die Zielgruppe. In den verschiedenen Umweltbildungseinrichtungen kann die gesamte Bevölkerung als Zielgruppe definiert werden.
BNE	Für den Bereich der Schulen und Hochschulen bilden die Lernenden die Zielgruppe. In den verschiedenen Bildungseinrichtungen kann die gesamte Bevölkerung (also auch Behörden, Firmen, Institutionen) als Zielgruppe definiert werden.
Globales Lernen	Für den Bereich der Schulen und Hochschulen bilden die Lernenden die Zielgruppe. In den verschiedenen Bildungseinrichtungen kann die gesamte Bevölkerung als Zielgruppe definiert werden.

Fortsetzung Tab. 1: Gemeinsamkeiten und Unterschiede der Bildungskonzepte.

Gemeinsamkeiten und Unterschiede bezüglich der Strukturen	
Natur- und Umweltbildung	Nach den Leitlinien von Tiflis (UNESCO 1978) wird eine Reform des Bildungssystems angestrebt. Politik, Schulen, Hochschulen, Kindertagesstätten, Verwaltungen, außerschulische Bildungseinrichtungen, Medien sind angesprochen, sich zu beteiligen.
BNE	Starke Verzahnung von formaler, non-formaler und informeller Bildung und damit die Einleitung einer Reform des Bildungssystems. Weitere strukturelle Veränderungen betreffen die Förderung selbstgesteuerter Lernprozesse und internationale Kooperationen. Die gesamte Gesellschaft ist angesprochen (Politik, formale und informelle Bildungseinrichtungen, Medien, Unternehmen, Verwaltungen), über die eigenen Lebensstile nachzudenken und diese am Leitbild der nachhaltigen Entwicklung auszurichten.
Globales Lernen	Zu unterscheiden ist der Anspruch des Globalen Lernens, ein Bildungskonzept zu sein, das auf einem wissenschaftlich begründeten pädagogischen Fundament basiert und dem Anliegen vieler Nichtregierungsorganisationen, eine politische Idee zu vertreten und Spenden für die Verbesserung von Lebenssituationen von Menschen zu sammeln. Entwicklungspolitische Bildungsarbeit und Informationsarbeit können sich dabei stark überschneiden, sodass die Konturen zwischen dem politischen Engagement und dem pädagogischen Konzept zu verwischen drohen.
Gemeinsamkeiten und Unterschiede bezüglich der Methoden	
Natur- und Umweltbildung	Angestrebt wird eine Methodenvielfalt (emotional-kognitiv), die v. a. in der außerschulischen Natur- und Umweltbildung verwirklicht wurde (z. B. Natur erleben, Planspiele, projektorientiertes Lernen, Methoden der Reformpädagogik). Für den formalen Bildungsbereich ist ebenfalls eine Veränderung des Verhältnisses von Lehrenden zu Lernenden geplant, es dominieren jedoch größtenteils instruktionistische sowie naturwissenschaftlich-technische Herangehensweisen.
BNE	Im außerschulischen Bereich sind der ganzheitliche Zugang und der Methoden-Mix weitgehend verwirklicht. Für den Schulbereich wird angestrebt, ganzheitliche, konstruktivistische Lernarrangements zu gestalten (z. B. situiertes Lernen, Lernen durch Lehren, selbstorganisiertes Lernen, Zukunftswerkstatt). Lernbegleitung und Organisation von unterschiedlichen Lernarrangements statt einseitige Lernsettings (Methodenvielfalt).
Globales Lernen	Angestrebt werden schülerorientierte, kooperative und kommunikative Methoden, die selbständiges und eigenverantwortliches Arbeiten fördern (individuelle, autopoietische Lernprozesse). Lernbegleitung und Organisation von unterschiedlichen Lernarrangements statt einseitige Lernsettings (Methodenvielfalt).

Fortsetzung Tab. 1: Gemeinsamkeiten und Unterschiede der Bildungskonzepte.

Gemeinsamkeiten und Unterschiede im Bezug zur Nachhaltigkeit	
Natur- und Umweltbildung	Natur- und Umweltbildung ging ursprünglich von lokalen Phänomenen aus. Durch bekannt werden globaler Probleme und deren wechselseitiger Abhängigkeit (Klimawandel, weltweiter Artenschwund, Armut, Gerechtigkeit etc.) werden die Themen zunehmend in globale Kontexte eingebettet und ihre Verflechtungen deutlich gemacht. In den letzten Jahren erfolgte eine verstärkte Ausrichtung an den drei Dimensionen und den Themen der nachhaltigen Entwicklung. Im außerschulischen Bereich teilweise starke Annäherung und in den Schulen nur geringe Verschneidung mit BNE. Natur- und Umweltbildung gilt neben dem Globalen Lernen als ein wichtiges Aktionsfeld innerhalb des BNE-Konzepts.
BNE	BNE gilt als Schlüsselkonzept zur Verbreitung der unterschiedlichen Aspekte der Nachhaltigkeit in der Gesellschaft und zur Umsetzung des Leitbilds einer nachhaltigen Entwicklung (Agenda 21). Unter dem Dach der BNE sollen Natur- und Umweltbildung, Globales Lernen, Friedenserziehung, interkulturelles Lernen, Gesundheits- und Mobilitätserziehung weiter entwickelt werden. Dieser Annäherungsprozess ist langandauernd, und verläuft nicht konfliktfrei. Positive Entwicklungen sind jedoch erkennbar, so dass der Annäherungsprozess als schon weit fortgeschritten beschrieben werden kann.
Globales Lernen	Globales Lernen ging zunächst von sozialen Problemlagen wie Armut, Gewalt, ungerechte Weltwirtschaftsbeziehungen und Menschenrechten aus. In den letzten Jahren werden verstärkt auch ökologische Fragestellungen mit sozialen Aspekten verknüpft und es ist eine verstärkte Ausrichtung an den Dimensionen und den Themen der Nachhaltigkeit sowie an den Zielen der BNE festzustellen. Globales Lernen soll neben der Natur- und Umweltbildung als zweites großes Aktionsfeld innerhalb des BNE-Konzepts ausgebaut werden.

4   Workshopergebnisse

Die Vernetzung von Fachleuten aus unterschiedlichen Bildungsbereichen und Bildungsinstitutionen, aus dem Globalen Lernen, der Natur- und Umweltbildung und der Bildung für nachhaltige Entwicklung war ein Ziel des Workshops auf der Insel Vilm zum Schwerpunkt „Globales Lernen" vom 23. - 26. September 2007. Informationen sollten ausgetauscht, die Ideenproduktion für neue integrative Projekte angeregt und im Diskurs die Bildungskonzepte gemeinsam weiterentwickelt werden.

Die Kommunikation unter den beteiligten Akteuren der Bildungstheorie und der Bildungspraxis, den Menschen mit Visionen und den Bodenständigen stellt den Beginn eines Diskussionsprozesses dar, der darauf abzielt, die Themen des Naturschutzes und der Natur- und Umweltbildung stärker als bisher in die Debatte um die nachhaltige Entwicklung und die Umsetzung der BNE einzubringen. Über 50 Fachleute aus der entwicklungspolitischen Arbeit, Großschutzgebieten, Naturschutzverwaltungen, Umweltzentren, Verbänden, Initiativen, Hochschulen und Naturschutzakademien sowie Akteure des Globalen Lernens und der Natur- und Umweltbildung kamen nach Vilm, um sich mit Vorträgen zu beteiligen und um in Ideen-Werkstätten Maßnahmen und Projekte zu diskutieren und weiter zu entwickeln. Die Atmosphäre war von großer Offenheit und Kollegialität geprägt, so dass vielfältige Diskussionen mit dokumentierten Ergebnissen entstanden[1].

Alle drei Bildungskonzepte, Natur- und Umweltbildung, Globales Lernen und BNE, stehen vor der Aufgabe, ihre Ziele, Inhalte und Methoden sowohl im formalen Bildungssystem einschließlich der Elementarbildung als auch im informellen Bildungssektor zu verankern. Eine gemeinsame Schwierigkeit besteht darin, dass sie als Querschnittsbereiche keinem eigenständigen Fach zugeordnet werden können, sich also auch keine Fachlehrkraft und keine spezifische Fachkonferenz für die Umsetzung stark machen. Sie stellen ambitionierte, interdisziplinäre und querschnittsorientierte Teilpädagogiken dar, die in den Kerncurricula und Rahmenrichtlinien bislang nur begrenzt Eingang gefunden haben. Beispielsweise kommt in den Kerncurricula für Naturwissenschaften in Niedersachsen (Realschule, Gymnasium) das Bildungsziel „Erwerb von Gestaltungskompetenz" – als zentrales Ziel der BNE – nicht vor. Der Natur- und Umweltbildung wird ein großer Wert beigemessen, der damit korrespondierende Kompetenzbereich wird jedoch „Bewertungskompetenz" genannt. Einen stärker aktivierenden, auf die Gestaltung einer nachhaltigen Zukunft gerichteten Impuls, wie er in der Gestaltungskompetenz zum Ausdruck kommt, sucht man hier jedoch vergeblich:

---

[1] Die Vorträge, Protokolle der Ideen-Werkstätten und des World-Cafés können heruntergeladen werden unter: www.otterzentrum.de/front_content.php?idcat=163.

„Der Biologieunterricht ermöglicht den Schülerinnen und Schülern die originale Begegnung mit der Natur. Sie verstehen die wechselseitige Abhängigkeit von Mensch und Umwelt und werden für einen verantwortungsvollen Umgang mit der Natur sensibilisiert. Primäre Naturerfahrungen können einen wesentlichen Beitrag zur Wertschätzung und Erhaltung der biologischen Vielfalt leisten und die Bewertungskompetenz für ökologische, ökonomische und sozial tragfähige Entscheidungen anbahnen. Das Entstehen negativer Vorurteile kann korrigiert und ästhetisches Empfinden geweckt werden." (NIEDERSÄCHSISCHES KULTUSMINISTERIUM 2007)

Die Verankerung in den curricularen Vorgaben scheint der Natur- und Umweltbildung bislang besser gelungen zu sein, als den beiden anderen Teilpädagogiken. Dies mag an der traditionell-historisch bedingten stärkeren naturwissenschaftlichen Orientierung liegen. Erst ab dem Ende der 1980er Jahre begannen die ganzheitlich orientierten Konzepte der naturbezogenen Pädagogik Raum zu greifen. In allen drei Bildungsbereichen sind jedoch in jüngerer Vergangenheit vielversprechende Initiativen zu beobachten, die eigene Position zu reflektieren, im Rahmen von BNE neu zu positionieren und durch Kooperationen in der Praxis eine bessere Verbreitung zu finden. Aber zwischen Theorie und Praxis, Anspruch und Wirklichkeit, zwischen Visionen und vorhandenen Ressourcen bestehen noch große Diskrepanzen.

Alle drei Konzeptionen bewegen sich in einem Spannungsfeld der Schärfung der theoretischen Konzepte, der Rückkopplung von Theorie und Praxis sowie der Verbesserung der Akzeptanz in Fachkreisen und in der Bevölkerung. Dies sollte jedoch nicht zu einem an Beliebigkeit grenzenden Aktionismus führen. Es stellen sich für die Zukunft deshalb vor allem folgende Fragen:

- Wie können die Ideen und Inhalte der Bildungskonzepte der „normalen", nichtakademischen Bevölkerung näher gebracht werden?
- Wo bleibt der Anspruch, die Natur und Umwelt im Einklang mit wirtschaftlichen und sozialen Zielen in Zukunft besser zu entwickeln und zu schützen?
- Wer schafft die Rahmenbedingungen für die Umsetzung und Realisierung der Leitbilder?
- Welche Werkzeuge fördern die erfolgreiche Umsetzung?

4.1 Zusammenwachsen der Konzepte voran bringen

Wie schon auf dem ersten Workshop zum Schwerpunkt „Lebenslanges Lernen" (LUCKER & KÖLSCH 2008b) festgestellt, wurde noch einmal bestätigt, dass die BNE noch kein abgeschlossenes Konzept darstellt und sich in einer ständigen Weiterentwicklung befindet (vgl. HAAN 2006). Gleichzeitig wurde aber auch deutlich, dass die unterschiedlichen Konzeptionen Natur- und Umweltbildung, Globales Lernen und BNE große Überschneidungen hinsichtlich der Inhalte, Strategien und Ziele aufweisen, diese jedoch stärker als bisher zusammengeführt werden müssen, um parallele Entwicklungen zu vermeiden. JANECKI (in diesem Band) weist auf die unterschiedlichen „Wurzeln" und Traditionslinien von Natur- und Umweltbildung und Globalem Lernen hin, die kreativ im Umgang miteinander genutzt werden sollten, um in Kooperationen und Partnerschaften neue konzeptionelle Ideen zu verwirklichen. Janecki geht es bei diesem integrativen Anspruch nicht um eine Verschmelzung der Konzepte, sondern um die weitere Vernetzung und Zusammenarbeit dieser eigenständigen pädagogischen Zugänge unter dem Leitbild der nachhaltigen Entwicklung.

Auch Annette Dieckmann von der ANU[2] (Arbeitsgemeinschaft Natur- und Umweltbildung e.V.) bestätigte die gute Eignung von Natur- und Umweltverbänden als wichtige Partner für Akteure des Globalen Lernens bei der Umsetzung der BNE, weil diese den Erwerb von Kompetenzen mit praktischem Handeln vor Ort verbinden (DIECKMANN 2008, DIECKMANN & SCHREIBER 2006).

4.2 Kooperationen und Vernetzungen fördern

Kooperationen entstehen nicht von selbst. Sie gelingen am besten, wenn die Beteiligten über möglichst viele Teilkompetenzen der Gestaltungskompetenz (Tabelle 1) verfügen. Dazu gehören außerdem noch das Respektieren unterschiedlicher Sichtweisen und Erkenntnisse sowie das Überwinden der eigenen Begrenztheit zugunsten einer Horizonterweiterung. Parallel dazu sollte der regelmäßige und institutionalisierte Dialog und Austausch unterschiedlicher Fachleute, wie dies bereits über die ANU und den BANU (Bundesweiter Arbeitskreis der staatlich getragenen Bildungsstätten im Natur- und Umweltschutz)[3] geschieht, stärker als bisher gefördert werden.

Mit Kooperationen zwischen Partnern aus unterschiedlichen Handlungsfeldern können die individuellen Kompetenzen verbessert, die eigenen Angebote erweitert und neue Zielgruppen erschlossen werden. Als potentielle Kooperationspartner für Natur- und Umweltverbände sind die unterschiedlichsten Organisationen und Institutionen denkbar, wie beispielsweise Schulen, Eine-Welt-Gruppen, Weltläden, Vereine, Pfadfinder, freie Jugendarbeit, Handwerksbetriebe, Landfrauenvereine, Freiwillige Feuerwehr, Schützenvereine, Volkshochschulen, Schulbauernhöfe, Wirtschaftsunternehmen, Freizeitparks, Museen, Botanische und Zoologische Gärten, Agenda-Gruppen, Jugendherbergen, Gesundheits,- Wellness- und Reha-Einrichtungen oder Tourismusverbände.

---

[2] www.umweltbildung.de.
[3] ww.umweltbildung-sachsen.de/banu/.

LUCKER & KÖLSCH (2008a) betonen in diesem Zusammenhang die Bedeutung von lokalen Nachhaltigkeitsnetzwerken, die sich auch international etablieren können (Abbildung 1). Gelungene Beispiele dafür präsentieren HETHKE & LÖHNE, LAUX et al., GAUER-SÜß & KRENZER-BASS sowie SANÉ (in diesem Band).

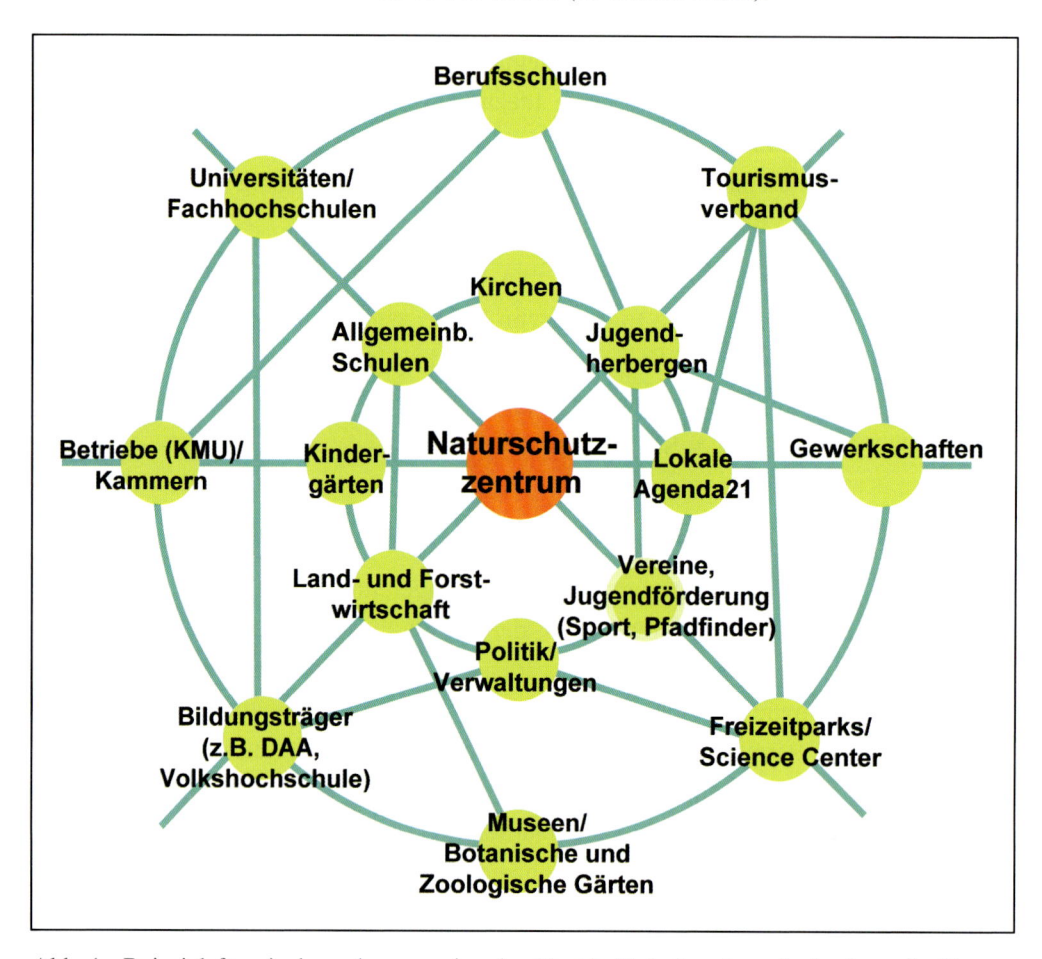

Abb. 1: Beispiel für ein komplexes regionales Nachhaltigkeitsnetzwerk, in dem ein Naturschutzzentrum die koordinierende Funktion übernimmt. Die einzelnen Institutionen müssen nicht zwangsläufig alle mit dem Naturschutzzentrum verknüpft sein (LUCKER & KÖLSCH 2008a).

Als ein wichtiges Ergebnis der Ideen-Werkstätten des Workshops kann hervorgehoben werden, dass die Kooperation der unterschiedlichen Partner aber auch der Teilnehmenden umso besser gelingt, je mehr das Schubladendenken und der Egoismus („wo bleibt meins") zugunsten eines gemeinsamen Produkts in den Hintergrund treten. Innerhalb der Kooperationen sollten für die Projekte realistische Ziele gesetzt und gemeinsame Prozesse der Beteiligung organisiert werden. Dabei ist es wichtig, auch kleine Erfolgserlebnisse zu würdigen und öffentlich zu machen.

Die für erfolgreiche Zusammenarbeit typischen Eigenschaften Offenheit, Neugier und uneigennützige Arbeitsweise verweisen wieder direkt auf die Teilkompetenzen der Gestaltungskompetenz, die auch bei vielen Lehrenden höchstwahrscheinlich noch nicht in ausreichendem Maß vorhanden sein dürften (siehe Kapitel 4.4). Sowohl für den formalen als auch für den informellen Bildungsbereich entstehen durch die Umsetzung der BNE enorme Fort- und Weiterbildungsnotwendigkeiten auf der Seite der Multiplikatorinnen und Multiplikatoren.

Nach der Meinung einiger Workshopteilnehmenden sollten insbesondere die Möglichkeiten einer Kooperation von Weltläden mit Schulen intensiviert und bezüglich der pädagogischen Ziele besser aufeinander abgestimmt werden (GOEBEL in diesem Band). Die meisten Teilnehmenden unterstützten die Forderung, den fachlichen Austausch zwischen BNE, Globalem Lernen und Natur- und Umweltbildung intensiver als bisher zu fördern. Dies kann z. B. durch gemeinsame, integrative Projekte in Schulen, Kindergärten, Wald- und Naturkindergärten, an Hochschulen und in der freien Bildungsarbeit geschehen.

Darüber hinaus könnten Kooperationsverbünde als Voraussetzung für finanzielle Förderung als Kriterium für die Mittelvergabe aufgenommen werden. Durch gegenseitige Information und Kommunikation können zum einen Anknüpfungspunkte an die Curricula gefunden und noch besseres Unterrichtsmaterial erstellt werden, das tatsächlich flächendeckend in den Schulen eingesetzt wird (Abbildung 2).

Abb. 2: Mit dem Weltkartenspiel lassen sich durch Positionierung der Fähnchen und anschließende Reflexion in der Gruppe sehr schnell stereotype Bilder von „entwickelten" und „unterentwickelten" Ländern identifizieren (Material Tropengewächshaus Universität Kassel).

FREIBERG et al. (in diesem Band) weisen auf die Bedeutung von bestimmten Erfolgsfaktoren für kooperative Projekte hin. Für den Bereich der nachhaltigen Regionalentwicklung können diese sicherlich noch um die Ergebnisse der Forschungsarbeiten von BLUM et al. (2000), BORGGRÄFE et al. (2000) und BREITSCHUH & FEIGE (2003) ergänzt werden.

4.3 Möglichst ganzheitliche Projekte entwickeln

Aus der Lernforschung ist bekannt, dass Lernprozesse dauerhafter sind, wenn sie von Handlungen der Lernenden begleitet werden. Es ist daher von großer Bedeutung, den Lerngegenstand innerhalb eines Lernarrangements mit dem realen Handeln der Lernenden (also ihrer Alltagswelt) zu verknüpfen. Dazu müssen Verbindungen zu den Themen der nachhaltigen Entwicklung und zur Umsetzung der BNE im Alltag entdeckt und freigelegt werden. Hier können Natur- und Umweltbildung und das Globale Lernen helfen, den Lebensweltbezug herzustellen und das Potenzial für Zusammenhänge und Wechselwirkungen integrativ zu erarbeiten (Abbildung 3).

Abb. 3: Über die Produkte des täglichen Bedarfs kann auf sehr einfache Weise eine Brücke zu den Produzentinnen und Produzenten, ihren Arbeits- und Lebensbedingungen sowie die Nutzung der Natur und die Auswirkungen auf die Biodiversität hergestellt werden (Material Tropengewächshaus Universität Kassel).

Dafür ist es wichtig, einen Perspektivenwechsel der Lernenden zu ermöglichen, um andere, fremde Kulturen und Handlungsmuster kennen zu lernen und zu akzeptieren (MENZEL & BÖGEHOLZ in diesem Band). Erst wenn dieser Perspektivenwechsel „durchlebt" wurde, kann die Reflexion der eigenen Handlungen gelingen. Bildungsinitiativen, die die Zusammenarbeit von Menschen verschiedener Kulturkreise, beispielsweise Referentinnen und Referenten mit Migrationshintergrund (HIRSCHMANN in diesem Band) und unterschiedliche Zugangskanäle (spirituell, emotional, kognitiv, wirtschaftlich, wissenschaftlich, leiblich) fördern und ansprechen, sind besonders wirkungsvoll (LAUX et al. in diesem Band).

Ein anschauliches Konzept für die Verbreiterung der naturschutzorientierten Zugänge zu den Zielgruppen mittels des Mensch-Natur-Verhältnisses präsentierte GERICKE (2008). In der BNE sollte die Förderung eines moralisch-ethischen Bewusstseins (Mitmenschen, Mitwelt, kommenden Generationen) verankert und empathische Erfahrungen ermöglicht werden. Hierzu können die Natur- und Umweltbildung wie auch das Globale Lernen qualifizierte Beiträge leisten.

Darüber hinaus sollten auch künstlerisch-ästhetische Zugänge gestärkt werden, denn Lernen ist weit mehr als das, was sich im Kopf abspielt (Abbildung 4). Beeindruckende Beispiele für künstlerische Zugänge, die den kreativen Umgang mit Musik und Kunst fördern, und darüber hinaus zu einer Auseinandersetzung mit unterschiedlichen Lebensstilen, Werten und Prägungen fördern, finden sich bei MEINHOLZ und MARS (beide in diesem Band).

Abb. 4: In der Woche des Fairen Handels im OTTER-ZENTRUM, Hankensbüttel gab es die Möglichkeit, andere Kulturen beispielsweise durch Musik, Tanz und Gespräche kennen zu lernen.

4.4 Qualifizierung und Qualitätsentwicklung informeller Bildung stärken

Nach DOHMEN (2001) lernen alle Menschen bewusst und unbewusst ein Leben lang. Lernen gehört deshalb zu den grundlegenden Lebens- und Überlebensfunktionen der Menschen. Dieses Lernen „nebenbei", in alltäglichen Zusammenhängen (z. B. beim Sport, am Arbeitsplatz, in Bürgerinitiativen, in Massenmedien, im Urlaub) wird „informelles Lernen" genannt. Es ist eine wichtige Voraussetzung für das erfolgreiche Überleben in einer immer komplexer werdenden Welt (APEL 2008). Da etwa 70 % der Lernprozesse außerhalb der formalen Bildungseinrichtungen stattfinden, besitzen die Institutionen des informellen Bildungssektors eine besondere Bedeutung für die Natur- und Umweltbildung, das Globales Lernen und die BNE. Sie können, da sie inhaltlich hochflexibel arbeiten, viel schneller auf die neuen, komplexen Anforderungen reagieren als Schulen und Hochschulen. Viele Institutionen, die im Bereich der informellen

Natur- und Umweltbildung aktiv sind, haben bereits reagiert und Angebote mit Bezügen zur nachhaltigen Entwicklung erarbeitet sowie Partnerschaften und Kooperationen aufgebaut (vgl. KÖLSCH 2008). Dabei wurden und werden verschiedenste Finanzquellen erschlossen (z. B. LEADER+, Lernende Regionen, Regionen aktiv, EQUAL sowie Mittel von Stiftungen und Sponsoren).

Von vielen Beteiligten wird kritisiert, dass für den informellen Bereich, anders als für das formale Bildungssystem, kein Förderprogramm mit bildungspolitischen Weichenstellungen in Richtung BNE existiert (wie z. B. BLK 21 oder Transfer 21). Eine längerfristige wirtschaftliche Absicherung könnte helfen, die Dauerhaftigkeit des Engagements und die Qualität der auf BNE ausgerichteten Bildungsangebote noch weiter zu verbessern. Darüber hinaus ließen sich Maßnahmen der Weiterbildung von Akteuren sowie Evaluationsuntersuchungen und Qualitätssicherungsmaßnahmen im Rahmen eines Förderprogramms besser umsetzen. Neben dem Vorschlag der Verbesserungen der strukturellen Bedingungen gibt es auch Hinweise darauf, dass sich intrinsische Motivationslagen, wie die persönliche Betroffenheit, das Verantwortungsbewusstsein und das private Umwelthandeln, auf die Gestaltung von Lernsituationen im Sinne der nachhaltigen Entwicklung auswirken können (SEYBOLD 2006).

4.5 Qualifizierung und Qualitätsentwicklung im formalen Bildungssystem in allen Fächern auf BNE ausrichten

BNE ist bislang als Lernkonzept nur an wenigen Schulen verankert. Dies gilt insbesondere auch für das Globales Lernen. Für die Natur- und Umweltbildung kann eine stärkere Verbreitung aufgrund der spezifischen Entstehungsgeschichte angenommen werden. Beispielsweise ist sie im Kerncurriculum Naturwissenschaften der Realschule und des Gymnasiums in Niedersachsen vertreten (NIEDERSÄCHSISCHES KULTUSMINISTERIUM 2007).

Auch für das formale Bildungssystem sollte deshalb ein zusätzliches verbindliches Förderprogramm für die Etablierung von BNE als interdisziplinäres Querschnittskonzept eingerichtet werden. Spätestens wenn die Evaluation des Programms Transfer 21[4] abgeschlossen ist, sollte, anknüpfend an die Evaluationsergebnisse, ein neuer Anlauf gestartet werden, um BNE in die Breite des formalen Bildungssystems zu tragen. Für eine flächendeckende Umsetzung müssen die Inhalte, Methoden und das Kompetenzprofil in die Rahmenrichtlinien und Kerncurricula der bestehenden Fächer integriert

---

[4] Projekt: Transfer 21 - Effekte auf der Lehrer-, Schul- und Systemebene. Leitung Prof. Dr. Cornelia Gräsel, Bergische Universität Wuppertal (http://www.zbl.uni-wuppertal.de/ forschung/projekte/transfer21/).

werden. Realistischerweise betrachtet bleiben alle Initiativen Einzelaktionen ohne größere Ausstrahlung, wenn nicht dieser formal-juristische Weg beschritten wird.

Aber auch die Elementarbildung bietet gute Möglichkeiten, um mit den Inhalten und Methoden der BNE die Ziele der nachhaltigen Entwicklung in Lernprozesse einzubinden. In einer Untersuchung der Bildungspläne im Elementarbereich aller Länder fand Ute Stoltenberg nur in Schleswig-Holstein und Bayern direkte Bezüge zur BNE. Sie schlägt folgende Empfehlungen für die zukünftige Verankerung von BNE in der Elementarbildung vor:

1. Das Konzept der BNE sollte als Orientierung in die Bildungspläne aller Länder integriert werden.
2. Das Konzept der BNE sollte als Chance für einen Perspektivenwechsel in Bezug auf Werteorientierung, Naturverständnis und Partizipation genutzt werden.
3. „Natur" sollte als eigener Bildungsbereich ausgewiesen werden.
4. In den bisher in den Bildungsplänen genannten Themenfeldern sollten nachhaltigkeitsrelevante Aspekte konsequent integriert werden (z. B. Wasser, Energie, Ernährung, Nahrungsmittel, Gesundheit).
5. Weitere nachhaltigkeitsrelevante Themenfelder, wie z. B. Konsum, Mobilität, Boden als Lebensgrundlage sowie die ökologischen, ökonomischen, sozialen, kulturellen und ästhetischen Implikationen von Biodiversität, Arten- und Sortenvielfalt sind in die Bildungspläne zu integrieren.
6. Kooperationen und Netzwerke sollten auch in dem Sinne verfolgt werden, als diese BNE als eine wichtige Grundlage verstehen.
7. In Fortbildungsveranstaltungen sollten Erzieherinnen und Erzieher mit den Grundlagen von BNE bekannt gemacht werden.
8. Die Zusammenarbeit von Kindertagesstätten, Expertinnen und Experten der Bildungsarbeit mit Kindern aus Bildungszentren, Vereinen etc. sowie mit Wissenschaftlerinnen und Wissenschaftlern sollte unter Einbeziehung von Erfahrungen mit BNE ausgebaut werden.
9. Das BNE-Portal (www.bne-portal.de) sollte systematisch für den Elementarbereich ausgebaut und genutzt werden.
10. Forschung zu Bildung für eine nachhaltige Entwicklung sollte verstärkt gefördert werden (STOLTENBERG 2008).

Vom Grundsatz her können diese Empfehlungen mit Modifikationen auch auf die Bereiche Schule, Volkshochschule, Fachhochschule und Universität übertragen werden. Ein Beispiel mag dies verdeutlichen: HENZE (2001) untersuchte das Lehrangebot in der Lehramtsausbildung an nordrhein-westfälischen Hochschulen und fand, dass viele

Angebote dem Prinzip des vernetzten Denkens und des Globalen Lernens nicht gerecht werden. Sie beschreibt u. a. die mangelnde Inter- und Transdisziplinarität an den Hochschulen in NRW als ein wesentliches Hemmnis für die kompetente Bearbeitung des Themas Nachhaltigkeit im Hochschulwesen sowie das in vielen Bereichen fehlende Engagement zur Einführung und Vermittlung moderner und innovativer Lehr- und Lernmethoden: *„Dies ist umso wichtiger, als die gängige fachwissenschaftliche – und nicht problemorientierte – Form der heutigen Hochschulausbildung weitestgehend, wenn nicht gar systematisch, den Erwerb von Analyse- und Bearbeitungskompetenzen für Fragestellungen mit hoher Zukunftsrelevanz verhindert."* (HENZE 2001)

Daraus ergibt sich die Konsequenz, dass nicht neue Modellprojekte gebraucht werden, sondern ernst gemeinte bildungspolitische Weichenstellungen für die effektive Implementation der BNE in die Bildungspraxis notwendig sind, wenn die Ziele des Nationalen Aktionsplans BNE und der Initiative „Nachhaltigkeit lernen" (DUK 2008) erreicht werden sollen. Effektiv heißt in diesem Fall die obligatorische Verankerung in Ausbildungs- und Bildungsplänen, in Rahmenrichtlinien und Curricula sowie in Studien-, Promotions- und Prüfungsordnungen.

Schulisches und außerschulisches Lernen müssen stärker miteinander verknüpft werden, dabei muss sich der Habitus von „Schule" verändern. Beispielsweise sollten offene Formen des Lernens (z. B. Projektarbeit, jahrgangsübergreifende Aktionen, Handlungsorientierung) intensiver als bisher ermöglicht werden. In Schulen, Hochschulen aber auch außerschulischen Bildungseinrichtungen sollten vernetztes Lernen sowie fächer- und fachwissenschaftsübergreifendes Lernen und Arbeiten stärker als bisher praktiziert werden. Dabei sollten die Lernenden aus ihrer Lebenswirklichkeit (Lebensstile, Werte, Mitwelt) heraus Fragestellungen möglichst selbst gesteuert entwickeln und bearbeiten.

Da die Schulen immer selbständiger werden (sollen), bietet es sich an, am sozialen, wirtschaftlichen und ökologischen Leben des Umfelds teilzuhaben. Eine Öffnung der Schulen hin zur Gesellschaft kann beispielsweise durch Kooperationsprojekte mit Verwaltungen, Wirtschaftsbetrieben und der lokalen Agenda 21-Arbeit geschehen. Ein gutes Beispiel dafür sind die nachhaltigen Schülerfirmen (GAUER-SÜß & KRENZER-BASS in diesem Band), die u. a. auch durch das Programm Transfer 21 einen Aufschwung erlebten. HARTMANN (2008) berichtet über die Erstellung einer regionalen Nachhaltigkeitsstrategie für die Gemeinde Schneverdingen durch Schülerinnen und Schüler. Die Öffnung von Schule in die Gesellschaft sollte konsequent umgesetzt werden, um Lerninhalte mit dem Alltagsleben der Lernenden zu verknüpfen. Dann gelingt die Integration einer globalen Sichtweise mit einer Reflexion des eigenen Lebensstils sowie auch den Lebensstilen anderer Menschen oder Kulturkreise besser. Besonders gute Bedingungen für die „Öffnung von Schule" bieten die Ganztagsschulen, wenn vormittägliche Aktivitäten mit den Lernprozessen des Nachmittags inhaltlich und didaktisch verknüpft werden.

Schulen haben darüber hinaus die Möglichkeit, eine eindeutige Positionierung in Richtung BNE vorzunehmen, indem sie einerseits das Leitbild der nachhaltigen Entwicklung als Richtlinie und Maßstab für den Umgang mit Müll, Wasser, Energie, Büroeinkauf etc. festlegen und andererseits BNE als pädagogisches Leitprinzip in ihr Schulprofil oder Schulprogramm aufnehmen. Ein sehr gutes und seit langer Zeit etabliertes System ist in den UNESCO-Projektschulen zu beobachten, die eine humanistische, weltbürgerliche Erziehung mit den Zielen der BNE koppeln (KÖHLER in diesem Band).

4.6 Informationsaustausch, Wissenstransfer und Rückkopplungen institutionalisieren

Aber nicht nur die Akteure im formalen Bildungssystem, sondern auch die Lehrenden der non-formalen und informellen Bildung bedürfen einer auf die Ziele und Kompetenzen der BNE abgestimmten Aus- und kontinuierlichen Fortbildung. An der Beteiligung an dieser Workshopreihe hat sich gezeigt, wie wichtig es ist, einen interdisziplinären Informationsaustausch systematisch aufzubauen und regelmäßig durchzuführen.

Aufgrund der Zusammensetzung der Teilnehmenden (Wissenschaft, Anwendung, informeller und formaler Bildungsbereich, Behörden und private Verbände sowie interessierte, nicht gebundene Personen) konnte ein offener Dialog zwischen der Bildungstheorie und der Bildungspraxis angeregt werden. Es wäre wünschenswert, diese Art der Kommunikation zu institutionalisieren und damit einen Wissenstransfer von der Bildungstheorie in die Bildungspraxis, aber auch die notwendigen Rückkopplungsprozesse (Erfahrungsberichte) aus der Bildungspraxis in Bildungstheorie sicherzustellen. Denn schließlich muss jeder theoretische Ansatz auf seine Umsetzbarkeit und Relevanz für die Anwendung überprüft und immer wieder an die Praxis angepasst werden. *„Theoretische Bildungskonzepte, die nicht in die Praxis „übersetzt" werden und von der Praxis verifiziert werden können, werden ihre Relevanz auf Dauer einbüßen."* (LUCKER & KÖLSCH 2008a) Darüber hinaus sollten die Ergebnisse dieses Wissenstransfers dokumentiert und veröffentlicht werden, um eine Verbreitung, Übertragbarkeit und Weiterentwicklung der Initiativen sicher zu stellen.

4.7 Verbreitung von BNE in der Gesellschaft verbessern

BNE hat aufgrund der relativ kurzen Historie, des abstrakten Titels, in dem zwei unscharf definierte Begriffe vorkommen, und aufgrund des akademisch geprägten Entstehungsprozesses ein gesellschaftliches Akzeptanzproblem, wohingegen insbesondere die Natur- und Umweltbildung in der Gesellschaft stark verankert ist. Es spricht einiges dafür, dass sich BNE zukünftig nur zu einem gemeinsamen Dach entwickeln wird, wenn die „Wurzeln" der unter diesem Dach versammelten Teilpädagogiken wertschätzt, respektiert und zugunsten einer breiten bildungspolitischen, wenn nicht gar gesellschaftspolitischen, Bewegung geeint werden (Abbildung 5).

Über eine Weiterentwicklung der Teilpädagogiken unter dem Leitbild der nachhaltigen Entwicklung wird sehr ernsthaft diskutiert und diese auch umgesetzt (siehe Kapitel 4.8). Über eine Auflösung der Teilpädagogiken zugunsten von BNE hingegen wird nicht mehr ernsthaft nachgedacht.

Abb. 5: Engagierte Diskussionen über den Stellenwert des Naturschutzes und des Globalen Lernens innerhalb der BNE.

BNE bietet auch die Chance, Prozesse der Organisationsentwicklung auf dieser Strategie aufzubauen. Das heißt, es sollte nicht nur eine Abteilung in einer Organisation, beispielsweise die Abteilung Umweltschutz in einem Konzern, mit diesem Thema befasst sein, sondern der gesamte Konzern sollte den Zielkanon der „nachhaltigen Entwicklung" zum eigenen Leitbild definieren und alle Handlungen daran ausrichten. Alle Mitarbeitenden und die Leitung sollten (abteilungsübergreifend) in den Schlüsselkompetenzen geschult und mit den Zielen der nachhaltigen Entwicklung vertraut gemacht werden, um diese umzusetzen (individuell, institutionell und gesellschaftlich). Dabei sind Schnittstellen zu anderen Organisationen (Verbänden, Behörden, Schulen, Hochschulen, NGO) zu suchen, um Parallelarbeit zu vermeiden und Synergien zu nutzen.

Wie bedeutsam die BNE auch für die friedliche Entwicklung der Völker aus wirtschaftlicher Sicht ist, unterstreicht die Organisation der Vereinten Nationen für wirtschaftliche Zusammenarbeit in Europa (UNECE) in ihrer Strategie über die Bildung für nachhaltige Entwicklung: *"Bildung ist nicht nur ein Menschenrecht, sondern ebenso Voraussetzung für das Erreichen einer nachhaltigen Entwicklung, sowie ein wichtiges Instrument für gute Staatsführung, informierte Entscheidungsfindung und zur Förderung der Demokratie. […] Die Bildung für nachhaltige Entwicklung stärkt und entwickelt die Möglichkeiten von einzelnen Personen, Gruppen, Gemeinschaften, Organisationen und Ländern, Einschätzungen und Entscheidungen zu Gunsten einer nachhaltigen Entwicklung zu treffen. Sie kann Einstellungen und fixe Meinungen von Menschen ändern, somit unsere Welt sicherer, gesünder und wohlhabender machen und dadurch die Lebensqualität verbessern."* (UNECE 2005) Für die Umsetzung sind viele Akteure und vor allem Partnerschaften von mehreren Interessenvertretungen wichtig. Unter den Hauptakteuren befinden sich dabei Regierungen und lokale Behörden, Bildungs- und Wissenschaftssektor, Gesundheitssektor, privater Sektor, Industrie, Transport- und Agrarbereich, Gewerkschaften, Massenmedien, Nichtregierungsorganisationen, indigene Völker und internationale Organisationen (UNECE 2005).

4.8 Weiterentwicklung des Naturschutzes fördern

Nach LUDE (2008) können Naturschutz, Umweltbildung und Naturerfahrung für die Weiterentwicklung des BNE-Konzepts wichtige Ansätze liefern. Sie können, genauso wie das Globale Lernen, bedeutende Beiträge sowohl inhaltlicher als auch methodischer Form dafür liefern, das BNE-Konzept, das in weiten Bereichen der Schul- und Hochschullandschaft noch nicht angekommen ist, zu popularisieren und zielgerichtet mit Inhalten zu füllen, die u. a. das (globale) Mensch-Natur-Verständnis aufgreifen und unterschiedliche Lebensstile, Kulturen und Lebenschancen thematisieren (MENZEL & BÖGEHOLZ in diesem Band).

Um über Kooperationen neuartige Themen, neue multiperspektivische Zugänge oder noch nicht zugängliche Zielgruppen möglichst effektiv ansprechen zu können, sollten jeweils spezifische Kommunikationsmethoden und -medien genutzt werden. Beispielsweise kann die Entwicklung von Schlüsselkompetenzen durch den zielgerichteten didaktischen Einsatz sogenannter neuer Medien gefördert werden (BARTH 2007). Die „neuen" Medien können als ein didaktischer Baustein eines Lernarrangements sinnvoll eingesetzt werden, da sie an der Lebenswelt und den Interessen von Heranwachsenden anknüpfen, selbstgesteuerte Lern- und Gestaltungsprozesse fördern und die Vielfalt der methodischen Zugangs-, Bearbeitungs- und Sichtweisen zu Umwelt- und Nachhaltigkeitsthemen ergänzen (Abbildung 6).

Der Einsatz „neuer" Medien und alternativer Kommunikationsstrategien setzt eine genaue Kenntnis der Zielgruppe voraus, damit eine thematisch-emotionale Brücke von der Lebenswelt der Zielgruppe zum Naturschutzvorhaben hergestellt werden kann.

Hinweise für die Gestaltung zielgruppenspezifischer Kommunikationsmedien können lebensstilbasierte Analysen liefern. Der Einteilung in bestimmte Lebensstiltypen liegen grundlegende Werthaltungen und Einstellungen der Menschen, wie z. B. zum Freizeitverhalten, zur Familie, zum Konsum und zur Arbeit, zugrunde (ZUPKE 2006, SINUS SOCIOVISION 2007, SCHUSTER 2008, KLEINHÜCKELKOTTEN & WEGNER 2008).

Die Natur- und Umweltbildung baut auf positiven (emotionalen) Erlebnissen in der Natur auf. Um alle Dimensionen der Nachhaltigkeit zu erfassen, müssen jedoch weitere Aspekte, zum Beispiel die globalen Auswirkungen des eigenen Handelns (in ökologischer, sozialer, kultureller und ökonomischer Perspektive), unter die Lupe genommen und reflektiert werden. Dies kann beispielsweise durch neuartige, ungewöhnliche Kooperationen mit unterschiedlich geprägten Akteuren, einen intensiveren Austausch und bessere Zusammenarbeit der Akteure geschehen (siehe Kapitel 4.2). Dabei spielen direkte Begegnungen mit externen Expertinnen und Experten („echten Menschen") sowie Exkursionen zu außerschulischen Lernorten („raus in die Natur") eine wichtige Rolle. Für den Lernerfolg bedeutsam sind darüber hinaus Erlebnisse vor Ort (Authentizität), projektartiges Lernen mit Handlungsorientierung und interkulturelle Begegnungen.

Abb. 6: Die Kombination von Naturerkundung und multimedialer Verarbeitung von Naturfotos bis hin zur Erstellung künstlerischer Präsentationen kann helfen, neue Zielgruppen für die Natur zu interessieren, Umwelthandeln positiv zu beeinflussen und das Mensch-Natur-Verhältnis zu reflektieren.

Natur- und Umweltbildung kann dafür eintreten, die Herausforderungen, die sich durch die BNE stellen, mit Inhalten zu füllen (vgl. STEINER & UNTERBRUNNER 2005). Dafür müssen u. a. die manchmal unverständliche Insidersprache zugunsten einer allgemein verständlichen Kommunikation aufgegeben und Bildungsprojekte in globale Zusammenhänge gestellt werden (MARS und JANECKI in diesem Band).

Kritische Bestandsaufnahmen der Kommunikation im Naturschutz, insbesondere über die Rolle des divergierenden Naturbildes von Naturschützern und der übrigen Bevölkerung, der häufig naturwissenschaftlichen Naturschutzbegründungen sowie des Auftretens einiger Naturschützer und Naturschützerinnen und der daraus folgenden Verständigungsbarrieren sowie mögliche Lösungswege finden sich beispielsweise bei ADOMßENT (2005), SCHUSTER (2005) und LUDE (2008). Erinnert sei in diesem Zusammenhang an das „Vier-Ohren-Modell" des Hamburger Psychologen und Kommunikationswissenschaftlers Friedemann Schultz von Thun, wonach jede Botschaft wenigstens vier Ebenen der Interpretation zulässt: 1. das wörtlich Gesagte (Sachebene), 2. der darin versteckte Appell (Einfluss nehmen, Wünsche), 3. die Selbstbeschreibung (Selbstoffenbarung) der Sprechenden und 4. damit auch die Beschreibung der Beziehung der Sprechenden zu den Zuhörenden (Gefühle).

Nach BLUCHA (2008) sollten die Akteure im Naturschutz mehrheitlich anerkennen, dass Naturschutz auf normativen Setzungen über die Gestaltung der Mitwelt beruht, die immer wieder in gesellschaftlichen Diskussionsprozessen neu ausgehandelt werden müssen. *„Die so genannte ökologische Krise ist in Wahrheit eine Krise der Kultur bzw. der zivilisatorischen Entwicklung"*. (KRUSE-GRAUMANN 2003) Diese Aussage von Lenelis Kruse-Graumann beschreibt einen zentralen Aspekt, der sowohl in der Natur- und Umweltbildung, aber auch in der BNE, stärker als bisher thematisiert und durch Bildungsaktivitäten in die praktische Arbeit einbezogen werden sollte. Das gegenwärtige Mensch-Natur-Verhältnis weist in vielen Bereichen auf eine einseitige, anthropozentrische Ausrichtung der Nutzung der Naturgüter mit z. T. katastrophalen Auswirkungen hin. Das dialektische Verhältnis der inneren Natur des Menschen zur äußeren Natur, die geliebt, genutzt und zerstört wird, wird noch zu selten in Bildungsaktivitäten aufgegriffen. Beispiele für einen biozentrischen Ansatz oder die Betonung des Mitwelt-Gedankens werden bei SELBY & RATHENOW (2003) bzw. KÖLSCH (2008) angesprochen.

In Zukunft wird es deshalb stärker darum gehen, die innovativen Kräfte zu bündeln, um die transdisziplinäre Verknüpfung von Gesellschaft und Naturschutz voranzubringen (siehe Kapitel 4.2). Gelungene Beispiele finden sich u. a. in den Beiträgen in diesem Band sowie in LUCKER & KÖLSCH (2008b).

5 Ausblick

Aus den theoretischen Ausführungen und an den praktischen Beispielen wurde deutlich, dass sich trotz der unterschiedlichen Historie der Bildungskonzepte und vielfältiger Einflüsse für die Bildungspraxis inhaltsgleiche Schnittmengen ergeben. Viele gute

Kooperationsprojekte von Organisationen aus den Bereichen des Globalen Lernens und der Natur- und Umweltbildung konnten identifiziert und Erfolgsfaktoren herausgearbeitet werden. Aber auch voneinander abweichende Themenschwerpunkte wurden deutlich. Der in einer offenen, kollegialen und herzlichen Atmosphäre geführte Diskurs über Globales Lernen, Natur- und Umweltbildung und BNE hat bei allen Teilnehmenden positive Lerneffekte ausgelöst. Die Ergebnisse dieser Diskussions- und Lernprozesse werden in die tägliche pädagogische Arbeit einfließen. Als Quintessenz wurde noch einmal bestätigt, dass alle drei Konzepte keine fertigen und abgeschlossenen „Produkte" darstellen, sondern beständig in der Weiterentwicklung begriffen sind. Sie reagieren damit auch auf Herausforderungen, die sich aus der Globalisierung und der UN-Dekade ergeben, ohne jedoch ihre Herkunft in Frage zu stellen.

Wichtig für die weitere Entwicklung ist die verstärkte Vernetzung der Akteure in den Bildungsbereichen BNE, Globales Lernen und Natur- und Umweltbildung. Bildungskonzepte werden immer von Personen entwickelt und verändert. Die persönliche Kommunikation unterschiedlicher Bildungsakteure aus Theorie und Praxis und der darauf aufbauende theoretische und praktische Diskurs sind die Basis für eine Verbesserung der Konzepte im Hinblick auf eine erfolgreichere Bildungsarbeit in der Zukunft. Ein wichtiges Ziel wird es dabei sein, die häufig sehr akademischen und komplexen Ideen so zu „übersetzen", dass sie aus der Lebenswelt der Lernenden heraus zu verstehen sind.

Auf der anderen Seite ist aber auch eine Veränderung der institutionellen Rahmenbedingungen notwendig, damit die neuen Bildungskonzepte erfolgreich werden. Mit der Umsetzung des internationalen Übereinkommens über die biologische Vielfalt (Convention on Biological Diversity, CBD), den Konsequenzen, die sich aus der Vertragsstaatenkonferenz zur CBD im Mai 2008 in Bonn („UN-Naturschutzkonferenz") ergeben haben und mit der Umsetzung der Nationalen Strategie zur biologischen Vielfalt (BMU 2007) eröffnen sich vielfältige Möglichkeiten der Kooperation von Natur- und Umweltbildung und Globalem Lernen. Im internationalen Kontext hervorzuheben ist die Entwicklung, Realisierung und Verknüpfung der globalen Bildungsinitiative CBD-CEPA mit den nationalen Bildungsbemühungen.

Das Bundesministerium für Umwelt, Naturschutz und Reaktorsicherheit (BMU) und das Bundesamt für Naturschutz (BfN) erkennen die Vernetzung der UN-Weltdekade BNE mit der globalen Bildungsinitiative CEPA sowie mit der Umsetzung der Nationalen Biodiversitätsstrategie als vordringliches Handlungsfeld an und unterstützen diese Prozesse. Als ein wichtiges konkretes und handlungsbezogenes Ergebnis der Diskussionen auf dem Workshop kann die Gründung einer Arbeitsgruppe „Biologische Vielfalt" beim Runden Tisch der UN-Weltdekade BNE angesehen werden.

5 Literaturverzeichnis

ADOMßENT, M. (2005): Naturschutzkommunikation. – In: MICHELSEN, G. & GODEMANN, J. (Hrsg.): Handbuch Nachhaltigkeitskommunikation. Grundlagen und Praxis. – München (Oekom-Verlag): 428-438.

APEL, H. (2008): Lebenslanges Lernen und Bildung für nachhaltige Entwicklung (BNE). – In: LUCKER, T. & KÖLSCH, O. (Bearb.) (2008): Naturschutz und Bildung für nachhaltige Entwicklung. Fokus: Lebenslanges Lernen. – Naturschutz und Biologische Vielfalt 50: 59-77.

ASBRAND, B. (2002): Globales Lernen und das Scheitern der großen Theorie. Warum wir heute neue Konzepte brauchen. – Zeitschrift für internationale Bildungsforschung und Entwicklungspädagogik 25 (3): 13-19.

ASBRAND, B., LANG-WOJTASIK, G. & SCHEUNPFLUG, A. (2006): Pädagogische Grundlagen Globalen Lernens. – In: ASBRAND, B., BERGOLD, R., DIERKES, P., & LANG-WOJTASIK, G. (Hrsg.): Globales Lernen im Dritten Lebensalter. Ein Werkbuch. – Bielefeld (Bertelsmann): 35-42.

BARTH, M. (2007): Gestaltungskompetenz durch neue Medien? Die Rolle des Lernens mit Neuen Medien in der Bildung für nachhaltige Entwicklung. – Berlin (Berliner Wissenschafts-Verlag). – Umweltkommunikation 4: 218 S.

BECK, U. (1997): Was ist Globalisierung? – Frankfurt am Main (Suhrkamp): 270 S.

BLK (BUND-LÄNDER KOMMISSION FÜR BILDUNGSPLANUNG UND FORSCHUNGSFÖRDERUNG) (Hrsg.) (1998): Bildung für nachhaltige Entwicklung – Orientierungsrahmen. – Materialien zur Bildungsplanung und Forschungsförderung 69: 87 S.

BLUCHA, J. (2008): Erfahrungsberichte aus den Ländernaturschutzakademien des BANU: Die Akademie für Natur und Umwelt des Landes Schleswig-Holstein. – In: LUCKER, T. & KÖLSCH, O. (Bearb.) (2008): Naturschutz und Bildung für nachhaltige Entwicklung. Fokus: Lebenslanges Lernen. – Naturschutz und Biologische Vielfalt 50: 227-235.

BLUM, B., BORGGRÄFE, K., KÖLSCH, O. & LUCKER, T. (2000): Partizipationsmodelle in der Kulturlandschaft. – Naturschutz und Landschaftsplanung 32 (11): 122-127.

BMU (BUNDESMINISTERIUM FÜR UMWELT, NATURSCHUTZ UND REAKTORSICHERHEIT) (1992): Konferenz der Vereinten Nationen für Umwelt und Entwicklung im Juni 1992 in Rio de Janeiro. Dokumente. – Bonn (Köllen Druck und Verlag GmbH): 312 S.

BMU (BUNDESMINISTERIUM FÜR UMWELT, NATURSCHUTZ UND REAKTORSICHERHEIT) (2007): Nationale Strategie zur biologischen Vielfalt. – Berlin: 178 S. Download unter: www.bmu.de/naturschutz_biologische_vielfalt/downloads/doc/40333.php (abgerufen am 08.08.08).

BÖGEHOLZ, S. (1999): Qualitäten primärer Naturerfahrung und ihr Zusammenhang mit Umweltwissen und Umwelthandeln. – Opladen (Leske und Budrich): 237 S.

BOGNER, F.X. (1998): The influence of short-term outdoor ecology education on long-term variables of environmental perspectives. – Journal of Environmental Education 29 (4): 17-29.

BORCHERS, U., SCHELL, C. & ERDMANN, K.-H. (2008): Naturschutz & Naturbildung - Ein Blick zurück, ein Blick nach vorn. – In: LUCKER, T. & KÖLSCH, O. (Bearb.): Naturschutz und Bildung für nachhaltige Entwicklung. Fokus: Lebenslanges Lernen. – Naturschutz und Biologische Vielfalt 50: 17-43.

BORGGRÄFE, K., KÖLSCH, O. & LUCKER, T. (2000): Bausteine für Projekte einer nachhaltigen Regionalentwicklung. – RegionalPost des Deutschen Verbandes für Landschaftspflege 5: 20-23.

BORMANN, I. & HAAN, G. DE (Hrsg.) (2008): Kompetenzen der Bildung für nachhaltige Entwicklung. Operationalisierung, Messung, Rahmenbedingungen, Befunde. – Wiesbaden (VS Verlag für Sozialwissenschaften): 276 S.

BOTKIN, J.W., ELMANDJRA, M. & MALITZA, M. (1979): No limits to learning. Bridging the human gap. A Report to the Club of Rome. – Kronberg Taunus (Pergamon Press): 180 S. Download unter: www.narrowridge.org/limits.pdf (abgerufen am 08.08.08).

BREITSCHUH, I. & FEIGE I. (2003): Projektmanagement im Naturschutz. Leitfaden für kooperative Naturschutzobjekte. – Landwirtschaftsverlag (Münster): 220 S.

BUNDESREGIERUNG (2005): Bericht der Bundesregierung zur Bildung für eine nachhaltige Entwicklung für den Zeitraum 2002 bis 2005. – Bundestagsdrucksache 15/6012. – Berlin: 60 S.

CORNELL, J. (1979): Mit Kindern die Natur erleben. – Prien (Ahorn-Verlag): 149 S.

CORNELL, J. (1991): Mit Freude die Natur erleben. – Mühlheim an der Ruhr (Verlag an der Ruhr): 168 S.

DIECKMANN, A. (2008): Demographischer Wandel auch in Umweltzentren?! – In: LUCKER, T. & KÖLSCH, O. (Bearb.): Naturschutz und Bildung für nachhaltige Entwicklung. Fokus: Lebenslanges Lernen. – Naturschutz und Biologische Vielfalt 50: 199-210.

DIECKMANN, A. & SCHREIBER, J.-R. (2006): Die Rolle der Nichtregierungsorganisationen bei der Umsetzung der UN-Dekade. – UNESCO-heute 1:35-38.

DOHMEN, G. (2001): Das informelle Lernen – Die internationale Erschließung einer bisher vernachlässigten Grundform menschlichen Lernens für das lebenslange Lernen aller. – BUNDESMINISTERIUM FÜR BILDUNG UND FORSCHUNG (BMBF) (Hrsg.). – Bonn: 204 S.

DUK (DEUTSCHE UNESCO-KOMMISSION) (2008): Nationaler Aktionsplan für Deutschland. UN-Dekade „Bildung für nachhaltige Entwicklung". – Berlin: 96 S. Download unter: http://www.bne-portal.de/coremedia/generator/unesco/de/05__UN__Dekade__Deutschland/05__Dekade-Publikationen/Der_20Nationale_20-Aktionsplan_20f_C3_BCr_20Deutschland.html (abgerufen am 08.11.08).

EIßING, S. & AMEND, T. (2007): Entwicklung braucht Vielfalt: Mensch, natürliche Ressourcen und internationale Zusammenarbeit – Anregungen aus den Ländern des Südens. – In: DEUTSCHE GESELLSCHAFT FÜR TECHNISCHE ZUSAMMENARBEIT (GTZ) GmbH (Hrsg.): Nachhaltigkeit hat viele Gesichter. – Eschborn: 88 S.

FISCHER, A. & BANK, V. (2006): Bildungsstandards und wirtschaftliche Bildung. – Sowi-online Nr. 3: 11 S. Download unter www.sowi-onlinejournal.de/2006-3/fischer-bank_editorial.htm (abgerufen am 08.08.08).

FLECHSIG, K.-H. (1996): Informationsgesellschaft und neue Medien als Herausforderung an die politische Bildung. Vortrag im Rahmen des Workshops „Neue Medien und globale Kommunikation – Die Zukunft der Informationsgesellschaft mitgestalten. Stiftung Entwicklung und Frieden. 7.-8.10.1996. Download unter: http://ikud.de/index.php?option=com_content&task=view&id=17&Itemid=34 (abgerufen am 08.08.08).

FORGHANI, N. (2004): Was ist Globales Lernen? ...Und was ist es nicht!? – BAOBAB Entwicklungspolitische Bildungs- und Schulstelle. Materialien und Medien zum Globalen Lernen. Südwind, Steiermark – Aktuell 4/2004: 2-3. Download unter: http://doku.globaleducation.at/mml_globaleslernen.pdf (abgerufen am 08.08.08).

GEBHARD, U. (2001): Kind und Natur. Die Bedeutung der Natur für die psychische Entwicklung. – Wiesbaden (Westdeutscher Verlag): 345 S.

GERICKE, H.-J. (2008): Erfahrungsberichte aus den Ländernaturschutzakademien des BANU: Die Akademie der Sächsischen Landesstiftung Natur und Umwelt. – In: LUCKER, T. & KÖLSCH, O. (Bearb.) (2008): Naturschutz und Bildung für nachhaltige Entwicklung. Fokus: Lebenslanges Lernen. – Naturschutz und Biologische Vielfalt 50: 237-246.

GIESEL, K.D., HAAN, G. DE & RODE, H. (2002): Umweltbildung in Deutschland. – Berlin (Springer): 419 S.

GÖPFERT, H. (1988): Naturbezogene Pädagogik. – Weinheim (Deutscher Studien Verlag): 330 S.

GRESH, A., RADVANYI, J., REKACEWICZ, P., SAMARY, C. & VIDAL, D. (Eds.): Atlas der Globalisierung. Die neuen Daten und Fakten zur Lage der Welt. – Le Monde diplomatique. – Paris: 198 S.

HAAN, G. DE: (2006): Bildung für nachhaltige Entwicklung - Ein neues Lern- und Handlungsfeld. – UNESCO-heute 1:4-8.

HAAN, G. DE (2008): Gestaltungskompetenz als Kompetenzkonzept der Bildung für nachhaltige Entwicklung. – In: BORMANN, I. & HAAN, G. DE (Hrsg.): Kompetenzen der Bildung für nachhaltige Entwicklung. Operationalisierung, Messung, Rahmenbedingungen, Befunde. – Wiesbaden (VS Verlag für Sozialwissenschaften): 23-43.

HAAN, G. DE & HARENBERG, D. (1999): Bildung für eine nachhaltige Entwicklung. Gutachten zum Programm. – Bonn. BLK (BUND-LÄNDER-KOMMISSION FÜR BILDUNGSPLANUNG UND FORSCHUNGSFÖRDERUNG) (Hrsg.). – Materialien zur Bildungsplanung und Forschungsförderung 72: 110 S. Download unter: www.blk-bonn.de/papers/heft72.pdf (abgerufen am 01.08.08).

HARTMANN, G. (2008): Meine Region im 21. Jahrhundert – Schülerinnen und Schüler entwickeln eine regionale Nachhaltigkeitsstrategie am Beispiel der Region Hohe Heide (Niedersachsen). – In: LUCKER, T. & KÖLSCH, O. (Bearb.) (2008): Naturschutz und Bildung für nachhaltige Entwicklung. Fokus: Lebenslanges Lernen. – Naturschutz und Biologische Vielfalt 50: 117-127.

HAUENSCHILD, K. & BOLSCHO, D. (2005): Bildung für Nachhaltige Entwicklung in der Schule. Ein Studienbuch. – Frankfurt am Main (Peter Lang GmbH): 135 S.

HENZE, C. (2001): Bildung für eine nachhaltige Entwicklung in der Lehrerausbildung - Ergebnisse einer Studie an nordrhein-westfälischen Hochschulen. – In: HENZE, V. & LOB, R.E. (Hrsg.): Bildung für nachhaltige Entwicklung als Herausforderung für die Lehrerausbildung. – Hohengeren (Schneider Verlag): 6-126.

IPTS & NPA (LANDESINSTITUT SCHLESWIG-HOLSTEIN FÜR PRAXIS UND THEORIE DER SCHULE UND LANDESAMT FÜR DEN NATIONALPARK SCHLESWIG-HOLSTEINISCHE WATTENMEER) (Hrsg.) (1993): Erlebnis Wattenmeer – Bausteine für ganzheitliches Lernen zur Natur- und Umwelterziehung. – Heide (Westholsteinische Verlagsanstalt Boyens & Co.): 294 S.

JANßEN, W. (1988): Natur erleben. – Unterricht Biologie 12 (137): 2-7.

JUNG, N. (2005): Naturerfahrung, Interdisziplinarität und Selbsterfahrung . Zur Integration in der Umweltbildung. – In: UNTERBRUNNER, U. & FORUM UMWELTBILDUNG (Hrsg.): Natur erleben. Neues aus Forschung & Praxis zur Naturerfahrung. – Innsbruck (Studien Verlag): 87-98.

KLEBER, E.W. (1993): Grundzüge ökologischer Pädagogik – Eine Einführung in ökologisch-pädagogisches Denken. – Weinheim (Juventa Verlag): 219 S.

KLEINHÜCKELKOTTEN, S. & WEGNER, E. (2008): Nachhaltigkeit verbreiten: Wege zur zielgruppengerechten Kommunikation. – Hannover: 19 S. Download unter: www.21-kom.de/fileadmin/user_upload/PDFs/01_NHK_Social_Marketing_Ueberblick/Dokumentation_Fachgespraech_Nachhaltigkeit_verbreiten.pdf (abgerufen am 01.09.08).

KMK & BMZ (KULTUSMINISTERKONFERENZ & BUNDESMINISTERIUM FÜR WIRTSCHAFTLICHE ZUSAMMENARBEIT UND ENTWICKLUNG) (2007): Orientierungsrahmen für den Lernbereich Globale Entwicklung im Rahmen einer Bildung für nachhaltige Entwicklung. Ergebnis eines gemeinsamen Projekts der Kultusministerkonferenz (KMK) und des Bundesministeriums für wirtschaftliche Zusammenarbeit und Entwicklung (BMZ). – Bonn: 199 S. Download unter: www.kmk.org/aktuell/070614-globale-entwicklung.pdf (abgerufen am 01.08.08).

KMK & DUK (KULTUSMINISTERKONFERENZ & DEUTSCHE UNESCO-KOMMISSION) (2007): Empfehlung der Ständigen Konferenz der Kultusminister der Länder in der Bundesrepublik Deutschland (KMK) und der Deutschen UNESCO-Kommission (DUK) vom 15.06.2007 zur „Bildung für nachhaltige Entwicklung in der Schule". – Bonn: 8 S. Download unter: www.kmk.org/aktuell/KMK-DUK-Empfehlung.pdf (abgerufen am 01.08.08).

KOCK, K. & MEYER, U. (1990): Das Watt erleben – Bausteine für einen ganzheitlichen Unterricht. – In: HAHNE, U. (Hrsg.): Natur im Watt erleben. Bildungs- und Öffentlichkeitsarbeit im Nationalpark Schleswig-Holsteinisches Wattenmeer. – Flensburger Regionale Studien Band 3: 61-72.

KÖLSCH, O. (2008): Informelle Bildung in Naturschutzzentren am Beispiel des OTTER-ZENTRUMs. – In: LUCKER, T. & KÖLSCH, O. (Bearb.): Naturschutz und Bildung für nachhaltige Entwicklung. Fokus: Lebenslanges Lernen. – Naturschutz und Biologische Vielfalt 50: 177-187.

KRÄMER, G. (2007): Was ist und was will "Globales Lernen"? – In: VENRO (Hrsg.) (2007): Jahrbuch Globales Lernen 2007/2008 – Standortbestimmung, Praxisbeispiele, Perspektiven. Bonn: 7-10.

KREJCAREK, M. (2005): Zur Qualität des Grenzgehens: Umweltbildung, Erlebnispädagogik und Naturerfahrung. – In: UNTERBRUNNER, U. & FORUM UMWELTBILDUNG (Hrsg.): Natur erleben. Neues aus Forschung & Praxis zur Naturerfahrung. – Innsbruck (Studienverlag): 165-178.

KREUTER, B. & FROHN, H.-W. (2004): Bildung im Naturschutz. Eine Untersuchung zum Bildungsauftrag im Naturschutz und in der heutigen Umweltbildung. – Unveröffentlicht. Manuskript, Stiftung Naturschutzgeschichte. – Königswinter: 124 S.

KRUSE-GRAUMANN, L. (2004): Menschen und Kulturen in Biosphärenreservaten. – In: DEUTSCHES MAB-NATIONALKOMITEE (Hrsg.): Voller Leben – UNESCO-Biosphärenreservate, Modellregionen für eine nachhaltige Entwicklung. – Berlin (Springer Verlag): 42-52.

KUHN, K., PROBST, W. & SCHILKE, K. (1986): Biologie im Freien. – Stuttgart (Metzlersche Verlagsbuchhandlung): 241 S.

LIN, S. (1999): Stichwort „Globales Lernen". – In: BRILLING, O. & KLEBER, E.W. (Hrsg.): Handwörterbuch Umweltbildung. – Hohengehren (Schneider-Verlag): 130-131. Download unter: www.friedenspaedagogik.de/content/pdf/1316 (abgerufen am 01.08.08).

LUCKER, T. & KÖLSCH, O. (2008a): Naturschutz und Bildung - Lebenslanges Lernen für Nachhaltigkeit. – In: LUCKER, T. & KÖLSCH, O. (Bearb.): Naturschutz und Bildung für nachhaltige Entwicklung. Fokus: Lebenslanges Lernen. – Naturschutz und Biologische Vielfalt 50: 257-298.

LUCKER, T. & KÖLSCH, O. (Bearb.) (2008b): Naturschutz und Bildung für nachhaltige Entwicklung. Fokus: Lebenslanges Lernen. – Naturschutz und Biologische Vielfalt 50: 304 S.

LUDE, A. (2006): Natur erfahren und für die Umwelt handeln – Zur Wirkung von Umweltbildung. - NNA-Berichte 19 (2): 18-33.

LUDE, A. (2008): Naturschutz – (K)ein Thema für Jugendliche. – In: LUCKER, T. & KÖLSCH, O. (Bearb.): Naturschutz und Bildung für nachhaltige Entwicklung. Fokus: Lebenslanges Lernen. Naturschutz und Biologische Vielfalt 50: 91-115.

MAAßEN, B. (1990): Einige Thesen zum Naturerleben – In: HAHNE, U. (Hrsg.): Natur im Watt erleben. Bildungs- und Öffentlichkeitsarbeit im Nationalpark Schleswig-Holsteinisches Wattenmeer. – Flensburger Regionale Studien Band 3: 105-110.

MATRE, S. (1990): Earth Education: A New Beginning. – Greenville (The Institute for Earth Education): 371 S.

MEADOWS, D.L., MEADOWS, D.H. & ZAHN, E. (1972): Die Grenzen des Wachstums. – München (Deutsche Verlagsanstalt): 183 S.

MEADOWS, D.L., FIDDAMAN, T. & SHANNON, D. (1993): 'Fish Banks, Ltd. A Micro-computer Assisted Group Simulation That Teaches Principles of Sustainable Management of Renewable Natural Resources'. - 3rd ed, Laboratory for Interactive Learning, Institute for Policy and Social Science Research, University of New Hampshire. – Durham.

MEADOWS, S. (2008): Warum unser Planet auf totales Chaos zusteuert. – Welt-online 22.06.08. Download unter: www.welt.de/wirtschaft/article2133531/ Warum_unser _Planet_auf_totales_Chaos_zusteuert.html (abgerufen am 08.08.08).

MENZEL, U. (1992): Das Ende der Dritten Welt und das Scheitern der großen Theorie. – Frankfurt am Main (Suhrkamp Verlag): 364 S.

MENZEL, U. (2002): Das Ende der einen Welt und Lehren für die Entwicklungspolitik. – Zeitschrift für internationale Bildungsforschung und Entwicklungspädagogik 25 (3): 6-12.

MICHELSEN, G. (2008): Kompetenzen und Bildung für nachhaltige Entwicklung. – In: LUCKER, T. & KÖLSCH, O. (Bearb.): Naturschutz und Bildung für nachhaltige Entwicklung. Fokus: Lebenslanges Lernen. – Naturschutz und Biologische Vielfalt 50: 45-57.

NIEDERSÄCHSISCHES KULTUSMINISTERIUM (2007): Kerncurriculum für die Realschule Schuljahrgänge 5-10 - Naturwissenschaften. Niedersachsen. – Hannover: 100 S. Download unter: http://db2.nibis.de/1db/cuvo/datei/kc_rs_nws_07_nib.pdf (abgerufen am 01.09.08).

NÜTZEL, R. (2007): Förderung des Umweltbewusstseins von Kindern. – München (Oekom Verlag): 209 S.

OECD (ORGANISATION FÜR ECONOMIC COOPERATION AND DEVELOPMENT) (2005): Definition und Auswahl von Schlüsselkompetenzen – Zusammenfassung. Download unter: www.oecd.org/dataoecd/36/56/35693281.pdf (abgerufen am 01.09.08).

PETERMANN, H. (2007): Globales Lernen und Jugend. Chancen einer Bildung zur Weltbürgerlichkeit in der Jugendarbeit. – Hamburg (Diplomica GmbH): 94 S.

PROGRAMM TRANSFER-21 (2007a): Orientierungshilfe Bildung für nachhaltige Entwicklung in der Sekundarstufe I. Begründungen, Kompetenzen, Lernangebote. AG Qualität und Kompetenzen. – Berlin: 29 S.

PROGRAMM TRANSFER-21 (2007b): Angebote in der Ganztagsschule und ihre Verbindung zum Unterricht. Ein Ideenpool für außerschulische Partner zum Thema Wasser. AG Ganztagsschule. – Berlin: 49 S.

PROGRAMM TRANSFER-21 (2007c): Erfolgreich in der Ganztagsschule. Methodentraining und Bildung für nachhaltige Entwicklung für außerschulische Partner. Programm Transfer-21, AG Ganztagsschule. – Berlin: 29 S.

RADERMACHER, F.J. (2006): Globalisierung – Herausforderungen an die Bildung für nachhaltige Entwicklung. Download unter: www.360plus1.de/home/download/TextRadermacher(word).pdf (abgerufen am 01.07.08).

RATHENOW, H.-F. (2000): Globales Lernen - global education: ein systemischer Ansatz in der politischen Bildung. – In: OVERWIEN, B. (Hrsg.): Lernen und Handeln im globalen Kontext. Beiträge zur Theorie und Praxis internationaler Erziehungswissenschaft. Zur Erinnerung an Wolfgang Karcher. – Frankfurt am Main (IKO-Verlag für interkulturelle Kommunikation): 568 S. Download unter: www2.tu-berlin.de/fak1/gsw/gl/dok/rathenow.htm (abgerufen am 01.08.08).

REINERS, A. (1992): Praktische Erlebnispädagogik. Neue Sammlung motivierender Interaktionsspiele. – Soziale Arbeit in der Wende 8: 221 S.

SCHEUNPFLUG, A. (2000): Die globale Perspektive einer Bildung für nachhaltige Entwicklung. – Sowi-online Nr. 1: 11 S. Download unter www.sowi-onlinejournal.de/nachhaltigkeit/scheunpflug.htm (abgerufen am 08.08.08).

SCHEUNPFLUG, A. (2007): Die konzeptionelle Weiterentwicklung des Globalen Lernens. Die Debatten der letzten 10 Jahre. – In: VENRO (Hrsg.) (2007): Jahrbuch Globales Lernen 2007/2008 – Standortbestimmung, Praxisbeispiele, Perspektiven. – Bonn: 11-21.

SCHEUNPFLUG, A. & SEITZ, K. (1995): Die Geschichte der entwicklungspolitischen Bildung. Zur pädagogischen Konstruktion der „Dritten Welt". 3 Bände. – Frankfurt am Main (IKO-Verlag für Interkulturelle Kommunikation): 260 S., 399 S., 330 S.

SCHEUNPFLUG, A. & SCHRÖCK, N. (2000): Globales Lernen. – Hauptgeschäftsstelle des Diakonischen Werkes der Evangelischen Kirche in Deutschland (EKD) (Hrsg.). – Stuttgart: 34 S.

SCHREIBER, J.-R. (2007): Orientierung im Nebel des Wandels - Der KMK-Orientierungsrahmen zum Lernbereich „Globale Entwicklung". – In: VENRO (Hrsg.) (2007): Jahrbuch Globales Lernen 2007/2008 – Standortbestimmung, Praxisbeispiele, Perspektiven. – Bonn: 34-45.

SCHUSTER, K. (2005): Naturschutz – kein Thema für Jugendliche? – Natur und Landschaft 80 (12): 507-513.

SCHUSTER, K. (2008): Gesellschaft und Naturschutz – Empirische Grundlagen für eine lebensstilorientierte Naturschutzkommunikation. – Naturschutz und Biologische Vielfalt 53: 198 S.

SEITZ, K. (2007): Klimawandel in den Köpfen – Zur Rolle des Globalen Lernens in der „Bildung für nachhaltige Entwicklung". – In: VENRO (Hrsg.) (2007): Jahrbuch Globales Lernen 2007/2008 – Standortbestimmung, Praxisbeispiele, Perspektiven. – Bonn: 46-52.

SELBY, D. & RATHENOW, H.-F. (2003): Globales Lernen – Praxishandbuch für die Sekundarstufe I und II. – Berlin (Cornelsen Verlag): 240 S.

SEYBOLD, H. (2006): Bedingungen des Engagements von Lehrern für Bildung für nachhaltige Entwicklung. – In: RIEß, W. & APEL, H. (2006) (Hrsg.): Bildung für eine nachhaltige Entwicklung. Aktuelle Forschungsfelder und -ansätze. – Wiesbaden (VS Verlag für Sozialwissenschaften): 171-183.

SINUS SOCIOVISION (2007): Informationen zu den Sinus-Milieus. – Heidelberg: 21 S. Download unter: www.sinus-sociovision.de/Download/informationen012007.pdf (abgerufen am 08.08.08).

STEINER, R. & UNTERBRUNNER, U. (2005): Editorial: Naturerfahrungspädagogik – noch zeitgemäß? – In: UNTERBRUNNER, U. & FORUM UMWELTBILDUNG (Hrsg.): Natur erleben. Neues aus Forschung & Praxis zur Naturerfahrung. – Innsbruck (Studien Verlag): 9-19.

STOLTENBERG, U. (2008): Bildungspläne im Elementarbereich – Ein Beitrag zur Bildung für eine nachhaltige Entwicklung? Untersuchung im Auftrag der AG Elementarpädagogik des Deutschen Nationalkomitees für die UN-Dekade „Bildung für nachhaltige Entwicklung". – Hamburg, Lüneburg: 106 S. Download unter: www.bne-portal.de/coremedia/generator/unesco/de/Downloads/Arbeitsgruppen/ AG_20Elementarbereich/Studie_20Prof._20Stoltenberg_20Universit_C3_A4t_20 L_C3_BCneburg.pdf (abgerufen am 08.08.08).

STRAHM, R.H. (1975): Überentwicklung – Unterentwicklung. – Gelnhausen (Burckhardthaus – Laetare Verlag): 136 S.

TILDEN, F. (1977): Interpreting Our Heritage. – Chapel Hill (The University of North Carolina Press): S. 119.

TREML, A. (1979): Was ist Entwicklungspädagogik? – Zeitschrift für internationale Bildungsforschung und Entwicklungspädagogik 2 (3): 2-4.

TREML, A. (2000): Möglichkeiten und Grenzen menschlichen Lernens im Kontext der Weltgesellschaft – Aus evolutionstheoretischer Sicht. – In: SCHEUNPFLUG, A. & HIRSCH, H. (Hrsg.): Globalisierung als Herausforderung für die Pädagogik. – Frankfurt am Main (IKO-Verlag für Interkulturelle Kommunikation): 27-43.

TRISCH, O. (2005): Globales Lernen. Chancen und Grenzen ausgewählter Konzepte – Eine theoretische Aufarbeitung. – Schriftenreihe des interdisziplinären Zentrums für Bildung und Kommunikation in Migrationsprozessen (IBKM) an der Carl von Ossietzky Universität Oldenburg Nr. 12: 146 S. Download unter: http://docserver.bis.uni-oldenburg.de/publikationen/bisverlag/2005/triglo05/triglo05.html (abgerufen am 08.08.08).

TROMMER, G. (1978): Wer überlebt am Blauen Meer? Simulationsspiel zum Gleichgewicht zwischen Mensch und Biosphäre für die SI und SII. – Lehrmittel aktuell 6: 41-52.

TROMMER, G. (1988): Draußen Naturerleben – Historische Beispiele. – Unterricht Biologie 12 (137): 8-11.

UNECE (UNITED NATIONS ECONOMIC COMMISSION FOR EUROPE) (2005): UNECE-Strategie über die Bildung für nachhaltige Entwicklung. Download unter: www.unece.org/env/esd/strategytext/strategyingerman.pdf (abgerufen am 08.08.08).

UNESCO (1978): Intergovernmental Conference on Environmental Education. Organized by UNESCO in co-operation with UNEP. Final Report 1977. – Tiflis: 101 S. Download unter: www.gdrc.org/uem/ee/EE-Tbilisi_1977.pdf (abgerufen am 01.09.08).

UNESCO (1987): Report of the World Commission on Environment and Development: Our Common Future. – Oslo: 318 S. Download unter: www.un-documents.net/wced-ocf.htm (abgerufen am 01.09.08).

VENRO (VERBAND ENTWICKLUNGSPOLITIK DEUTSCHER NICHTREGIERUNGS-ORGANISATIONEN) (Hrsg.) (2000): Globales Lernen als Aufgabe und Handlungsfeld entwicklungspolitischer Nichtregierungsorganisationen. – VENRO-Arbeitspapier Nr. 10. – Bonn: 23 S. Download unter: www.venro.org/fileadmin/Publikationen/arbeitspapiere/arbeitspapier_10.pdf (abgerufen am 01.08.08).

VENRO (VERBAND ENTWICKLUNGSPOLITIK DEUTSCHER NICHTREGIERUNGS-ORGANISATIONEN e.V.) (2005): Kurs auf eine nachhaltige Entwicklung – Lernen für eine zukunftsfähige Welt. Ein Diskussionsbeitrag des Verbands Entwicklungspolitik deutscher Nichtregierungsorganisationen zu UN-Dekade „Bildung für nachhaltige Entwicklung" 2005-2014. – Arbeitspapier Nr. 15: 23 Download unter: www.venro.org/fileadmin/Publikationen/arbeitspapiere/positionspapier_15.pdf (abgerufen am 01.08.08).

WELTKOMMISSION (WELTKOMMISSION FÜR DIE SOZIALE DIMENSION DER GLOBALISIERUNG) (2004): Eine faire Globalisierung: Chancen für alle schaffen. – Genf: 198 S. Download unter: www.ilo.org/public/english/wcsdg/docs/reportg.pdf (abgerufen am 08.08.08).

WINKEL, G. (1995): Umwelt und Bildung. – Seelze (Kallmeyersche Verlagsbuchhandlung): 423 S.

WWF (WORLD WIDE FUND FOR NATURE) (Hrsg.) (1996): Rahmenkonzept für Umweltbildung in Großschutzgebieten. - Naturschutzstelle Ost. – Potsdam: 152 S.

ZUPKE, G. (2006): Umwelthandeln und jugendtypische Lebensstile. – Kröning (Asanger Verlag): 201 S.

Adresse der Autoren:

Thomas Lucker und Dr. Oskar Kölsch
Aktion Fischotterschutz e.V.
Sudendorfallee 1
29386 Hankensbüttel

Tel.:   05832 9808 25 / 23
Fax: 05832 9808 51
E-Mail: t.lucker@otterzentrum.de
          o.koelsch@otterzentrum.de
Internet: www.otterzentrum.de/front_content.php?idcat=163

Danksagung
Ganz herzlich danken möchten die Autoren Frau Sieke Paysen, die das Projekt durch umfangreiche Recherchearbeiten zur Vorbereitung des Workshops und der hier vorliegenden Publikation mit großem Engagement unterstützt hat.

Globalisierung und Globales Lernen

BERND OVERWIEN

Zusammenfassung

Es gibt eine Reihe gesellschaftlicher Trends, die der Bearbeitung innerhalb der verschiedenen Zugangsebenen von Bildung bedürfen, um Bürgerinnen und Bürgern und insbesondere Jugendlichen, den Zugang zu für sie besonders relevanten Themenfeldern zu ermöglichen. Entsprechende Zugänge sollen Voraussetzungen für Veränderungen schaffen und möglichst zum Empowerment beitragen. Beispielhaft zu nennen sind der Wandel der Arbeitsgesellschaft, Interkulturalität, Information und Kommunikation sowie die demographische Entwicklung. Nichts jedoch prägt unsere Zukunftsaussichten auf allen Ebenen so sehr, wie die mit dem Begriff der Globalisierung zusammengefassten Prozesse. In diesem Zusammenhang sind soziale Fragen sowie Veränderungen der Umwelt und des Klimas hervorzuheben. Anhand dieser Entwicklungen geht es hier um die Relevanz einer Bildung für nachhaltige Entwicklung und Globalen Lernens. In diesem Beitrag werden pädagogische Zugänge zum Globalen Lernen präsentiert sowie konkrete Umsetzungsbeispiele aufgezeigt.

1 Zum Begriff der Globalisierung

Die Verflechtungen zwischen den verschiedenen Teilen der Welt werden enger, Austauschbeziehungen nehmen zu. Damit steigt auch eine oft diffuse Wahrnehmung von Prozessen, die von vielen Menschen als nicht durchschaubar erlebt werden. Der für die Veränderungen stehende Begriff der „Globalisierung" ist inzwischen omnipräsent, obwohl er erst 1989 in deutsche Wörterbücher aufgenommen wurde (SEITZ 2006: 63). Offenbar bleibt kaum ein Lebensbereich von Globalisierung unberührt: *„Wenn ein tatsächliches Phänomen in gleicher Art und Weise an Bedeutung zunimmt wie der Gebrauch seiner Begrifflichkeit, dann steht die inflationäre Benutzung des Begriffs der Globalisierung für ein Phänomen, das aktuell alle Lebensbereiche entscheidend verändert."* (ANGILLETTA 2002: 59)

Das Schlagwort der Globalisierung, zunächst in erster Linie ökonomisch besetzt, gelangt nach und nach in Debatten der Politik und Sozialwissenschaft. Globalisierung ist vordergründig zunächst ein Prozess der Vertiefung und Ausweitung gesellschaftlicher Arbeitsteilung. Hierbei handelt es sich nicht um ein völlig neues Phänomen.

Die Frage wirtschaftlicher Verflechtungen lässt sich bis zum Dreieckshandel zurückverfolgen (GALEANO 2002) oder gar bis zur Seidenstraße. Grenzüberschreitende Arbeitsteilung wird bereits seit der Entstehung der großen politisch-ökonomischen Denktraditionen im 19. Jahrhundert diskutiert (SCHERRER 2007: 18 ff). Dennoch aber haben diese Prozesse in den letzten zwanzig Jahren eine neue Qualität erreicht.

Anthony Giddens definiert Globalisierung als ein Phänomen einer „[…] *Intensivierung weltweiter sozialer Beziehungen, durch die entfernte Orte in solcher Weise miteinander verbunden werden, dass Ereignisse am einen Ort durch Vorgänge geprägt werden, die sich an einem viele Kilometer entfernten Ort abspielen und umgekehrt.*" (GIDDENS 1996: 85) Je nach disziplinärem Hintergrund akzentuieren Ökonominnen und Ökonomen bei der Betrachtung des Phänomens der Globalisierung die weltweit verteilte Produktion und die veränderten Handelsströme, sehen Sozialwissenschaftlerinnen und Sozialwissenschaftler die Veränderungen innerhalb gesellschaftlicher Strukturen und transnationaler Beziehungen, beobachten Juristinnen und Juristen die Veränderungen internationalen Rechts und betonen Politikwissenschaftlerinnen und Politikwissenschaftler einen Bedeutungsverlust von Nationalstaaten (NUSCHELER 2004: 52 ff).

Zu den Ursachen liegen verschiedene Diagnosen vor, die sich in zwei kontrastierende Positionen vereinfachen lassen: So werden auf der einen Seite der technische Fortschritt und seine Wirkungen betont, während auf der anderen Seite die politische Deregulierung im Vordergrund gesehen wird (WOYKE 2007: 76 f). Letztlich trifft offenbar beides zu. Bekanntermaßen führen weit reichende Innovationen im Bereich des Datentransfers und, damit verbunden, innerhalb global organisierter Logistik, zu zunehmender Verflechtung, zu verstärkten gegenseitigen Abhängigkeiten, zu intensiveren grenzüberschreitenden Waren- und Informationsströmen und zu einer erheblichen Veränderung der nationalen politischen Handlungsrahmen (BECK 2002: 9 ff).

Gleichzeitig ist Globalisierung in ihrer Gestaltung kein unkontrollierbares Schicksal, sonder eng mit politischen Entscheidungen verbunden. Entschieden werden kann etwa über den Abbau von Handelshemmnissen für die ärmeren Länder genauso wie der Einbau von Regelungen des Finanzmarktes. Politisches Handeln kann Biodiversität fördern oder einschränken, Sozialstandards setzen oder abbauen, umweltpolitische Regelungen umsetzen oder beseitigen, über die Einhaltung der Menschenrechte wachen helfen oder sie vernachlässigen (PLATE 2003, LOHRENSCHEIT 2004). Diese wenigen Beispiele deuten auf Handlungsspielräume hin, die nach wie vor existieren, deren Wahrnehmung und Bearbeitung aber schwieriger geworden ist, weil jeweils komplexe Rahmenbedingungen das Geschehen bestimmen.

Ganz konkret führen Globalisierungstendenzen im internationalen Bildungsvergleich auch zuweilen zu Handlungsdruck, etwa im PISA-Kontext oder wenn Fragen nach sozialer Ungleichheit aus UN-Perspektive an das deutsche Bildungssystem herangetragen werden (OVERWIEN & PREGEL 2007).

Politische Entscheidungen werden von der nationalen Ebene in teils weniger von Wählerinnen und Wählern durchschaubare bzw. legitimierte Räume verlagert, seien es unüberschaubare EU-Gremien oder informellere Strukturen, wie etwa das jährliche Weltwirtschaftsforum in Davos oder der so genannte G8-Gipfel. Internationale Organisationen, etwa die der Vereinten Nationen, sind gefordert. Auch die nun möglichen, international vernetzten Reaktionen auf derartige politische Prozesse sind in ihrer aktuellen Ausprägung Erscheinungsformen innerhalb der Globalisierung und können politisches Handeln auf der jeweiligen nationalen Ebene beeinflussen.

Nichtregierungsorganisationen (NRO) spielen eine weltweit zunehmende Rolle, wobei allerdings auch hier die Frage nach der Legitimität gestellt werden muss. Immerhin sind Vertreterinnen und Vertreter von NRO nicht vom Volk gewählt. Veranstaltungen wie das Weltsozialforum bringen allerdings beeindruckend die Kräfte der Zivilgesellschaft zum Ausdruck. Im Rahmen politisch-rechtlicher Steuerung gibt es durchaus auch gewisse Fortschritte zu vermelden. Immerhin muss heute jeder Staat, in dessen Grenzen so genannte ethnische Säuberungen stattfinden mit Interventionen der internationalen Staatengemeinschaft rechnen und mit Prozessen vor internationalen Gerichtshöfen. Auch die Politik des „Good Governance" könnte hier und da Verbesserungen bringen, je nach Auslegung und Umsetzung.

Insgesamt aber steigen wohl die Risiken für einzelne Länder und für die Menschheit insgesamt. Im Mittelpunkt aktueller öffentlicher Diskussionen steht, zumindest in den westlichen Industrieländern, der Klimawandel. Die Ursachen dafür zeigen einmal mehr die Begrenztheit der globalen Ressourcen bis hin zu den Gasen der Erdatmosphäre. Schon in den 1970er Jahren hatte der Club of Rome auf die Begrenztheit der Rohstoffe hingewiesen. Erst Anfang der 1990er Jahre kam es in Rio de Janeiro zum UN-Gipfel für Umwelt und Entwicklung und zur Agenda 21, einem Plan der Zukunftssicherung, der den Ausgleich zwischen Ökonomie, Ökologie und Sozialem bewirken sollte, dessen Intentionen aber nur langsam auf der Ebene politischen Handelns ankommen. Eine kurze Aufzählung macht deutlich, um die gerechtere Verteilung und Bewahrung welcher Ressourcen es eigentlich geht: Atmosphäre, Feuchtgebiete, biologische Vielfalt, Boden und Land, Wasser, Wälder, Fischgründe (WUPPERTAL INSTITUT 2005: 30 ff).

Nach wie vor sind die Industrieländer im Verbrauch des natürlichen Reichtums führend, wenn auch eine Reihe von Schwellenländern sicht- und spürbar nachholt. Die „Grenzen des Wachstums" zeigen, dass es künftig und schon heute nicht mehr allein um wirtschaftliches Wachstum gehen kann, allenfalls um eine andere Form von Wachstum und um weltweite Gerechtigkeit (WUPPERTAL INSTITUT 2005: 41 ff). Zu den Zielen globaler Gerechtigkeit bei der Verteilung von Ressourcen ist es nach wie vor ein sehr weiter Weg. Immerhin ist mit den Millennium Development Goals (MDG)[1] erstmals ein ganz konkreter, wenn auch ein wenig bescheidener, Zielhorizont benannt worden, dessen vollständige Erreichung überdies immer zweifelhafter erscheint.

Die neuen Möglichkeiten der Kommunikation haben, dies ist ein weiterer Aspekt, Formen von Terrorismus möglich gemacht, die es in dieser Form bisher nicht gab. Auch die Reaktionen auf Terrorismus schaden mancherorts den zivilgesellschaftlichen Freiheiten (BECK 2002: 33 ff).

2   Globalisierung und Lernen

Globalisierung bedeutet u. a. eine zunehmend weltweite Organisation von Wertschöpfungsketten. Als Folge davon werden Arbeitsprozesse stärker als je zuvor transnational organisiert und Arbeitsmärkte räumlich entgrenzt (BAETHGE et al. 2003: 23). Hinter diesen Entwicklungen verbergen sich auch Herausforderungen an Kompetenzen der Beschäftigten. Die Diskussion um diesen Umstand ist allerdings eine oftmals sehr eingeschränkte. In ökonomistischer Tendenz werden vielfach nur die direkt arbeitsbezogenen Kompetenzen gesehen, nicht aber der Teil, der für die Gestaltung zivilgesellschaftlicher, lebendig demokratischer Strukturen erforderlich ist. Auf einer allgemeinen Ebene gibt es zwar durchaus Überschneidungen von Kompetenzen für die Arbeitswelt und für politisches Engagement, schaut man jedoch genauer hin, definieren unterschiedliche Räume und Interessen auch andere Ausprägungen von Kompetenzen.

Für die in berufsförmiger Arbeit und in zivilgesellschaftlichen Prozessen aktiven Menschen ergeben sich gewaltige Komplexitätsprobleme, auf inhaltlicher wie struktureller

---

[1] MDG-Hauptziele bis 2015: Bekämpfung von extremer Armut und Hunger, vollständige Primarschulbildung für alle Jungen und Mädchen, Förderung der Gleichstellung der Geschlechter und Stärkung der Rolle der Frauen, Reduzierung der Kindersterblichkeit, Verbesserung der Gesundheitsversorgung von Müttern, Bekämpfung von HIV/AIDS, Malaria und anderen schweren Krankheiten, Ökologische Nachhaltigkeit, Aufbau einer globalen Entwicklungspartnerschaft (www.millenniumcampaign.de/).

Ebene. Die Kluft zwischen globaler Interdependenz und der Fähigkeit der Menschen die Komplexität der dadurch veränderten Realitäten zu bewältigen wird größer (ENGELHARD & OTTO 2005: 134 f). Gleichzeitig verschwinden Grenzen zwischen Lebens- und Arbeitswelt. Auch die Internationalisierung der Arbeitswelt setzt sich Stück für Stück in die Lebenswelt hinein fort, was zu erfüllende Lernanforderungen anbelangt, aber auch ganz konkrete Alltagsherausforderungen mit internationaler Prägung und Begegnungen mit den Folgen von Migration in den einzelnen Ländern.

Lernen findet verstärkt in der Arbeit statt, was auf einen Bedeutungsgewinn informeller Lernweisen hin deutet (OVERWIEN 2008). Lernen findet auch im freiwilligen Engagement statt (DÜX 2006). Informelles Lernen, oftmals Begleiterscheinung des Alltagslebens, vielfach aber auch gezielte Aktivität, gewinnt insgesamt eine größere Bedeutung. Es ist gerade unter der Perspektive lebenslangen Lernens eine wichtige, bisher oft unterschätzte Sicht auf Lernen (BAETHGE et al. 2003: 91 f). Auch im Bereich der politischen Bildung sollten künftig vermehrt die Verbindungen zwischen dem informellen Lernen in der Praxis und dem formal organisierten Lernen stärker in den Blick genommen werden. Auch hier erfordern, wie in der Arbeitswelt, komplexere Herausforderungen auch Entsprechungen bei der Zusammenführung von Lernformen. Gerade im politischen Engagement werden vielfach Kompetenzen informell erworben und sollten durch Anerkennung und Begleitung weiter gefördert werden. Unter Bezug auf John Dewey sieht Richter beim Erwerb politischer Kompetenz das Tätigkeitsfeld politischer Bildung „[…] *an der Schnittstelle von Anleitung und Selbstermächtigung* […]" (RICHTER 2007: 19). Dies gilt für die Erwachsenbildung, sollte aber auch für schulischen Herangehensweisen handlungsleitende Orientierung sein. Während in der außerschulischen Bildung häufig das Engagement der Bildungsanbietenden im Vordergrund steht (ASBRAND & LANG-WOJTASIK 2007a: 4) werden in der schulischen Bildung, auch der politischen Bildung, Globalisierungsfragen bisher eher wenig thematisiert, was sich auch in der Dürftigkeit der diesbezüglichen fachdidaktischen Literatur spiegelt.

Die skizzierten Erscheinungsformen und Folgen von Globalisierung führen in der Analyse ganz direkt zu politischen Konsequenzen. Wenn sich politisches Handeln künftig verändern muss, dann muss sich auch Politik bezogenes Lernen verändern. Angesichts dieser Sachlage ist es einigermaßen erstaunlich, dass im deutschsprachigen Raum eine größere Debatte zu den Lernerfordernissen der Globalisierung gerade erst richtig beginnt. Zwar gibt es schon längere Zeit wissenschaftliche Publikationen und eine pädagogische Praxis zum Globalen Lernen (SCHEUNPFLUG & HIRSCH 2000, OVERWIEN 2000, SEITZ 2002) diese werden aber hauptsächlich im Kontext der entwicklungspolitischen Bildung oder interkultureller Fragen wahrgenommen.

Eine pädagogische Praxis entwickelt sich zunächst innerhalb der außerschulischen Bildung. Nahe an Aktivitäten von Kirchen, NRO, Organisationen der Entwicklungszusammenarbeit und Solidaritätsinitiativen werden vielfältige Materialien für die Bildungsarbeit innerhalb der Jugend- und Erwachsenenbildung entwickelt und eingesetzt. Die Diskussion um Globales Lernen ist entsprechend deutlich von NRO geprägt (VENRO 2005).

Nach und nach diffundieren die vielgestaltigen Bildungsmaterialien auch in die Schule hinein. Dies ist häufig mit konkreten Aktivitäten von entwicklungspolitischen Organisationen in Schulen verbunden, in vielen Fällen aber tragen dem Nord-Süd-Gedanken verbundene Lehrkräfte Ideen und Materialien in den Unterricht. Spätestens seit den 1990er Jahren sind Ansätze und Inhalte Globalen Lernens im schulischen Geschehen vorzufinden, wobei ein systematisches Einbringen der Themen und Inhalte in die Curricula der meisten Bundesländern erst mit einer Empfehlung der Kultusministerkonferenz (KMK) im Jahr 1997 beginnt. Erstaunlich ist bis heute, dass Globales Lernen nach wie vor in der Jugend- und Erwachsenenbildung verbreitet ist, in den schulischen Curricula inzwischen in vielen Bundesländern mit Teilinhalten präsent ist, in den Didaktiken der relevanten Fächer aber noch kaum vorkommt. Die wissenschaftliche Begleitung Globalen Lernens erfolgt in erster Linie aus der Perspektive der Erziehungswissenschaft, aber auch hier lange Zeit eher abseits des Mainstreams.

Seit kurzem ändert sich dies. Zunächst eher mosaikartig werden Aspekte von Bildung unter Bedingungen der Globalisierung zusammengetragen, schon länger separat diskutierte Fragestellungen in den sich entwickelnden neuen Rahmen gestellt (WULF & MERKEL 2002, STEFFENS & WEIß 2004, SEITZ 2006). Wie dieser genau mit den Ansätzen Globalen Lernens in Beziehung gebracht werden kann ist noch klärungsbedürftig. Globales Lernen wird vielfach als Antwort, nicht als Reaktion auf Globalisierungsprozesse verstanden. Noch 2001 grenzt Wintersteiner Globales Lernen gegenüber den „Intentionen der wirtschaftlichen Globalisierung" ab. Es bestehe die Gefahr zu einem humanitären Alibi einer inhumanen Wirtschaftswelt zu verkommen, wenn man nicht die Bildungsziele Globalen Lernens genügend deutlich von den in der Wirtschaft geforderten engeren Schlüsselqualifikationen abgrenze (WINTERSTEINER 2001: 2). Sein Hinweis, Globalisierung müsse aus der Perspektive Globalen Lernens kritisch betrachtet werden und dies dürfe nicht ein affirmativ geprägtes Anhängsel sein, ist nach wie vor sehr relevant.

Gleichzeitig hat aber die zunehmende Globalisierungsdynamik Fragen aufgeworfen, die im Globalen Lernen schon lange bearbeitet werden. Es sollte um ein kritisches Einbringen damit verbundener Erfahrungen und Potenziale gehen.

Einen entsprechenden Zugang findet SCHEUNPFLUG (2003: 167 f), indem sie unter Bezug auf englischsprachige Diskurse um Global Education davon spricht, dass es um ein Gestalten der Globalisierung „[…] *im Kontext von moralisch-ethischen Zielen wie Gerechtigkeit und Nachhaltigkeit […]*" gehe, wobei sie sich auf Diskurse zur Bildung in der Weltgesellschaft, zum Globalen Lernen und zur Bildung für eine nachhaltige Entwicklung bezieht. Sie zeichnet dabei die Verbindungen zwischen Global Education und dem Globalen Lernen nach (SELBY & RATHENOW 2003) und thematisiert Konsequenzen für das Bildungswesen insgesamt. Resümierend wird das weitgehende Fehlen adäquater Theorieentwürfe angemahnt und ein Bedarf an empirischer Forschung konstatiert (SCHEUNPFLUG 2003: 168).

Der Globalisierungsprozess ordnet die Verhältnisse zwischen der individuellen Lebenswelt, der Arbeitswelt und globalen Entwicklungen neu (ANGILLETTA 2002: 47 ff). Die politisch eingriffsfähigen und eingreifenden Bürgerinnen und Bürger werden sich stärker als je zuvor mit einem weltweiten Prozess des Ineinandergreifens ökonomischer, politische und sozialer Realitäten und Aktivitäten auseinandersetzen müssen. Dies geschieht vor dem Hintergrund auch interkultureller Diversität. Es bedarf eines globalisierten Politikverständnisses besonders der politischen Bildung (BECK& LANGE 2005: 8 f), aber auch der Bildung insgesamt.

Politische Bildung steht vor der Aufgabe, Perspektiven globaler Demokratie mit zu öffnen und zu entwickeln, obwohl die institutionellen Rahmenbedingungen dafür bisher nur wenig ausgeformt sind. Der Referenzrahmen nationaler Kultur für Bildungsprozesse muss erweitert werden. Fragen von Solidarität und Recht müssen mehr als bisher über den Rahmen der engeren Gemeinschaft hinaus gedacht und in Handeln einbezogen werden. Umgang mit Komplexität erfordert eine Ausschöpfung aller Potenziale didaktischen und methodischen Herangehens.

3 Globalisierung und Bildung für nachhaltige Entwicklung

Seit Beginn der 1990er Jahre hat sich die weltpolitische Situation also fundamental gewandelt. Nicht nur das Verhältnis zwischen Ost und West, sondern auch das zwischen der Nord- und der Südhemisphäre haben sich grundlegend verändert. Dies hat auch Auswirkungen auf innergesellschaftliche Gefüge. Schon bisher waren etwa die Trennlinien zwischen entwicklungspolitischen Betrachtungen und migrationsbezogenen Perspektiven auf Diasporagemeinden in Deutschland teilweise künstlich. Nicht nur die Ereignisse des 11. September 2001 geben uns Anlass, über kohärentere Sichtwiesen auch aus der Bildungsperspektive nachzudenken. Die in Dakar (2000) bestätigte Initiative Education for All und die in den Millennium Development Goals (MDG) der Vereinten Nationen festgelegten Ziele geben der Weltgemeinschaft mehrdimensionale konkrete Optionen für Aktivitäten an die Hand und offenbaren überdies deutlich, dass Armut nicht allein eine Problematik der Südhemisphäre, sondern der gemeinsamen Welt ist. Unübersehbar ist die Notwendigkeit, auch die Dimensionen nachhaltiger Entwicklung mit in die Betrachtungen aufzunehmen.

Die Agenda 21 und ihre Weiterentwicklung während der Weltkonferenz in Johannesburg 2002 fordern gegenüber dem Bildungsbereich entsprechende Ansätze ein (MICHELSEN 2008). Der Aktionsplan von Johannesburg (UNESCO 2002) unterstreicht dies auf konkreter Ebene. Innerhalb der föderalen Bildungsstruktur der Bundesrepublik Deutschland gibt es zahlreiche Initiativen, die in der Umsetzung Globalen Lernens und einer Bildung für nachhaltige Entwicklung (BNE) bewusst an die internationalen Prozesse anknüpfen. Ein Beschluss des Deutschen Bundestags aus dem Jahre 2004 zur „UN-Weltdekade Bildung für nachhaltige Entwicklung" nimmt diese Entwicklungen auf. Der mit Unterstützung alle Parteien einstimmig gefasste Beschluss steht im Kontext sich verstärkender Aktivitäten im Themenbereich, die damit neue Impulse erhalten dürften. Der Bundestag hat sich in eindeutiger Weise hinter die Beschlüsse der UN gestellt und bringt deutlich zum Ausdruck, um welche inhaltlichen Verknüpfungen es geht: *„Dabei kommt es darauf an, im Sinne eines umfassenden Nachhaltigkeitsbegriffs die Interdependenz von Ökologie, wirtschaftlicher Leistungsfähigkeit und sozialer Gerechtigkeit zu verdeutlichen. Bildung muss auf vernetztes, interkulturelles Lernen abzielen, insbesondere darauf, ein Bewusstsein für die globalen Auswirkungen des eigenen Handelns und die eigene Verantwortung beim Umgang mit natürlichen Ressourcen zu schaffen. Kulturelle Bildung und interkulturelles Lernen sind entscheidend, damit Verständigung gelingen kann."* (DEUTSCHER BUNDESTAG 2004) Das Parlament betont die notwendige Integration entwicklungspolitischer Aspekte. Hervorgehoben wird auf der Umsetzungsebene die Rolle der Bundesländer bei bisherigen Aktivitäten im Themenfeld, an die es anzuknüpfen gelte. Unterstrichen wird dabei die Rolle der beruflichen Bildung für die Erreichung der gesetzten Ziele.

Betrachtet man das Themenfeld der BNE genauer, werden wichtige Bezüge zur aktuellen Diskussion um Bildungsstandards erkennbar. Schülerinnen und Schüler sollen danach in Zukunft entlang definierter Standards lernen. Dabei ist zunehmend die Rede von Schlüsselkompetenzen, die ein Individuum erwerben müsse, um das Spektrum der Herausforderungen durch Globalisierungsprozesse bewältigen zu können, insbesondere auch im beruflichen Bereich. Diese Kompetenzen sind nicht losgelöst von kulturellen Kontexten zu sehen, insgesamt von großer Vielfalt geprägt und werden mit Blick auf wesentliche Strukturmerkmale gebündelt. Im Rahmen aktueller OECD-Positionen stehen vor allem drei Schlüsselkompetenzen im Mittelpunkt der Betrachtungen: „[…] *die Kompetenz erfolgreich selbstständig handeln zu können, die*

Kompetenz, mit den Instrumenten der Kommunikation und des Wissens souverän umgehen zu können, die Kompetenz in sozial heterogenen Gruppen erfolgreich handeln zu können." (DEELSA & OECD 2002: 11) Normative Grundlage dieser Schlüsselkompetenzen sind im OECD-Umfeld die Menschenrechte, demokratische Wertesysteme und auch die Ziele nachhaltiger Entwicklung (DEELSA & OECD 2002). Die Frage, in welchem Verhältnis diese Kompetenzen und curricular zu fassenden grundlegenden Inhaltsdimensionen stehen, scheint noch klärungsbedürftig zu sein, ebenso die genauere Frage nach dem hier nur oberflächlich erscheinenden Kompetenzbegriff.

4 Globalisierung und Schule

Seit vielen Jahren gibt es Bildungsansätze, die aus verschiedenen Richtungen die Komplexität globaler Fragen bearbeiten. Unterschiedlich akzentuierte Ansätze entwicklungspolitischer Bildung haben sich mit ökopädagogischen, friedenspädagogischen, interkulturell orientierten und auf Menschenrechte bezogenen Herangehensweisen zum Globalen Lernen hin entwickelt, eine Praxis, die im englischsprachigen Bereich schon zuvor im Begriff der „Global Education" ihren gemeinsamen Nenner gefunden hat. Wobei sich der Begriff dort aber recht oberflächlich entwickelt hat und alle die Ansätze anspricht, die sich mit Globalisierung befassen. Für Deutschland ist bei einer kritischeren Herangehensweise an Globales Lernen die besondere Rolle der NRO hervorzuheben, die von den handelnden Individuen her nicht immer scharf vom schulischen Bereich zu trennen sind. So sind es gerade auch Lehrpersonen, die ehrenamtlich arbeiten und Ergebnisse dieser Aktivitäten auch im schulischen Bereich verwenden. Das Spektrum der NRO ist zwar weit, oft liegen aber primäre Erfahrungen in der Nord-Süd-Arbeit vor, viele Akteure waren auch im Bereich staatlicher, kirchlicher oder privat organisierter Entwicklungszusammenarbeit direkt vor Ort aktiv.

Aus diesen Zusammenhängen abgeleitete und weiter fundierte Handlungsmuster, auch in der Bildungsarbeit hierzulande, prägen bis heute die entwicklungsbezogene Bildung in Deutschland mit. Gleichzeitig existieren in unserem Land weitere breite Diskussionen und praktische Ansätze der Umweltbildung und des Naturschutzes, die bisher noch zu wenig mit Theorien und Bildungspraxis von Globalem Lernen in Verbindung stehen, was auf jeweils unterschiedliche Traditionen zurückzuführen ist. Derzeit zeichnet sich eine deutliche Tendenz der Kooperation dieser Bereiche unter dem Dach der BNE ab (MICHELSEN & OVERWIEN 2008).

Globale Fragen haben inzwischen auch eine beachtliche Resonanz in Lehrplänen verschiedener Bundesländer, in Handreichungen von Landesinstituten für Lehrerweiterbildung und in Lehrbüchern gefunden. Sicher wirken sich hier auch Empfehlungen der

Kultusministerkonferenz aus, andererseits aber kann davon ausgegangen werden, dass auf verschiedenen Ebenen spürbare Folgen des Globalisierungsphänomens auch zu bildungspolitischem Handlungsdruck führen. So wurden etwa in Hamburg, Berlin, Hessen oder Rheinland-Pfalz neue Rahmenlehrpläne stärker als bisher auf globale Veränderungen hin akzentuiert und dabei auch auf zu vermittelnde Kompetenzen orientiert. Betroffen sind eine ganze Reihe schulischer Fächer, wobei oft vernetzende Hinweise für fächerverbindendes Arbeiten gegeben werden.

Die Definition und Verankerung von Aufgabenfeldern, als je nachdem mehr oder weniger fest verankerte Querschnittsbereiche, sind weitere wichtige Gestaltungsmerkmale. Offenbar soll auf diese Weise auf gesellschaftliche Anforderungen im Rahmen sich forcierender Globalisierungsprozesse reagiert werden. Insgesamt scheinen sich dadurch die Ausgangsbedingungen für den Themenbereich zu verbessern. Anders sieht es nach wie vor in der Aus- und Fortbildung der Lehrkräfte aus, folgt man entsprechenden Hinweisen verschiedener Positionspapiere und Bestandsaufnahmen. Hochschulen, die Lehrkräfte ausbilden, verstärken zwar ihre internationalen Aktivitäten, auch bezogen auf eine Reihe von Schwellenländern, im Bereich der Aus- und Fortbildung der Lehrkräfte selbst werden aber bisher nur an wenigen Hochschulen Konsequenzen aus der politisch immer wieder betonten Priorisierung von BNE gezogen. Bedenklich ist es, wenn Lehrpläne neu geschrieben und unter Einbezug von Erkenntnissen aus den Debatten um Kompetenzentwicklung neu gestaltet, jedoch nicht gleichzeitig auf der Kompetenzebene der Lehrerinnen und Lehrer neue Schwerpunkte gesetzt werden.

Ein Grundsatzproblem der Implementierung des Themenfeldes im Schulkontext besteht in der besonderen Herausforderung, globale Zusammenhänge in ihrer Vernetzung aufzunehmen. Ausgehend von gesellschaftlichen Herausforderungen und den damit verbundenen komplexen Zukunftsaufgaben sind entwicklungspolitische Bildung und Globales Lernen grundsätzlich interdisziplinär angelegt. Nun ist interdisziplinäres, fächerverbindendes Arbeiten in Schulen mit verschiedenen Hemmnissen verbunden (NAGEL & AFFOLTER 2004: 96). Die zunehmende Orientierung an Kompetenzmodellen und Bildungsstandards kann ein den Inhalten und Methoden einer BNE adäquates Herangehen an Unterrichtssituationen erleichtern (NAGEL & AFFOLTER 2004: 101 ff). Hier liegen auch wesentliche Anforderungen an die künftige Arbeit der einzelnen Fachdidaktiken, die sich bisher mit den Phänomenen des Themenfeldes nur vergleichsweise wenig auseinandersetzen. Auch der Dialog mit der Erziehungswissenschaft ist angesichts der weit reichenden personalen Dimensionen der Kompetenzdiskussion notwendig. Viele Phänomene sind in ihrer Gesamtheit und Bedingtheit überdies nicht durch eine Fächerstruktur zu erfassen, was wiederum auf notwendige Kooperationen hinweist.

Unterrichtsmaterialien stehen im Themenbereich inzwischen in erheblicher Breite und Vielfalt zur Verfügung (NAGEL & AFFOLTER 2004: 101 f), wobei allerdings zur Erschließung dieser Mittel z. T. „Insiderwissen" erforderlich ist. Zwar gibt es Vernetzungsstrukturen, d. h. Zeitschriften, Internetportale etc., diese erreichen bisher aber nur einen kleineren Teil des Fachpersonals[2]. Hier schließt sich dann auch der Kreis zur universitären Ausbildung. Was dort oder in der Weiterbildung nicht vorgestellt wird, wird auch – über den Kreis besonders engagierter Lehrerinnen und Lehrer hinaus – nicht in die Unterrichtspraxis gelangen. Dadurch, dass Rahmenlehrpläne, Lehrpläne, Bildungspläne, je nach Bundesland unterschiedlich genannt, neu konzipiert werden, werden auch verstärkte Sachzwänge entstehen, die wiederum Forderungen an die Lehrkräfteaus- und Weiterbildung generieren.

Alle Ansätze Globalen Lernens definieren Kompetenzziele. So wird die Nähe handlungstheoretischer Ansätze Globalen Lernens zur Gestaltungskompetenz[3] der BNE betont und darauf verwiesen, dass das ursprüngliche Konzept der Gestaltungskompetenz den Teil der globalen Dimension kaum enthielt, der sich auf das Nord-Süd-Verhältnis bezieht (SEITZ 2002: 424). Es gibt aber deutlich Bewegung in der Diskussion um diesen umfassenden Kompetenzbegriff (HAAN & SEITZ 2001 a,b).

Die teilweise vorgenommene Trennung der Ansätze Globalen Lernens in handlungstheoretische auf der einen Seite (SELBY & RATHENOW 2003, SEITZ 2002) und evolutions- und systemtheoretisch orientierte Ansätze auf der anderen Seite (ASBRAND & SCHEUNPFLUG 2005), wird eher kritisch gesehen und angezweifelt, dass eine Abgrenzung zu einer handlungstheoretischen Logik gelingen kann (SEITZ 2002: 424 ff). Wenn also aus der Komplexität der Weltgesellschaft aus evolutions- bzw. systemtheoretischer Sicht der Schluss gezogen wird, dass eine angemessene Reaktion in einer Erhöhung der Eigenkompetenzen oder in der Reduzierung von Komplexität bestehen kann (ASBRAND & SCHEUNPFLUG 2005), wird sich auch dieser Teil der Diskussion um Globales Lernen nicht von einer handlungstheoretischen Logik völlig entfernen können. Die Unterschiede erschließen sich auf der Ebene der konkreten Bildungsarbeit sowieso kaum.

Ein weiterer Ansatz führt den Kompetenzbegriff eher induktiv ein (SELBY & RATHENOW 2003). Er bezieht sich auf reformpädagogische Wurzeln des Globalen Lernens und umreißt ein Modell von vier Dimensionen, dass allerdings in dieser oder

---

[2] Mit den drei Portalen www.globales-lernen.de, www.bne-portal.de und www.umweltbildung.de verbessert sich die Situation derzeit erheblich.
[3] Zum Begriff der Gestaltungskompetenz siehe ausführlich HAAN & HARENBERG (1999) sowie MICHELSEN (2008).

ähnlicher Form in verschiedenen Ansätzen Globalen Lernens zu finden ist. Didaktische Entscheidungen sollen vor dem Hintergrund der Dimension des Raumes, der Dimension der Themen und Inhalte, der Dimension der Zeit und der Dimension des Inneren getroffen werden. Der Ansatz nimmt für sich in Anspruch, einem „[…] *transformatorischen, ganzheitlichen und biozentrischen* […]" Weg zu folgen, in Abgrenzung zu anderen Zugängen Globalen Lernens, die kritisch als anthropozentrisch betrachtet werden (SELBY & RATHENOW 2003: 10).

Deutliche Defizite weisen Ansätze des Globalen Lernens bei der notwendigerweise präzisen Formulierung von Kompetenzen auf. Hier sind weitere Diskussionen dringend notwendig. Mit Blick auf Gestaltungskompetenz der BNE sind genügend Anknüpfungspunkte sichtbar.

Ein Problem in diesem Zusammenhang ist, dass Globales Lernen eher die Rolle eines Oberbegriffs für verschiedene Ansätze „mit weltbürgerlichen Perspektiven" zugeschrieben wird (ADICK 2002). Globales Lernen ist danach als „ […] *Oberbegriff für alle jenen didaktischen Bemühungen zu sehen, die sich auf die Implementation und Strukturierung solcher Unterrichtsgegenstände richten, deren Fokus die gesamtmenschheitliche Lebenspraxis darstellt. Curricula und Unterricht in einem nationalstaatlich organisierten öffentlichen Schulsystem haben demzufolge – emphatisch pointiert – nicht mehr oder jedenfalls nicht mehr ausschließlich die Tradierung (vermeintlicher oder realer) ‚nationaler Kulturgüter' zum Ziel, sondern müssen (auch) einen Beitrag zur Heranbildung zukünftiger Weltbürger leisten.*" (ADICK 2002: 399) Auch hier sind weitere begriffliche Präzisierungen nötig.

Auf der grundsätzlichen bildungspolitischen Ebene scheinen frühere Differenzen zwischen Vertretern der BNE und des Globalen Lernens weitgehend überwunden (HAAN & SEITZ 2001 a,b, SCHREIBER 2005). Unterschiede finden sich hauptsächlich in der Betonung spezifischer Kompetenzen. Ein gemeinsames Kompetenzmodell gibt es bis heute nicht (JANECKI und LUCKER & KÖLSCH in diesem Band). Hinsichtlich didaktischer Prinzipien und Lernformen zeigen sich Konvergenzen, weitere Diskussionsprozesse sind aber wohl nötig (SCHLEICH 2007: 65 ff). Überdies bedarf es weiterer Klärungen des Kompetenzbegriffs, der in seiner Ausprägung als Gestaltungskompetenz, im Rahmen der Diskussion um Bildungsstandards in der Allgemeinbildung und der beruflichen Bildung („berufliche Handlungskompetenz") immer noch unterschiedlich gesehen wird.

Bemerkenswert ist es in diesem Zusammenhang auch, dass wenig an bereits vorhandene Debatten der Erwachsen- und Jugendbildung angeschlossen wird. So entwickelt beispielsweise Negt mit Blick auf die Frage, was Menschen zur Bewältigung heutiger

Lebens- und Umbruchsituationen wissen sollten, fünf gesellschaftliche Schlüsselqualifikationen: Identitätskompetenz, technologische Kompetenz, Gerechtigkeitskompetenz, ökologische Kompetenz und historische Kompetenz (NEGT 1999: 227 ff.). Grundlegend dafür sei die Kompetenz, Zusammenhänge herzustellen. Negt führt weiter aus, in welcher Weise hier exemplarisches Erfahrungslernen stattfinden kann.

5 Bildungspolitische Entwicklungen

Es zeigt sich also, dass unter der Perspektive einer BNE schulisches Lernen erhebliche Veränderungen erfahren muss. Bisher waren es nur relativ wenige Bundesländer, die BNE und Globales Lernen ausdrücklich in ihre Curricula und andere Vorgaben integriert haben. So enthalten beispielsweise die Bildungspläne in Hamburg durchgängig wichtige Elemente einer BNE bis hin zum Ziel der Gestaltungskompetenz (FREIE UND HANSESTADT HAMBURG 2004). Auch die gültigen Rahmenlehrpläne des Landes Berlin nehmen in einigen Fächern Bezug auf Inhalte der Globalisierung und des Globalen Lernens (SENATSVERWALTUNG 2006). Derzeit scheint zusätzlich Bewegung in die Frage einer Integration von BNE in schulische Curricula zu kommen. Im Juni 2007 hat die Kultusministerkonferenz (KMK) zwei wichtige Empfehlungen verabschiedet. Zum einen handelt es sich um ein aus Diskussionen der UN-Dekade Bildung für nachhaltige Entwicklung entstandenes, gemeinsam mit der deutschen UNESCO-Kommission entwickeltes Grundsatzpapier zur „Bildung für nachhaltige Entwicklung in der Schule" (KMK & DUK 2007). Zum anderen geht es um einen „Orientierungsrahmen für den Lernbereich Globale Entwicklung im Rahmen einer Bildung für nachhaltige Entwicklung" (KMK & BMZ 2007), den die KMK gemeinsam mit dem Bundesministerium für wirtschaftliche Zusammenarbeit und Entwicklung (BMZ) erstellt hat.

Das erste Dokument richtet sich eher an Schule als Ganzes und formuliert Konsequenzen, die aus der notwendigen Integration der BNE in schulisches Lernen erfolgen. Im Mittelpunkt steht der Ausgleich zwischen ökologischen, ökonomischen und sozialen Zielen menschlicher Entwicklung, der in schulischem Handeln auf möglichst allen Ebenen zum Ausdruck kommen soll. Es geht dabei um Kompetenzen für die Bewältigung des vielschichtigen „*Zusammenhangs zwischen Globalisierung, wirtschaftlicher Entwicklung, Konsum, Umweltbelastungen, Bevölkerungsentwicklung, Gesundheit und sozialen Verhältnissen [...]*". Schülerinnen und Schüler sollen in die Lage versetzt werden, „[...] *zur aktiven Gestaltung einer ökologisch verträglichen, wirtschaftlich leistungsfähigen und sozial gerechten Umwelt unter Berücksichtigung globaler Aspekte, demokratischer Grundprinzipien und kultureller Vielfalt* [beizutragen]." (KMK & DUK 2007: 2)

Ausdrückliches Ziel ist es, das Konzept der BNE an den Schulen zu verankern. Betont wird die Einsatzmöglichkeit bereits entwickelter Unterrichtskonzepte und Materialien, auf deren verbreitete Anwendung es ankomme (KMK & DUK 2007: 5).

Der „Orientierungsrahmen Globale Entwicklung" strebt Veränderungen in schulischen Fächern an, sowie deren Verbindungen und beschäftigt sich darüber hinaus im Querschnitt mit der Grundschule und der beruflichen Bildung (KMK & BMZ 2007). Der „Lernbereich Globale Entwicklung" wird als ein wesentlicher Bestandteil der BNE gesehen und soll in seiner schulischen Realisierung Schülerinnen und Schülern eine zukunftsoffene Orientierung in einer sich globalisierenden Welt ermöglichen. Es geht um grundlegende Kompetenzen für eine aktive Gestaltung des persönlichen und beruflichen Lebens und um Mitverantwortung in der eigenen Gesellschaft und im globalen Rahmen. Die Vorschläge sind anschlussfähig an Kernlehrpläne und Bildungsstandards. Das Dokument wird den Schulen und Bildungsbehörden aller Bundesländer zur Verfügung gestellt. Zwar gibt es durchaus kritische Äußerungen zum Entstehungsprozess und zur Argumentationstiefe des Orientierungsrahmens (ASBRAND & LANG-WOJTASIK 2007b), insgesamt jedoch dürften von diesem und dem zweiten Dokument wichtige Impulse in Richtung schulischer Bildung ausgehen. Voraussetzung ist aber, dass der Prozess seitens des Bundes und der Länder weiter begleitet wird, woran angesichts der Folgen von Ausuferungen des Föderalismusgedankens manchmal Zweifel aufkommen.

Beide Dokumente beziehen sich positiv auf die Weltdekade „Bildung für nachhaltige Entwicklung", die die Generalversammlung der Vereinten Nationen für Jahr 2005 bis 2014 ausgerufen hat. Ziel dieser UN-Dekade ist es, Bildungschancen zu verbessern und die Aneignung von Kompetenzen zu ermöglichen, mit deren Hilfe Verhaltensweisen und Lebensstile entwickelt werden können, die zu einer nachhaltigen Entwicklung beitragen.

6   Literaturverzeichnis

ADICK, C. (2002): Ein Modell zur didaktischen Strukturierung des globalen Lernens. – Bildung und Erziehung 55: 397-416.

ANGILLETTA, S.P. (2002): Individualisierung, Globalisierung und die Folgen für die Pädagogik. – Opladen (Leske und Budrich): 203 S.

ASBRAND, B.& LANG-WOJTASIK, G. (2007a): Globales Lernen in Forschung und Lehre. – Zeitschrift für internationale Bildungsforschung und Entwicklungspädagogik 1: 2-6.

ASBRAND, B. & LANG-WOJTASIK, G. (2007b): Vorwärts nach weit? Anmerkungen zum Orientierungsrahmen für den Lernbereich Globale Entwicklung im Rahmen einer Bildung für nachhaltige Entwicklung. – Zeitschrift für internationale Bildungsforschung und Entwicklungspädagogik 3: 33-36.

ASBRAND, B. & SCHEUNPFLUG, A. (2005): Globales Lernen. – In: SANDER, W. (Hrsg.): Handbuch politische Bildung. – Bonn: 469-484.

BAETHGE, M., BUSS, K.P. & LANFER, C. (Hrsg.) (2003): Expertisen zu den konzeptionellen Grundlagen für einen Nationalen Bildungsbericht – Berufliche Bildung und Weiterbildung / Lebenslanges Lernen. – BUNDESMINISTERIUM FÜR BILDUNG UND FORSCHUNG (BMBF) (Hrsg.): Bildungsreform Band 8. – Berlin: 298 S.

BECK, U. (2002): Macht und Gegenmacht im globalen Zeitalter. Neue weltpolitische Ökonomie. – Frankfurt am Main (Suhrkamp): 480 S.

BECK, U. & LANGE, D. (2005): Globalisierung und politische Bildung. – Praxis Politik 1: 6-12.

DEELSA & OECD (DIRECTORATE FOR EDUCATION, EMPLOYMENT, LABOUR AND SOCIAL AFFAIRS & ORGANISATION FOR ECONOMIC COOPERATION AND DEVELOPMENT) (2002): Definition and Selection of Competencies (DeSeCo). Theoretical and Conceptual Foundations. Strategy Paper. – Dokument DEELSA/ED/CERI/CD(2002)9. Download unter: www1.worldbank.org/education/Stuttgart_conference/download/5-2-1_doc1_rychen.pdf (abgerufen am 08.08.08).

DEUTSCHER BUNDESTAG (2004): Drucksache 15/3472 vom 30.6.2004. Download unter: http://dip.bundestag.de/btd/15/034/1503472.pdf (abgerufen am 08.08.08).

DÜX, W. (2006): „Aber so richtig für das Leben lernt man eher bei der freiwilligen Arbeit". – In: RAUSCHENBACH, T., DÜX, W. & SASS, E. (Hrsg.): Informelles Lernen im Jugendalter eine vernachlässigte Dimension in der Bildungsdebatte. – Weinheim (Juventa): 205-240.

ENGELHARD, K. & OTTO, K.-H. (2005): Globalisierung: eine Herausforderung für Entwicklungspolitik und entwicklungspolitische Bildung. – Münster (Waxmann): 164 S.

FREIE UND HANSESTADT HAMBURG (2004): Bildungsplan Gymnasiale Oberstufe. Rahmenplan Aufgabengebiete. Behörde für Bildung und Sport. – Hamburg. Download unter: www.hamburg.de/bildungsplaene/ (abgerufen am 08.08.08).

GALEANO, E. (2002): Die offenen Adern Lateinamerikas. Die Geschichte eines Kontinents von der Entdeckung bis zur Gegenwart. – Wuppertal (Hammer Verlag): 400 S.

GIDDENS, A. (1996): Konsequenzen der Moderne. – Frankfurt am Main (Suhrkamp): 224 S.

HAAN, G. DE & HARENBERG, D. (1999): Bildung für eine nachhaltige Entwicklung. Gutachten zum Programm. – Bonn. BLK (BUND-LÄNDER-KOMMISSION FÜR BILDUNGSPLANUNG UND FORSCHUNGSFÖRDERUNG) (Hrsg.). – Materialien zur Bildungsplanung und Forschungsförderung 72: 110 S. Download unter: www.blk-bonn.de/papers/heft72.pdf (abgerufen am 01.08.08).

HAAN, G. DE & SEITZ, K. (2001a): Kriterien für die Umsetzung eines internationalen Bildungsauftrages. – Zeitschrift „21 – Das Leben gestalten lernen" 11: 58-62.

HAAN, G. DE & SEITZ, K. (2001b): Kriterien für die Umsetzung eines internationalen Bildungsauftrages. – Zeitschrift „21 – Das Leben gestalten lernen" 2: 63-66.

KMK & BMZ (KULTUSMINISTERKONFERENZ & BUNDESMINISTERIUM FÜR WIRTSCHAFTLICHE ZUSAMMENARBEIT UND ENTWICKLUNG) (2007): Orientierungsrahmen für den Lernbereich Globale Entwicklung im Rahmen einer Bildung für nachhaltige Entwicklung. Ergebnis eines gemeinsamen Projekts der Kultusministerkonferenz (KMK) und des Bundesministeriums für wirtschaftliche Zusammenarbeit und Entwicklung (BMZ). – Bonn: 199 S. Download unter: www.kmk.org/aktuell/070614-globale-entwicklung.pdf (abgerufen am 01.08.08).

KMK & DUK (KULTUSMINISTERKONFERENZ & DEUTSCHE UNESCO-KOMMISSION) (2007): Empfehlung der Ständigen Konferenz der Kultusminister der Länder in der Bundesrepublik Deutschland (KMK) und der Deutschen UNESCO-Kommission (DUK) vom 15.06.2007 zur „Bildung für nachhaltige Entwicklung in der Schule". – Bonn: 8 S. Download unter: www.kmk.org/aktuell/KMK-DUK-Empfehlung.pdf (abgerufen am 01.08.08).

LOHRENSCHEIT, C. (2004): Das Recht auf Menschenrechtsbildung. Grundlagen und Ansätze einer Pädagogik der Menschenrechte. – Frankfurt am Main (IKO-Verlag für Interkulturelle Kommunikation): 332 S.

MICHELSEN, G. (2008): Kompetenzen und Bildung für nachhaltige Entwicklung. – In: LUCKER, T. & KÖLSCH, O. (Bearb.): Naturschutz und Bildung für nachhaltige Entwicklung. Fokus: Lebenslanges Lernen. – Naturschutz und Biologische Vielfalt 50: 45-57.

MICHELSEN, G. & OVERWIEN, B. (2008): Bildung für nachhaltige Entwicklung. – In: OTTO, H.-U. & COELEN, T. (Hrsg.): Grundbegriffe der Ganztagsbildung. Das Handbuch. – Wiesbaden (VS-Verlag). Im Druck.

NAGEL, U. & AFFOLTER, C. (2004): Umweltbildung und Bildung für eine nachhaltige Entwicklung – Von der Wissensvermittlung zur Kompetenzförderung. – Beiträge zur Lehrerbildung 22 (1): 95-105.

NEGT, O. (1999): Kindheit und Schule in einer Welt der Umbrüche. – Göttingen (Steidl Verlag): 432 S.

NUSCHELER, F. (2004): Lern- und Arbeitsbuch Entwicklungspolitik. – Bonn (Dietz Verlag): 656 S.

OVERWIEN, B. (2008): Informelles Lernen. – In: OTTO, H.-U. & COELEN, T. (Hrsg.): Grundbegriffe der Ganztagsbildung. Das Handbuch. – Wiesbaden (VS-Verlag). Im Druck.

OVERWIEN, B. (Hrsg.) (2000): Lernen und Handeln im globalen Kontext. Beiträge zu Theorie und Praxis internationaler Erziehungswissenschaft. – Frankfurt am Main (IKO-Verlag für Interkulturelle Kommunikation): 568 S.

OVERWIEN, B. & PREGEL, A. (Hrsg.) (2007): Recht auf Bildung. Zum Besuch des Sonderberichterstatters der Vereinten Nationen in Deutschland. – Opladen (Leske und Budrich): 221 S.

PLATE, B. VON (2003): Grundzüge der Globalisierung. – Informationen der politischen Bildung 280: 3-6.

RICHTER, E. (2007): Politik, Demokratie und politische Bildung. – In: BREIT, G. & MASSING, P. (Hrsg.): Politik im Politikunterricht. Wider den inhaltsleeren Politikunterricht. – Schwalbach (Wochenschau Verlag): 9-23.

SCHERRER, C. (2007): Globalisierung als grenzüberschreitende Restrukturierung der Arbeitsteilung. Theoretische Perspektiven. – In: STEFFENS, G. (Hrsg.): Politische und ökonomische Bildung in Zeiten der Globalisierung. – Münster: 35-53.

SCHEUNPFLUG, A. (2003): Stichwort: Globalisierung und Erziehungswissenschaft. – Zeitschrift für Erziehungswissenschaft 2: 159-172.

SCHEUNPFLUG, A. & HIRSCH, K. (Hrsg.) (2000): Globalisierung als Herausforderung für die Pädagogik. – Frankfurt am Main (IKO-Verlag für Interkulturelle Kommunikation): 200 S.

SCHLEICH, K. (2007): Zukunftssicherung durch Bildung? Zur Transformation des Konzeptes der „Nachhaltigen Entwicklung" in die deutsche Bildungspolitik. – Diplomarbeit an der Universität Bielefeld.

SCHREIBER, J. (2005): Kompetenzen und Konvergenzen: Globales Lernen im Rahmen der UN-Dekade „Bildung für nachhaltige Entwicklung". – Zeitschrift für Internationale Bildungsforschung und Entwicklungspädagogik 28 (2): 19-25.

SEITZ, K. (2002): Bildung in der Weltgesellschaft. Gesellschaftstheoretische Grundlagen Globalen Lernens. – Frankfurt am Main (Brandes & Apsel): 520 S:

SEITZ, K. (2006): Lernen in einer globalisierten Gesellschaft. – In: RAUSCHENBACH, T., DÜX, W. & SASS, E. (Hrsg.): Informelles Lernen im Jugendalter eine vernachlässigte Dimension in der Bildungsdebatte. – Weinheim (Juventa): 63-91.

SELBY, D. & RATHENOW, H.F. (2003): Globales Lernen: Praxishandbuch für die Sekundarstufe I und II. – Berlin (Cornelsen): 240 S.

SENATSVERWALTUNG (SENATSVERWALTUNG FÜR BILDUNG, JUGEND UND SPORT BERLIN) (2006): Rahmenlehrplan für die gymnasiale Oberstufe – Geschichte. – Berlin: 39 S. Download unter: www.berlin.de/imperia/md/content/sen-bildung/schulorganisation/lehrplaene/sek2_geschichte.pdf (abgerufen am 08.08.08).

STEFFENS, G. & WEIß, E. (Red.) (2004): Globalisierung der Bildung – Jahrbuch für Pädagogik. – Frankfurt am Main (Peter Lang Verlag): 426 S.

UNESCO (2002): Johannesburg Plan of Implementation. – Johannesburg: 23 S. Download unter: www.un.org/esa/sustdev/documents/WSSD_POI_PD/English/POIToc.htm (abgerufen am 08.08.08).

VENRO (VERBAND ENTWICKLUNGSPOLITIK DEUTSCHER NICHTREGIERUNGSORGANISATIONEN) (Hrsg.) (2005): Kurs auf eine nachhaltige Entwicklung – Lernen für eine zukunftsfähige Welt. – VENRO-Arbeitspapier Nr. 15. – Bonn: 23 S. Download unter: www.venro.org/fileadmin/Publikationen/arbeitspapiere/positionspapier_15.pdf (abgerufen am 08.08.08).

WINTERSTEINER, W. (2001): Mitschwimmen oder widerstehen? Globalisierung und Globales Lernen. – Zeitschrift für internationale Bildungsforschung und Entwicklungspädagogik 2: 2-4.

WOYKE, W. (2007): Globalisierung und Politik. – In: BREIT, G. & MASSING, P. (Hrsg.): Politik im Politikunterricht. Wider den inhaltsleeren Politikunterricht. – Schwalbach (Wochenschau Verlag): 76-86

WULF, C. & MERKEL, C. (Hrsg.) (2002): Globalisierung als Herausforderung der Erziehung. Theorien, Grundlagen, Fallstudien. – Münster (Waxmann): 478 S.

WUPPERTAL INSTITUT (2005): Fair Future. Begrenzte Ressourcen und globale Gerechtigkeit. – Bonn (Beck Verlag): 278 S.

Adresse des Autors:

Prof. Dr. Bernd Overwien
Didaktik der politischen Bildung
FB 5 - Gesellschaftswissenschaften
Universität Kassel
Nora-Platiel-Straße 1
34127 Kassel

Tel.: 0561 804 3114
E-Mail: bernd.overwien@uni-kassel.de
Internet: www.overwien.eu

Ansätze zur Vernetzung von Globalem Lernen und Bildung für nachhaltige Entwicklung

GABRIELE JANECKI

Zusammenfassung

Globales Lernen ist ein Konzept, bei dem die Lernenden globale Fragen behandeln und dabei Wissen und Kompetenzen auf eine ganzheitliche Weise erwerben. Globales Lernen und Bildung für nachhaltige Entwicklung (BNE) begründen sich darin, dass die Welt „nicht auf Kurs" ist. Das Leitbild einer nachhaltigen Entwicklung ist zwar weltweit anerkannt, nichtsdestotrotz hat sich die Kluft zwischen Arm und Reich verschärft. Globale Umweltprobleme bedrohen den Planeten. Die Politik kapituliert vielfach vor der Macht des transnationalen Kapitals. Ein Kurswechsel ist dringend notwendig. Ein Lehren und Lernen ist gefragt, dass an der Analyse der Ursachen, Kräfte und Interessen für die nach wie vor nicht-nachhaltigen Trends ansetzt. Angesichts des Zusammenwachsens der Welt zu einer Risikogemeinschaft muss Bildung die Lernenden außerdem zu einem Denken und Handeln im Welthorizont qualifizieren und weltbürgerliche Werte und Perspektiven vermitteln.

In der Praxis ergeben sich eine Vielzahl von Verbindungen und Kooperationsmöglichkeiten zwischen Globalem Lernen, Umweltbildung, Naturschutz und BNE. Eine Vielzahl von heutigen Problemen begründen sich durch ein Verhältnis des Menschen zur Natur, bei dem die Natur lediglich als ausbeutbare Ressource zur Befriedigung unserer Bedürfnisse betrachtet wird.

Insbesondere in den Kontexten, in den individuellen und gesellschaftlichen Anwendungsaspekten der Fachinhalte, die für die Lernenden relevant sind, ergeben sich eine Vielzahl von Vernetzungsmöglichkeiten. Gemeinsame Themen sind z. B. der globale Klimawandel, der Verlust der Artenvielfalt, Fragen zu Ernährung und Landwirtschaft, Gesundheit, aber auch Aspekte wie das öffentliche Beschaffungswesen u. v. m.

Die Unterschiedlichkeit der Herkunft und die Vielzahl von Perspektiven von Globalem Lernen, Umweltbildung und Naturschutz bedeuten eine Bereicherung für die BNE. In der Praxis besteht allerdings auch die Gefahr, dass die Konturen der einzelnen Bereiche verwässern oder aber das was schon immer gemacht wurde jetzt lediglich umetikettiert wird. Um dem entgegen zu wirken, sollten Umweltbildung, Naturschutz und Globales Lernen gemeinsam daran arbeiten, Nachhaltigkeit als ein gesellschaftliches

Projekt zu kommunizieren, das auf die politische Teilhabe und Handlungsfähigkeit aller Bürgerinnen und Bürger setzt. Gemeinsam können Umweltbildung, Naturschutz und Globales Lernen (in einem utopischen Diskurs?) Perspektiven für eine sozial-ökologische Gestaltung der Welt schaffen, ohne dabei ihre Herkunft in Frage zu stellen.

1   Theoretische Basis des Globalen Lernens und der BNE

VEN und VNB[1] gehen in ihrem Verständnis Globalen Lernens von dem des VENRO[2] aus, das der Verband in einem Positionspapier zusammengefasst hat (VENRO 2005). Darin wird das Konzept des Globalen Lernens u. a. durch folgende Bestimmungen charakterisiert:

Das Leitbild

Globales Lernen ist dem Leitbild einer zukunftsfähigen Entwicklung verpflichtet, wie es in der Agenda 21 entfaltet und seitdem weiterentwickelt wurde. Wir gehen dabei von der Definition einer nachhaltigen Entwicklung aus, die die Dimension der sozialen Gerechtigkeit, der wirtschaftlichen Leistungsfähigkeit, der beteiligungsorientierten Politikgestaltung und des ökologischen Gleichgewichts gleichermaßen umfasst. Das Leitbild einer Nachhaltigen Entwicklung verknüpft die Forderung nach Gerechtigkeit gegenüber den nachkommenden Generationen mit der Forderung nach Gerechtigkeit zwischen den heute lebenden Menschen. Umwelt und Entwicklung werden als gleichermaßen wichtige und aufeinander abzustimmende Politikfelder verstanden.

Das Menschenbild

Globales Lernen setzt auf Empowerment. Empowerment beschreibt einen Prozess, in dem Menschen sich ermutigt fühlen und sich dazu befähigen, ihre eigenen Angelegenheiten selbst in die Hand zu nehmen. Priorität muss allen Maßnahmen zukommen, die soziale Ausgrenzung überwinden, die die Menschen von armutsbedingten Beschränkungen ihrer Handlungsmöglichkeiten befreien, und die sie darin stärken, ihre Interessen vertreten zu können.

---

[1] Der Verband Entwicklungspolitik Niedersachsen (VEN e.V.) ist das entwicklungspolitische Landesnetzwerk Niedersachsens (www.ven-nds.de).
Der Verein Niedersächsischer Bildungsinitiativen (VNB e.V.) ist anerkannte Landeseinrichtung der Erwachsenenbildung in Niedersachsen. Er versteht sich als das Bildungsnetzwerk der Nichtregierungsorganisationen aus dem Bereich der Neuen Sozialen Bewegungen (www.vnb.de).

[2] Der Verband Entwicklungspolitik Deutscher Nichtregierungsorganisationen (VENRO e.V.) ist der bundesweite Dachverband der entwicklungspolitischen Organisationen (www.venro.de).

Der Gegenstand
Inhaltlich fokussiert Globales Lernen vor allem auf Themenfelder der weltweiten Gerechtigkeit und auf die weltweite soziale und wirtschaftliche Entwicklung, die damit verbundenen ökologischen, politischen und kulturellen Aspekte sowie auf die Wechselwirkungen zwischen lokaler Lebenswelt und globalen Zusammenhängen. In diesem Sinne werden Entwicklungsfragen nicht nur als Probleme der sogenannten Dritten Welt lokalisiert. Vielmehr werden auch unsere Lebenswelten in dem Kontext weltgesellschaftlicher Strukturen betrachtet.

Die Methode
Globales Lernen bedient sich bevorzugt handlungsorientierter Methoden, die Perspektivenwechsel und interkulturelle Kommunikation ermöglichen, Orientierung in komplexen Zusammenhängen vermitteln und tendenziell alle menschlichen Erfahrungsdimensionen ansprechen.

Das Lernziel
Globales Lernen stärkt die Fähigkeit und Bereitschaft, Globalität wahrzunehmen und fördert die Kompetenz für eine nachhaltige Lebensgestaltung und die demokratische Beteiligung an der Entwicklung einer zukunftsfähigen Gesellschaft. Globales Lernen möchte durch den Erwerb von Wissen, Motivation und ethischer Orientierung und durch die Anregung entsprechender Lernprozesse Menschen dazu befähigen, an der Gestaltung der Weltgesellschaft aktiv und verantwortungsvoll mitzuwirken und im eigenen Lebensumfeld einen Beitrag zu einer zukunftsfähigen Entwicklung zu leisten.

Durch die Verpflichtung auf ein normatives Leitbild menschlicher Entwicklung und sozialer Gerechtigkeit, durch die Parteinahme für die Leidtragenden des Globalisierungsprozesses und das Anliegen, durch Bildung zur internationalen Verständigung und zum Frieden beizutragen, grenzt sich dieses Verständnis von Globalem Lernen von jedem Bildungskonzept ab, das vorrangig die Anpassung des Menschen an die Erfordernisse einer globalisierten Ökonomie zum Ziel hat. Eine strategisch motivierte Internationalisierung des Bildungswesens, die in erster Linie der Standortsicherung und der Verteidigung von Privilegien unter den Bedingungen eines verschärften globalen Wettbewerbs dient, ist mit dem hier vertretenen Konzept Globalen Lernens nicht vereinbar. Gleichwohl erkennen wir die Notwendigkeit an, dass auch Globales Lernen Qualifikationen vermitteln muss, die es der nachwachsenden Generation ermöglichen, in einer sich rasch wandelnden, von Internationalität geprägten Arbeitswelt bestehen zu können.

Im Zusammenhang mit der BNE sehen wir Globales Lernen als ein Konzept zur Horizonterweiterung. Die UN-Dekade bietet den Rahmen einer weltweiten Initiative zur

Neuorientierung der Bildung angesichts der globalen Herausforderungen. Allen Menschen sollen Bildungschancen eröffnet werden, die es ihnen ermöglichen, Kompetenzen zur Mitgestaltung einer weltweit nachhaltigen Entwicklung zu erwerben (VENRO 2005).

2   Begründungen des Globalen Lernens

Globales Lernen reagiert auf die Lernherausforderungen, die sich aus der Weltentwicklung ergeben. Die Welt verändert sich. Die Welt ist nicht auf Kurs. Es gibt eine Menge internationaler Beschlüsse, so die Agenda 21, die Millenniumsentwicklungsziele, die Klimarahmenkonvention etc. Das Leitbild der nachhaltigen Entwicklung ist weltweit anerkannt, nichtsdestotrotz hat sich die Kluft zwischen Arm und Reich weiter vertieft. Viele vom Menschen verursachte globale Umweltgefahren haben sich weiter verschärft. Die Politik kapituliert vielfach vor der Macht der Märkte und des transnationalen Kapitals. Ein Schlagwort, das in diesem Zusammenhang Konjunktur hat, ist „Globalisierung".

Globalisierung vollzieht sich in den unterschiedlichsten gesellschaftlichen und politischen Bereichen. Zum einen wird unter Globalisierung die weltwirtschaftliche Integration verstanden. Die wirtschaftliche Globalisierung lässt sich als Zunahme der weltwirtschaftlichen Verflechtungen und Ausdehnung der kapitalistischen Wirtschaftsweise auf den gesamten Globus beschreiben. Es ist aber nicht allein das relative Wachstum des internationalen Handels, das zu einer neuen Qualität der weltwirtschaftlichen Entwicklung führt. Diese neue Qualität ergibt sich viel mehr daraus, dass zum internationalen Handel auch die Internationalisierung der Produktion hinzutritt und zur Regel wird. Die Transnationalisierung der wirtschaftlichen Produktion, sei es durch Auslandsinvestitionen, Firmenfusionen oder durch Outsourcing, erfasst zunehmend auch den Dienstleistungsbereich.

Zum anderen ist mit Globalisierung eine „Weltmarkt-Ideologie" gemeint. Die weltwirtschaftliche Integration ist eine Tatsache. Demgegenüber ist die neoliberalistische Auffassung von der Globalisierung, die diesen Prozess an sich gutheißt und als Voraussetzung für die Erreichung weltweiten Wohlstands erklärt, eine Weltanschauung, eine Ideologie. Diese Weltanschauung beherrscht mittlerweile die Politik in den meisten Ländern und in den internationalen Institutionen. Der Neoliberalismus geht sehr verkürzt davon aus, dass sich der Wohlstand am besten dadurch erreichen lässt, dass alle Handelshemmnisse zwischen den Staaten abgebaut werden und die Politik sich aus der Steuerung und Regulation wirtschaftlicher Prozesse vollständig zurückziehen soll. Globalisierung bedeutet so gesehen die Kapitulation der Politik vor der Macht der Ökonomie.

Unter Globalisierung wird weiterhin die weltgesellschaftliche Integration verstanden: In diesem Sinne kann Globalisierung betrachtet werden als Zunahme und Ausdehnung sozialer Beziehungen, zwischenmenschlicher Kontakte, transnationalen kulturellen Austauschs, internationaler Reisen, politischer Zusammenarbeit und anderer Einflüsse und Aktivitäten über nationalstaatliche Grenzen hinweg. Diese Art von Globalisierung – oder „De-Nationalisierung" – des gesellschaftlichen Lebens ist enorm vorangeschritten. Klaus Seitz spricht in diesem Zusammenhang davon, dass sich das Zeitalter der Nationalstaaten dem Ende neigt. Nationalstaaten als politische Organisationsformen bestehen zwar weiterhin, die Verdichtung von Lebensraum, kultureller, sprachlicher, wirtschaftlicher und politischer Einheit auf von Staatsgrenzen abgezirkeltes Gebiet wird jedoch aufgehoben.

Globalisierung bedeutet weiterhin die Entwicklung einer globalen Risikogemeinschaft. Mit der Zunahme der internationalen Verflechtungen und wechselseitigen Abhängigkeiten entstehen zwangsläufig auch komplex miteinander verwobene Problemverkettungen, die die Menschheit zu einer globalen Risikogemeinschaft zusammenbinden (SEITZ 2001). Im ökologischen Bereich – der selbstverständlich wiederum eng verwoben ist mit allen anderen Dimensionen der Nachhaltigkeit – seien Treibhauseffekt, globaler Klimawandel, Verlust von Artenvielfalt u.v.m genannt. Turbulenzen des Wetters, aber auch Turbulenzen auf den Finanzmärkten sind in der Reichweite ihrer Wirkung nicht mehr regional zu begrenzen. So sind zwar viele Umweltprobleme räumlich in ihren Ursachen lokalisierbar, sind aber in ihren Folgen entgrenzt.

Bei globalen Effekten ist allerdings Vorsicht mit pauschalen Ursache-Wirkungs-Beziehungen geboten. Ursachen sind eng miteinander vernetzt. Dadurch haben sie auch eine hohe Informationsdichte. Schwierige Situationen lassen sich nicht durch eine Handlung lösen, sondern durch eine Vielfalt von Aktivitäten, die wiederum miteinander vernetzt sind. Diese Handlungsbeziehungen zu durchdenken und zu planen stellt die Menschen, die einfache Ursache-Wirkungs-Beziehungen im nationalstaatlichen Rahmen zu lösen gewohnt sind, vor eine große Herausforderung (SCHEUNPFLUG 2001).

Globalisierung ist schließlich auch ein theoretisches Diskursphänomen. Dabei wird davon ausgegangen, dass unser Leben inzwischen in weltweite Zusammenhänge und Abhängigkeiten verflochten ist, die einen übermächtigen Einfluss auf unsere Lebensgestaltung ausüben können. Bei Tarifverhandlungen beispielsweise ist die Wirksamkeit der Vorstellung, in einer globalisierten Ökonomie zu handeln, längst zu beobachten. Ängste, wie sie durch den drohenden Verlust von Arbeitsplätzen ausgelöst werden, dienen nicht selten der Durchsetzung von weitreichenden Entscheidungen. Die latente Drohung, dass man bestimmte Produkte billiger an anderer Stelle auf dem

Weltmarkt einkaufen könnte oder die Produktion in eine andere Region der Erde auslagern könnte, verfehlt ihre Wirkung nicht. Die Wirkung wird erzeugt, auch wenn die Drohung von niemandem ausgesprochen werden muss.

Es ist kein Zufall, dass die 1990er Jahre, in denen die Globalisierung einen enormen Schub erfahren hat, zugleich als das Jahrzehnt der Weltkonferenzen in die Geschichte eingehen werden. Auf den in dichter Abfolge abgehaltenen Weltgipfel wird nach staatenübergreifenden Lösungen für die weltweiten Probleme, die die Globalisierung erzeugt hat, gesucht (SCHEUNPFLUG 2001). Bei diesen Konferenzen werden als die politisch dringlichsten Fragen der Gegenwart die zunehmende Ungleichheit zwischen Völkern und innerhalb von Völkern und die fortschreitende Schädigung der Ökosysteme, von denen unser Wohlergehen abhängt, genannt. Halten die derzeitigen Trends an, wird es immer schwieriger, den in Rio vorgezeichneten Wege einer nachhaltigen Entwicklung in globaler Partnerschaft einschlagen.

Ein Kurswechsel ist notwendig. Eine Trendwende in Richtung Nachhaltigkeit setzt jedoch voraus, dass die Hemmnisse, die bislang einer nachhaltigen Entwicklung entgegenstehen, erkannt und überwunden werden. Ein Lernen für eine nachhaltige Entwicklung muss daher an der Analyse der Ursachen, Kräfte und Interessen ansetzen, die die nach wie vor herrschenden Trends einer nicht nachhaltigen Entwicklung antreiben. Woran liegt es, dass ungeachtet eines weltweiten verbindlichen Konsenses über die Prinzipien einer nachhaltigen Entwicklung Politik und Gesellschaft in der Umsetzung dieser Leitlinien noch immer versagen? Welche Hindernisse, welches individuelle wie kollektive Unvermögen und welche Interessensgruppen blockieren den Weg in Richtung Nachhaltigkeit?

Globales Lernen tritt in diesem Sinne ein für eine weitreichende Kontexterweiterung der Bildung, auch im Rahmen der BNE. Angesichts des Zusammenwachsens der Welt zu einer globalen Risikogemeinschaft muss Bildung die heranwachsende Generation zu einem Denken und Handeln im Welthorizont qualifizieren und über staatsbürgerliche Verantwortung hinaus weltbürgerliche Werte und Perspektiven vermitteln (VENRO 2005).

3 Gemeinsamkeiten und Differenzen von Bildung für nachhaltige Entwicklung, Globalem Lernen und Umweltbildung

Globales Lernen bezieht sich wie andere Ansätze und Konzeptionen einer BNE ausdrücklich auf das Leitbild einer nachhaltigen Entwicklung. Es hat mit diesem daher auch eine große Schnittmenge an gemeinsamen Lehrgegenständen, methodischen Ansätzen und Kompetenzzielen gemein.

Dieses gilt auch für andere pädagogische Ansätze und Konzeptionen wie die Umweltbildung, aber auch z. B. Gesundheitserziehung, Mobilitätserziehung, Menschenrechtserziehung. Gleichwohl ist Globales Lernen mit den anderen Ansätzen und auch mit einer BNE nicht deckungsgleich und somit auch nicht austauschbar. Es verweist auf eine spezifische zivilgesellschaftliche Verankerung und eigene Traditionslinien. Dieses spiegelt sich bis heute im unterschiedlichen Zuschnitt von Lerninhalten und Lernformen wider.

Für das Globale Lernen ist der Ansatz spezifisch, alle Bildungsgegenstände im Lichte ihrer weltweiten Bezüge zu betrachten und alle Entscheidungen daraufhin zu beurteilen, wie sie die Lebenschancen benachteiligter Bevölkerungsgruppen in der Weltgesellschaft betreffen. Globales Lernen hat die weltweite Gerechtigkeit im Fokus, ohne die anderen Dimensionen der nahhaltigen Entwicklung aus den Augen zu verlieren. Dieser Ansatz hat seine Wurzeln in der entwicklungspolitischen Bildung, die wiederum eng mit den Strukturen der Dritte Welt Bewegung und den staatlichen und nichtstaatlichen Entwicklungsorganisationen verknüpft ist. Andere pädagogische Ansätze haben sich aus der Tradition der Umweltbildung heraus entwickelt. Für diese stellen wiederum die Umwelt- und Naturschutzverbände die Basis dar.

Die Unterschiedlichkeiten der Herkunft und die Vielfalt der Perspektiven dieser Bildungswege, die nun unter dem Dach der UN-Dekade „Bildung für nachhaltige Entwicklung" aufeinander bezogen werden, sind eine wichtige Bereicherung aller pädagogischen Bemühungen, den Anforderungen einer global nachhaltigen Entwicklung gerecht zu werden.

Die Mehrdimensionalität der Zugänge spiegelt auch die Komplexität und den integrativen Anspruch einer BNE wider. Allerdings geht es bei diesem integrativen Anspruch nicht um eine Verschmelzung aller Teilbereiche sondern um die weitere Vernetzung und Zusammenarbeit dieser eigenständigen pädagogischen Zugänge unter dem Leitbild der nachhaltigen Entwicklung.

Globales Lernen und Umweltbildung haben in den vergangenen Jahren ihre konzeptionelle und inhaltliche Zusammenarbeit sichtbar weiterentwickelt. Ein Zeichen dafür ist u. a. die Workshop-Reihe „Bildung für nachhaltige Entwicklung – Positionierung des Naturschutzes" des Bundesamtes für Naturschutz (BfN). Aber auch schon im vergangenen Jahr fand der Bildungskongress 360 Grad plus 1[3] statt, der die Rolle des Globalen Lernens in der BNE thematisierte. Getragen wurde der Kongress vom Netzwerk Globales Lernen und Bildung für nachhaltige Entwicklung in Niedersachsen und Bremen. Das Netzwerk ist ein breites Bündnis aus schulischen und außerschulischen

---

[3] Vgl. www.360plus1.de

Bildungsorganisationen, die im Bereich Globales Lernen und Umweltbildung arbeiten. Auch im vergangenen Jahr fand die ANU-Jahrestagung unter dem Motto „Wie wär's mit uns – Umweltbildung und Globales Lernen, die Kooperation der Zukunft" statt. Vorbereitet und getragen wurde diese Tagung von einem Bündnis aus Organisationen der Umweltbildung und des Globalen Lernens[4]. Aus der Tagung heraus haben sich weitere Aktivitäten entwickelt. Eine bundesweite Arbeitsgruppe bereitete zum Beispiel einen „utopischen Diskurs" zu Fragen der BNE im Dezember 2007 vor. Dieser Diskurs diente dazu, Verbindungen zwischen Umweltbildung und Globalem Lernen zu suchen und Gemeinsamkeiten für eine BNE zu identifizieren, aber auch vorhandene Diskrepanzen aufzuzeigen.

Denn Diskrepanzen gibt es selbstverständlich. Auch Diskrepanzen, die zu Konflikten Anlass geben. Eine ist zum Beispiel die immer noch unterschiedliche Verankerung von Globalem Lernen und Umweltbildung im staatlichen Bildungswesen und ihre unterschiedliche Ausstattung. Begründen lässt sich dies wohl dadurch, dass in Deutschland unter BNE trotz vielfacher Bemühungen immer noch vorwiegend Umweltbildung verstanden wird.

Anlass zu Irritationen gibt sicherlich auch derzeit die Bestimmung von nötigen Kompetenzen im Rahmen des Globalen Lernens bzw. der BNE. In Erziehungswissenschaft und Bildungspolitik wurde in den vergangenen Jahren national wie international intensiv an der Bestimmung von Kompetenzen bzw. Kompetenzfeldern und Bildungsstandards gearbeitet, an denen sich Curriculumentwicklung künftig orientieren soll. In diesem Bereich gibt es viele Gemeinsamkeiten, aber auch viele Unterschiedlichkeiten. So wurden zum Beispiel in Deutschland vor der Sommerpause fast zeitgleich von der Kultusministerkonferenz der Länder (KMK) und dem Bundesministerium für wirtschaftliche Zusammenarbeit und Entwicklung (BMZ) der „Orientierungsrahmen für den Lernbereich Globale Entwicklung im Rahmen einer Bildung für nachhaltige Entwicklung" (KMK & BMZ 2007) und die „Empfehlung der Kultusministerkonferenz der Länder (KMK) und der Deutschen UNESCO-Kommission (DUK) zur Bildung für nachhaltige Entwicklung in der Schule" (KMK & DUK 2007) verabschiedet. Hier wird mit unterschiedlichen Kompetenzbegriffen gearbeitet (OVERWIEN und LUCKER & KÖLSCH in diesem Band).

---

[4] Vgl. www.umweltbildung.de.

Tab. 1: Kompetenzkonzept des „Orientierungsrahmens für den Lernbereich Globale Entwicklung" (KMK & BMZ 2007).

Kompetenzen
Erkennen
Informationsbeschaffung und -verarbeitung, Erkennen von Vielfalt, Analyse des Globalen Wandels, Unterscheidung gesellschaftlicher Handlungsebenen.
Bewerten
Perspektivwechsel und Empathie, Kritische Reflexion und Stellungnahme, Beurteilen von und Entscheiden über Gestaltungsoptionen (z. B. Entwicklungsmaßnahmen).
Handeln
Solidarität und Mitverantwortung, Verständigung und Konfliktlösung, Handlungsfähigkeit im globalen Wandel, Partizipation und Mitgestaltung.

Die Unterschiedlichkeiten zeigen, dass die theoretische Diskussion um die Leitfrage, welcher Kompetenzen die nachwachsende Generation bedarf, um unter den Bedingungen einer komplexen Weltrisikogesellschaft ein erfülltes und zugleich verantwortungsvolles Leben führen zu können, noch nicht abgeschlossen ist (Tabellen 1 und 2).

Allerdings ist fraglich, ob diese konzeptionellen Diskrepanzen Auswirkungen auf die pädagogische Praxis der Lehrenden haben werden. In der Zusammenarbeit und im Diskurs zwischen den Vertreterinnen und Vertretern des Globalen Lernens und der BNE bzw. der Umweltpädagogik konnten jedenfalls weit reichende Gemeinsamkeiten festgestellt werden. Auch wenn die Umweltbildung vielleicht etwas besser ausgestattet ist, so ist sie doch ebenso wie Globales Lernen in den meisten Bundesländern curricular eher schwach verankert. Beide Arbeitsfelder teilen dieses Schicksal mit einer Reihe anderer pädagogischer Arbeitsfelder, die für die BNE relevant sind. Dieses zu ändern ist ein gemeinsames Handlungsfeld (VENRO 2005).

Tab. 2: Kompetenzkonzept der „Empfehlungen zur Bildung für nachhaltige Entwicklung in der Schule" (KMK & DUK 2007).

Erwerb von Kompetenzen
Im Rahmen des BLK-Programms „21" und seiner Transferphase (BLK-Programm „Transfer-21") wurden drei Unterrichts- und Organisationsprinzipien zum Erwerb von Kompetenzen entwickelt, welche die Schülerinnen und Schüler befähigen, sich mit den Schlüsselproblemen im Bereich nachhaltiger Entwicklung auseinander zu setzen, Lösungsvorschläge kennen und bewerten zu lernen und Handlungsmöglichkeiten zu gewinnen. Diese Ziele lassen sich durch die Vermittlung interdisziplinären Wissens, Formen partizipativen Lernens und die Etablierung innovativer Strukturen erreichen.
Interdisziplinäres Wissen geht von der Notwendigkeit „vernetzten Denkens", insbesondere der Vernetzung von Natur- und Kulturwelt und der Entwicklung entsprechender Problemlösungskompetenzen aus. Ziel ist die Etablierung entsprechender Inhalte und Arbeitsformen in den Curricula.
Partizipatives Lernen greift die zentrale Forderung der Agenda 21 nach Teilhabe aller gesellschaftlichen Gruppen am Prozess nachhaltiger Entwicklung auf. Schule kann auf diese Teilhabe vorbereiten, indem sie ihre Unterrichtskultur um Lehr- und Lernformen erweitert, die gezielt demokratische Handlungskompetenzen vermitteln.
Etablierung innovativer Strukturen geht davon aus, dass die Schule als ganzheitliches System bildungswirksam ist, indem sie aktuelle schulische Reformfelder wie Qualitätsentwicklung, Profilbildung, Öffnung von Schule, Leistungskultur u. s. w. für alle thematisiert und in partizipativen Verfahren strukturell weiterentwickelt. In diesem Rahmen ist die Kooperation mit außerschulischen Partnern von hoher Bedeutung.
Im Rahmen der BLK-Programme zur BNE wurde das Konzept für den Erwerb von Gestaltungskompetenz entwickelt und erprobt. Mit Gestaltungskompetenz wird die Fähigkeit bezeichnet, Wissen über nachhaltige Entwicklung anwenden und Probleme nicht nachhaltiger Entwicklung erkennen zu können. Das bedeutet, aus Gegenwartsanalysen und Zukunftsstudien zur ökologischen, ökonomischen und sozialen Entwicklung in ihrer wechselseitigen Abhängigkeit Schlussfolgerungen ziehen und darauf basierende Entscheidungen treffen und gemeinschaftlich und politisch umsetzen zu können.

4 Verbindungen und Kooperationen von Umweltbildung, Naturschutz und Globalem Lernen

Verbindungen und Kooperationsmöglichkeiten zwischen Umweltbildung, Naturschutz und Globalem Lernen lassen sich ohne Mühe finden. Betrachtet man die Wurzeln der heutigen globalen Herausforderungen, so wird schnell klar, dass Umwelt und Entwicklung zwei Kehrseiten ein und derselben Medaille sind. So sind sicherlich viele Ursachen von globalen Umweltproblemen, aber auch von Armut, in dem Verhältnis des Menschen zur Natur zu suchen. Natur wird vielfach lediglich reduziert betrachtet als für den Wohlstand des Menschen auszubeutende Ressource. Eine systemische Betrachtung, in der der Mensch Teil der Natur ist, findet oft nicht statt.

Weiterhin lassen sich viele Probleme, sei es Armut, sei es Umweltzerstörung, seien es kriegerische Konflikte, auf die ungleiche Verteilung von Ressourcen und politischer Macht zurückführen. Ohne globale Gerechtigkeit wird es keine ökologische Wende geben. Die Beziehungen zwischen Ökologie und Gerechtigkeit sind vielfältig, denn ökologische Probleme werden nicht von Menschen gleichermaßen verursacht und sie betreffen auch nicht alle Menschen in gleicher Weise. Und Maßnahmen ökologischer Politik werfen stets Gerechtigkeitsfragen auf.

Ein Beispiel ist der globale Klimawandel. Während dieser durch den energieintensiven Lebensstil der Industrieländer verursacht wird, treffen die Folgen hingegen die Ärmsten der Armen. Diese leben in der Regel in den Ländern des globalen Südens und sind kaum in der Lage, sich gegen die Folgen von Dürre, Überschwemmungen, Wirbelstürmen etc. zu schützen. Klimawandel bedeutet somit mehr als die Frage, ob wir im Winter genug Schnee zum Skifahren habe oder ob wir im Sommer unsere Gärten mehr bewässern müssen. Klimawandel wird zu einer Frage von globaler Verteilung von Ressourcen, von Gerechtigkeit und Menschenrechten. Es geht dabei nicht allein um den Austausch von herkömmlichen Glühbirnen durch Energiesparlampen, sondern es geht um die Frage, ob unser Lebensstil für den Planeten und für unsere Mitmenschen und die zukünftigen Generationen noch tragfähig ist.

Klimawandel ist nur ein Beispiel für ein Problem, das seine Wurzeln in der ungleichen Verteilung von Macht und Ressourcen hat. Dieses zu thematisieren und Kompetenzen für ein Handeln im Sinne der nachhaltigen Entwicklung zu schaffen, ist eine Aufgabe, die Umweltbildung, Naturschutz und Globales Lernen gemeinsam angehen müssen. Durch eine multiperspektivische und interdisziplinäre Zusammenarbeit können auch eigentlich gutgemeinte Fehlentwicklungen vermieden werden. Um noch einmal das Beispiel des Klimawandels zu bemühen: Klimaschutzmaßnahmen müssen auch auf ihre globalen Auswirkungen und ihre Entwicklungserträglichkeit geprüft werden. Sonst leiden die Armen nicht nur an den Folgen des Klimawandels, sondern auch an einer fehlgeleiteten Klimaschutzpolitik (BORNHORST 2007).

Ein Beispiel dafür, wo diese Tendenz zu beobachten ist, ist der Einsatz von pflanzlichen Energiestoffen – den sogenannten Biokraftstoffen. Diese werden allerorten angebaut und eingesetzt, um fossile Brennstoffe zu ersetzen und somit auch den CO_2-Austoß zu vermindern. Der Anbau von nachwachsenden Energierohstoffen in den Entwicklungsländern geht aber direkt einher mit Umweltzerstörung und Menschenrechtsverletzungen. In Brasilien sind z. B. 10 % der Ackerfläche mit Zuckerrohr bepflanzt. Ein Drittel davon wird derzeit zu dem Treibstoff Ethanol verarbeitet, eine Ausdehnung der Fläche ist vorgesehen. Damit verbunden sind Landkonzentration bei Großgrundbesitzern, katastrophale Arbeitsbedingungen auf den Plantagen, massive

Gesundheitsprobleme und Umweltbelastungen durch den Einsatz von Pflanzenschutzmitteln. Hinzu kommt die Verdrängung von Nahrungsmittelanbau zugunsten der Energiepflanzen und ein erheblicher Verlust von Biodiversität. Schließlich ist eine Machtkonzentration bei internationalen Agrarkonzernen, die patentiertes Saatgut, Pestizide und Kunstdünger herstellen und vermarkten, zu beobachten. Die gleichen Muster von Energiehunger im Norden auf Kosten des Südens wiederholen sich immer wieder (BICKEL 2007).

Wenn man von den drei Kompetenzbereichen für Globales Lernen ausgeht, die im Orientierungsrahmen Globale Entwicklung vorgeschlagen werden, nämlich Erkennen, Bewerten und Handeln, so können sich Ansatzpunkte der Kooperation zwischen Globalem Lernen und Umweltbildung und Naturschutz ergeben:

Erkennen
Biologische Systeme sind durch eine hohe Komplexität, Diversität und spezifische Systemeigenschaften wie Eigendynamik, individuelle und evolutive Entwicklung charakterisiert. Eingriffe des Menschen in Biosysteme sind entsprechend hinsichtlich der Ursachen, Vernetzungen und Folgen überaus komplex und in ihrer weiteren Entwicklung teilweise offen. Die daraus resultierenden (oftmals problematischen) Folgen sind in ihrer Lösbarkeit politisch umstritten. Umweltbildung und Globales Lernen können dazu beitragen, ein Verständnis für systemische Zusammenhänge von Mensch (Soziales, Politik, Wirtschaft) und Umwelt sowie für die vielfältigen Vernetzungen und Wechselwirkungen innerhalb globaler Entwicklung zu vermitteln.

Bewerten
Innerhalb des Leitbildes der nachhaltigen Entwicklung werden insbesondere Fragen einer intra- und intergenerationellen Verteilungsgerechtigkeit der natürlichen Ressourcen und entsprechende moralische Dilemmata in den Blick genommen. Globales Lernen und Umweltbildung können einerseits gemeinsam einen Beitrag dazu leisten, die naturwissenschaftlichen Grundlagen der normativen Probleme herauszuarbeiten, andererseits aber zwischen beschreibenden oder erklärenden (naturwissenschaftlichen) und normativen (ethischen) Aussagen zu unterscheiden. Insbesondere stellt sich der Kompetenzbereich Bewerten der Herausforderung eines systematischen Umgangs mit faktischer und ethischer Komplexität, um Entscheidungen im Sinne des Leitbildes der nachhaltigen Entwicklung zu ermöglichen. Systematisches Bewerten mit dem Ziel, einen Beitrag zur weltweit nachhaltigen Entwicklung zu leisten, impliziert dabei immer Sachinformationen mit eigenen und gesellschaftlich relevanten Werten, Normen bzw. Prinzipien in Verbindung zu bringen.

Handeln

Globales Lernen ist explizit auf Handlungskompetenz ausgerichtet. Diese ist im Hinblick auf die spezifischen Probleme mit besonderen Ansprüchen konfrontiert. Wie am Beispiel des Klimawandels schon angedeutet, führt die raum-zeitliche Entkopplung von Ursache-Wirkungs-Beziehungen bei globalen Umweltveränderungen dazu, dass Folgen des Umwelthandelns nicht wahrgenommen werden und damit eine Rückkopplung des Umwelthandelns fehlt. Damit einher geht auch eine soziale Entfernung zwischen Verursachern und Betroffenen. Die Betroffenen derzeit verursachter Umweltveränderungen (und möglicherweise künftiger Generationen) sind auch Menschen, die außerhalb des Erfahrungshorizontes der Verursacher, z. B. in anderen Ländern oder Erdteilen, an der Beeinträchtigung der Umwelt leiden. Die Lernenden müssen daher befähigt werden, die Verknüpfung der eigenen Lebenswelt (Konsum, Freizeit, Beruf) mit weltweiten Entwicklungen (Klimaänderung, Ressourcenminderung, Biodiversitätsverlust) zu erfassen. Handlungskompetenz im Kontext globaler Entwicklung zielt daher auf die Fähigkeit, die Auswirkungen des eigenen Handelns auf Mensch und Natur – jenseits unseres unmittelbaren Erfahrungshorizontes – sowie auf die Lebenschancen zukünftiger Generationen abschätzen zu können und dementsprechend zu handeln.

Themen, die in diesem Sinne für Umweltbildung, Globales Lernen und Naturschutz gleichermaßen relevant sind und wo eine Vernetzung und Kooperation von höchster Bedeutung sind, lassen sich neben dem Klimabeispiel dementsprechend viele finden (KMK & BMZ 2007).

5 Welche Bedeutung haben die theoretischen Konzepte für die Praxis?

In der Praxis wird darauf zu achten sein, die Konturen der BNE nicht durch einen inflationären Gebrauch des Terminus zu verwässern. Es existiert nämlich durchaus die Praxis, bisherige Aktivitäten im Zuge eines (vermeintlichen) Trends oder Zeitgeistes einfach „um zu etikettieren". Maßnahmen entwicklungspolitischer Bildungsarbeit werden in diesem Zuge mit dem Begriff des Globalen Lernens oder Projekte der Umweltpädagogik mit dem Begriff „BNE" belegt. Zweifellos kann ein einzelnes Lernprojekt nicht alle der hier aufgeführten Aspekte der Nachhaltigkeit zugleich aufgreifen. Die didaktische Kunst auch einer BNE liegt in der angemessenen Konkretisierung und Reduktion. Jedoch sollte hierbei die angesprochene Mehrdimensionalität nachhaltiger Entwicklung wie auch die Einbettung aller Entwicklungsprozesse in das Netz weltumspannender Interdependenzen nicht aus dem Blick verloren werden. Ein naturkundliches Schulweiler Projekt wird daher zunächst einmal ebenso wenig wie eine rein länderkundliche Unterrichtseinheit über ein westafrikanisches Land bereits den Titel „Bildung für nachhaltige Entwicklung" in Anspruch nehmen können (VENRO 2005).

Wenn Umwelt und Entwicklung als die zwei Kehrseiten einer Medaille verstanden werden, wenn Globales Lernen, Umweltbildung und Naturschutz gemeinsam für eine BNE arbeiten, so ergeben sich folgende Herausforderungen für die Praxis:

Zum einen ist eine globale Anschauungsweise unverzichtbarer Bestandteil einer entsprechenden Bildungspraxis und zum anderen müssen die behandelten Themen und Bildungsinhalte – so auch Umwelt- und Naturschutzprobleme – aus der Sicht verschiedener Interessenlagen beleuchtet und multiperspektivisch erschlossen werden. Insbesondere ist es wichtig, auch die Stimmen derjenigen zu Gehör zu bringen, die zu den Leidtragenden der Globalisierung gehören. Idealerweise sollten Bildungsprogramme internationale Begegnungen eröffnen. Die Positionen von Vertreterinnen und Vertretern aus dem Süden sollten von ihnen selbst eingebracht oder zu mindest über authentische Quellen vermittelt werden (SEITZ 2000).

In diesem Sinne haben VEN und VNB zum Beispiel das internationale Bildungsprojekt GLOBO:LOG – Globaler Dialog in regionalen Netzwerken angelegt. In regionalen Netzwerken führen Schulen und außerschulische Bildungspartner gemeinsam praxisorientierte Bildungsprojekte durch, die Zusammenhänge zwischen Gesellschaft, Wirtschaft und Umwelt, zwischen Norden und Süden, zwischen lokalen und globalen Aktivitäten behandeln (HIRSCHMANN und GAUER-SÜß & KRENZER-BASS sowie SANÉ in diesem Band). Und dieses auf regionaler wie internationaler Ebene: Jedes regionale Netzwerk arbeitet mit einem entsprechenden Netzwerk in einem Land des Südens zusammen an einem themenverwandten Bildungs- und / oder Entwicklungsprojekt. In jedem Projekt findet ein internationaler Bildungsaustausch statt – nicht immer, aber oft über direkte Begegnungen. Wo dieses nicht möglich ist, ersetzt die Kommunikation über das Internet, aber auch über traditionelle Kommunikationsmedien wie Telefon, Fax und Brief die persönliche Begegnung. So entsteht ein interkultureller Austausch, in dem unterschiedliche Perspektiven desselben Themas zur Sprache kommen. Themen, die behandelt werden sind u. a. Ernährung, Gesundheit, Klimaschutz, Energieversorgung, Wald, Aufforstung, regenerative Energien, Wasser[5].

Weiterhin ist ein ganzheitliches Lernen, das Wahrnehmen, Fühlen, Denken, Urteilen und Handeln miteinander verbindet, gefragt. Dabei besteht das Problem, dass die Komplexität der Weltgesellschaft sich häufig nicht unmittelbar in Situationen eines authentischen, an den Problemen der Lebenswelt ansetzenden Lernens erschließt.

---

[5] Vgl. www.globolog.net.

So reicht zum Beispiel ein Blick in die Kaffeetasse nicht aus, um die Strukturen des internationalen Kaffeehandels zu verstehen. Und eine sinnliche Erfahrung globaler Umweltkatastrophen ist als pädagogische Methode ja auch nicht unbedingt wünschenswert. Die Frage ist, wie sich ganzheitliche Lernformen mit der Kompetenzbildung für ein vernetztes und abstraktes Denken in Einklang bringen lassen (SEITZ 2000).

Wir versuchen zum Beispiel über unsere Ausstellungstrucks diesen Spagat zwischen Lebensumfeld, Globalität und sinnlicher Wahrnehmung hin zu bekommen. Der VNB-Media Service hat eine Reihe von multimedialen Großraumtrucks entwickelt, die Themen aus dem Bereich nachhaltige Entwicklung so aufarbeiten, dass sie für junge Menschen interessant und mit ihrer Lebenswirklichkeit verknüpfbar sind. Global.fair ist zum Beispiel eine multimediale Erlebnis- und Lernausstellung, eingebaut in einen 18 m langen Truck, die gerade in einer konzertierten Aktion zwei Jahre durch Niedersachsen tourt. Ab 2008 ist er dann im ganzen Bundesgebiet einsetzbar. Schulen, Nichtregierungsorganisationen (NRO) und ihre Partner arbeiten mit der Ausstellung jeweils etwa eine Woche öffentlich zum Fairen Handel und erreichen neue Zielgruppen. Die Ausstellung selbst ist ein spannendes Lernangebot, bei dem sich die Besucherinnen und Besucher mit Hilfe von Hörspielen in die Rollen unterschiedlicher Paare von Produzentinnen und Produzenten sowie von Verbraucherinnen und Verbrauchern versetzen können. Sie erleben dabei am Beispiel von Schokolade, Kaffee und Orangensaft die Produktion, Vermarktung, den Weltmarkt und den Einzelhandel in Europa. Sie testen ihr Wissen und ihre Einstellungen und können Veränderungen simulieren. Sehen, fühlen und handeln gehören ebenso wie die Information über harte Fakten zur Ausstellung.

Die Vermittlung passiert aber nicht primär über Schaufelder, sondern über die Informationen der sechs Identifikationsfiguren, die mit den Produkten eng verflochten sind: Menschen, die Kaffee oder Orangen pflücken, Kinder von Kakaobauern und -bäuerinnen aber auch Menschen, die gerne Schokolade essen und Kaffee genießen. Durch das Auslösen von Empathie soll erreicht werden, dass sich die Besucherinnen und Besucher überlegen, was sie selber ändern können, um zu mehr Gerechtigkeit bei zu tragen. Ein neues Projekt, das derzeit in Planung ist, und bei dem es eine enge Kooperation auch mit der Arbeitsgemeinschaft Natur- und Umweltbildung (ANU) stattfindet, ist ein Ausstellungstruck zum Thema Wasser, bei dem es sowohl um ökologische als auch um politische und gesellschaftliche Aspekte geht[6].

---

[6] Weitere Details hierzu unter www.global-fair.de.

Weitere Herausforderungen für die pädagogische Praxis bilden die ethischen Aspekte. Dieses gilt sowohl für die Umweltbildung als auch für Globales Lernen im Rahmen der BNE. Es wird der Anspruch erhoben, soziale und ökologische Verantwortung für die Weltgesellschaft wahr zu nehmen. Wird die Reichweite individueller Verantwortung aber ins Unermessliche, ins Globale ausgedehnt wird, liegt die Gefahr einer moralischen Überforderung der Lernenden auf der Hand. Die Mitverantwortung an verflochtenen globalen Prozessen kann nicht auf direkten Wegen dem individuellen Handeln und schon gar nicht den guten oder bösen Absichten von Einzelnen zugerechnet werden. Einstweilen begnügen wir uns aber häufig damit, unzumutbare moralische Ansprüche zu formulieren und laufen damit Gefahr, entweder einem zufälligen Aktionismus oder einer folgenlosen Gesinnungspädagogik zu verfallen (SEITZ 2000).

In diesem Zusammenhang erscheint es uns wichtig, dass Umweltbildung, Naturschutz und Globales Lernen gemeinsam daran arbeiten, BNE in Deutschland stärker im Bereich der politischen Bildung zu verankern und als Konzept des Globalen Lernens im Horizont der Weltgesellschaft zu profilieren. Nachhaltigkeit ist ein gesellschaftliches Projekt, das auf politische Beteiligung und Handlungsfähigkeit aller Bürgerinnen und Bürger setzt. Es geht darum, Perspektiven für eine sozial-ökologische Gestaltung der Weltinnenpolitik zu entwickeln und den Beitrag, den die Lernenden hierzu in Wahrnehmung ihrer politischen Verantwortung leisten können, zu entfalten. Die UN-Dekade bietet den Anlass, die anstehende Neuorientierung der politischen Bildung in der postnationalen Konstellation in die Richtung einer weltbürgerlichen Perspektive voranzubringen. Die wachsende Komplexität politischer Verhältnisse und die zunehmende Bedeutung grenzüberschreitender Handlungszusammenhänge machen es erforderlich, die Kompetenz zur politischen Teilhabe und zur Wahrnehmung politischer Verantwortung nicht allein im staatsbürgerlichen Rahmen, sondern zugleich in einem europäischen und weiterhin in einem weltinnenpolitischen Horizont zu positionieren (VENRO 2005).

Schließlich ist es sinnvoll, an globalen Bildungsfragen auch in grenzüberschreitender Kooperation zu arbeiten und sich dem internationalen Diskurs über angemessene Formen der pädagogischen Bearbeitung der Globalisierung zu stellen. Dabei ist allerdings mit erheblichen Schwierigkeiten und Kommunikationsstörungen zu rechnen, die insbesondere mit den in den Regionen der Welt jeweils so verschiedenen sozioökonomischen Bedingungen zusammenhängen. Es stellt sich die Frage, ob wir auch unter den Bedingungen extremer sozioökonomischer Ungleichheit und krasser Differenzen in der Bildungsinfrastruktur internationale Bildungskooperationen gestalten und einen gemeinsamen pädagogischen Diskurs über Globales Lernen und BNE führen können.

Die Rolle des Südens bedarf dabei auch dringend kritischer Reflexion. BNE, Globales Lernen, Umweltbildung, alle werden derzeit vielfach über Projektgelder finanziert. Damit werden auch internationale Bildungsprojekte in der Regel durch die Fördermöglichkeiten der deutschen Bildungslandschaft entwickelt. Partner im Süden können sich dann in Projekte einklinken oder es sein lassen. Die Gefahr besteht, dass die Partner aus dem Süden dann nicht wirkliche Partner sind, sondern dass Menschen zu Objekten fremdbestimmter Interessen und Ziele werden (SEITZ 2000).

VEN und VNB versuchen sich derzeit an einer Reflexion und Zusammenarbeit ihrer Arbeit mit Partnern im Süden. So hat schon mehrfach eine Reflexion unserer Arbeit durch internationale Team-Visits stattgefunden. Dieses auszubauen ist derzeit in Planung. Ein größeres Projekt wird demnächst beginnen, in dem wir mit Frauen aus Tansania, Bolivien und Deutschland über geschlechtsspezifische Aspekte des Klimawandels und Folgen für die Bildungsarbeit diskutieren wollen. Auch im Rahmen des Netzwerks Globales Lernen und BNE in Bremen und Niedersachsen ist im nächsten Jahr geplant, Bildungsexpertinnen und -experten aus dem Süden für eine internationale Debatte zu den entsprechenden Themen ein zu laden[7].

BNE, Globales Lernen, Umweltbildung – alle stehen also vor gigantischen Herausforderungen. In Hinblick auf unsere vorherrschenden Bildungsstrukturen bleibt noch die Rolle zu hinterfragen, die die vorherrschende Bildung bislang für die Verstetigung nicht-nachhaltiger Strukturen gespielt hat. Es ist nicht aus zu schließen, dass verbreitete Unterrichtsmedien, Curricula und auch Strukturen verschulten Lernens mit zu den Einstellungen und Handlungen beitragen, die die Wende hin zu einer nachhaltigen Entwicklung eher behindern. So geht doch paradoxerweise gerade von jenen reichen Gesellschaften des Nordens das größte ökologische und militärische Gefährdungspotential aus, die über die bestausgestatteten Bildungssysteme und die meisten Lehrekräfte, Wissenschaftlerinnen und Wissenschaftler sowie Professorinnen und Professoren verfügen. Bildung hat uns bisher also nicht davor bewahrt, den Weg einer nicht-nachhaltigen Entwicklung zu beschreiten. Es kann also nicht nur darum gehen, dass wir unsere herkömmlichen Bildungsanstrengungen einfach ausdehnen und vervielfältigen. Notwendig ist ein weitreichender Umbau der Lernkonzepte, eine Bildungswende hin zu innovativen Formen eines neuen zukunftsfähigen Lernens (SEITZ 2000).

Für die Verankerung in unserem Bildungswesen bedeutet das, dass Globales Lernen und BNE nicht auf die Vermittlung von gesellschaftskritischen Botschaften oder Weltverbesserungs-Appelle verkürzt werden. Globales Lernen und BNE müssen vielmehr

---

[7] Details zu den Berichten der internationalen Teams und weitere Informationen unter www.360plus1.de.

eingebunden sein in einen umfassenden gesellschaftlichen Lernprozess, in eine konkrete gesellschaftsverändernde Praxis und in bürgerschaftliches Engagement in Richtung auf eine nachhaltige und global partnerschaftliche Entwicklung. Dabei gilt es, alternative Handlungsmöglichkeiten auch praktisch zu erproben und den Grundsätzen nachhaltiger Entwicklung im alltäglichen Leben ebenso wie in der konkreten Gestaltung unserer Lernumwelten und unserer Bildungsstrukturen Rechnung zu tragen (VENRO 2005).

Gemeinsam können Umweltbildung, Naturschutz und Globales Lernen Perspektiven für eine sozial-ökologische Gestaltung der Welt schaffen, ohne dabei ihre Herkunft in Frage zu stellen.

6   Literaturverzeichnis

BICKEL, U. (2007): Energiehunger im Norden – Armut im Süden. Dossier Klimawandel und Gerechtigkeit – Eins Entwicklungspolitik 17-18: 2 S.

BORNHORST, B. (2007): Klimaschutz – Auch eine Frage der Gerechtigkeit. Dossier Klimawandel und Gerechtigkeit. – Eins Entwicklungspolitik 17-18: 2 S.

KMK & BMZ (KULTUSMINISTERKONFERENZ & BUNDESMINISTERIUM FÜR WIRTSCHAFTLICHE ZUSAMMENARBEIT UND ENTWICKLUNG) (2007): Orientierungsrahmen für den Lernbereich Globale Entwicklung im Rahmen einer Bildung für nachhaltige Entwicklung. Ergebnis eines gemeinsamen Projekts der Kultusministerkonferenz (KMK) und des Bundesministeriums für wirtschaftliche Zusammenarbeit und Entwicklung (BMZ). – Bonn: 199 S. Download unter: www.kmk.org/aktuell/070614-globale-entwicklung.pdf (abgerufen am 01.08.08).

KMK & DUK (KULTUSMINISTERKONFERENZ & DEUTSCHE UNESCO-KOMMISSION) (2007): Empfehlung der Ständigen Konferenz der Kultusminister der Länder in der Bundesrepublik Deutschland (KMK) und der Deutschen UNESCO-Kommission (DUK) vom 15.06.2007 zur „Bildung für nachhaltige Entwicklung in der Schule". – Bonn: 8 S. Download unter: www.kmk.org/aktuell/KMK-DUK-Empfehlung.pdf (abgerufen am 01.08.08).

SCHEUNPFLUG, A. (2001): Die Globale Perspektive für eine Bildung für nachhaltige Entwicklung. – In: HERZ, O., SEYBOLD, H. & STROBL, G. (Hrsg.): Bildung für nachhaltige Entwicklung. Globale Perspektiven und neue Kommunikationsmedien. – Opladen (Leske und Budrich): 87-99.

SEITZ, K. (2000): Globales Lernen – Herausforderungen für schulische und außerschulische Bildungsarbeit. – Vortrag beim VENRO-Bildungskongress 29.09.2000.

SEITZ, K. (2001): Die Globalisierung als Herausforderung für Schule, Pädagogik und Bildungspolitik. – Vortrag Speyer, 17. September 2001, Jahrestagung der UNESCO-Projektschulen. Download unter: www.globaleslernen.de/coremedia/ generator/ewik/de/07__Didaktik_20Globales_20Lernen/Grundlagentexte,page=S.html (abgerufen am 01.08.08).

VENRO (VERBAND ENTWICKLUNGSPOLITIK DEUTSCHER NICHTREGIERUNGS-ORGANISATIONEN e.V.) (2005): Kurs auf eine nachhaltige Entwicklung – Lernen für eine zukunftsfähige Welt. Ein Diskussionsbeitrag des Verbands Entwicklungspolitik deutscher Nichtregierungsorganisationen zu UN-Dekade „Bildung für nachhaltige Entwicklung" 2005-2014. – Arbeitspapier Nr. 15: 23 Download unter: www.venro.org/fileadmin/Publikationen/arbeitspapiere/positionspapier_15.pdf (abgerufen am 01.08.08).

Adresse der Autorin:

Gabriele Janecki
VNB (Verein niedersächsischer Bildungsinitiativen e.V.)
VEN (Verband Entwicklungspolitik Niedersachsen e.V.)
Hausmannstr. 9
30159 Hannover

Tel.: 0511 279 1031
Fax: 0511 391 650
E-Mail: gabriele.janecki@vnb.de
Internet: www.vnb.de
www.ven-nds.de

Der Beitrag des Bundesamtes für Naturschutz (BfN) zum Globalen Lernen – Akzente im Rahmen des „Übereinkommens über die biologische Vielfalt"

HORST FREIBERG, CHRISTIANE SCHELL, KARL-HEINZ ERDMANN und GISELA STOLPE

Zusammenfassung

Das Bundesamt für Naturschutz (BfN) ist die zentrale wissenschaftliche Behörde des Bundes für den nationalen und internationalen Naturschutz. Angesiedelt im Geschäftsbereich des Bundesministeriums für Umwelt, Naturschutz und Reaktorsicherheit (BMU) unterstützt und berät das BfN das Ministerium in relevanten Fragen des nationalen wie internationalen Naturschutzes.

Wesentlicher Meilenstein für die Entwicklung aktueller globaler Bildungsinitiativen war die „Konferenz der Vereinten Nationen für Umwelt und Entwicklung" (UNCED) im Juni 1992 in Rio de Janeiro. Hier wurde nach jahrelangen Vorbereitungen sowohl die Agenda 21 mit ihrer Forderung nach einer weltweiten nachhaltigen Entwicklung als auch das „Übereinkommen über die biologische Vielfalt" (engl.: Convention on Biological Diversity, CBD) vereinbart. Im Mittelpunkt der Ausführungen stehen insbesondere

- Artikel 13 der CBD „Aufklärung und Bewusstseinsbildung in der Öffentlichkeit" und die Umsetzung dieses Artikels in konkrete Maßnahmen durch die CBD-Vertragsstaatenkonferenzen,

- die Entwicklung des internationalen Prozesses, der zu einer „Globalen Bildungsinitiative der CBD" (CEPA: Communication, Education, Public Awareness) führte und deren Verbindung zur UN-Weltdekade „Bildung für nachhaltige Entwicklung" (2005-2014),

- die Vorstellung konkreter Aktivitäten des Bundesamtes für Naturschutz zum Globalen Lernen sowie

- Faktoren, die aus Sicht des Bundesamtes für Naturschutz bei kooperativen Bildungsprojekten zum Erfolg führen.

1 Einführung

Naturschutz wird in Deutschland auf verschiedenen politischen Ebenen (Bund, Länder, Kommunen) geregelt und umgesetzt. Zu den „Umsetzern" gehören neben den staatlichen Stellen auch zahlreiche Akteure aus den Naturschutzverbänden, der Natur- und Umweltbildung, der Naturnutzung (beispielsweise Land- und Forstwirtschaft, Tourismus, Natursport) sowie der Wissenschaft.

Ein entscheidendes Ereignis in den weltweiten Bemühungen um die Sicherung der nachhaltigen Entwicklung in allen Erdteilen war die „Konferenz der Vereinten Nationen für Umwelt und Entwicklung" (UNCED) im Juni 1992 in Rio de Janeiro. Hier wurde sowohl die Agenda 21 als auch das „Übereinkommen über die biologische Vielfalt" (engl. Convention on Biological Diversity, CBD) von rund 190 Staaten vereinbart. Im Mittelpunkt dieses völkerrechtlich verbindlichen Vertrages stehen Schutz und nachhaltige Nutzung der biologischen Ressourcen (Lebensräume, Tier- und Pflanzenarten, genetische Vielfalt) sowie eine gerechte Verteilung der Vorteile und Lasten aus deren Nutzung. Die Bundesrepublik Deutschland hat das „Übereinkommen über die biologische Vielfalt" am 21. Dezember 1993 ratifiziert und sich damit verpflichtet, die Entscheidungen der Vertragsstaatenkonferenzen national umzusetzen.

Das Bewusstsein in der Bevölkerung für den Erhalt der Natur und für die Notwendigkeit der Sicherung der biologischen Vielfalt ist diffus ausgeprägt. In der Studie zum Umweltbewusstsein 2006 halten fast alle Befragten den Verlust der biologischen Vielfalt für ein sehr großes Problem. Allerdings sind nur wenige Menschen der Meinung, dass der Verlust der biologischen Vielfalt auch ihr eigenes Leben betrifft. Man ist sich zwar des Risikos bewusst, sieht es aber nicht vor seiner eigenen Haustür (KUCKARTZ et al. 2006). Ein Grundproblem in diesem Zusammenhang ist, dass in Deutschland die Begriffe „biologische Vielfalt" oder gar „Biodiversität" nicht geläufig sind und deshalb kaum verstanden werden. Auch ist das „Übereinkommen über die biologische Vielfalt" in der Öffentlichkeit kaum bekannt (beispielsweise im Gegensatz zur Klimarahmenkonvention). Kenntnisse über Artenvielfalt werden von Kindern und Jugendlichen jedoch gewünscht (BMU 2007a). Diese Daten spiegeln sich im Wesentlichen auch auf europäischer Ebene wider (EUROPEAN COMMISSION 2007).

Bildung und Kommunikation sind somit Dreh- und Angelpunkt für das Verständnis von Naturschutz und biologischer Vielfalt sowohl vor der Haustür als auch im globalen Maßstab und bilden die Grundlage dafür, akzeptiert zu werden, Widersprüche und Spannungen auszuhalten oder kreative Lösungsmöglichkeiten in Konfliktfällen zu entwickeln. Sie zählen auf allen politischen und gesellschaftlichen Ebenen zu den zentralen Instrumenten einer Erfolg versprechenden Naturschutzarbeit, wenngleich es hierfür keine zwingend vorgeschriebenen Regeln und Vorschriften gibt.

Die Umsetzung erfolgt vielmehr über nationale oder internationale Strategien, in weitestgehend freiwilliger Form. Dies betrifft im nationalen Maßstab die „weichen" Regelungen im Bundesnaturschutzgesetz (BNatSchG) ebenso wie die Ziele, Visionen und Aktionspläne der „Nationalen Strategie zur biologischen Vielfalt" (BMU 2007b). Im internationalen Maßstab werden die Appelle nach einer umfassenden „Bildung für Alle" getragen von den Forderungen der Agenda 21 mit Artikel 36: „Förderung der weltweiten Bildung" und des „Übereinkommens über die biologische Vielfalt" mit Artikel 13: „Aufklärung und Bewusstseinsbildung in der Öffentlichkeit". Diese Forderungen werden seit 2005 in besonderem Maße durch die globale Initiative der Vereinten Nationen, die Weltdekade „Bildung für nachhaltige Entwicklung" (2005-2014), unterstützt (s. u.).

Die beschriebene „Freiwilligkeit" in der Umsetzung aller Konzepte und Strategien erfordert für die Sicherung der biologischen Vielfalt in hohem Maße die Bereitschaft aller Beteiligter, sich auf unterschiedliche Ideen, Vorstellungen und – vor allem im internationalen Kontext – Kulturen mit unterschiedlichen Werthaltungen einzulassen und mit diesen respektvoll umzugehen. Dies ist vor allem vor dem Hintergrund bedeutsam, dass das „Übereinkommen über die biologische Vielfalt" aufgrund seiner entwicklungspolitischen Dimension weit über den Rahmen traditioneller Naturschutzansätze hinausgeht.

Globales Lernen ist für das Bundesamt für Naturschutz ein umfassender Auftrag im Rahmen einer Bildung für nachhaltige Entwicklung. Es bedeutet voneinander lernen sowie Wissens- und Erfahrungsaustausch und zielt gleichermaßen auf Kinder und Jugendliche wie auch auf Erwachsene. Globales Lernen findet sowohl auf nationaler Ebene wie auch im internationalen Raum statt. Die Umsetzung kreativer Bildungskonzepte zum Globalen Lernen soll zu einem global ausgerichteten Naturbewusstsein in der Bevölkerung Deutschlands beitragen.

Im Rahmen der nachfolgenden Ausführungen werden der administrative Rahmen des BfN für ein Engagement zum Globalen Lernen sowie – zur Nachahmung – erfolgreiche Leuchtturmprojekte vorgestellt. Der Beitrag schließt mit einem Plädoyer an alle verantwortlichen Akteure, öffentlichkeitswirksame Maßnahmen zur Bewusstseinsbildung für das weltumspannende Thema „Sicherung der biologischen Vielfalt", wie zum Beispiel kreative Aktionen zum „Internationalen Tag der biologischen Vielfalt" (22. Mai) und zum „Internationalen Jahr der biologischen Vielfalt" (2010) zu initiieren.

2   Aufgaben des Bundesamtes für Naturschutz

Das Bundesamt für Naturschutz (BfN) ist eine selbständige Bundesoberbehörde im Geschäftsbereich des Bundesministeriums für Umwelt, Naturschutz und Reaktorsicherheit (BMU) und zuständig für Naturschutz und Landschaftspflege. Das BfN geht auf die erste staatliche Naturschutzinstitution in Deutschland, die 1906 gegründete „Staatliche Stelle für Naturdenkmalpflege" in Danzig zurück (FROHN & SCHMOLL 2006). Bereits in den Anfängen des 20. Jahrhunderts spielten sowohl im staatlichen wie auch im verbandlich organisierten Naturschutz Fragen der Bildung für Naturschutz eine wichtige Rolle (BORCHERS et al. 2008).

Die rechtliche Basis des staatlichen Naturschutzes bilden die Naturschutzgesetze des Bundes und der Länder. Im Zuge der Föderalismusreform von 2006 wurde die Rahmenkompetenz des Bundes für Naturschutzrecht abgeschafft und durch die konkurrierende Gesetzgebung ersetzt. Dadurch kann der Bund nun unmittelbar geltende, auch ins Einzelne gehende Regelungen erlassen. Der Bund ist zudem für die Mitarbeit Deutschlands an internationalen Naturschutz-Abkommen zuständig. Den Ländern obliegt es, konkrete Maßnahmen für Naturschutz und Landschaftspflege zu ergreifen.

Die Aufgaben des BfN sind durch das BfN-Errichtungsgesetz (1993) geregelt. Hierzu gehören im Wesentlichen:

- Erledigung von Verwaltungsaufgaben, z. B. im Bereich des Artenschutzes (Washingtoner Artenschutzübereinkommen, CITES), des Meeresnaturschutzes in der Ausschließlichen Wirtschaftszone (12 bis zu 200 Seemeilen vor der Küste) sowie im Bereich des Gentechnikrechts,
- fachliche und wissenschaftliche Unterstützung des Bundesministeriums für Umwelt, Naturschutz und Reaktorsicherheit,
- wissenschaftliche Forschung zur Erfüllung dieser Aufgaben.

Politische Themenschwerpunkte sind u. a. die Umsetzung des „Übereinkommens über die biologische Vielfalt" sowie die Umsetzung der im November 2007 vom Bundeskabinett verabschiedeten „Nationalen Strategie zur biologischen Vielfalt". Hinzu kommen aktuell Fragen zu möglichen Auswirkungen des Klimawandels auf Schutz und nachhaltige Nutzung der biologischen Ressourcen (für Ende 2008 geplant: Deutsche Anpassungsstrategie an den Klimawandel).

Im Rahmen der politischen Schwerpunkte spielt die Weiterentwicklung der Themen Kommunikation, Bildung und gesellschaftliches Bewusstsein eine wichtige Rolle. Verknüpfungen sind sowohl im internationalen als auch im nationalen Kontext durch die „Globale Bildungsinitiative der CBD" (CEPA: Communication, Education, Public

Awareness) und die UN-Weltdekade „Bildung für nachhaltige Entwicklung" (BNE) gegeben. Auf diese Verpflichtungen wird in den nachfolgenden Kapiteln eingegangen. Die nationalen Verbindungen spiegeln sich ebenfalls in der „Nationalen Strategie zur biologischen Vielfalt" durch Zielformulierungen, Aktionsfelder und Maßnahmen wider.

Zu den konkreten gesellschaftsbezogenen Arbeitsschwerpunkten des BfN zählen:

- Kommunikation im Naturschutz und über die Sicherung der biologischen Vielfalt: Entwicklung und Erprobung von Kommunikationskonzepten für Infozentren (ERDMANN et al. 2008), Ausstellungen, Wettbewerbe; Analyse von Kommunikationsmustern; Best-practice-Beispiele national und international,
- Bildungskonzepte im bzw. für Naturschutz: Entwicklung von Unterrichtsmaterialien (BMU 2008), Analyse und Weiterentwicklung von Bildungskonzepten (u. a. LUCKER & KÖLSCH 2008a, 2008b),
- Naturbewusstsein in der Bevölkerung: Analysen von Naturschutzbegründungen (KÖRNER et al. 2003), Studien, Befragungen zum Naturbewusstsein, Lebensstilanalysen (LANTERMANN et al. 2003, SCHUSTER 2008),
- Akzeptanzsteigerung: Analysen erfolgreicher Partizipations- und Kooperationsmodelle (BRENDLE 1999).

Im internationalen Kontext werden diese Arbeitsschwerpunkte um Leuchtturmprojekte mit weltweiten Partnerinnen und Partnern ergänzt.

3 Internationale Prozesse

Bereits 1970 ist mit dem UNESCO-Programm „Der Mensch und die Biosphäre" (MAB) ein neuartiger systemarer Ansatz in Kraft getreten, der erstmals natur-, sozial- und wirtschaftswissenschaftliche Aspekte zur Sicherung der Natur verband und die Menschen als Individuen und in Gemeinschaften bewusst mit in das Zentrum der Betrachtung rückte. Allerdings sehen die internationalen Leitlinien für UNESCO-Biosphärenreservate erst seit 1996 aktive Maßnahmen zur Umweltbildung vor (DEUTSCHES MAB-NATIONALKOMITEE 1996, 2004).

Sowohl in der Agenda 21 mit Kapitel 36 „Förderung der weltweiten Bildung" als auch im „Übereinkommen über die biologische Vielfalt" mit Kapitel 13 „Aufklärung und Bewusstseinsbildung in der Öffentlichkeit" sind entscheidende Forderungen für eine verbesserte Bildung im Kontext nachhaltiger Entwicklung und Schutz der biologischen Vielfalt enthalten. Im Zuge des „UNO-Weltgipfels für Nachhaltige Entwicklung" (2002 in Johannesburg, Südafrika) wurde die Notwendigkeit einer weltweiten Bildung für nachhaltige Entwicklung bekräftigt. Dies führte im Dezember 2002 zur Entscheidung der UNO-Vollversammlung, den Zeitraum 2005 bis 2014 zur „UN-Weltdekade, Bildung für nachhaltige Entwicklung" auszurufen.

Mit Artikel 13 des „Übereinkommens über die biologische Vielfalt" wird den Vertragsparteien ein konkreter Auftrag zur Informations- und Bildungsarbeit erteilt (Tabelle 1). Aber erst mit den im zweijährigen Rhythmus stattfindenden Vertragsstaatenkonferenzen (VSK) erhält das Vertragswerk umsetzungsbezogene Entscheidungen. Dabei gestaltete sich die Entwicklung des Themas „Bildung" schrittweise. Erstmals behandelte die 4. Vertragsstaatenkonferenz 1998 in Bratislava diesen Komplex. Zu dieser Zeit war „Bildung" noch undeutlich in einem „Mischthema" unter „Maßnahmen zur Umsetzung des Übereinkommens über die biologische Vielfalt" aufgelistet. In einem ersten Schritt wurde die UNESCO eingeladen, sich mit der Entwicklung eines Vorschlages für eine globale Initiative zu Bildung und Öffentlichkeitsarbeit zu befassen. Schon hier wurde deutlich, dass Bildung ein Querschnittsthema ist, das für alle Themen, die die Konvention betreffen, von großer Bedeutung ist.

Tab. 1: Auszug aus dem Übereinkommen über die biologische Vielfalt.

Artikel 13: Aufklärung und Bewusstseinsbildung in der Öffentlichkeit
Die Vertragsparteien <ul><li>fördern und begünstigen das Bewusstsein für die Bedeutung der Erhaltung der biologischen Vielfalt und die dafür notwendigen Maßnahmen sowie die Verbreitung dieser Thematik durch die Medien und ihre Einbeziehung in Bildungsprogramme;</li><li>arbeiten gegebenenfalls mit anderen Staaten und internationalen Organisationen bei der Erarbeitung von Programmen zur Aufklärung und Bewusstseinsbildung in der Öffentlichkeit in Bezug auf die Erhaltung und nachhaltige Nutzung der biologischen Vielfalt zusammen.</li></ul>

Der Grundstein für die Entwicklung einer „Globalen Bildungsinitiative der CBD" (CEPA) wurde auf der 5. Vertragsstaatenkonferenz der CBD im Jahr 2000 in Nairobi gelegt. Hier wurde die Gründung eines Informal Advisory Committee (IAC) beschlossen, das den Exekutivsekretär der CBD in allen CEPA-relevanten Fragen berät und sich aus ca. 20 Expertinnen und Experten verschiedener Staaten und Organisationen zusammensetzt.

Die Arbeit des IAC wird seitens des CBD-Sekretariates organisatorisch und finanziell unterstützt (SCHELL & FREIBERG 2008).

Im Laufe der nachfolgenden Konferenzen wurde das Thema „Bildung" im Kontext der Konvention Schritt um Schritt weiter ausgearbeitet. Anlässlich der 8. CBD-Vertragsstaatenkonferenz 2006 in Curitiba (Brasilien) wurde ein 10-Punkte-Programm (Tabelle 2) entwickelt, das die Prioritäten in der Umsetzung der „Globalen Bildungsinitiative der CBD" festlegt. Dabei wird eine klare Aufgabenverteilung bei der Umsetzung zwischen den Regierungen einerseits und dem CBD-Sekretariat andererseits angestrebt.

Tab. 2: Die 10 prioritären Aktivitäten der Globalen Bildungsinitiative der CBD (CEPA).

Priority Activities on CBD-CEPA
1. Establish implementation structure or process for CEPA activities.
2. Assess the state of knowledge and awareness of biodiversity and determine capacity for communication.
3. Develop key messages („Dossier of key messages").
4. Implement media relations strategy.
5. Elaborate toolkits for development and implementation of CEPA strategies.
6. Organize workshops for the articulation of CEPA strategies.
7. Develop infrastructure and support for a global network.
8. Celebrate the International Day for Biological Diversity.
9. Raise profile of meetings of the CBD (COP and SBSTTA).
10. Strengthen formal and informal education on biodiversity.

4 Die Rolle der Internationalen Naturschutzakademie (INA) Insel Vilm

Das Bundesamt für Naturschutz hat insbesondere mit der Gründung seiner „Internationalen Naturschutzakademie" (INA) auf der Insel Vilm (bei Rügen) im Jahr 1990 den Fokus auf die Notwendigkeit eines überstaatlichen Informations- und Wissensaustausches und eines „Capacity Buildings" von Expertinnen und Experten aus aller Welt zur Sicherung der biologischen Vielfalt gelegt. Seitdem finden dort jährlich rund 75 Veranstaltungen mit ca. 1.800 Teilnehmenden aus inzwischen über 140 Staaten statt. Die Bemühungen der INA bei der Weiterentwicklung und Umsetzung internationaler Naturschutzkonventionen und bei der Förderung der nationalen Kapazitäten (v. a. der

Staaten Osteuropas und Mittelasiens) finden weltweit Anerkennung. So fungiert die INA als „Regional Capacity Building Centre for Europe" im Rahmen der CBD und ist deutsches Mitglied im zwischen dem CBD-Sekretariat und verschiedenen internationalen Forschungs- und Bildungsinstitutionen im Jahr 2006 geschlossenen „Memorandum of Understanding on Capacity Building for the CBD". Entsprechend arbeitet die Akademie eng mit dem CBD-Sekretariat, aber auch mit dem CITES- und Ramsar-Sekretariat, dem Welterbecenter der UNESCO, mit der Internationalen Naturschutzunion (IUCN), dem Umweltprogramm der Vereinten Nationen (UNEP) und vielen internationalen Naturschutzverbänden zusammen.

Die Themen der internationalen Vilmer Veranstaltungen reichen von europäischen Treffen zur Vorbereitung der Sitzung des wissenschaftlichen Ausschusses der CBD (SBSTTA), Nachbereitungstreffen der CBD-Vertragsstaatenkonferenzen für staatliche Vertreterinnen und Vertreter sowie Nicht-Regierungsorganisationen bis zu internationalen Workshops zu ausgewählten Fragen und Instrumenten (z. B. Entwicklung von internationalen Standards einer nachhaltigen Heilpflanzensammlung oder eines nachhaltigen Biomasseanbaus). Darüber hinaus werden Capacity Building-Workshops zur Erarbeitung nationaler Biodiversitätsstrategien (SECRETARIAT OF THE CONVENTION ON BIOLOGICAL DIVERSITY 2008a), zur nationalen Umsetzung des Arbeitsprogramms Schutzgebiete der CBD (SPENSLEY et al. 2008), zur Managementplanung von Welterbegebieten, zur Finanzierung von Naturschutz (BURMESTER & STOLPE 2006) und zu Beratungen bei der Nominierung von grenzüberschreitenden Welterbegebieten in Iran/Aserbeidschan durchgeführt. Des Weiteren bietet die INA Fortbildungsseminare für Mitarbeiterinnen und Mitarbeiter der Entwicklungszusammenarbeit Deutschlands zum Thema Naturschutz und nachhaltiges Ressourcenmanagement (STOLPE & JABS 2008), interdisziplinäre Seminare für deutsche Nachwuchswissenschaftlerinnen und Nachwuchswissenschaftler, die zum Themenbereich der CBD forschen und einen Beitrag zur Vernetzung zwischen den Forschungseinrichtungen, Forschenden und zwischen BfN und Wissenschaft leisten sollen, an. Die besondere Lage der Akademie schafft Atmosphäre und Konzentration auf das Thema. So gelten die Vilmer Veranstaltungen (BFN 2008a, 2008b) als besonders ergebnisorientiert und nachhaltig in ihrer Wirkung.

5 Modellprojekte des Bundesamtes für Naturschutz

Das BfN hat 1998 begonnen, den Bildungsauftrag aus Artikel 13 des „Übereinkommens über die biologische Vielfalt" in Verbindung mit seinem Jugend-Multimediaprojekt „Naturdetektive" mit konkreten internationalen Aktionen umzusetzen und hat damit weltweit beachtete Akzente gesetzt.

Daraus sind eine Reihe sehr unterschiedlicher Aktionen mit verschiedenen Formen des „Globalen Lernens" und der „interkulturellen Kommunikation" entstanden (Tabelle 3). Im Mittelpunkt dieser Projekte stehen bzw. standen Kooperationen mit Akteuren aus dem schulischen Bereich.

Tab. 3: Übersicht der BfN-Modellprojekte zum Globalen Lernen.

BfN-Akzente im Rahmen der CBD-CEPA
• International Expert Meeting on „Internet-based Nature Observation Projects" (2000),
• A Plant Takes Flight (Süd-Afrika, 2001),
• Frogs Around the World (Kanada, 2002),
• Briefe an einen Baum (2002),
• BioDets – eine Deutsch-Russische „Naturbildung",
• International Biodiversity Competition (2004-2007),
• Biodiversity Around my School (2007),
• 20+10 Schools & Trees for Biodiversity" (2007),
• Surf the Global Grid (2008),
• The Green Wave of Biodiversity (2008).

Auf der Grundlage der Erfahrungen mit dem „BfN-Naturbeobachtungsprojekt" Naturdetektive, das von Beginn an internet-basiert arbeitete, wurde Ende der 1990er Jahre deutlich, dass internetgestützte Bildungsaktionen durchaus interessante Angebote sowohl im schulischen als auch außerschulischen Umfeld darstellen. Welche Erfahrungen hatten andere Projekte und Initiativen in anderen Regionen der Erde und in anderen soziokulturellen Kontexten mit derartigen Angeboten gemacht und welche Trends, aber auch Ansätze künftiger Kooperationsmöglichkeiten bieten sich an? Diese Fragen wurden erstmalig im Rahmen eines internationalen Treffens von Projektleiterinnen und Projektleitern internetgestützter Bildungsinitiativen beim International Expert Meeting on „Internet-based Nature Observation Projects", Bonn, 2000 (Abbildung 1) diskutiert (FREIBERG 2000). Die Web-Recherche möglicher Teilnehmerinnen und Teilnehmer basierte einzig und allein auf dem Internet; Schlüsselsuchworte waren: Internet, Schulen, Naturbeobachtung, Satellitentelemetrie. Dieses Treffen legte den Grundstein für eine Reihe internationaler Naturbildungsaktivitäten, die auf der Naturbildungsplattform Naturdetektive in den nachfolgenden Jahren verwirklicht

Abb. 1: Titelseite „Report International Expert Meeting".

wurden, u. a. zwischen Südafrika („A Plant Takes Flight") und Kanada („Frogs Around the World"). Das Ergebnis dieses Expertentreffens beeinflusste aber auch direkt die textliche Ausgestaltung der Entscheidung VI/19 der 6. Regierungskonferenz des „Übereinkommens über die biologische Vielfalt" in Den Haag (2002), woraufhin ab diesem Zeitpunkt zwischen „internet-based" und „traditional media" unterschieden wurde.

Nachfolgend werden ausgewählte web-basierte BfN-Modellprojekte mit ihren Kernansätzen für Globales Lernen vor- und wichtige Erfolgsfaktoren bzw. Lernerfahrungen herausgestellt. Im Mittelpunkt aller Projekte stand und steht die Vermittlung des

Dreiklangs des „Übereinkommens über die biologische Vielfalt", nämlich der Schutz der biologischen Vielfalt, deren nachhaltige Nutzung sowie die gerechte Verteilung von Vorteilen und Lasten aus dieser Nutzung. Als attraktive „Aufhänger" der Aktionen dienten und dienen stets konkrete Pflanzen, Tiere oder Lebensräume.

„Eine Pflanze erhält Flügel" – A Plant Takes Flight

So lautete das Kooperationsmotto zwischen dem SchoolNet South Africa und den Naturdetektiven in 2001. Die Kooperation war ein Ergebnis des internationalen Expertentreffens zu Fragestellungen internet-basierter Naturbildungsprojekte vom Dezember 2000.

Der Kooperationsansatz bezog sich auf das Schmalblättrige Greiskraut. Dabei handelt es sich um eine Pflanze, die in Südafrika heimisch ist und die sich als „Neubürger" seit Ende des 19. Jahrhunderts in ganz Europa ausbreitet. Dieser Pflanze sollten Schulklassen in Südafrika und in Deutschland „nachspüren", etwas über ihre Wanderrouten und ihren natürlichen Lebensraum in Südafrika und ihren neuen Lebensraum in Deutschland miteinander via Internet austauschen. Damit sollte auch ein erster Versuch unternommen werden, das „Übereinkommen über die biologische Vielfalt" mit dem Thema „neue einwandernde Pflanzen und Tiere" mit dem Thema „Bildung" zu verbinden. Hierfür wurde die Information sowohl in Deutsch und in Englisch angelegt (BfN 2001).

Die Nutzung internet-basierter Kooperationsstrukturen steckte bei diesem und auch bei anderen nachfolgenden Aktionen noch in den Anfängen und nur wenige Schulen aus Deutschland und Südafrika versuchten, in Kontakt zu treten. Die Aktion war nur auf wenige Wochen begrenzt und dadurch bereits in der Teilnahme durch Schulen eingeschränkt, da mehr Vorbereitungszeit seitens der Schulen benötigt wurde, als die Aktion im Gesamtansatz angeboten hatte. Zudem erschwerten unterschiedliche Prüfungszeiten in Deutschland wie in Südafrika eine intensive und durchgehende Kommunikation.

„Frogs Around the World"

Mit „Frogs Around the World" wurde in 2002 eine gemeinsame Initiative der Naturdetektive mit dem „FrogWatch"-Projekt des „Environment Canada's Ecological Monitoring and Assessment Network" (EMAN) gestartet. Auch diese Aktion entstand aus dem internationalen Expertentreffen in 2000. Erneut war das Informationsangebot zweisprachig aufgebaut. Formuliertes Ziel war es, gemeinsam via Internet ökologisch verwandten Froscharten nachzuspüren. Außer der Artenerkennung standen hier das öffentliche Umweltmonitoring und der Erfahrungsaustausch im Vordergrund. EMAN Kanada arbeitete bereits seit Jahren im Rahmen seines Naturbeobachtungsprojektes

„FrogWatch" an einem öffentlichen Naturbeobachtungskonzept; die Erfahrungen der kanadischen Beobachterinnen und Beobachter sollten als Anregung für Beobachtungen über Froscharten mit den Teilnehmerinnen und Teilnehmern aus Deutschland ausgetauscht werden (BFN 2002a).

Der Ansatz, Habitatansprüche ähnlicher Froscharten in Kanada mit denen aus Deutschland zu vergleichen und hierüber einen Erfahrungsaustausch zu etablieren, fand durchaus Interesse, aber die dafür benötigte Zeit und die durchaus längerfristig angelegte Beobachtungsaktion stellten ein größeres Hindernis dar, als dies angenommen worden war. Dadurch blieb die Teilnahme auf wenige Beiträge begrenzt.

„Brief an einen Baum"

Der Schreib-Wettbewerb „Brief an einen Baum" im Jahr 2002 verknüpfte den „Tag des Baumes", den 25. April, mit dem „Internationalen Tag der biologischen Vielfalt" am 22. Mai, der in diesem Jahr das Thema „Wälder und Biologische Vielfalt" in den Mittelpunkt für Aktivitäten der CBD-Vertragsstaaten gestellt hatte (Abbildung 2). Die Teilnehmerinnen und Teilnehmer waren aufgefordert zu beschreiben, über was sich Bäume, wenn sie denn sprechen könnten, unterhalten würden. Die Form der Beiträge war dabei vollkommen frei wählbar; ob mit Bild und Text oder als Aufsatz, Brief, kleine Geschichte, Gedicht, Märchen oder auch Interview stand frei zur Wahl (BFN 2002b).

Bei dieser Aktion gab es eine hohe Anschlussfähigkeit an das bestehende Schulprogramm und so wurde diese Aktion besonders in Zusammenhang mit dem Sprachunterricht eingesetzt. Es wurden zahlreiche Beschreibungen veröffentlicht, die einen kreativen Umgang mit dem Thema aufzeigten.

Abb. 2: Aktion „Brief an einen Baum".

„BioDets - Biodiversity Detectives"

„BioDets" stellt ein Pilot-Projekt dar, in dessen Verlauf eine mehrsprachige interaktive Projektumgebung zum Thema „Wasserbeobachtung" entwickelt wurde. Das Konzept der BioDets-Pilot-Plattform geht auch auf den internationalen Workshop „Internet-based Nature Observation Projects" zurück.

Mit der Pilot-Initiative „BioDets" wurde beispielhaft gezeigt, wie neue Medien eine Brücke zwischen Mensch und Natur schlagen können und ein weltweiter Austausch von Erfahrungen, Meinungen und Beobachtungen stattfinden kann (Abbildung 3). Die Webseite wurde im Rahmen der deutsch-russischen Zusammenarbeit auf dem Gebiet des Naturschutzes als Beitrag zur Umweltkommunikation gestaltet. Aus der Entwicklung und der Umsetzung der BioDets-Plattform wurden zahlreiche Erkenntnisse und Erfahrungen gewonnen, die die nachfolgenden internet-gestützten Aktionen in Verbindung zu „Globalem Lernen" und der CBD-Bildungsinitiative richtungsweisend beeinflussten. Entstanden sind daraus u. a. die Aktionen „Biodiversity Around my School" und „20+10 Schools and Trees für Biodiversity" (BFN 2008c).

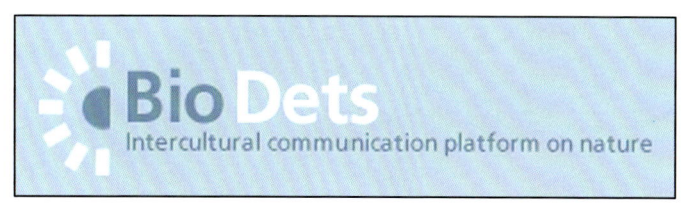

Abb. 3: Logo „BioDets".

Die Pilotaktion erbrachte viele konkrete Erkenntnisse und handfeste Erfahrungen in Bezug auf die Nutzung mehrsprachiger Webseiten bzw. Plattformen. Im Kontext der „Naturdetektive" wurde die Testplattform der „BioDets" eingerichtet, um den Teilnehmerinnen und Teilnehmern die Möglichkeit anzubieten, die gesamte Aktion dreisprachig lesen und in ihrer Sprache (deutsch, russisch und englisch) ihre Beiträge veröffentlichen zu können.

Die Komplexität der parallel geführten Sprachversionen machte eine sehr intensive Kommunikation zwischen allen beteiligten Partnerinnen und Partnern notwendig. Ein solches Vorhaben, dies war eine der Erkenntnisse, kann nur bei umfassender Betreuung und raschem Informationsaustausch gelingen. Hierfür standen aber die finanziellen und personellen Mittel nicht zur Verfügung. Trotzdem waren sich alle Beteiligten einig, dass hieraus viele konkrete Anregungen für künftige Kooperationsansätze im internationalen Bereich gewonnen werden können.

„20+10 Schools and Trees for Biodiversity"

Das Projekt „20+10 Schulen und Bäume für die biologische Vielfalt" war auf fünf Tage begrenzt und wurde in Verbindung mit dem „Internationalen Tag der biologischen Vielfalt" (22. Mai 2007) zum Thema „Biodiversität und Klimawandel" (Abbildung 4) realisiert. Die Aktionsidee ist aus der Beratungsarbeit des BfN im Rahmen der CBD Beratergruppe „Communication, Education and Public Awareness" (CEPA) beim CBD-Sekretariat entstanden. In die Aktion wurden Mitglieder der CEPA-Beratergruppe sowie nationale Kontaktstellen der wissenschaftlichen Informationsplattform „Clearing-House-Mechanism" (CHM) der CBD eingebunden. Die Aktion hatte in erster Linie symbolischen Charakter, sollte aber gerade heranwachsenden Jugendlichen die besondere Bedeutung der CBD und die daran geknüpften internationalen Prozesse verständlich machen (BFN 2008d).

Abb. 4: Poster „20+10 Schools and Trees for Biodiversity".

Deshalb verknüpfte das Vorhaben fünf für die CBD wichtige globale Aktionslinien miteinander:

- den 22. Mai als „Internationaler Tag der biologischen Vielfalt",
- das „2010 Ziel", nämlich den Verlust an biologischer Vielfalt weltweit bis zum Jahr 2010 signifikant zu reduzieren,
- die „Globale Bildungsinitiative der CBD" (CEPA),
- die UN-Weltdekade „Bildung für Nachhaltige Entwicklung" (2005-2014) und
- die „1 Milliarde Baumpflanzaktion" des Umweltprogramms der Vereinten Nationen (UNEP).

An der Aktion beteiligten sich zehn Staaten: Dänemark, Deutschland, Palau, Mikronesien, Iran, Russland, Kenia, Kanada, Ecuador und die Mongolei. Im Kern der Aktion handelte es sich um die Pflanzung von 20 einheimischen Bäumen, die auf einer eigenen Webseite von der Planung, über die Pflanzung und die „Abschlussfeier" mit Bildern und kurzen Texten von Montag bis Freitag durchgehend dokumentiert wurde. Die Gruppe der zehn Schulen / Schulklassen konnte damit tagesaktuell verfolgen, wie der Aktionsverlauf in den beteiligten Partnerstaaten realisiert worden war. Auch hier gab es eine zeitliche Limitierung und auch im Umfang der zu erbringenden Leistung durch die Schulkinder und das Lehrpersonal. Der internationale Ansatz, dass zehn Staaten miteinander zur selben Zeit dieselbe Aktion durchführten und dies ebenfalls wieder tagesaktuell nach verfolgen konnten, machte daraus einen viel beachteten Erfolg in der interkulturellen Kommunikation.

„Biodiversity around my School"

Mit „Biodiversity around my School" wurde Anfang 2007 eine internationale Pilot-Initiative gestartet, die das breite Thema Schutz und nachhaltige Nutzung der biologischen Vielfalt mit einer Fotoaktion verband (Abbildung 5) (BFN 2008e).

An der Aktion, die ebenfalls auf fünf Tage begrenzt war, nahmen vier Schulklassen aus Palau (Pazifik), Finnland, Russland und Deutschland teil. Nach einem vorgegebenen Ablaufschema präsentierten die vier Schulklassen jeden Tag auf einer gemeinsamen Webseite ein neues Foto „ihrer Biodiversität", die sie in der näheren Umgebung ihrer Schule aktuell an diesem Tag angetroffen hatten. Unter dem Motto „Ein Bild sagt mehr als 1.000 Worte" konnten die vier Schulklassen täglich die neuen fotographischen Eindrücke aus den verschiedenen Staaten mitverfolgen. Diese regten

Abb. 5: Logo "Biodiversity around my School".

die Gespräche der Schülerinnen und Schüler über die verschiedenen Staaten und deren kulturelle Ausprägung an und gaben zudem allen Besucherinnen und Besuchern der Webseite Ideen für ähnliche eigene Aktionen.

Die Aktion war anschlussfähig an die Alltagssituation der Schülerinnen und Schüler sowie zeit- und arbeitsmäßig sehr gut zu überschauen. Diese eindeutige und klare Übersichtlichkeit der Aktion machte sie erfolgreich.

„Surf the Global Grid"

Mit „Surf the Global Grid" begann Anfang 2008 ein neuer Wettbewerb bei den Naturdetektiven, der erneut eine internationale Ausrichtung besaß (Abbildung 6). Es ging darum, die „virtuelle" Erforschung von zehn Längengraden zu einem vorgegebenen Themenkatalog aus dem Bereich Natur, Umwelt und Klima aufzunehmen. Schulklassen der Sekundarstufen I und II aus dem deutschen Sprachraum konnten sich um einen der zehn Längengrade bewerben. Die Aufgabe bestand darin, entlang des Längengrades zwischen Nord- und Südpol als „Grid-Surfer" möglichst viele Partnerklassen über das Internet aufzuspüren und diese zum Mitmachen zu bewegen (BFN 2008f).

Abb. 6: Logo „Surf the Global Grid".

Dieser Wettbewerb passte in das Konzept moderner interaktiver Schulen, die konkrete Aufgaben für internet-basierte fächerübergreifende Arbeiten suchen. Eine kaum vorhersehbare Hürde stellte allerdings das eingeschränkte Antwortverhalten kontaktierter Schulen in den unterschiedlichen Staaten dar. Der vorgegebene Zeitraum von etwa acht Wochen, innerhalb dem die Präsentationen abgeschlossen sein sollten, erwies sich im Nachhinein als zu kurz bemessen. Der Wettbewerb zeigte aber unbedingt die Akzeptanz aller Beteiligten, da Erfolge, auch wenn diese bescheiden blieben, dennoch vorlagen und ein starkes Klassen-Team hierüber sichtbar wurde.

„The Green Wave"

Der Vorschlag zur „Global Green Wave of Biodiversity 2008" basierte auf den Erfahrungen aus den zwei Aktionen „Biodiversity Around my School" und „20+10 Schools and Trees for Biodiversity": Die „Global Green Wave of Biodiversity 2008" sollte, vergleichbar der Neujahrswelle, als „grüne Welle" mit einer „Kernbotschaft" über alle Zeitzonen um den Globus laufen (Abbildung 7).

Die erste Runde in 2008 richtete sich in erster Linie an Schulen. Ziel war es, dass jede teilnehmende Schule mindestens einen Baum in ihrer Zeitzone zur selben Stunde pflanzt (SECRETARIAT OF THE CONVENTION ON BIOLOGICAL DIVERSITY 2008b).

Die Aktion wurde durch das CBD-Sekretariat koordiniert. Für die erste Runde in 2008 stand nur sehr wenig Vorlaufzeit zur Verfügung und führte daher auch zu einer eingeschränkten Beteiligung.

Dennoch wurde die Aktion mit großem Interesse aufgenommen und wird in den Jahren 2009 und 2010 fortgeführt. Hierfür werden weltweit ausgerichtete Schulnetzwerke eingeladen, sich zu beteiligen.

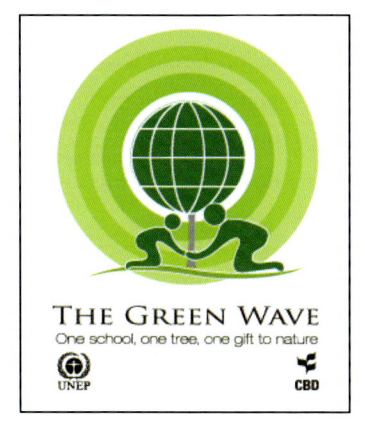

Abb. 7: Logo „GreenWave of Biodiversity".

6 Erfolgsfaktoren

Bei den hier zuvor dargestellten Projekten handelt es sich um Kooperationsprojekte mit Partnerinnen und Partnern aus unterschiedlichen Staaten und Kulturen, die über mehr oder weniger unterschiedliche Möglichkeiten der Projektrealisierung verfügen. Diese unterschiedlichen Voraussetzungen betreffen nicht nur die technische Ausstattung der Projektbeteiligten (in Deutschland ist beispielsweise die Ausstattung der Schulen mit Computern und Internetzugang mittlerweile nahezu flächendeckend realisiert) sondern auch vorhandene Sprachbarrieren und natürlich verfügbare Finanzen. Bei der Themenfindung standen und stehen solche Ideen im Vordergrund, die im internationalen Kontext und bei unterschiedlichen Kulturen Interesse finden (würden).

Welche Faktoren sind nun besonders wichtig, um derartig kreative Projekte und Prozesse im internationalen Rahmen zu konzipieren und zu realisieren? Welche Faktoren haben in besonderem Maße das Globale Lernen und die interkulturelle Zusammenarbeit im Kontext der CBD beeinflusst und diese BfN-Projekte zum Erfolg geführt?

BRENDLE (1999) hat eine nachvollziehbare und gut übertragbare Analyse von Erfolgsfaktoren speziell für Kooperationsprojekte im Naturschutz vorgelegt. Die Bedeutung der einzelnen „Musterlösungen" ist von Projekt zu Projekt verschieden. Wichtig ist, dass letztendlich alle eine Rolle für gutes Gelingen und eine nachhaltige Wirkung der Projekte spielen. Insofern handelt es sich um ein Netz von Erfolgsfaktoren, das zusammen hängt und zusammen wirkt.

Die Erfahrungen des BfN zeigen, dass folgende Faktoren für internationale Projekte im Kontext Globales Lernen von besonderer Bedeutung sind:

- Engagierte Personen: Ein Projekt, eine Projektidee kann nur realisiert werden, wenn Personen mit besonderem Interesse ihr persönliches Engagement einbringen. Dies können die Initiatoren selbst, aber auch angestellte Projektleitungen und weitere Förderer vor Ort sein. Bei Kooperationsprojekten bedarf es mindestens einer engagierten Person auf jeder Seite.

- Gewinnerkoalitionen: Für die erfolgreiche Umsetzung von Projekten sind Kooperationen mit Projektpartnern von besonderer Bedeutung, bei denen alle Beteiligte einen „Gewinn" aus der Zusammenarbeit ziehen. Dieser Gewinn umfasst insbesondere eine Zunahme der Wertschätzung der beteiligten Institutionen.

- Überschaubare Projektstruktur: Kleine Projekte mit einfachen Zielsetzungen und Strukturen verfügen über ein geringeres „Risiko" des Scheiterns als komplexere, unüberschaubare Projekte mit einer Vielzahl an Projektbeteiligten. Es finden sich leichter Interessenten und Partner, die an einer Projektumsetzung mitwirken wollen und können.

- Anschlussfähigkeit: Es sind solche Projekte für alle Beteiligten von besonderer Effizienz, deren Wirkungen am Ende der Laufzeit nicht ausklingen sondern durch einfache Maßnahmen weiter laufen und sich weiter entwickeln können. Dies ist auch für potenzielle Förderer bei ihrer Entscheidung für eine finanzielle Unterstützung der Idee und Maßnahme von Bedeutung.

- Verfügbarkeit von Arbeitszeit und Geld: Grundsätzlich müssen alle Projekte, sowohl bezüglich der Arbeits- und Zeitplanung als auch der Finanzplanung gut vorbereitet sein. Die realistische Kalkulation von Zeit- und Finanzressourcen trägt zu einer erfolgreichen Projektrealisierung bei.

- Akzeptanz durch Erfolge: Erfolgreiche Projekte erzielen eine höhere Aufmerksamkeit – sowohl für die Akteure als auch für die Projektanliegen. Die Öffentlichkeit nimmt das Vorhaben bzw. die Zielsetzung positiv wahr und bringt diesem eine erhöhte Akzeptanz entgegen. Es bietet sich daher an, auch Teilerfolge bzw. erfolgreich verlaufenen Zwischenschritte öffentlichkeitswirksam zu kommunizieren.

- Lernfähigkeit: Erfolgreiche Projekte zeichnen sich in der Regel dadurch aus, dass alle Projektbeteiligten über ein hohes Maß an Flexibilität und Kompromissbereitschaft verfügen. Bei Projekten im Kontext Globales Lernen sind es somit die „Lehrenden", aber immer wieder auch die „Lernenden", die sich selbst und ihre Kompetenzen weiterentwickeln.

Projekte im Bereich des Globalen Lernens und der interkulturellen Zusammenarbeit gelingen am besten in Form von klaren, zeitlich befristeten, nachvollziehbaren, praktischen Aktionen, die durch ihren global vernetzten Ansatz Anregungen für die schulische und außerschulische Arbeit auf interkultureller Ebene einerseits bieten und zum anderen auch öffentliche Aufmerksamkeit versprechen.

7 Ausblick

Naturschutz endet nicht an nationalen Grenzen. Dies zeigen die Herausforderungen des weltweiten Rückgangs von Tier- und Pflanzenarten und ihrer Lebensräume wie auch des Klimawandels. Insofern stehen internationale Aktivitäten, seien sie EU-weit oder darüber hinausgehend, auf der Tagesordnung der nationalen Naturschutzpolitik. Anstrengungen im Rahmen der Umsetzung des „Übereinkommens über die biologische Vielfalt" umfassen insbesondere die Entwicklung und Umsetzung von Konzepten und Strategien einer nachhaltigen Naturnutzung, die Schaffung eines weltweiten Schutzgebietssystems und dessen Finanzierung, die Sicherung der Ozeane und der Wälder sowie rechtsverbindliche Regelungen für den Zugang zu genetischen Ressourcen und für den gerechten Ausgleich von Vorteilen und Lasten aus der Nutzung der biologischen Ressourcen.

Um sowohl national als auch international Bewusstsein sowie Zustimmung und Akzeptanz für das anspruchsvolle und komplexe Arbeitsprogramm zur Umsetzung der CBD zu erlangen, wird die „Globale Bildungsinitiative der CBD" (CEPA) mit dem 10-Punkte-Programm intensiv weiter zu entwickeln sein.

Im Rahmen der CEPA-Verhandlungen auf der 9. Vertragsstaatenkonferenz der CBD 2008 in Bonn standen folgende Punkte im Fokus und wurden beschlossen (SECRETARIAT OF THE CONVENTION ON BIOLOGICAL DIVERSITY 2008c):

- Die wirksame Darstellung und prominentere Einbindung des „Internationalen Tages zur biologischen Vielfalt" (22. Mai) und eine verstärkte Verknüpfung mit nationalen Aktionen,
- intensive Vorbereitungen zum „Internationalen UN-Jahr zur Biologischen Vielfalt" (2010) mit dem „2010 Ziel" („Halt the loss of biodiversity"; Reduzierung des weltweiten Artenrückgangs),
- die Intensivierung der Verknüpfung der CBD-CEPA-Initiative zur UN-Weltdekade „Bildung für Nachhaltige Entwicklung" und
- die Finanzierung des anspruchsvollen Arbeitsprogramms.

Das BfN wird im Rahmen seiner Arbeitsschwerpunkte „Internationaler Naturschutz" sowie „Bildung und Kommunikation" intensiv an der Umsetzung dieses Programms und an der Förderung des Globalen Lernens mitwirken. Im Zentrum der geplanten Aktivitäten stehen die Unterstützung der Halbzeitkonferenz der UN-Weltdekade „Bildung für nachhaltige Entwicklung" im Frühjahr 2009 in Bonn und hier eine Verknüpfung mit den spezifischen Bildungszielen zur Sicherung der biologischen Vielfalt.

Der „Internationale Tag der biologischen Vielfalt", der in jedem Jahr von den CBD-Vertragsstaaten am 22. Mai begangen wird, soll in die Breite und verstärkt mit Kooperationspartnern kommuniziert und verknüpft werden. Hierzu bietet sich – ganz im Sinne der o. g. Erfolgfaktoren – eine kreative Zusammenarbeiten mit Partnerinnen und Partnern an, die sich im internationalen Kontext mit den Themen Nachhaltigkeit und biologische Vielfalt beschäftigen, wie z. B. Botanische und Zoologische Gärten, Freilichtmuseen oder auch Eine-Welt-Läden (GOEBEL sowie HETHKE & LÖHNE in diesem Band).

Das für 2010 geplante „Internationale Jahr der biologischen Vielfalt" bedarf einer intensiven Vorbereitung durch eine zielgruppenspezifische Ansprache der Öffentlichkeit und weiterer Bildungsbemühungen. Im Jahr 2010 findet die 10. CBD-Vertragsstaatenkonferenz in Japan statt. Hier wird vor allem ein Durchbruch bei der rechtsverbindlichen Vereinbarung zum gerechten Vorteilsausgleich bei der Nutzung der biologischen Vielfalt (Access and Benefit Sharing) angestrebt. Zur Information und Sensibilisierung der Öffentlichkeit für dieses komplexe Thema sollen insbesondere Kommunikations- und Bildungsprojekte durchgeführt werden.

Zur Unterstützung dieser Aufgaben werden seitens des BfN auch weiterhin internationale Veranstaltungen in der INA Vilm sowie gezielt kleine, überschaubare und kreative Projekte mit Partnerinnen und Partnern aus den CBD-Vertragsstaaten durchgeführt, die in besonderem Maße geeignet sind, ein globales Informations- und Bildungsnetz an der Basis und für die Basis zu schaffen.

8 Literaturverzeichnis

BFN (BUNDESAMT FÜR NATURSCHUTZ) (2001): Naturdetektive. Aktion Südafrika - A Plant takes Flight. – Download unter: www.naturdetektive.de/2001/dyn/2872.htm (abgerufen am 25.07.2008).

BFN (BUNDESAMT FÜR NATURSCHUTZ) (2002a): Naturdetektive. Aktion Kanada – Frogs Around the World. – Download unter: www.naturdetektive.de/2002/dyn/3827.htm (abgerufen am 25.07.2008).

BfN (Bundesamt für Naturschutz) (2002b): Naturdetektive. Der Wacholder. – Download unter: www.naturdetektive.de/2002/dyn/1440.htm (abgerufen am 25.07.2008).

BfN (Bundesamt für Naturschutz) (2008a): Tagungskalender. – Download unter: www.bfn.de/0603_kalender.html (abgerufen am 25.07.2008).

BfN (Bundesamt für Naturschutz) (2008b): Vorträge/Tagungsergebnisse. – Download unter: www.bfn.de/0610_vortraege.html (abgerufen am 25.07.2008).

BfN (Bundesamt für Naturschutz) (2008c): BioDets. – Download unter: www.biodets.net (abgerufen am 29.07.2008).

BfN (Bundesamt für Naturschutz) (2008d): Naturdetektive. Welcome to "20+10 Schools & Trees for Biodiversity". – Download unter: www.naturdetektive.de/2008/dyn/12388.php (abgerufen am 25.07.2008).

BfN (Bundesamt für Naturschutz) (2008e): Naturdetektive. Biodiversity Around my School. – Download unter: www.naturdetektive.de/2008/dyn/12029.php (abgerufen am 25.07.2008).

BfN (Bundesamt für Naturschutz) (2008f): Naturdetektive. Wettbewerb "Surf the Global Grid". – Download unter: www.naturdetektive.de/2008/dyn/14221.php (abgerufen am 24.07.2008).

BMU (Bundesministerium für Umwelt, Naturschutz und Reaktorsicherheit) (2007a): Forsa-Umfrage zu Artenvielfalt. – Download unter: www.bmu.de/artenschutz/downloads/doc/39523.php (abgerufen am 25.07.2008).

BMU (Bundesministerium für Umwelt, Naturschutz und Reaktorsicherheit) (2007b): Nationale Strategie zur biologischen Vielfalt. – Reihe Umweltpolitik, Bonn, Berlin (BMU): 138 S. Download unter: www.bmu.de/files/pdfs/allgemein/application/pdf/biolog_vielfalt_strategie_nov07.pdf (abgerufen am 25.11.2007)

BMU (Bundesministerium für Umwelt, Naturschutz und Reaktorsicherheit) (2008): BMU-Bildungsservice. – Download unter: www.bmu.de/bildungsservice (abgerufen am 25.07.2008).

Borchers, U., Schell, C. & Erdmann, K.-H. (2008): Naturschutz und Naturbildung – Ein Blick zurück, ein Blick nach vorn. – In: Lucker, T. & Kölsch, O. (Bearb.): Naturschutz und Bildung für nachhaltige Entwicklung - Fokus: Lebenslanges Lernen. – Münster-Hiltrup (Landwirtschaftsverlag). – Naturschutz und Biologische Vielfalt 50: 17-43.

Brendle, U. (1999): Musterlösungen im Naturschutz – Politische Bausteine für erfolgreiches Handeln. – Münster-Hiltrup (Landwirtschaftsverlag): 261 S.

BURMESTER, A. & STOLPE, G. (2006): Training und Beratung im Naturschutz an der Internationalen Naturschutzakademie Insel Vilm. – Natur und Landschaft 9/10: 481-483.

DEUTSCHES MAB-NATIONALKOMITEE (Hrsg.) (1996): Kriterien für Anerkennung und Überprüfung von Biosphärenreservaten der UNESCO in Deutschland. – Bonn: 72 S.

DEUTSCHES MAB-NATIONALKOMITEE (Hrsg.) (2004): Voller Leben – UNESCO-Biosphärenreservate – Modellregionen für eine nachhaltige Entwicklung. – Berlin, Heidelberg. (Springer-Verlag): 314 S.

ERDMANN, K.-H., HOPF, T. & SCHELL, C. (Bearb.) (2008): Informieren und Faszinieren - Kommunikation in Natur-Infozentren. – Münster-Hiltrup (Landwirtschaftsverlag). – Naturschutz und Biologische Vielfalt 54: 194 S.

EUROPEAN COMMISSION (2007): Attitudes of Europeans towards the issue of biodiversity, Flash Eurobarometer Series # 219. – Download unter: http://ec.europa.eu/environment/pdf/flash_eurobarometer_2007_biodiversity_summary.pdf (abgerufen am 25.07.2008).

FREIBERG, H. (2000): International Expert Meeting on "Internet-based Nature Observation Projects". – Download unter: www.biodiv-chm.de/Documents/Internet-Based-Nature-Obs/ (abgerufen am 24.07.2008).

FROHN, H.-W. & SCHMOLL, F. (Bearb.) (2006): Natur und Staat. Staatlicher Naturschutz in Deutschland 1906-2006. – Münster-Hiltrup (Landwirtschaftsverlag). – Naturschutz und Biologische Vielfalt 35: 736 S.

KÖRNER, ST., NAGEL, A. & EISEL, U. (2003): Naturschutzbegründungen. – Münster-Hiltrup (Landwirtschaftsverlag): 180 S.

KUCKARTZ, U., RÄDIKER, S. & RHEINGANS-HEINTZE, A. (2006): Umweltbewusstsein in Deutschland 2006: Ergebnisse einer repräsentativen Bevölkerungsumfrage. – Bonn, Berlin (Bundesministerium für Umwelt, Naturschutz und Reaktorsicherheit): 78 S.

LANTERMANN, E.-D., REUSSWIG, F., SCHUSTER, K. & SCHWARZKOPF, J. (2003): Lebensstile und Naturschutz. Zur Bedeutung sozialer Typenbildung für eine bessere Verankerung von Ideen und Projekten des Naturschutzes in der Bevölkerung. – In: ERDMANN, K.-H. & SCHELL, C. (Bearb.): Zukunftsfaktor Natur – Blickpunkt Mensch. – Münster-Hiltrup (Landwirtschaftsverlag): 127-244.

LUCKER, T. & KÖLSCH, O. (Bearb.) (2008a): Naturschutz und Bildung für nachhaltige Entwicklung – Fokus: Lebenslanges Lernen. – Münster-Hiltrup (Landwirtschaftsverlag). – Naturschutz und Biologische Vielfalt 50: 304 S.

LUCKER, T. & KÖLSCH, O. (Bearb.) (2008b): Naturschutz und Bildung für nachhaltige Entwicklung – Fokus: Globales Lernen. – Münster-Hiltrup (Landwirtschaftsverlag). – Naturschutz und Biologische Vielfalt: 11-57.

SCHELL, C. & FREIBERG, H. (2008): Die Globale Bildungsinitiative der CBD: CEPA – Communication, Education and Public Awareness. – BNE-Journal – Online-Magazin „Bildung für nachhaltige Entwicklung", Ausgabe 3, Mai 2008: Biologische Vielfalt. – Download unter: www.bne-journal.de/coremedia/generator/pm/de/Startseite.html (abgerufen am 24.07.2008).

SCHUSTER, K. (2008): Gesellschaft und Naturschutz. Empirische Grundlagen für eine lebensstilorientierte Naturschutzkommunikation. – Münster-Hiltrup (Landwirtschaftsverlag). – Naturschutz und Biologische Vielfalt 53: 198 S.

SECRETARIAT OF THE CONVENTION ON BIOLOGICAL DIVERSITY (2008a): Mainstreaming Biodiversity: Workshops on national biodiversity strategies and action plans, Montreal, Canada.

SECRETARIAT OF THE CONVENTION ON BIOLOGICAL DIVERSITY (2008b): The Green Wave. – Download unter: http://greenwave.cbd.int/ (abgerufen am 25.07.2008).

SECRETARIAT OF THE CONVENTION ON BIOLOGICAL DIVERSITY (2008c): Convention on biological diversity. Communication, Education & Public Awareness. – Download unter: www.cbd.int/cepa/ (abgerufen am 25.07.2008).

SPENSLEY, J. et al. (2008): Working together to strengthen national and regional capacity for implementation. – Parks, Vol. 17 No 1.

STOLPE, G. & JABS, J. (2008): „Entwicklungszusammenarbeit" an der Internationalen Naturschutzakademie Insel Vilm. – BNE-Journal – Online-Magazin „Bildung für nachhaltige Entwicklung", Ausgabe 3, Mai 2008: Biologische Vielfalt. – Download unter: www.bne-journal.de/coremedia/generator/pm/de/Startseite.html (abgerufen am 24.07.2008).

Adresse der Autorinnen und Autoren:

Dr. Horst Freiberg, Dr. Christiane Schell, Prof. Dr. Karl-Heinz Erdmann, Gisela Stolpe
Bundesamt für Naturschutz (BfN)
Konstantinstraße 110
53179 Bonn

Tel.:   0228 8491 1223
Fax: 0228 8491 9999
E-Mail: horst.freiberg@bfn.de
Internet: www.bfn.de

Biodiversität und Globales Lernen – Ein neuer Forschungsbereich

SUSANNE MENZEL und SUSANNE BÖGEHOLZ

Zusammenfassung

Der Verlust der Biodiversität zählt zu den zentralsten Herausforderungen für eine nachhaltige Entwicklung. Bildungsmaßnahmen sind ein wichtiger Schritt, um den Schutz der Biodiversität zu fördern. Umweltbildung, die auf lokale und ökologische Aspekte abzielt, ist jedoch nicht ausreichend, um den Verlust der Biodiversität in Bildungsmaßnahmen adäquat zu thematisieren: Biodiversitätsverlust ist sowohl auf der Ebene der Ursachen wie auch auf der Ebene der Konsequenzen ein globales Phänomen, das sozioökonomische Aspekte ebenso berührt wie ökologische. Ziel der hier berichteten Studie war es, Lernvoraussetzungen von Schülerinnen und Schülern der Oberstufe in einem Industrieland (Deutschland) und einem Biodiversitäts-Hotspot (Chile) empirisch zu untersuchen. Als ein Ergebnis der qualitativ-quantitativen Studie konnte ermittelt werden, dass der Begriff „Biodiversität" deutschen Schülerinnen und Schülern weitgehend unbekannt ist. Chilenische Schülerinnen und Schüler kannten den äquivalenten Begriff „biodiversidad" größtenteils. Es konnte darüber hinaus gezeigt werden, dass Schülerinnen und Schüler beider Länder Schwierigkeiten hatten, sozioökonomische Auslöser und Konsequenzen des Biodiversitätsverlusts wahrzunehmen, obwohl diese sich als wichtig für a) eine Empathie mit Menschen in Entwicklungsländern, die von biologischen Ressourcen abhängen, b) für die Konstituierung korrekter ökologischer Zusammenhänge und c) für Bereitschaften, zum Schutz der Biodiversität zu handeln, gezeigt hatten. Die Daten der Studie bieten eine empirische Basis für den normativen Anspruch, interdisziplinäre und globale Aspekte als tragende Säulen einer Bildung für nachhaltige Entwicklung zu konstituieren.

1 Biodiversität – Herausforderung und Chance für Bildung für nachhaltige Entwicklung

1.1 Der Verlust der Biodiversität

Im vergangenen und dem bisherigen Jahrhundert war und ist der Verlust der Biodiversität, oder synonym, der biologischen Vielfalt, eine der größten Herausforderungen für eine nachhaltige Entwicklung (CBD 1992, UNCED 1992, WILSON 1992). In der Geschichte der Erde hat es bislang keinen derartig rasanten Verlust der biologischen

Vielfalt gegeben, der zu überwiegendem Anteil anthropogen bedingt ist (WILSON 1992). Um den Verlust der Biodiversität in seiner Amplitude zumindest zu verlangsamen, wurde auf dem Erdgipfel in Rio de Janeiro das Übereinkommen über die biologische Vielfalt (Convention on Biological Diversity, CBD) verabschiedet (CBD 1992). Die heute 190 Unterzeichnerstaaten der CBD haben sich mit der Ratifizierung des völkerrechtlich verbindlichen Dokuments zu zahlreichen Schritten verpflichtet, um dem Verlust der Biodiversität auf nationaler und internationaler Ebene entgegen zu treten. In Artikel 13a der CBD wird explizit die zentrale Rolle von Aufklärung und Bewusstseinsbildung in der Öffentlichkeit hervorgehoben, um die Notwendigkeit des Biodiversitätsschutzes im gesellschaftlichen Bewusstsein durch entsprechende Bildungsarbeit zu verankern.

1.2   Biodiversität: Ein faktisch und ethisch komplexes Thema

Gemäß der CBD besteht Einigkeit darüber, dass Bildungsmaßnahmen ein zentrales Desideratum zum Schutz der Biodiversität sind. Wie zahlreiche Gestaltungsaufgaben Nachhaltiger Entwicklung weisen sowohl das Thema Biodiversität als auch diesbezügliche Gestaltungsaufgaben eine hohe faktische und ethische Komplexität auf (BARKMANN & BÖGEHOLZ 2003). Daher stellt das Thema Biodiversität mit seiner hohen Komplexität eine neue Herausforderung dar, der mit einer Umweltbildung, die sich auf regionale oder ökologische Aspekte beschränkt, nicht begegnet werden kann.

Die faktische Komplexität von Biodiversität besteht auf mehreren Ebenen. *Erstens* ist Biodiversität durch die Vielfalt des Lebens auf drei Ebenen definiert, und zwar auf den Ebenen a) der Vielfalt der Arten; b) der Vielfalt der Ökosysteme und c) der genetischen Vielfalt (TOWNSEND et al. 2000). Bildungskonzepte zur Biodiversität sollten daher nicht auf die Ebene der Artenvielfalt beschränkt sein (MAYER 1996).

Zweitens sind wissenschaftlich gesicherte Erkenntnisse – wie beispielsweise exakte Beschreibungen von Aussterberaten und Bedrohungszuständen einzelner Arten – noch immer defizitär. Selbst über die tatsächliche Zahl existierender Arten liegen lediglich Schätzungen vor, die zum Teil stark divergieren (ERWIN 1982, PULLIN 2002, WILSON 1992). Verfügbare Informationen über den Verlust der Biodiversität sind zudem teils widersprüchlich und durch Fakten nicht vollständig zu untermauern. Erforderlich für ein Verständnis des Biodiversitätskomplexes ist daher ein kompetenter Umgang mit unsicherem Wissen.

Drittens kann der Verlust der Biodiversität nicht unter ausschließlichem Rückbezug auf ökologische Zusammenhänge erklärt und verstanden werden. Gründe für die Zerstörung natürlicher Ressourcen auf der Ebene der Arten, Gene und Ökosysteme sind vielfach in sozialen Ursachen und wirtschaftlichen Interessen zu finden. Eine rein ökologische Betrachtung der Problematik würde somit zu einer unvollständigen Darstellung der Zusammenhänge führen.

Zusätzlich zu faktischer Komplexität sind Fragen des Schutzes und Nutzens der Biodiversität ethisch komplex. Konfligierende Interessen sowie Fragen der Rechte an und Verantwortung für Biodiversität sind Herausforderungen, für die es mehr als eine mehr oder weniger gerechte Lösung geben kann. Ethisch relevant ist auch die Frage, welche Personen, Organisationen oder Staaten vornehmlich für den Schutz der Biodiversität verantwortlich sein sollen. Ein Beispiel ist die Übernutzung natürlicher Ressourcen, die als wesentlicher Grund für den Rückgang der Biodiversität angesehen werden kann. Häufig liegen bei der Übernutzung natürlicher Ressourcen Allgemeingut-Dilemmata (HARDIN 1968) oder ökologisch-soziale Dilemmata vor (ERNST 1997). In solchen Dilemmata sind bedrohte biologische Ressourcen öffentliche Güter, die sich in Allgemeinbesitz befinden. Eine Beschränkung der Nutzung solcher Güter gibt es zunächst nicht. Die Inanspruchnahme der jeweiligen Ressource führt aus der Perspektive eines Individuums zu einem Gewinn, während ein durch Übernutzung entstehender Schaden von allen potenziellen Nutzenden getragen werden muss, also, der Allgemeinheit.

Verschärft werden ökologisch-soziale Dilemmata häufig durch die Tatsache, dass so genannte Biodiversitäts-Hotspots, Regionen in denen eine besonders hohe Biodiversität vorhanden ist, die gleichzeitig besonders stark bedroht ist, meistens in Entwicklungs- oder Transformationsländern liegen. Soziale und ökonomische Schwierigkeiten in den jeweiligen Ländern verschärfen Ressourcen-Nutzungskonflikte, weil Einkommen, die durch die Vermarktung natürlicher Ressourcen erzielt werden, häufig der Grundbedürfnissicherung dienen. Chile ist ein Beispiel für ein Land, das einen Biodiversitäts-Hotspot beherbergt. Im Schwellenland Chile hat die wirtschaftliche Entwicklung eine hohe Priorität. Umweltschutz und die Bewahrung der biologischen Vielfalt sind Themen, die erst langsam ihren Platz auf der politischen Agenda finden.

Eng verbunden mit dem Auftreten von Hotspots und der hohen faktischen und ethischen Komplexität des Themas Biodiversität ist eine starke globale Komponente. Ressourcen-Nutzungsdilemmata sind in der Regel nicht auf eine Region beschränkt, sondern durch globale Marktstrukturen und Beteiligte in verschiedenen Regionen – oder auf verschiedenen Kontinenten – gekennzeichnet. Nicht selten werden natürliche Allgemeingüter (wie beispielsweise Hölzer des tropischen Regenwalds) als regionale Einkommensquelle vermarktet. Zielmärkte befinden sich jedoch häufig in Industrieländern, wo durch Zwischenhandel und Industrie ebenfalls wirtschaftliche Interessen an dem jeweiligen Gut bestehen. Konsumentinnen und Konsumenten sind schließlich als Abnehmerinnen und Abnehmer der Güter ebenfalls an der ökologisch-sozialen Dilemmasituation beteiligt. Globale Kausalzusammenhänge der Zerstörung von Ressourcen sind für einzelne Personen auf allen Beteiligungsebenen auch auf Grund räumlicher Distanz schwer zu durchschauen.

1.3 Biodiversität: Modellthema für eine Bildung für nachhaltige Entwicklung

Die Geschichte der klassischen Umweltbildung (oder Umwelterziehung, vgl. ROST 2002) geht in Deutschland mit einer entsprechenden Erklärung zum Naturschutz der Kultusministerkonferenz (KMK) formal bereits auf das Jahr 1953 zurück (BOLSCHO & HAUENSCHILD 2006). Sozialwissenschaftliche Zusammenhänge fanden jedoch erst gegen Ende der 1980er Jahre Eingang in schulische Curricula sowie in Zielsetzungen der Umweltbildung (für einen Überblick zur historischen Entwicklung der Umweltbildung in Deutschland siehe z. B. BOLSCHO & HAUENSCHILD 2006, ROST 2002, SCHEUNPFLUG & ASBRAND 2006). Klassische Umweltbildungs- und Umwelterziehungsmaßnahmen haben sich in der Vergangenheit häufig auf lokale Zusammenhänge konzentriert und diese unter einem stark naturwissenschaftlichen Fokus der Geographie und Biologie vermittelt (BOLSCHO & HAUENSCHILD 2006). Globale Ursache-Wirkungsbeziehungen und der Einfluss von Ökonomie und Sozialem waren lange Zeit keine zentralen Komponenten des Umweltbildungskonzepts. Ein Ziel von Umweltbildung war es vielmehr, Handlungsanleitungen für „richtiges" Umwelthandeln anzubieten, um auf bestehende, zumeist lokale Umweltprobleme zu reagieren (BOLSCHO & HAUENSCHILD 2006, ROST 2002).

Bei faktisch und ethisch komplexen Herausforderungen nachhaltiger Entwicklung ist es jedoch bedeutsam, tragfähige Handlungsoptionen zu entwickeln, für die mehr als lokale und ökologische Handlungsauslöser und Konsequenzen bedacht werden müssen. Bildung für nachhaltige Entwicklung sollte daher im Gegensatz zu klassischer Umweltbildung interdisziplinär und global angelegt sein (HAAN & HARENBERG 1999, HAAN 2006, SCHEUNPFLUG & ASBRAND 2006, KMK & BMZ 2007). Der Fokus einer Bildung für nachhaltige Entwicklung liegt auf der Ausbildung von Kompetenzen, wie dem Umgang mit Komplexität, vorausschauendem Denken, interdisziplinärem Lernen und Arbeiten und vor allem Partizipationsfähigkeit bei der Lösung komplexer Umweltprobleme (HAAN & HARENBERG 1999, HAAN 2006). Diese Teilkompetenzen, die unter dem Begriff „Gestaltungskompetenz" zusammengefasst werden können, sollen Menschen dazu befähigen, selbst handlungsfähig zu sein, wenn keine eindeutig richtigen oder falschen Handlungsoptionen vorliegen. Der Verlust der Biodiversität ist ein Thema, das ein hohes Potenzial bietet, diese Kompetenzen zu fördern. Ethische und faktische Komplexität sowie nicht-lineare, globale Wirkungszusammenhänge sind Kennzeichen von Gestaltungsaufgaben nachhaltiger Entwicklung, die am Beispiel der Biodiversität besonders deutlich in Erscheinung treten (BÖGEHOLZ & BARKMANN 2005).

1.4 Lernvoraussetzungen zur Biodiversität – Ein Projekt in zwei Phasen

Der Verlust der Biodiversität ist in den vergangenen Jahren vermehrt in den Medien thematisiert worden und hat zum Teil Eingang in schulische Curricula und die außerschulische Bildung gefunden. Trotzdem ist wenig darüber bekannt, wie junge Menschen das Thema wahrnehmen. Ebenso wenig ist über die Problemwahrnehmung von globalen und sozioökonomischen Komponenten des Biodiversitätsverlusts und Schutzbereitschaften junger Menschen bekannt. Es ist daher schwierig, zu bestimmen, wo Bildungsmaßnahmen in Industrieländern und an Biodiversitäts-Hotspots ansetzen sollen. Um diesem Defizit zu begegnen, gingen wir im Rahmen unseres Forschungsprojekts „Lernvoraussetzungen zur Biodiversität in Deutschland und Chile" folgenden Forschungsfragen nach:

1. Welche Kenntnis haben chilenische und deutsche Schülerinnen und Schüler in Bezug auf die Begriffe „Biodiversität" und „biologische Vielfalt"?
2. Inwiefern werden sozioökonomische Komponenten von ökologisch-sozialen Dilemmata durch Schülerinnen und Schüler beider Länder erkannt? Gelingt es chilenischen Schülerinnen und Schüler auf Grund ihrer Nähe zu ökologisch-sozialen Dilemmata leichter, sozioökonomische Gründe für die Gefährdung der Biodiversität zu sehen?
3. Welche Rolle spielen biodiversitätsbezogenes Wissen, sozioökonomische und ökologische Problemwahrnehmung und Problemverneinung für verschiedene Bereitschaften, die Biodiversität zu schützen? Unterscheiden sich chilenische Schülerinnen und Schüler von deutschen durch eine höhere lokale Problemwahrnehmung und eine höhere Bereitschaft, die Biodiversität zu schützen?

Um diese Fragen zu beantworten, wurde eine qualitativ-quantitative Untersuchung durchgeführt. In Anlehnung an GROEBEN et al. (1988) wurden die hier zu präsentierenden Ergebnisse durch das „Zwei-Phasen-Modell" zur Erfassung von subjektiven Theorien gewonnen. Die erste Phase bestand in einer Interviewstudie mit deutschen und chilenischen Schülerinnen und Schülern. Ziel dieser Phase war es, Vorstellungen von Schülerinnen und Schülern eines Industrielandes (Deutschland) und eines Schwellenlands (Chile) zur Biodiversität und ökologisch-sozialen Dilemmata explorativ zu erfassen.

In einer zweiten Phase wurden zentrale Ergebnisse der qualitativen Projektphase im Rahmen einer quantitativen Studie zur Bestimmung von Einflussfaktoren für die Bereitschaften Biodiversität zu schützen, aufgegriffen. Als theoretische Basis wurde unabhängig von denen aus der qualitativen Phase abgeleiteten Konstrukten die Value-Belief-Norm Theorie (STERN et al. 1995, STERN et al. 1999, STERN 2000) zur Erklärung umweltfreundlichen Handelns herangezogen.

2 Theoretische Grundlagen der Studie
2.1 Konstruktivismus und Subjektive Theorien

Jeder Mensch verfügt über individuelle Vorerfahrungen, auf Basis derer neue Situationen bewertet werden. Diese individuellen Vorerfahrungen verfestigen sich in kognitiven Strukturen, die sich im Laufe des individuellen Lebens erfahrungsbasiert ausbilden (PIAGET 1974, VESTER 1998). Gemäß einer konstruktivistischen Sichtweise wird neu zu Erlernendes dabei entweder in vorhandene kognitive Strukturen eingebettet oder vorhandene Strukturen dem neuen Lerninhalt entsprechend erweitert (CAREY 1985, HYND et al. 1994, PIAGET 1974, POSNER et al. 1982). Nach GROEBEN et al. (1988) können kognitive Strukturen auf unterschiedlichen Komplexitätsebenen angesiedelt sein und reichen von recht flüchtigen Assoziationen bis hin zu hoch komplexen subjektiven Theorien. Subjektive Theorien sind analog zu wissenschaftlichen Theorien die Grundlage für Erklärungen neuer Situationen und können aus weniger komplexen kognitiven Strukturen wie Kognitionen oder Konzepten zusammengesetzt sein. Auf Grund ihrer Tendenz sehr stabil zu sein, können subjektive Theorien auch hinderlich für den Lernprozess sein, wenn sie neu zu erlernenden Inhalten entgegenstehen (POSNER et al. 1982, VOSNIADOU 1992). Aus Sicht der Lehr-Lernforschung kann es daher hilfreich sein, vorhandene kognitive Strukturen bei Lernenden zu kennen. Bildungsmaßnahmen können so beispielsweise auf vorhandene Strukturen aufbauen oder kognitive Konflikte provozieren, die zu einer Erweiterung der vorhandenen subjektiven Theorien führen können (HYND et al. 1994).

2.2 Die Value-Belief-Norm Theorie

Um empirisch zu untersuchen, welche Faktoren Bereitschaften zu umweltschützendem Handeln hemmen oder fördern können, werden umwelt- und sozialpsychologische Theorien eingesetzt. Eine Theorie, die Einflussfaktoren auf umweltschützendes Handeln auf unterschiedlichen Ebenen annimmt, ist die Value-Belief-Norm Theorie (STERN et al. 1995, STERN et al. 1999, STERN 2000). Kern der Theorie ist die Annahme, dass sowohl Werte wie auch Überzeugungen und persönliche Normen Einfluss auf

Handlungsabsichten nehmen können (für eine ausführliche Darstellung siehe MENZEL & BÖGEHOLZ 2008, eingereicht). Umweltschützende Bereitschaften werden in der Value-Belief-Norm Theorie als vier voneinander unterschiedlichen Facetten von Bereitschaften definiert. Für jeden dieser Handlungstypen können unterschiedliche Einflussfaktoren relevant sein:

- Eine Bereitschaft zu aktivistischem Handeln umfasst die Teilnahme an öffentlichkeitswirksamen Aktionen unter hohen persönlichen Kosten oder die Bereitschaft, diese zu initiieren. Beispiele sind das Anbringen eines Protesttransparentes vor Firmen, die umweltschädigende Produktionsweisen anwenden oder das offensive Verteilen von Flugblättern auf der Straße, die über aktuelle Umweltbedrohungen aufklären.

- Die Bereitschaft zu nichtaktivistischem, öffentlichen Handeln umfasst moderatere Handlungen in der Öffentlichkeit wie beispielsweise das Unterzeichnen einer Unterschriftenliste oder das Verfassen eines Briefes an die Regierung, um eine umweltfreundliche Politik einzufordern.

- Eine Bereitschaft zu Handeln im privaten Raum bezieht sich auf umweltschützendes Handeln im persönlichen, nicht-öffentlichen Umfeld. Beispiele sind Mülltrennung oder ein reflektiertes Einkaufsverhalten mit dem Ziel, die natürliche Umwelt nicht zu schädigen.

- Eine Bereitschaft zu Handeln in Organisationen bezieht sich auf umweltfreundliche Handlungsweisen im Rahmen der Organisation, für die eine Person beruflich, ehrenamtlich oder im Zuge ihrer Ausbildung tätig ist. Beispiele können die Anregung einer umweltfreundlichen Verpackungspolitik in einem Unternehmen sein, oder das aktive Mitwirken einer Umwelt-Arbeitsgemeinschaft durch Schüler(innen) an ihrer Schule.

3 Methodik
3.1 Phase I: Qualitative Projektphase

Es wurden in Deutschland und in Chile je zwölf leitfadengestützte, halbstrukturierte Interviews geführt. Die befragten Schülerinnen und Schüler waren zwischen 16 und 18 Jahren alt und besuchten in beiden Ländern die Oberstufe (elfte Klasse in Deutschland, bzw. *Tercero Medio* in Chile). Die Interviews wurden nicht mit naturwissenschaftlichem Unterricht in Verbindung gebracht, um eine disziplinäre Beeinflussung der Probandinnen und Probanden zu vermeiden. Die Interviews dauerten zwischen 35 und 65 Minuten.

Der in beiden Ländern gleiche Interview-Leitfaden enthielt Fragen zu den Begriffen Biodiversität und biologische Vielfalt und zum Wert und zur Verbreitung der Biodiversität. Darüber hinaus wurden zwei Beispiele für ökologisch-soziale Dilemmasituationen in den Leitfaden integriert (Tabelle 1).

Tab. 1: Beispiele für Fragen aus dem Interview Leitfaden.

Forschungsinteresse	Beispielinterventionen
Was verbinden Schülerinnen und Schüler mit den Begriffen „biologische Vielfalt"/ „Biodiversität"?	Was verbindest Du mit dem Begriff „biologische Vielfalt"? Was verbindest Du mit dem Begriff „Biodiversität"? Welches Bild hast Du von Orten mit hoher biologischer Vielfalt?
Werden ökologisch-soziale Dilemmata erkannt?	Die Teufelskralle, die nur im Süden Afrikas wächst, gilt als im Bestand gefährdet. Woran kann das liegen? Welches Interesse haben Menschen daran, Pflanzen zu ernten und zu verkaufen, obwohl die entsprechende Art bedroht ist? Boldo-Blätter stammen aus Wildsammlung. Könntest Du Dir vorstellen, welche Probleme durch die Gewinnung, Nutzung und Vermarktung von Boldo entstehen? Kennst Du weitere Beispiele, in denen der Handel und Verkauf von Arten diese in ihrem Bestand bedroht haben?
Welche Lösungsansätze sehen Schülerinnen und Schüler?	Welche Lösungen könnte es für die Probleme geben?

Ein erstes Beispiel thematisierte die südafrikanische Teufelskralle (*Harpagophytum procumbens*), eine wildwachsende Pflanze, deren Wurzeln auf dem europäischen Markt seit mehreren Jahren großen Absatz finden. Durch die starke Nachfrage an Wurzeln der Teufelskralle und Teufelskrallenprodukten ist der Druck auf die pflanzliche Ressource stark angestiegen. Gleichzeitig ist das Sammeln der Pflanze für viele Menschen eine wichtige (und oft die einzige) Einkommensquelle. In den Interview-Leitfaden wurden für das Teufelskrallenbeispiel Fragen integriert, die es Schülerinnen und Schülern erleichtern sollten, ökonomische und soziale Ursachen für den Rückgang der Pflanze zu erkennen. Ein zweites Nutzungsdilemma thematisierte die Vermarktung der südamerikanischen Medizinalpflanze Boldo (*Peumus boldus*), das sehr starke Parallelen zur Problematik der Teufelskralle aufweist. Zu diesem zweiten Beispiel wurden jedoch keine spezifischen Fragen zu ökonomischen und sozialen Hintergründen des Dilemmas gestellt. Ziel war es, über die erreichte Transferleistung der Schülerin oder des Schülers herauszufinden, wie sehr ökonomische und soziale Zusammenhänge berücksichtigt werden. Das Forschungsinteresse bestand hier abermals darin, ob sie in der Lage waren, ökonomische und soziale Facetten des Biodiversitätsverlusts in ihre Argumentationen einzubeziehen. Für eine ausführliche Darstellung der Auswertungsmethodik siehe MENZEL & BÖGEHOLZ (2006, in Druck).

3.2 Phase II: Quantitative Projektphase

Für die quantitative Phase des Projekts wurde ein Fragebogen erstellt, der auf der Value-Belief-Norm-Theorie basiert. Aus der vorausgegangenen, qualitativen Interviewstudie wurden zusätzlich vier Konstrukte abgeleitet. Diese vier Konstrukte wurden als relevant neben den Konstrukten der VBN-Theorie angenommen, um die Bereitschaft von deutschen (n = 217) und chilenischen (n = 216) Schülerinnen und Schülern zu erklären, die Biodiversität zu schützen:

1. **Biodiversitätsbezogenes Wissen**
   Um Wissen zu erheben, wurden richtige und falsche Aussagen über die Definitionen von Biodiversität und biologischer Vielfalt sowie über ökologische, ökonomische und soziale Gefährdungsgründe formuliert. Probandinnen und Probanden wurden gebeten, die Richtigkeit der Aussagen zu beurteilen.

2. **Ökologische Problemwahrnehmung und**

3. **Sozioökonomische Problemwahrnehmung**
   Um eine eher ökologische oder sozioökonomische Problemwahrnehmung zu erfassen, wurde in den Fragebogen zunächst ein kurzer Text über das ökologisch-soziale Dilemma der Teufelskralle integriert. Der Text war zu gleichen Teilen aus Bausteinen zu ökologischen und sozioökonomischen Informationen zusammengesetzt, die im Wechsel dargestellt wurden (Tabelle 2). Im Anschluss wurde eine Skala präsentiert, auf der die Schülerinnen und Schüler in vier Stufen ankreuzen konnten, wie sehr sie jeweils ökologischen oder sozioökonomischen Aussagen zum Verlust der Biodiversität auf lokaler und globaler Ebene zustimmten.

4. Lokale und globale Problemverneinung

Mit dieser Skala wurde überprüft, ob und wenn ja, wieweit, Schülerinnen und Schüler davon ausgehen, dass Berichte über den Verlust der Biodiversität übertrieben seien.

Gemäß der Value-Belief-Norm-Theorie wurden Handlungsbereitschaften, die Biodiversität zu schützen, in vier verschiedenen Facetten gemessen (vgl. Kapitel 2.2). Der Fragebogen wurde zunächst in deutscher Sprache erstellt. Die Übertragung ins Spanische erfolgte mittels Rückübersetzung durch eine Muttersprachlerin.

Tab. 2: Informationstext zum ökologisch-sozialen Dilemmabeispiel Teufelskralle.

Die Teufelskralle – aktueller Biodiversitätskonflikt
Die afrikanische Teufelskralle (*Harpagophytum procumbens*) wächst in der Kalahari, einer Wüste im Süden Afrikas. Die Pflanze wächst dort wild und kommt in der Natur in keiner anderen Region der Erde vor. Sie ist an die klimatischen Verhältnisse der Kalahari recht gut angepasst, vor allem an Trockenheit.
Die Pflanze ist ein beliebtes und effizientes Heilmittel gegen Rheuma. Traditionell wird sie von den Bewohnerinnen und Bewohnern des südlichen Afrikas seit Tausenden Jahren erfolgreich als Heilmittel eingesetzt. Die Teufelskralle wird heutzutage vor allem auf europäischen und nordamerikanischen Märkten verkauft. Man kann Teufelskralle Produkte in Form von Tees, Tabletten oder als Pulver erwerben.
Die Pflanze wird von Sammlerinnen und Sammlern der lokalen Bevölkerung geerntet. Die Teufelskralle speichert Wasser in ihren verdickten Wurzeln und kann so Trockenphasen überdauern. Inhaltsstoffe aus den Wurzeln der Pflanze werden verwendet und zu Medikamenten verarbeitet. Die Sammelnden verkaufen die Pflanzenwurzeln meistens an Zwischenhändlerinnen und Zwischenhändler, die dann die Wurzeln an europäische Arzneimittelfirmen verkaufen. Viele Menschen im südlichen Afrika verschaffen sich durch den Verkauf von wild gesammelten Wurzeln der Teufelskralle ein Einkommen. Die Preise, die für die gesammelten Wurzeln gezahlt werden, sind gering. Für die ärmere Bevölkerung ist das Sammeln und Verkaufen der Teufelskralle jedoch die einzige Einkommensmöglichkeit.
Die Nachfrage nach Teufelskralle Produkten ist stark angestiegen. Der Export von Teufelskrallen Wurzeln aus Afrika hat daher stark zugenommen. Die Bestände der Pflanze in der Kalahari gehen daher mittlerweile vermutlich stark zurück.
(im Fragebogen durch Fotos unterstützt)

4 Ergebnisse

4.1 Die Begriffe „Biodiversität" und „biologische Vielfalt"

Analysen der Interviews zeigten, dass der Begriff Biodiversität deutschen Schülerinnen und Schülern weitgehend unbekannt war. Eine prominente Fehlvorstellung bestand in der Interpretation von Biodiversität als Vielfalt biologischer Disziplinen (wie beispielsweise Biochemie oder Genetik). Chilenischen Schülerinnen und Schülern war der entsprechende Begriff „biodiversidad" hingegen weitgehend bekannt.

Die Begriffe „biologische Vielfalt" und „diversidad biológica" waren den meisten Schülerinnen und Schülern beider Länder bekannt. Meistens erfolgte eine Interpretation als Vielfalt von Pflanzen und Tieren. Während die Ebene der Ökosysteme von einigen Probandinnen und Probanden beider Länder spontan als Teil der Biodiversität genannt wurde, gab es in nur zwei Fällen eine Interpretation von Biodiversität auf genetischer Ebene. Für eine ausführliche Darstellung der qualitativen Ergebnisse sei auf MENZEL & BÖGEHOLZ (2006, in Druck) hingewiesen.

Die Ergebnisse der quantitativen Phase stützen die Erkenntnisse der Interview Studie (Abbildung 1). 180 deutsche Schülerinnen und Schüler aus einer Stichprobe von 217 (82,9 %) hatten den Begriff Biodiversität noch nie gehört. Lediglich ein Schüler gab an, den Begriff schon mehr als fünf Mal gehört zu haben. Im Gegensatz dazu gaben nur 21 (von 216) chilenischen Schülerinnen und Schüler an, den Begriff „biodiversidad" noch nie gehört zu haben (9,7 %). 50 % der chilenischen Stichprobe (108 Probandinnen und Probanden hatten den Begriff bereits mehr als fünf Mal gehört.

Im Fall des Begriffs „biologische Vielfalt" (bzw. „diversidad biológica") ist die Situation insgesamt ausgeglichener. Lediglich 14,4 % der chilenischen Schülerinnen und Schüler (31 Personen) und 10,1 % der deutschen Befragten (22 Personen) gaben an, den Begriff noch nicht gehört zu haben. 69 chilenische und 74 deutsche Schülerinnen und Schüler (31,9 %, bzw. 34,1 %) hatten den Begriff bereits mehr als fünf Mal gehört.

4.2 Sozioökonomische und ökologische Problemwahrnehmung

In Bezug auf sozioökonomische und ökologische Problemwahrnehmung konnten qualitativ unterschiedliche Typen von Schülerinnen und Schülern identifiziert werden (MENZEL & BÖGEHOLZ 2006, in Druck).

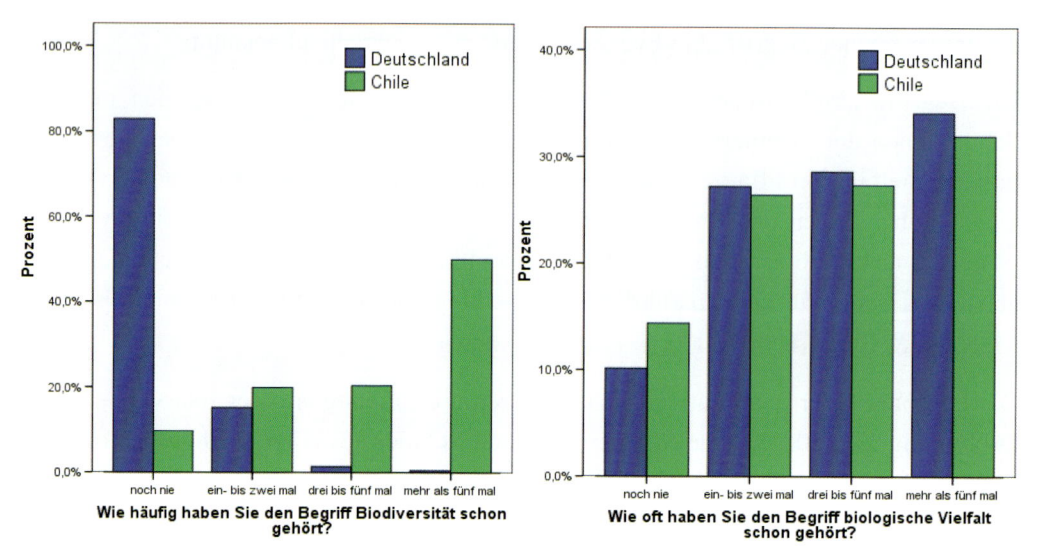

Abb. 1: Ergebnisse der deutschen (n = 217) und chilenischen (n = 216) Stichprobe zu den Begriffen „Biodiversität" und „biologische Vielfalt".

Während Schülerinnen und Schüler des so genannten „ausgeglichenen Typs" in der Lage waren, sozioökonomische Facetten von ökologisch-sozialen Dilemmata zu benennen, fokussierte der überwiegende Teil der Befragten beider Länder in ihren Äußerungen auf ökologische Komponenten des Biodiversitätsverlusts (ökologischer Typ). Auffallend war, dass lediglich eine chilenische Person dem „ausgeglichenen Typ" zugeordnet werden konnte.

Schülerinnen und Schüler des ökologischen Typs neigten dazu, ökologisch anmutende Zusammenhänge – ohne Reflexion ihrer fachlichen Unzulänglichkeit – zu konstituieren. Darüber hinaus zeigten Probandinnen und Probanden dieses Typs wenig Empathie mit Menschen in ökologisch-sozialen Dilemmata und fällten zum Teil deutlich negative Pauschalurteile über sie.

Illustrierend für den ökologischen Typ sollen hier Aussagen der deutschen Schülerin Johanna[1] angeführt werden: *„In Deutschland könnte* [die Schwierigkeit der Erhaltung der biologischen Vielfalt] *daran liegen, dass hier das Klima schlecht ist, weil hier zu wenig Sonne* [und es] *immer zu nass* [ist], *dass die Pflanzen daran kaputt gehen. [...] Und bei den wärmeren Ländern, haben die* [Pflanzen] *keine Zeit zu wachsen."* (Johanna, 366-371[2]).

---

[1] Alle Namen von Probandinnen und Probanden wurden geändert.
[2] Die Nummern bezeichnen die Zeilennummern im Originaltranskript.

„*[Das Verhalten der einzelnen Beteiligten ist in diesem Fall] dumm. Sie sollen [nur] das nehmen, was da ist […]. Aber wenn sie alles auf einmal wegmachen ist das nicht so klug.*" (Johanna, 584-588)

Kontrastierend können die Aussagen der deutschen Schülerin Katja angeführt werden, die dem ausgeglichenen Typ zugeordnet werden konnte: „Ich glaube [die Situation ist so schwierig, weil] *die Menschen, die das pflücken, [...] irgendwo dieses Geld brauchen, weil sie sonst keinen Lebensunterhalt hätten. Und dass sie irgendwie nicht die Chance haben, irgend etwas anderes zu machen, dass sie das* [Geld] *wirklich brauchen* [macht die Situation so ausgesprochen schwierig].*" (Katja, 398-401) „Ich denke, dass die Menschen, [...] vielleicht eigentlich einfach nur um ihren Lebensunterhalt kämpfen und sich im Prinzip nicht weiter Gedanken darüber machen, was sie da wirklich tun.*" (Katja, 315-317)

4.3 Der Einfluss von Problemwahrnehmung, Wissen und Problemverneinung auf Bereitschaften, Biodiversität zu schützen

Regressionsanalysen zeigten für deutsche und chilenische Schülerinnen und Schüler einen Einfluss von sozioökonomischer Problemwahrnehmung auf alle vier Handlungsbereitschaften, die Biodiversität zu schützen. In der deutschen Stichprobe hat außerdem die Problemverneinung einen hoch signifikanten negativen Einfluss auf alle gemessenen Handlungsbereitschaften.

In der chilenischen Stichprobe hat ökologische Problemwahrnehmung zudem einen leicht positiven Einfluss auf eine Bereitschaft zum Handeln im privaten Raum. Biodiversitätsbezogenes Wissen war in beiden Ländern für keine der erhobenen Handlungsbereitschaften relevant. Die Anteile erklärter Varianz reichten in der deutschen Stichprobe von 7 % bis zu 20 %, in der chilenischen Stichprobe rangierten sie zwischen 9 % und 10 % (vgl. Tabellen 3 und 4).

4.4 Vergleich der deutschen und chilenischen Stichprobe

Beim Vergleich der verschiedenen Facetten von Problemwahrnehmung des Biodiversitätsverlusts (ökologisch und sozioökonomisch sowie global und lokal) und den Bereitschaften, Biodiversität zu schützen, haben sich Unterschiede zwischen den Stichproben der beiden Länder gezeigt. In der qualitativen Studie konnte eine deutlich niedrigere lokale Problemwahrnehmung deutscher Probandinnen und Probanden im Vergleich zu globaler Problemwahrnehmung verzeichnet werden.

Tab. 3: Einflussfaktoren auf unterschiedliche Bereitschaften Biodiversität zu schützen in der deutschen Stichprobe (n = 217) (Signifikanzniveaus *** = p < 0,001, ** = p < 0,01, * = p < 0,05, n.s. = nicht signifikant).

Kriterium → Prädiktor ↓	Bereitschaft zu...			
	aktivistischem Handeln	nichtaktivistischem, öffentlichen Handeln	Handeln im privaten Raum	Handeln in Organisationen
Problemwahrnehmung sozioökonomisch	0,15*	0,16*	0,18*	0,19*
Problemwahrnehmung ökologisch	n.s.	n.s.	n.s.	n.s.
Wissen	n.s.	n.s.	n.s.	n.s.
Problemverneinung	- 0,15*	- 0,34***	- 0,32***	- 0,18*
R^2	0,10	0,21	0,21	0,09
R^2 (korr.)	0,08	0,20	0,19	0,07
F	5,50	14,09	13,61	5,24

Tab. 4: Einflussfaktoren auf unterschiedliche Bereitschaften Biodiversität zu schützen in der chilenischen Stichprobe (n = 216) (Signifikanzniveaus *** = p < 0,001, ** = p < 0,01, * = p < 0,05, n.s. = nicht signifikant).

Kriterium → Prädiktor ↓	Bereitschaft zu...			
	aktivistischem Handeln	nichtaktivistischem, öffentlichen Handeln	Handeln im privaten Raum	Handeln in Organisationen
Problemwahrnehmung sozioökonomisch	0,27***	0,27***	0,26***	0,30***
Problemwahrnehmung ökologisch	n.s.	n.s.	0,15*	n.s.
Wissen	n.s.	n.s.	n.s.	n.s.
Problemverneinung	n.s.	n.s.	n.s.	n.s.
R^2	0,12	0,12	0,12	0,11
R^2 (korr.)	0,10	0,10	0,10	0,09
F	6,98	7,11	6,87	6,32

In der deutschen Stichprobe sind bis auf eine Ausnahme keinerlei Beispiele für bedrohte heimische Arten oder Ökosysteme genannt worden. Chilenische Schülerinnen und Schüler der Interviewstudie nannten hingegen zahlreiche Beispiele für heimische bedrohte Arten und Ökosysteme.

Unterschiede in lokaler und globaler Problemwahrnehmung zeigten sich auch in den Ergebnissen der quantitativen Analysen. Abgesehen von der Problemwahrnehmung ökologischer und sozioökonomischer Gründe für globalen Biodiversitätsverlust, liegen die Mittelwerte der chilenischen Stichprobe durchgehend und signifikant höher. Vor allem die Effekte der Unterschiede im Bereich der Handlungsbereitschaften zu Aktivismus und Handeln in Organisationen sind stark (Abbildung 2).

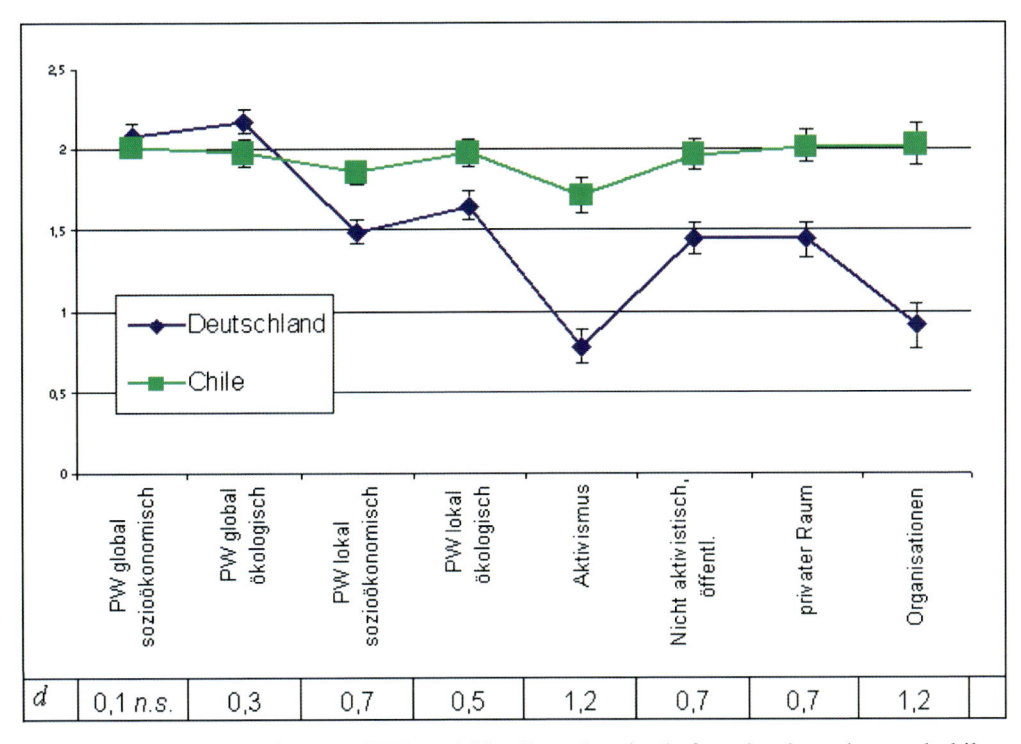

Abb. 2: Problemwahrnehmung (PW) und Handlungsbereitschaften der deutschen und chilenischen Schülerinnen und Schüler im Vergleich. Dargestellt: Mean +/- 2 SE und Effektstärke Cohen's d ($n.s.$ = nicht signifikant).

5 Diskussion
5.1 Ergebnisdiskussion

Der geringe Bekanntheitsgrad des Begriffs Biodiversität unter deutschen Schülerinnen und Schülern lässt darauf schließen, dass die Probandinnen und Probanden mit der Biodiversitätsthematik bisher nicht in Berührung gekommen sind. Auch eine mögliche Thematisierung durch die Medien schien durch die befragten Jugendlichen bisher nicht rezipiert worden zu sein. Aus dem hohen Bekanntheitsgrad des Begriffs in der chilenischen Stichprobe kann im Gegenzug jedoch nicht geschlossen werden, dass das Konzept der Biodiversität bekannter ist. Hier liegt nahe, dass in der spanischen Sprache eine alltagssprachliche Herleitung einfacher ist. Während „diversidad" ein gebräuchliches Wort für Vielfalt ist, wird der Begriff „Diversität" im Deutschen eher als Fachbegriff verstanden.

Betrachtet man die in beiden Stichproben ähnlichen Interpretationen der Begriffe „biologische Vielfalt" und „diversidad biológica" lässt sich vermuten, dass das eigentliche Konzept der Biodiversität in beiden Ländern gleichermaßen bekannt ist. Jedoch ist vor allem das Konzept der genetischen Vielfalt Schülerinnen und Schülern beider Länder offensichtlich weniger vertraut.

In Bezug auf sozioökonomische und ökologische Problemwahrnehmung ist bemerkenswert, dass im Rahmen der qualitativen Studie der größte Teil der Befragten aus beiden Stichproben Schwierigkeiten hatte, sozioökonomische Facetten des Biodiversitätsverlusts zu erkennen. Selbst nach expliziter Thematisierung ökologisch-sozialer Dilemmata am Beispiel der Teufelskralle konnten die meisten Schülerinnen und Schüler lediglich ökologische Zusammenhänge für den Verlust der Biodiversität antizipieren. Eine ökologisch fokussierte Betrachtung erwies sich dabei auf zwei Ebenen als problematisch. Erstens wurden, wie am Beispiel Johannas postuliert, vielfach inkorrekte ökologische Zusammenhänge angenommen, um den Verlust der Biodiversität zu erklären. Vermutlich geschah dies, um Erklärungsengpässe zu überwinden, wenn die Befragten bemerkten, dass ihre anfänglich angeführten, oft korrekten ökologischen Argumente nicht ausreichen, um den Verlust der Biodiversität zu erklären. Zweitens führte eine ökologische Fokussierung offensichtlich zu einer Verhinderung von Empathie für Menschen in ökologisch-sozialen Dilemmata. Ohne sozioökonomische Gründe für den Verlust der Biodiversität zu bedenken, war es Schülerinnen und Schülern des ökologischen Typus weitgehend nicht möglich, Grundbedürfnissicherung als Motiv für die Übernutzung einer Ressource zu erkennen. Die Konsequenz war Unverständnis für das Verhalten von Menschen in sozial-ökonomischen Zwangslagen, dem häufig, wie am Beispiel Johannas angeführt, mit deutlich negativen Äußerungen Ausdruck verliehen wurde.

Die Ergebnisse der quantitativen Analysen haben ebenfalls die Bedeutung sozioökonomischer Problemwahrnehmung unterstrichen, da sie für alle vier unterschiedlichen Bereitschaften, die Biodiversität zu schützen, relevant war. Das Erkennen sozioökonomischer Zusammenhänge führt möglicherweise eher zur Wahrnehmung von Handlungsoptionen. Vermeintlich rein ökologischen Auslösern für den Verlust der Biodiversität stehen die Probandinnen und Probanden vermutlich hilflos gegenüber und eine Logik, wie Individuen gezielt Einfluss auf ökologische Auslöser für den Verlust der Biodiversität nehmen können, erschließt sich ihnen nicht. Bemerkenswert ist auch, dass ein Einfluss biodiversitätsbezogenen Wissens für keine der Handlungsbereitschaften in den beiden Länderstichproben nachweisbar war. Es könnte sich hier allerdings auch um eine Konsequenz aus der Operationalisierung der Wissensitems handeln. Im Fraugebogen wurden überwiegend Fachwissen und sozioökonomische und ökologischen Facetten des Biodiversitätsverlusts abgefragt. Möglicherweise sind zur Erklärung von Handlungsbereitschaften eher handlungsbezogene Komponenten von Wissen relevant (wie z. B. Wissen über konkrete Handlungsperspektiven). Zusätzlich ist möglich, dass die Konstrukte für Problemwahrnehmung ebenfalls Wissenskomponenten beinhalten. Durch diese methodischen Artefakte kann trotz der Ergebnislage nicht mit Sicherheit geschlossen werden, dass Wissen keinerlei Einfluss auf die Bereitschaft hat, die Biodiversität zu schützen.

Problemverneinung hatte einen starken negativen Einfluss auf alle Bereitschaften der befragten deutschen Schülerinnen und Schüler, die Biodiversität zu schützen. Dieses Ergebnis ist schlüssig, da diejenigen, die der Meinung sind, dass das Problem des Biodiversitätsverlusts übertrieben dargestellt wird, eher nicht bereit sind, sich für eine Lösung zu engagieren. Bei den chilenischen Befragten hatte Problemverneinung jedoch keinen empirisch nachweisbaren Einfluss auf die gemessenen Handlungsbereitschaften. Es könnte hier sein, dass Handlungsbereitschaften nicht darauf bezogen wurden, wie das Problem des Biodiversitätsverlusts öffentlich dargestellt wird. Chilenische Schülerinnen und Schüler können sich auf Grund ihrer räumlichen Nähe zu einem Biodiversitäts-Hotspot unter Umständen ein eigenes Bild vom Verlust der Biodiversität machen. Dies schlägt sich auch in dem Ergebnis nieder, dass eine lokale Problemwahrnehmung im Gegensatz zu einer globalen Problemwahrnehmung wesentlich höher war als bei den Probandinnen und Probanden der deutschen Stichprobe.

Die wesentlich höheren Bereitschaften der befragten chilenischen Schülerinnen und Schüler, sich für den Schutz der Biodiversität zu engagieren, lassen sich möglicherweise durch eine höhere Betroffenheit auf Grund hoher lokaler Raten an Rückgang der Biodiversität erklären. Dafür spricht ebenfalls die höhere lokale Problemwahrnehmung im Vergleich zur deutschen Stichprobe.

Insgesamt lag die durchschnittliche Zustimmung der Chileninnen und Chilenen zu allen gemessenen Konstrukten höher, abgesehen von den Konstrukten zur globalen Problemwahrnehmung.

Grundsätzlich könnte hier kritisiert werden, dass kulturell bedingte Antworttendenzen vorliegen, die zu einer höheren durchschnittlichen Zustimmung innerhalb der chilenischen Stichprobe geführt haben. Allerdings sind die ermittelten Ergebnisse inhaltlich schlüssig: Die Zustimmung war nur bei globaler Problemwahrnehmung innerhalb der deutschen Stichprobe durchschnittlich höher. Vermutlich sind deutsche Schülerinnen und Schüler für globale Aspekte höher sensibilisiert, da ein lokaler Bezug schwerer herzustellen ist. Diese Interpretation wird auch durch das Ergebnis gestützt, dass die deutschen Probandinnen und Probanden praktisch keine lokalen Beispiele für bedrohte Biodiversität anführen konnten, während die chilenischen Befragten sehr häufig lokale Beispiele für bedrohte Arten und Ökosysteme nannten.

Insgesamt lagen durch die aus der qualitativen Phase abgeleiteten Konstrukte Varianzaufklärungen zwischen 8 % und 20 % vor. Unter Berücksichtigung von Konstrukten der VBN-Theorie konnten in beiden Ländern für alle vier erklärten Handlungsabsichten wesentlich höhere Varianzaufklärungen erzielt werden (MENZEL & BÖGEHOLZ in 2008, eingereicht). Die hier vorgestellten Modelle dienten der Untermauerung der Ergebnisse der qualitativen Studie, was durch die Ergebnisse geleistet werden kann.

5.2 Welchen Beitrag kann biologiedidaktische Forschung zum Globalen Lernen leisten?

Die Ergebnisse des Projekts „Lernvoraussetzungen zur Biodiversität in Deutschland und Chile" zeigen eine enge Verbindung zwischen dem Konzept des Globalen Lernens und Biodiversitätsbildung auf. Darüber hinaus liefern die Daten konkrete Hinweise, wo Biodiversitätsbildung ansetzen sollte. Zunächst besteht die Notwendigkeit, eine Klärung der Begriffe Biodiversität und biologische Vielfalt vorzunehmen. Im Unterricht deutscher Schülerinnen und Schüler kann hier von dem eher bekannten Begriff „biologische Vielfalt" ausgegangen werden. Durch die Einführung des Konzepts auf den Ebenen der Artenvielfalt, Vielfalt der Ökosysteme und der genetischen Vielfalt kann zugleich die faktische Komplexität von Biodiversität thematisiert werden. Eine zumindest gleich große Herausforderung scheint jedoch die interdisziplinäre Struktur und ethische Komplexität des Themas Biodiversität zu sein. Die Ergebnisse der qualitativen und quantitativen Projektphase haben gezeigt, welchen zentralen Stellenwert eine sozioökonomische Problemwahrnehmung im Vergleich zu einer ökologischen

Problemwahrnehmung hat, und zwar sowohl für ein Verständnis des Biodiversitätsverlustes als auch für Handlungsbereitschaften. Diese Ergebnisse stellen eine wichtige empirische Untermauerung für den Anspruch der Interdisziplinarität einer Bildung für nachhaltige Entwicklung dar. Gemäß diesen Ergebnissen ist es notwendig, vor allem die integrierte Betrachtung von ökologischen, ökonomischen und sozialen Aspekten zu fördern, um eine disziplinäre Fokussierung auf ökologische Komponenten zu vermeiden. Ohne die Berücksichtigung globaler Perspektiven ist eine Betrachtung sozialökonomischer Zusammenhänge des Biodiversitätsverlusts jedoch nicht möglich.

Im Rahmen der qualitativen Studie konnte explizit gezeigt werden, dass eine Biodiversitätsbildung Bezug nehmen sollte auf globale, komplexe Zusammenhänge, die zu einem Verlust der Biodiversität führen können. Ohne die sozioökonomischen Zwänge von Menschen in Schwellen- und Entwicklungsländern in Betracht zu ziehen, war es für die Schülerinnen und Schüler beider Länder schwierig, Empathie zu entwickeln. Direkte Nutzerinnen und Nutzer von biologischen Ressourcen verantwortlich zu machen für den Rückgang der betreffenden Ressource, ist jedoch eine Perspektive, die globale Verantwortungszusammenhänge verzerrt und partiell ignoriert. Das Erkennen globaler Zusammenhänge ist jedoch zentrale Voraussetzung für die Reflexion eigener Handlungen (wie beispielsweise Konsumverhalten), die in ihren Konsequenzen von globaler Tragweite sein können. Gerade diese Fähigkeit, Empathie für Menschen in Entwicklungs- und Schwellenländern entwickeln zu können, um die eigene Perspektive zu erweitern, ist ein zentrales Ziel von Globalem Lernen (SCHEUNPFLUG & ASBRAND 2006, KMK & BMZ 2007). Bildung für nachhaltige Entwicklung ohne die Beachtung globaler Komponenten wird somit weder ihrem normativen Anspruch gerecht, noch trägt sie gemäß unserer Ergebnisse zu einem erfolgreichen Verständnis des Biodiversitätsverlusts bei.

Obwohl aus der Perspektive normativer Zielsetzungen von Gestaltungskompetenz (HAAN & HARENBERG 1999) längst deutlich geworden ist, dass die Teilkompetenzen des interdisziplinären Lernens, der Empathie und der Perspektivübernahme wichtig sind, lagen bisher wenige gesicherte Erkenntnisse vor, diese Forderungen empirisch zu untermauern. Die zehn Teilkompetenzen der Gestaltungskompetenz sind wichtig für ein Verständnis der Biodiversität und können durch eine kompetenzorientierte Einbindung des Themas Biodiversität in Bildungsmaßnahmen gefördert werden. Vier dieser Kompetenzen sind wichtige Voraussetzungen für eine hinreichende Wahrnehmung der ethisch und faktisch komplexen Gründe für den Verlust der Biodiversität:

- Die „Kompetenz des vorausschauenden Denkens" ist in Bezug auf die Thematik Biodiversität zentral, um Fernwirkungen des eigenen Handelns (wie beispielsweise Konsumverhalten) abzusehen.

- Auch die „Kompetenz einer kosmopolitischen Wahrnehmung, transkulturellen Verständnisses und Kooperation" ist eine Voraussetzung, um über Handlungskonsequenzen des eigenen Alltags hinaus zu schauen. Vor allem, um Empathie für Menschen in Ressourcen-Nutzungsdilemmata entwickeln zu können, ist eine transkulturelle und kosmopolitische Wahrnehmung notwendig.
- Die Kompetenz der „Reflexion von individuellen und kulturellen Modellen" zielt in eine ähnliche Richtung und ermöglicht einen Perspektivwechsel, der Voraussetzung ist für ein Verständnis der Situation von Menschen in Entwicklungsländern.
- Die „Fähigkeit zu Empathie, Mitgefühl und Solidarität" ist, wie im Rahmen der qualitativen Studie gezeigt, ebenfalls wichtig um eine realistische Einschätzung der Situation von Menschen in Ressourcen-Nutzungsdilemmata zu erlangen. Die in den Interviews zum Teil festgestellte mangelnde Empathie mit Menschen, die ökonomisch von der Nutzung bedrohter biologischer Ressourcen abhängen, ist vermutlich auf eine grundsätzlich mangelnde Fähigkeit zu Empathie, Mitgefühl und Solidarität zurückzuführen.

Vier weitere Teilkompetenzen sind Voraussetzung dafür, dass Schülerinnen und Schüler die Möglichkeit haben, sich gestaltend an der Lösung von Situationen zu beteiligen, die den Verlust von Biodiversität herbeiführen könnten. Diese Fähigkeit, bewusst gestaltend auf Situationen mit dem Ziel einer nachhaltigen Entwicklung einwirken zu können ist als Kernziel von Gestaltungskompetenz zu verstehen. Die Kompetenzen des

- Erlernens von Partizipationsfähigkeit,
- der Kompetenz der Eigenmotivation und Motivation anderer und
- die Kompetenzen des Planens und der Implementation ermöglichen es Schülerinnen und Schülern, konkrete Projektansätze zu entwickeln, die zum Schutz der Biodiversität beitragen können.
- Die Kompetenz des interdisziplinären Lernens und Arbeitens befähigt Schülerinnen und Schüler letztlich, verschiedene Facetten von Ressourcen-Nutzungsdilemmata und ökologisch-sozialen Dilemmata zu erkennen, zu verstehen und aufzuarbeiten.

Am Beispiel der Biodiversität konnte im Rahmen der hier berichteten Studie gezeigt werden, dass die Verbindung von interdisziplinärem und Globalem Lernen unverzichtbar ist, um eine Bildung für nachhaltige Entwicklung zu ermöglichen. Eine auf ökologische und vornehmlich lokale Bezüge reduzierte Umweltbildung kann gemäß unserer Daten für ein Verständnis des Verlusts der Biodiversität kontraproduktiv sein. Die Ergebnisse stützen empirisch die Konstituierung von

Globalem Lernen und Umweltbildung als die beiden Säulen einer Bildung für nachhaltige Entwicklung (HAAN & HARENBERG 1999, HAAN 2006, SCHEUNPFLUG & ASBRAND 2006). Teilkompetenzen von Gestaltungskompetenz können am Beispiel der Biodiversität gefördert werden und sind zugleich Voraussetzung für ein Verständnis der ethisch und faktisch komplexen Thematik.

6   Literaturverzeichnis

BARKMANN, J. & BÖGEHOLZ, S. (2003): Kompetent gestalten, wenn es komplexer wird – Eine kurze Einführung in die ökologische Bewertungs- und Urteilskompetenz. – Zeitschrift „21 – Das Leben gestalten lernen" 3: 49-52.

BÖGEHOLZ, S. & BARKMANN, J. (2005): Rational choice and beyond: Handlungsorientierende Kompetenzen für den Umgang mit faktischer und ethischer Komplexität. – In: KLEE, R., SANDMANN, A. & VOGT, H. (Hrsg.): Lehr- und Lernforschung in der Biologiedidaktik, Bd. 2. – Innsbruck (Studienverlag): 211-224.

BOLSCHO, D. & HAUENSCHILD, K. (2006): From environmental education to Education for Sustainable Development in Germany. – Environmental Education Research 12: 7-18.

CAREY, S. (1985): Conceptual change in childhood. – Cambridge (MIT Press): 240 S.

CBD (CONVENTION ON BIOLOGICAL DIVERSITY) (1992): UNCED United Nations Conference on Environment and Development (Rio de Janeiro): Ohne Seitenzählung.

ERNST, A. (1997): Ökologisch-soziale Dilemmata. Psychologische Wirkmechanismen des Umweltverhaltens – Heidelberg (Beltz PVU): 139 S.

ERWIN, T.L. (1982): Tropical forests: the richness in Coleoptera and other arthropod species. – Coleopterists Bulletin 36: 74-75.

GROEBEN, N., WAHL, D., SCHLEE, J. & SCHEELE, B. (1988): Das Forschungsprogramm Subjektive Theorien: eine Einführung in die Psychologie des reflexiven Subjekts. – Tübingen (Francke): 364 S.

HAAN, G. DE (2006): The BLK "21" programme in Germany: a „Gestaltungskompetenz"-based model for Education for Sustainable Development. – Environmental Education Research 12: 19-32.

HAAN, G. DE & HARENBERG, D. (1999): Bildung für eine nachhaltige Entwicklung. Gutachten zum Programm. – Bonn. BLK (BUND-LÄNDER-KOMMISSION FÜR BILDUNGPLANUNG UND FORSCHUNGSFÖRDERUNG) (Hrsg.). – Materialien zur Bildungsplanung und Forschungsförderung 72: 110 S. Download unter: www.blk-bonn.de/papers/heft72.pdf (abgerufen am 01.08.08).

HARDIN, G. (1968): The tragedy of the commons. – Science 162: 1243-1248.

HYND, C.R., MCWORTHER, J.Y., PHARES, V.L. & SUTTLES, C.W. (1994): The role of instructional variables in conceptual change. – Journal of Research in Science Teaching 31: 933-946.

KMK & BMZ (KULTUSMINISTERKONFERENZ & BUNDESMINISTERIUM FÜR WIRTSCHAFTLICHE ZUSAMMENARBEIT UND ENTWICKLUNG) (2007): Orientierungsrahmen für den Lernbereich Globale Entwicklung im Rahmen einer Bildung für nachhaltige Entwicklung. Ergebnis eines gemeinsamen Projekts der Kultusministerkonferenz (KMK) und des Bundesministeriums für wirtschaftliche Zusammenarbeit und Entwicklung (BMZ). – Bonn: 199 S. Download unter: www.kmk.org/aktuell/070614-globale-entwicklung.pdf (abgerufen am 08.08.08).

MAYER, J. (1996): Biodiversitätsforschung als Zukunftsdisziplin. – Berichte des Instituts für Didaktik der Biologie 5: 19-41.

MENZEL, S. & BÖGEHOLZ, S. (2006): Vorstellungen und Argumentationsstrukturen von Schüler(inne)n der elften Jahrgangsstufe zur Biodiversität, deren Gefährdung und Erhaltung. – Zeitschrift für Didaktik der Naturwissenschaften 12: 199-217.

MENZEL, S. & BÖGEHOLZ, S. (2008): Was fördert die Bereitschaft von Oberstufenschüler(inne)n, die Biodiversität zu schützen? Eine standardisierte Befragung in Anlehnung an die Value-Belief-Norm Theorie. – Umweltpsychologie 12 (2): 105-122.

MENZEL, S. & BÖGEHOLZ, S. (in Druck): The loss of biodiversity as a challenge for sustainable development: How do pupils in Chile and Germany perceive resource dilemmas? – Research in Science Education, Online First seit Juli 2008.

MENZEL, S. & BÖGEHOLZ, S. (eingereicht): Values, beliefs and norms that foster Chilean and German students' commitment to protect biodiversity. – Manuskript im Zeitschriften-Review.

PIAGET, J. (1974): Der Aufbau der Wirklichkeit beim Kinde. – Stuttgart (Klett): 372 S.

POSNER, G.J., STRIKE, K.A., HEWSON, P.W. & GERTZOG, W.A. (1982): Accomodation of a scientific conception: toward a theory of conceptual change. – Science Education 66: 211-227.

PULLIN, A.S. (2002): Conservation biology. – Cambridge (Cambridge University Press): 360 S.

ROST, J. (2002): Umweltbildung – Bildung für eine nachhaltige Entwicklung: Was macht den Unterschied? – Zeitschrift für internationale Bildungsforschung und Entwicklungspädagogik 25: 9-14.

SCHEUNPFLUG, A. & ASBRAND, B. (2006): Global education and education for sustainablility. – Environmental Education Research 12: 33-46.

STERN, P.C. (2000): Toward a Coherent Theory of Environmentally Significant Behaviour. – Journal of Social Issues 56: 407-424.

STERN, P.C., DIETZ, T., ABEL, T., GUAGNANO, G.A., & KALOF, L. (1999): A value-belief-norm theory of support for social movements: the case of environmentalism. – Research in Human Ecology 6: 81-97.

STERN, P.C., DIETZ, T., KALOF, L. & GUAGNANO, G.A. (1995): Values, beliefs, and proenvironmental action: attitude formation toward emergent attitude objects. – Journal of Applied Social Psychology 25: 1611-1636.

TOWNSEND, C.R., BEGON, M.E. & HARPER, J.L. (2000): Essentials of ecology. – Oxford (Blackwell): 552 S.

UNCED (UNITED NATIONS CONFERENCE ON ENVIRONMENT AND DEVELOPMENT) (1992): Agenda 21. – Rio de Janeiro (UNCED): Ohne Seitenzählung.

VESTER, F. (1998): Lernen, Denken, Vergessen. – München (DTV): 249 S.

VOSNIADOU, S. (1992): Knowledge acquisition and conceptual change: An international review. – Applied Psychology: 41: 347-357.

WILSON, E.O. (1992): The diversity of life. – New York (Harvard University Press): 432 S.

Adressen der Autorinnen:

Prof. Dr. Susanne Menzel
Universität Osnabrück
Fachbereich Biologie / Chemie
Didaktik der Biologie
Barbarastr. 11
49076 Osnabrück

Tel.:   0541 969 2813
Fax: 0541 969 2433
E-Mail: menzel@biologie.uni-osnabrueck.de
Internet: www.biologie.uni-osnabrueck.de/fachbereich/?x=ae,as

Prof. Dr. Susanne Bögeholz
Georg-August-Universität Göttingen
Zentrum für empirische Unterrichts- und Schulforschung (ZeUS)
Didaktik der Biologie
Waldweg 26
37073 Göttingen

Tel.:   0551 39 9314
E-Mail: sboegeh@gwdg.de
Internet: www.zeus-bio.de

Der Weltladen als Plattform für Bildungsangebote zu entwicklungs- und naturschutzpolitischen Themen

Julia Goebel

Zusammenfassung

Die entwicklungspolitische Bildungsarbeit mit Schwerpunkt Fairer Handel bezieht sich auf das Prinzip des Globalen Lernens, verstanden als ganzheitliches Lernangebot zur Orientierung und Handlungsfähigkeit im weltweiten Zusammenhang. Im Mittelpunkt stehen dabei Leitbilder der Nachhaltigkeit, Gerechtigkeit und Zukunftsfähigkeit, doch geben diese keine Antworten, sondern stellen einen Rahmen für das Lernen durch Erfahrung, Erlebnis und Mitarbeit dar. Schüler und Schülerinnen treten somit in einen aktiven Prozess der Persönlichkeitsentwicklung, um sich perspektivisch in einer komplexen Welt der Globalisierung zurechtfinden zu können.

Die Herausforderungen der Globalisierung machen nicht am Schulhof halt, dennoch kann Schule kaum mehr die Flut an brisanten Themen bewältigen, noch die Anforderungen an Schlüsselqualifikationen vermitteln. Um Überforderung zu vermeiden und zu einer Neugier auf die zukunftsgerichtete Lernsegmente zu wecken, dienen konkrete Handlungsbezüge als Motivation und Anknüpfungspunkt. Hierzu drei Thesen, die im folgenden Beitrag erläutert werden:

- der Faire Handel fordert zur Auseinandersetzung mit Fragen der Globalisierung auf,
- der Weltladen als außerschulischer Lernort verbindet Lernen mit realen Handlungsmöglichkeiten,
- der Weltladen vor Ort eignet sich insbesondere als Verbindung für regionale Kooperationen im Bereich des Globalen Lernens.

1 Der faire Handel als Ausgangspunkt

Zwei Schülerinnen stehen mitten in der Fußgängerzone und suchen nach einem Geburtstagsgeschenk für eine Freundin ... Sie landen im Weltladen, probieren Bananen – „schmeckt gut", meint Kristy. Während dessen kommen die beiden Freundinnen mit der Ladenmitarbeiterin ins Gespräch, doch an die angeblich so großen Unterschiede beim ökologischen Anbau von fair gehandelten Bananen und dem konventionellen

Anbau in Monokulturen wollen sie nicht so recht glauben. Kristy hat eine verrückte Idee ... Kurzerhand beschließen die beiden, nach Costa Rica zu fliegen und sich die Sache anzuschauen.

Eine fiktive Geschichte, die aufbereitet als Fotostory (GOEBEL 2006) verdeutlicht, was hinter der Idee des Fairen Handels der Weltläden steckt. Eine Bananenprobe, ein 25 kg schwerer Sack als gestellte Bananenstaude, Gummihandschuhe, Arbeiterschürze und Messgerät sind einige Elemente, die die harte Arbeit auf konventionellen Plantagen den Schülern und Schülerinnen näher bringt. Inhaltlicher Hintergrund dieser Lerneinheit können Konsum, Weltmarkt, ökonomische Transformationsprozesse oder allgemein Globalisierung sein, als fächerübergreifende Themen mit aktueller Brisanz.

Die Herausforderungen der Globalisierung machen nicht am Schultor halt, dennoch kann Schule weder die Flut an brisanten Themen bewältigen, noch die Anforderungen an Schlüsselqualifikationen vermitteln. Um Überforderung zu vermeiden und Neugier auf zukunftsgerichtete Lernsegmente zu wecken, dienen konkrete Handlungsbezüge als Motivation und Anknüpfungspunkt. Im Lernort Weltladen bestehen viele, teils noch ungenutzte Potenziale für handlungsorientiertes Lernen. Diese werden in diesem Beitrag erläutert. Doch zunächst ein kurzer Einblick in den Fairen Handel und die Weltläden („Fachgeschäfte für Fairen Handel").

2 Was ist Fairer Handel?

„Fairer Handel ist „eine Handelspartnerschaft, die auf Dialog, Transparenz und Respekt beruht und nach mehr Gerechtigkeit im internationalen Handel strebt. Durch bessere Handelsbedingungen und die Sicherung sozialer Rechte für benachteiligte ProduzentInnen und ArbeiterInnen – insbesondere in den Ländern des Südens – leistet der Faire Handel einen Beitrag zu nachhaltiger Entwicklung." (WWW.FORUM-FAIRER-HANDEL.DE)[1]

Fair Handels-Organisationen engagieren sich – gemeinsam mit Verbraucherinnen und Verbrauchern – für die Produzentinnen und Produzenten, für entwicklungspolitische Bewusstseinsbildung sowie mit Kampagnenarbeit für eine Veränderung der Regeln und der Praxis des konventionellen Welthandels. Bereits in den 1970er Jahren schlossen sich verschiedene Initiativen aus der Friedens- und Jugendbewegung zusammen, um gegen ökonomische Ungerechtigkeiten aktiv zu werden.

---

[1] Auf diese Definition haben sich die vier internationalen Dachorganisationen des Fairen Handels (FLO, IFAT, NEWS! und EFTA = FINE) geeinigt.

Aus folgendem Grund: Von den herrschenden Weltmarktstrukturen profitieren viele. Auf der anderen Seite steht die wachsende Zahl von Produzentinnen und Produzenten (vor allem auch in Ländern des Südens), die immer mehr marginalisiert werden, oft genug nicht einmal ihre Grundbedürfnisse befriedigen können – und dadurch für billige Ware in unseren Einkaufskörben sorgen, auf Kosten ihrer Lebensbedingungen und der Umwelt. „Fairer Handel" und andere Initiativen – die sich auch international vernetzt haben – wollen dagegen Zeichen setzen. Ein alternatives Handelssystem soll Produzentinnen und Produzenten im Süden einen anderen, direkten Zugang zu den Märkten in den reichen Staaten eröffnen. (vgl. GEISZ 2001). Nach WILLS (2007) zeichnet sich der Faire Handel durch folgende Charakteristika aus:

- Zwischenhandel und Spekulation sollen ausgeschaltet werden,
- Preise werden „fair gestaltet" – so dass die Grundbedürfnisse der Produzentinnen und Produzenten und die Produktionskosten gedeckt werden und Spielraum für Investitionen in Entwicklung bleibt,
- um einer Verschuldung der Produzentinnen und Produzenten vorzubeugen, wird ein Großteil des Warenwerts vorfinanziert,
- hinzu kommen Beratung und der Aufbau langfristiger Kontakte und Verträge,
- zum Fairen Handel gehören annehmbare sowie umweltverträgliche Produktions- und Arbeitsbedingungen,
- Blick auf die Schaffung von Arbeitsplätzen,
- Warenverarbeitung nach Möglichkeit in der Region,
- Bemühung um ein ausgewogenes Verhältnis zwischen Produktion für den heimischen Markt und den Exportmarkt,
- bewusstseinsbildende Maßnahmen bezüglich Produktion, Handelsbeziehungen sowie Zielen im Fairen Handel – und bezüglich der vorherrschenden Ungerechtigkeit internationaler Handelsregeln,
- Monitoring und Überprüfung der Einhaltung dieser Kriterien.

An dieser Stelle sei insbesondere auf die ökologischen Kriterien hingewiesen: Die Produkte werden gentechnikfrei produziert, der Einsatz von chemischen Mitteln wird so gering wie möglich gehalten. Die Vielfalt im Anbau schützt vor Bodenerosion. Außerdem zeichnet sich die kleinbäuerliche Landwirtschaft durch energiesparende Anbaumethoden aus, die allerdings einen entsprechenden Produktpreis erforderlich machen. (EED & BROT FÜR DIE WELT 2007: 18).

Die Vertragspartner im Norden übernehmen Information, Beratung und Marketing, betreiben „Lobbyarbeit", informieren die Partner im Süden über Markttendenzen und zum Teil leisten sie auf Wunsch der Produzentinnen und Produzenten auch Finanzierungs- und Ausbildungshilfe. Insgesamt hat der Faire Handel in Deutschland nur einen verschwindend kleinen Anteil am allgemeinen Konsum. Aber: Trotz dieses geringen Anteils verbessert der Faire Handel die Lebensbedingungen hunderttausender kleiner Produzentinnen und Produzenten. Zudem sind mit dem Fairen Handel die politische Arbeit sowie die Bildungsarbeit (bewusstseinsbildende Maßnahmen) verknüpft. Denn der Faire Handel ist keine Alternative zum Weltwirtschaftssystem, sondern versucht, die Notwendigkeit von Alternativen aufzuzeigen.

3 Der Faire Handel im Weltladen

In Europa gibt es ca. 3.500 Weltläden, 800 davon in Deutschland, weitere 1.000 Aktionsgruppen. Über 500 Weltläden sind hierzulande im Weltladen-Dachverband zusammengeschlossen. Die Arbeit der Weltläden besteht aus den folgenden drei Säulen: Verkauf, Kampagnen und Öffentlichkeitsarbeit sowie Bildungsarbeit. Im Unterschied zu anderen Anbietenden bezieht sich der Anspruch an „Fairen Handel" auf alle, die an diesem Handel beteiligt sind: Die Produzentinnen und Produzenten, ihre Organisationen, die von den Weltläden akzeptierten Importeure sowie auf die Weltläden bzw. Aktionsgruppen selbst. Dabei wird nach folgenden Kriterien gearbeitet:

- Sozial- und Umweltverträglichkeit,
- Transparenz,
- Not-For-Profit-Orientierung,
- Demokratische Strukturen,
- Kontinuität,
- Informations- und Bildungsarbeit,
- Regeln für Ergänzungsprodukte.

Längst nicht alle Weltläden können kontinuierlich außerschulische Bildungsarbeit leisten. Doch zunehmend mehr Weltläden widmen sich intensiv der Zusammenarbeit mit Schulen und nutzen den Weltladen als Lernort. Ein wesentlicher Vorteil dabei ist die offene Ladentür. Denn die Schülerinnen und Schüler können bei Interesse auch nachmittags und vor allem unverbindlich im Weltladen vorbeischauen. Inzwischen sind viele Weltläden auch beliebte Praktikumsstellen für Jugendliche, in nicht wenigen Weltläden arbeiten Jugendliche in ihrer Freizeit mit. Andere wiederum nutzen den Weltladen als Anlaufstelle für Referate zu entwicklungspolitischen Themen oder für die Zusammenarbeit mit ihrem Schul-Weltladen (GOEBEL 2005).

4   Das Globale Lernen im Weltladen

„Globales Lernen umfasst perspektivisch die Lernbereiche Friedenserziehung, Umweltbildung, interkulturelles Lernen, Menschenrechtserziehung und erweitert diese um eine zukunftsorientierte Dimension.“ (ASBRAND 2003) Im Jetzt und Heute erleben die Jugendlichen die Welt zum Greifen nah, nicht zuletzt wird das beispielsweise an der vereinheitlichten Mode sichtbar. Die Jugendlichen in Rumänien, in Costa Rica, Deutschland oder Indien sind kaum mehr auseinander zu halten, zumindest nicht aufgrund ihrer Kleidung oder musikalischen Trends. Die Jugendlichen erleben die Welt „greifbar“ auch am Handy oder im Internet. Sie können mit diesen Medien äußerst souverän umgehen. Gleichzeitig sind Medien und TV prägende Erfahrungs- und damit auch Lernräume, besonders für diese Altersgruppe, die auf der Suche nach neuen Trends ist.

Neben den technischen Errungenschaften hinterlassen die Anforderungen von globaler Arbeitsmarktkrise ihre Spuren in der Schule. Katastrophenmeldungen landen teils unvermittelt bei den Schülerinnen und Schülern, so dass das aktuelle Zeitgeschehen in seiner gesellschaftlichen Wirkung sowie medialen Brisanz es kaum mehr zulässt, Schule an konkreten Bezügen vorbei zu manövrieren.

Die schulische Aufarbeitung von globalen Themen ist einerseits zwingend notwendig. Andererseits ist die Aktualität von weltweiten Medienevents – angefangen von Katastrophenmeldungen wie Tsunami bis hin zu Großevents wie die Fußballweltmeistermeisterschaft – eine Chance zur Motivation und effektiven Gestaltung von Bildungsinhalten. Der Bezug zu Globalisierungsprozessen, zu weltweiten Transformationen und Entwicklungen bis hinein in den schulischen Alltag ist sowohl Thema des Globalen Lernens als auch Methode. Eine „globale" Methode, die die Schülerinnen und Schüler als lernende Subjekte mit allen ihren Sinnen in den Mittelpunkt des Lerngeschehens rückt. Mit allen Sinnen ist wortwörtlich gemeint: Die Lernenden können die Welt begreifen, mit Hand, Kopf und Herz, auch mit Ohren und Nase und letztlich auch mit eigenen Ideen und Vorstellungen.

Wir möchten diese Art des Lernens mit dem Weltladen als außerschulischem Lernort konkretisieren. Außerschulische Lernangebote stellen eine Ergänzung zum schulischen Lernen dar, d.h. ein Weltladen bietet, was angesichts der Herausforderungen der Globalisierung der schulische Unterricht nicht abdecken kann bzw. was diesen sinnvoll ergänzt. Aus der Perspektive der Weltladenbewegung stehen dabei folgende Themen im Diskurs um eine lebenswerte Zukunft im Vordergrund:

- Globale Gerechtigkeit,
- eine Entwicklung der Nachhaltigkeit,

- Ressourcenverbrauch, Friedensbewahrung,
- Toleranz und interkulturelle Verständigung,
- politische Steuerung von Marktprozessen.

Im Rahmen des Globalen Lernens stellen sich in diesem Zusammenhang folgende Aufgaben bei der Lerngestaltung: Die Schüler und Schülerinnen sollen lernen dürfen, „wie" sie mit der Komplexität einer globalisierten Welt umgehen können. Wenn bestimmte – medial präsente – Themen, z. B. die Zerstörung des World Trade Centers oder ein Tsunami, zu Verunsicherungen führt, brauchen sie den Raum, einen eigenen Umgang damit zu entwickeln. Damit das Interesse der Jugendlichen geweckt wird, ist der Bezug zu ihrer eigenen Lebenswelt förderlich. Sie sollen die Chance bekommen, ihre Bedürfnisse wahrzunehmen und einzubringen. Aber sie können andererseits auch feststellen, welche Bedeutung globale Themen in Bezug auf ihren eigenen Alltag einnehmen. Nur so können sie auch zu einer eigenen Position in der Auseinandersetzung mit Katastrophen finden.

Hinzu kommt ein weiterer Punkt: Wichtig für die Orientierung der Lernenden sind interkulturelle Kompetenzen. Denn auf diesen basieren Fähigkeiten der Solidarität, der Selbstreflexion, aber auch Teamkompetenzen. Diese Kompetenzen sind Teil der so genannten Schlüsselqualifikationen, die die Schülerinnen und Schüler für die Gestaltung der Zukunft benötigen. So gesehen sind die Jugendlichen keine ohnmächtigen Beobachter des Weltgeschehens, aber sie müssen erst ausprobieren (dürfen), wie sie sich selbst einbringen können. Partizipation und Gestaltungsfähigkeiten sind wichtige Schlagwörter einer handlungsfähigen Gesellschaft. Denn die Entwicklung einer Weltgesellschaft, bestehend aus mitdenkenden „Weltbürgerinnen und Weltbürgern", erfordert transnationalen Austausch und Diskussion, Verständigung über Motivation des jeweiligen Handelns, weltgesellschaftliche Solidarität und einen minimalen Grundkonsens.

Es ist bedeutsam zu lernen, Probleme zu lösen, wenn es um globale Gefährdungen geht. Allerdings ist es nicht ratsam, in der Problematisierung stecken zu bleiben, sonst ist erfahrungsgemäß mit heftiger Abwehr zu rechnen. Für die Vermittlung globaler Themen ist der Lebensweltbezug wichtig, um das Interesse und die Neugier der Schüler und Schülerinnen zu wecken. Denn den Schülern und Schülerinnen geht es wie dem Rest der Bevölkerung: Der eigene Alltag, das Schicksal ihrer Familien sowie von Freundinnen und Freunden geht ihnen sehr nahe, ebenso Einzelschicksale, die in den Medien ergreifend dargestellt werden. Für den Einstieg in Themen wie Globalisierung ist der Bezug zur eigenen Lebenswelt wesentlich. (GOEBEL 2006) Mittels erfahrungs- und erlebnisorientierter Methoden schaffen wir ein „Lernangebot", in dem die Lernenden aktiv ins Thema einsteigen und sich auseinandersetzen können. Ein gutes Beispiel dafür ist zum Beispiel simulierendes Lernen wie beim Weltverteilungsspiel. Die Spielenden teilen sich relativ zur Weltbevölkerung auf die Kontinente auf. Anschließend bekommen sie Schokolade oder Kekse anteilig zum Bruttosozialprodukt. Sie erfahren, wie wenig beispielsweise in Afrika an Gesamteinkommen im Vergleich zu Nordamerika zur Verfügung steht. Im Anschluss an diese Erfahrung diskutieren die Schülerinnen und Schüler die ungerechte Verteilung. Sie erleben selbst, wenn auch fiktiv, ob in diesem Fall die „Bevölkerung" Nordamerikas bereit ist, dem afrikanischen Kontinent etwas abzugeben.

Doch ganz so einfach ist die Vorgehensweise, Erfahrungen und Erlebnisse methodisch für die Lernenden aufzubereiten, nicht: Solche und andere Spiele müssen zwangsläufig stark vereinfacht werden. Unter didaktischer Reduktion wird das bezeichnet, was Lernen überhaupt ermöglicht: Die Lernenden bekommen „Lernhäppchen", so dass sie sich auch komplexe Zusammenhänge erschließen können und brauchen das Erlernte erst am Ende einer Lerneinheit zu abstrahieren. Diese Abstraktion ist ebenfalls ein Lernprozess und wichtiger Bestandteil des Globalen Lernens: ein bestimmtes Thema in einen allgemeinen Zusammenhang zu stellen, angepasst an Altersgruppe und Zeit. Denn sobald sich die Lernenden überfordert fühlen, entstehen Abwehrmechanismen, insbesondere bei problematischen Themen wie zum Beispiel Armut, heftigen Themen wie Kinderprostitution oder Naturkatastrophen. Bekannte Abwehrmechanismen können beispielsweise so lauten: „Das geht mich nichts an" oder „Da sind die selber schuld" bis hin zu „Da kann man ja doch nichts machen".

Der Faire Handel der Weltläden dient dabei als konkrete Handlungsoption. Der Weltladen bietet nicht nur einen Vorschlag, wie (und dass) Armut zu begegnen sei – er zeigt damit auch, dass die Beteiligung von Individuen sinnvoll ist. Bezogen auf das Lerngeschehen bedeutet dies, dass Individuen oder auch Gruppen mit ihren Handlungen im Mittelpunkt stehen.

Wie sieht die Bildungsarbeit im Weltladen konkret aus? Sicherlich ist die folgende Liste nicht vollständig, denn jeder Weltladen ist anders als andere Weltläden und die Anknüpfungspunkte sind vielfältig. Aus dem Lernangebot der Weltläden können jedoch folgende Methoden und Lernarrangements herausgehoben werden:

- Fairer Handel mit Weltladenbesuch (Lerneinheiten anhand von Produktbeispielen wie Kaffee, Bananen, Fußball etc.),
- Erkundungszirkel (Stationen Lernen),
- Planspiele, Erlebnisspiele,
- Stadtrallye (z. B. Biodiversität, lokale Spurensuche),
- Zusammenarbeit mit Ausstellungen oder Gastbesuchen,

- Kulturveranstaltungen,
- Projektwochen z. B. Thema Afrika.

Eine Projektwoche kann konkret die Interessen der Jugendlichen aufgreifen, die zunächst einen Einstieg in die Vielfalt eines Landes oder Kontinentes finden und anschließend spezielle, lebensweltbezogene Aspekte heraussuchen und diese bearbeiten. Am Ende steht eine Präsentation. Innerhalb dieser Woche wird der Weltladen besucht und ein Bezug zu diesen Aspekten hergestellt – Lebenswelt der Produzentinnen und Produzenten im konventionellen bzw. Fairen Handel thematisiert.

Einige Schüler und Schülerinnen nutzen den Weltladen auch selbständig als Informationsquelle. Neben den Produktinformationen bieten einige Weltläden bereits Unterrichtsmaterialien oder Info-Bibliotheken zu entwicklungspolitischen Themen an. Zunehmend ist auch das an vielen Schulen obligatorische Schul-Praktikum eine Gelegenheit, eine Lernerfahrung im Weltladen zu sammeln. Diese Erfahrung hat den Schwerpunkt in der praxisbezogenen Mitarbeit.

Ähnliche Lernprozesse sind mit der Teilnahme an einer Schülerfirma verbunden. Es besteht deutschlandweit bereits eine beträchtliche Anzahl von Schul-Weltläden, Fair Trade Points, Eine-Welt-Kiosken etc. Natürlich können Jugendliche auch an ihren Nachmittagen im Weltladen mitarbeiten.

Ein wichtiger Hinweis noch für diejenigen, die das Thema Fairer Handel in der Bildungsarbeit einsetzen möchten und sich damit unversehens in einem Interessenkonflikt wieder finden können. Das Interesse, einen Absatzmarkt für die fair gehandelten Produkte zu finden und damit den Kleinproduzentinnen und -produzenten langfristige Abnahme zu garantieren, bedeutet, den Umsatz aufrecht zu erhalten und möglichst neue Kundschaft zu werben. Bekanntlich findet eine Kaufentscheidung nicht lediglich rational statt, sondern wird durch Werbung, aber auch durch Geschmack und Lebensgefühl beeinflusst. Auch der Faire Handel bedient sich einiger Werbemaßnahmen neben der Infoarbeit. Die Bildungsarbeit hingegen fokussiert auf langfristige Lernprozesse. Ein Beispiel: Es geht nicht darum, bei der Kaufentscheidung die fair gehandelten Produkte zu bevorzugen. Sondern beim Globalen Lernen könnte es darum gehen, Konsumentscheidungen bewusst treffen zu lernen, Werbemaßnahmen zu durchschauen oder eine eigene Position in der Diskussion über Konsum u. a. zu entwickeln. Welche Kaufentscheidung die Lernenden später treffen werden, darf nicht Teil des Lernprozesses sein!

Wenn ein Weltladen in der Stadt besteht, arbeitet dieser sehr häufig vernetzt mit lokalen Kooperationspartnern, beispielsweise mit Lokalen Agenda21-Gruppen, Botanischen Gärten (HETHKE & LÖHNE in diesem Band), Kirchengemeinden oder Schulen

(GAUER-SÜSS & KRENZER-BASS und KÖHLER in diesem Band). Zum Teil pflegen die Schulen Schulpartnerschaften mit Ländern des Südens. Viele Schülerinnen und Schüler fühlen sich durch den Bezug auf künstlerisch-kulturelle Inhalte besonders angesprochen. Das Interesse und die Lernprozesse können durch Begegnungen mit einer Musikgruppe, einem Fußballstar oder einen Auftritt in der Kinderkulturkarawane gefördert werden. Eine Möglichkeit der Begegnung kann auch durch lokale Fachleute gegeben sein: Durch Menschen mit Migrationshintergrund, durch Studierende aus anderen Ländern oder ehemalige Entwicklungshelferinnen und -helfer (HIRSCHMANN in diesem Band), oder auch durch aktive entwicklungspolitische Initiativen vor Ort.

5 Naturschutz und Fairer Handel

„Ohne eine intakte Umwelt kann der Mensch kein gesundes, menschenwürdiges Leben führen. Nur wenn Böden, Wasser und Luft sauber sind, ist nachhaltige Landwirtschaft und langfristige Existenzsicherung, insbesondere für die Kleinbauern im Süden [auch im Norden, Anm. der Verf.] *möglich."* (EED & BROT FÜR DIE WELT 2007: 18)

Inwieweit können im und mit dem Lernort Weltladen Naturschutz und Fairer Handel verknüpft werden? Inhaltliche Überschneidungen sind offensichtlich, sie bestehen insbesondere aus Themen wie Welternährung, Biodiversität und ökologische Produktionsbedingungen sowie kleinbäuerliche Landwirtschaft.

Aus Perspektive der Lerngestaltung ergeben sich eine ganze Reihe an Parallelen: Das zivilgesellschaftliche Engagement ist für das Erreichen von „großen" Zielen (weltweite Gerechtigkeit, Naturschutz) sehr bedeutsam. Deshalb sind neben Faktenwissen und Motivation insbesondere solche Kompetenzen zu erlernen, die ein zivilgesellschaftliches Engagement überhaupt ermöglichen: u. a. Handlungsfähigkeit, Teamkompetenzen, Solidarität, strategisches Denken.

Wichtig ist es dabei auch, solche Lernorte anzubieten, wo diese Kompetenzen sinnstiftend angeregt werden können (Bsp. Praktikum im Weltladen: Die jungen Praktikantinnen und Praktikanten sind erstaunt über einen freundlichen Umgang miteinander, das „Du" zwischen allen. Sie fühlen sich mit ihren Ideen ernst genommen und lernen das generationsübergreifende Engagement wie an kaum einem anderen Ort kennen). Diese Lernorte können zum Teil das Problem der raum-zeitlichen Entkoppelung von Umweltfolgen oder Konsumverhalten überwinden (KMK & BMZ 2007: 85f.), wenn es beispielsweise um die Erwärmung der Weltmeere und die Folgen für unsere Lebensräume im Kontext des eigenen täglichen Handelns geht. Lernorte können vielfältig miteinander verbunden werden, wenn – ein weiteres Beispiel – bei der Thematisierung von Biodiversität sowohl eine Streuobstwiese als auch der

Weltladen von Schulklassen besucht wird. Diese Kooperationen ermöglichen daneben auch die Zusammenarbeit mit Ganztagsschulen oder Projektwochen bei knappen Ressourcen von lokalen Umwelt- oder entwicklungspolitischen Gruppen.

In diesem Sinne wünsche ich viel Erfolg bei der Zusammenarbeit von Naturschützerinnen und Naturschützern mit dem Lernort Weltladen!

6   Literaturverzeichnis

ASBRAND, B. (2003): Keine Angst vor Komplexität. Der Faire Handel als Lernort und Gegenstand Globalen Lernens. – Zeitschrift für internationale Bildungsforschung und Entwicklungspädagogik 26 (2): 7-13.

EED & BROT FÜR DIE WELT (Hrsg.) (2007): „Armut halbieren – Fair Handeln. Millenniumsziele erreichen. 2015. – Stuttgart: 23 S.

GEISZ, M. (2001): Fairer Handel als Thema im Unterricht. 2 Seiten. – epd-Entwicklungspolitik 8/9.

GOEBEL, J. (2005): Schul-Weltladen. Eine Handreichung für Weltläden und SchülerInnen. – WELTLADEN-DACHVERBAND, (Mainz): 95 S. Erhältlich unter versand@weltladen.de.

GOEBEL, J. (2006): Fotostory Fairer Handel. – Marburger Werkstattberichte 8. (Marburg): 37 S. mit CD-Rom. Erhältlich unter epa@marburger-weltladen.de,

KMK & BMZ (KULTUSMINISTERKONFERENZ & BUNDESMINISTERIUM FÜR WIRTSCHAFTLICHE ZUSAMMENARBEIT UND ENTWICKLUNG) (2007): Orientierungsrahmen für den Lernbereich Globale Entwicklung im Rahmen einer Bildung für nachhaltige Entwicklung. Ergebnis eines gemeinsamen Projekts der Kultusministerkonferenz (KMK) und des Bundesministeriums für wirtschaftliche Zusammenarbeit und Entwicklung (BMZ). – Bonn: 199 S. Download unter: www.kmk.org/aktuell/070614-globale-entwicklung.pdf (abgerufen am 01.08.08).

OTT, A. (2004): Der Weltladen als außerschulischer Lernort – Schüler und Schülerinnen erkunden den Weltladen. – WELTLADEN-DACHVERBAND / MARBURGER WELTLADEN, Mainz: 99 S.

SCHÖßWENDER, B. (2003): Lernanlass, Lernort, Lerninhalt. Bildung aus der Perspektive der Fair-Handels-Bewegung. – Zeitschrift für internationale Bildungsforschung und Entwicklungspädagogik 26 (2): 2-6.

WELTLADEN-DACHVERBAND (2007): Konvention des Fairen Handels der Weltläden. – Aktuelle Fassung 2007: 19 S. Download der Kurzversion unter: www.weltlaeden.de/downloadc/Konvention%20Flyer.pdf (abgerufen am 01.08.08).

WILLS, C. (2006): Fairer Handel. Worum geht es? – In: Handeln – anders als andere. Erfolge und Herausforderungen für den Fairen Handel. – FLO, IFAT, NEWS!, EFTA (Hrsg.). – Brüssel: 187 S.

Adresse der Autorin:

Julia Goebel (Weltladen-Dachverband)
Priv: Talvogtei Str. 7
79199 Kirchzarten

Tel.: 07661 909 316
E-Mail: j.goebel@weltladen.de
Internet: www.weltladen.de

Wie lassen sich Umweltbildung und Globales Lernen in der Praxis vereinen?
Das Internationale Wildniscamp als Praxisbeispiel aus dem Nationalpark Bayerischer Wald

LUKAS LAUX, ACHIM KLEIN und THORA AMEND

Zusammenfassung

Das Schutzgebietskonzept von Nationalparken ist eine weltweite Idee, die sich den Erhalt des ursprünglichen Naturerbes auch für künftige Generationen zum Ziel gesetzt hat. Das weltumspannende Konzept eröffnet eine globale Perspektive für gemeinsames Lernen nachhaltiger Schutz- und Nutzungskonzepte. Nationalparke bieten daher ideale Ansatzpunkte für die Umsetzung der Ziele der UN-Dekade „Bildung für nachhaltige Entwicklung 2005-2014", insbesondere für die internationale Zusammenarbeit, welche im „Nationalen Aktionsplan für Deutschland" (DUK 2005) als eines der vier Hauptziele festgeschrieben ist.

Das Konzept des Wildniscamps am Falkenstein – in naturnaher Umgebung in einfachen Themenhütten ohne großen Komfort zu wohnen und die Hütten als Inspiration für die Projektarbeit während des Aufenthalts im Camp zu nutzen – hat sich sehr bewährt. Durch die pädagogische Betreuung sowie alleine durch die Umgebung ergibt sich eine Vielzahl von Anknüpfungspunkten, die während des einwöchigen Aufenthalts von den Gruppen in Projekten weitgehend frei ausgestaltet werden können. Die Gruppen greifen diese Möglichkeiten mit großem Engagement auf und Rückmeldungen von Lehrkräften belegen, dass die Aufenthalte im Wildniscamp lange nachwirken. Die pädagogische Arbeit in den neu entstandenen Länderhütten soll das erfolgreiche Bildungskonzept des bestehenden Wildniscamps aufgreifen und weiter entwickeln.

In den einfachen Unterkünften (Hütten oder Zelte) indigener und anderer traditioneller Bewohnerinnen und Bewohner von Nationalparken aus aller Welt, die errichtet wurden, können Gruppen jeden Alters, vor allem jedoch Jugendgruppen übernachten (ca. sechs Personen pro Hütte). Diese Hütten, die Schutzgebiete aus denen sie kommen und die Menschen die traditionellerweise darin wohnen bieten Anknüpfungspunkte für die Bildungsarbeit mit den Gruppen.

Die Hütten bzw. Zelte sind von der Architektur und Inneneinrichtung her im Stil der jeweiligen Ursprungsländer gebaut und unter Anleitung von Fachleuten aus den Schutzgebieten aufgestellt.

Im Internationalen Wildniscamp finden Globales Lernen und Umweltbildung an einem Ort zusammen. Die intensive Naturerfahrung während der mehrtägigen Aufenthalte im Wildniscamp und das Eintauchen in andere Kulturen und Lebensweisen bieten authentische Erlebnisse, die nachweislich von großer Bedeutung für individuelles Umwelthandeln sind. Eigene Erfahrungen, erworbenes Sachwissen und die kognitive Auseinandersetzung mit den gewonnenen Eindrücken unterstützen die Ausbildung von Werten. Die systematische Einordnung von Sachverhalten und die wertungsfreie Begleitung von Entscheidungsprozessen durch Erwachsene fördern die Kompetenzen der Jugendlichen. Die oftmals überwältigende Komplexität der globalisierten Welt wird durch die Länderhütten im Camp auf ein fassbares und nachvollziehbares Maß herunter gebrochen. Das weltumspannende Schutzgebietskonzept von Nationalparken bietet hier geeignete Ansatzpunkte. Ziel der pädagogischen Arbeit im Wildniscamp ist es, den Menschen Motivationen und Fähigkeiten mit auf den Weg zu geben, um ihre Zukunft im Sinne einer nachhaltigen Entwicklung selber in die Hand zu nehmen und aktiv mitzugestalten.

Für die pädagogische Arbeit mit den Gruppen werden verschiedene thematische Programme vorbereitet: kulturelle und natürliche Vielfalt als Schwerpunktthema (2007 Thema der UN-Dekade Bildung für nachhaltige Entwicklung), Wasser (Dekade Thema 2008). Der globale Klimawandel wird als Themenschwerpunkt die ganze Zeit über die pädagogische Arbeit im Wildniscamp begleiten.

Das Internationale Wildniscamp ist eingebettet in ein umfangreiches Netzwerk. Die internationale Vernetzung wurde möglich durch die gemeinsame Arbeit mit der deutschen Entwicklungszusammenarbeit und wird konkret in der Kooperation mit den beteiligten internationalen Schutzgebieten und lokalen Jugendgruppen im Umfeld dieser Partner-Schutzgebiete. Auf nationaler Ebene sind verschiedene Bildungsakteure beteiligt, die bei der didaktischen Konzeption oder Evaluation beraten und bei der Umsetzung unterstützen. Auf regionaler Ebene sind neben den beiden Nationalparken Bayerischer Wald und Šumava viele lokale Gruppen eingebunden, die Patenschaften für einzelne Länderhütten bzw. Partner-Schutzgebiete übernommen haben. Die Zusammenarbeit erfolgt sowohl innerhalb der Ebenen als auch Ebenen-übergreifend und reicht von der lokalen Jugendgruppe im Bayerischen Wald bis hin zu jungen Indigenen aus Westsibirien.

1 Einleitung

Wie lässt sich etwas derart Umfassendes und Komplexes wie z. B. der Klimawandel in konkreten Programmen und Projekten bearbeiten, ohne dass man in die „Katastrophenpädagogik" der 1980er Jahre zurück verfällt? Wie regen wir zu einer Reflexion des eigenen Lebensstils an – ohne erhobenen Zeigefinger? Wie können Menschen aus Süd und Nord voneinander lernen? Bietet Globales Lernen Raum für Naturschutzthemen? Wie lassen sich globale Themen in der Bildungsarbeit in einem Schutzgebiet wie dem Nationalpark Bayerischer Wald umsetzen? Dieser Beitrag stellt mit dem Internationalen Wildniscamp ein Beispiel vor, in dem Umweltbildung und Globales Lernen an einem Ort zu einem Ganzen zusammen finden.

2 Themenhütten im Wildniscamp am Falkenstein

Das Internationale Wildniscamp mit seinen Länderhütten gehört nicht nur räumlich zum Wildniscamp am Falkenstein, sondern ist zudem eine inhaltliche Weiterentwicklung zu der pädagogischen Arbeit in den Themenhütten des Camps. Zunächst soll daher die Arbeit rund um die Themenhütten vorgestellt werden.

Das Wildniscamp bietet die Möglichkeit, mehrere Tage im Nationalpark zu verbringen, in einfachen so genannten „Themenhütten" zu übernachten (ohne Strom und fließend Wasser) und die umgebende Natur intensiv zu spüren, zu erfahren und die gemeinsamen Erlebnisse zu reflektieren (Abbildung 1). Die in die Landschaft eingepassten Gebäude haben jedes für sich einen unverwechselbaren Charakter: Wiesenbett, Erdhöhle, Baumhaus, Waldzelt, Wasserhütte und Lichtstern. Diese Atmosphäre macht Lebensräume und Themenfelder erlebbar und regt an, sich damit auseinander zu setzen. Bleibt noch das Zentralgebäude, Zentrum und Anlaufstelle des Wildniscamps. Darin finden sich alle sanitären Einrichtungen, die Küche und die Gruppenräume. Außerdem gibt es ein großes Sammellager, in dem auch im Winter Gruppen übernachten können, das aber auch genutzt werden kann, wenn bei Sturm oder Gewitter die Themenhütten

Abb. 1: Wasserhütte.

geräumt werden müssen. Ausgehend von einer intensiven Naturerfahrung ist dies der Rahmen, um Ziele einer Bildung für nachhaltige Entwicklung umzusetzen.

2.1 Pädagogisches Konzept

Von Phänomenen und Entwicklungen in der Natur ausgehend lernen die Teilnehmerinnen und Teilnehmer staunend und wertschätzend, dass natürliche Prozesse nach eigenen Gesetzen ablaufen und nach dem Schutzzweck des Nationalparks auch ablaufen dürfen. In dieser Natur etwas über derlei Prozesse, aber auch über sich selbst und die eigene Beziehung zur Natur und zur eigenen Lebenswelt zu lernen, ist vorrangiges Ziel.

Ankommen, sich zurechtfinden, sich einleben und wohl fühlen in der Umgebung sind wichtige Voraussetzungen für ein konstruktives Miteinander. Die Teilnehmerinnen und Teilnehmer erhalten die Gelegenheit, sich mit dem Gelände und seinen Einrichtungen vertraut zu machen. Es wird ihnen die Möglichkeit gegeben, herauszufinden, in welcher Themenhütte sie wohnen

Abb. 2: Betreuerin mit Kindern am Baumhaus.

möchten. Ausreichend Zeit zu geben für diese wichtige Entscheidungsfindung ist hier Voraussetzung (Abbildung 2).

Die Bewohnerinnen und Bewohner einer Themenhütte bilden jeweils eine Kleingruppe, die von je einem Gruppenleiter oder Gruppenleiterin betreut wird. Um intensiv wahrnehmen zu können, wohnen die Teilnehmenden während der Wildniswoche stets in derselben Hütte. Ihre Hütte und ihr Thema werden zum Zentrum dieser Tage.

In der Wildniswoche soll es keinen abzuarbeitenden Themenkatalog geben. Vielmehr sollen die Themen zur Sprache kommen, die für die Teilnehmenden, für ihr Verhältnis zur Natur, für Ihre eigene Lebensgestaltung bedeutsam sind. Das bedeutet für die konkrete Arbeit, dass jede Kleingruppe ihr Thema selbst findet. Durch die Wahrnehmung ihres Wohnraumes, dessen Umgebung und Atmosphäre, soll die Kleingruppe in einem Entscheidungsprozess eine authentische Fragestellung finden und bearbeiten.

Unterstützung bei der Themenwahl und der Bearbeitung erfahren die Teilnehmenden durch die Mitarbeiterinnen und Mitarbeiter der Nationalparkverwaltung, die die Kleingruppe während der Projektarbeit stets betreuen.

Über Themenstellung, Zielvorgabe, Methodenwahl, Materialwahl sowie Präsentationsform sollen nach Möglichkeit von der Gruppe eigenverantwortlich entschieden werden. Dazu bedarf es intensiver fachlicher Unterstützung durch die Gruppenleitung: Sie berät, begleitet, moderiert, regt an. Je nach Situation wird die Rolle der Begleitung eine andere sein: anregend, motivierend, unterstützend, kommunikativ, reflexiv, moderierend. Dieses erfahrungsorientierte Lernen muss immer auch prozessorientiert sein, d. h. das zu erreichende Ziel der Tage muss weitgehend offen bleiben. Das prozessorientierte Arbeiten steht im Vordergrund: Die Auswahl der Methoden erfolgt im Blick auf die Situation der Teilnehmenden und im Interesse der Ziele.

Es soll einen steten Wechsel geben zwischen:

- Projektarbeit in der Kleingruppe und Aktivitäten in der Gesamtgruppe,
- Wahrnehmen / beobachten und untersuchen / erforschen,
- Diskussionen und Reflexionen,
- Angebote machen und Zeit geben.

Vorrangig geht es darum, die gewonnenen Erfahrungen zu reflektieren und sie im Gesamtzusammenhang „Natur - Wildnis - Nationalpark" zu betrachten. Die Umsetzung eines solchen Ansatzes erfordert einiges an Offenheit gegenüber der jeweiligen Situation und dem abgelaufenen Prozess. Dabei ist ein gewisses Grundmaß an Struktur durchaus notwendig, beispielsweise ein "roter Faden" in Richtung eines Zieles für diese Tage, um einen Gesamtzusammenhang zu wahren. Andererseits jedoch soll den Kleingruppen auch genügend Freiraum und Eigenverantwortlichkeit gegeben

Abb. 3: Abschlusspräsentation der Bewohnerinnen des Wiesenbetts in Form einer Modenschau.

sein, um ein hohes Maß an Motivation und eigenem Interesse zu ermöglichen. Am Ende der Wildniswoche soll jede Kleingruppe in einer Art Präsentation die während der Projektarbeit gewonnenen Erkenntnisse und Erfahrungen vorstellen (Abbildung 3).

Die Präsentationen reichen, je nach Fähigkeiten und Interessen, von künstlerischen Beiträgen über Geschichten, Gedichte, bis hin zu wissenschaftlichen Testreihen. Hier bietet sich eine Vielfalt an Möglichkeiten.

Reflexion und Präsentation der Ergebnisse am Ende der Woche heißt: Rückblick, Ausdruck des Erlebten, Transfer in den Alltag, Abschied und Vorbereitung der Rückkehr. Es geht darum, unter diesen Aspekten die Woche noch einmal Revue passieren zu lassen, um die bewusste Wahrnehmung und Auswertung dessen, was sich im Verlauf der Tage ereignet hat, und darum, zu entdecken, was die Gedanken und Erlebnisse für den persönlichen Alltag bedeuten können.

Das Konzept des Wildniscamps am Falkenstein, in naturnaher Umgebung in einfachen Themenhütten ohne großen Komfort zu wohnen und die Hütten als Inspiration für die Projektarbeit während des Aufenthalts im Camp zu nutzen, hat sich sehr bewährt. Durch die pädagogische Betreuung sowie durch die Umgebung ergibt sich eine Vielzahl von Anknüpfungspunkten, die während des einwöchigen Aufenthalts von den Gruppen im Rahmen von Projekten weitgehend frei ausgestaltet werden können. Die Gruppen greifen diese Möglichkeiten mit großem Engagement auf, und Rückmeldungen von Lehrkräften belegen, dass die Aufenthalte im Wildniscamp lange nachwirken. Die pädagogische Arbeit in den neu entstandenen Länderhütten soll das erfolgreiche Bildungskonzept des bestehenden Wildniscamps aufgreifen und weiter entwickeln.

3 Internationales Wildniscamp
3.1 Konzept

Das Schutzgebietskonzept von Nationalparken ist eine weltweite Idee, die sich den Erhalt des ursprünglichen Naturerbes auch für künftige Generationen zum Ziel gesetzt hat. Abläufe von Naturvorgängen sollen in diesen Gebieten möglichst ungestört in ihrer natürlichen Dynamik erfolgen können. Soweit es der jeweilige Schutzzweck erlaubt, sollen Nationalparke wissenschaftlichen Beobachtungen, der naturkundlichen Bildung und dem Naturerlebnis der Bevölkerung dienen. Die traditionelle Nutzung von Ressourcen durch angestammte Bewohner ist in geringem Umfang und speziell ausgewiesenen Zonen gestattet.

Das weltumspannende Konzept eröffnet eine globale Perspektive für gemeinsames Lernen nachhaltiger Schutz- und Nutzungskonzepte. Nationalparke bieten daher ideale Ansatzpunkte für die Umsetzung der Ziele der UN-Dekade „Bildung für nachhaltige Entwicklung" 2005-2014 und insbesondere für die internationale Zusammenarbeit, welche im „Nationalen Aktionsplan für Deutschland" (DUK 2005) als eines der vier Hauptziele festgeschrieben ist.

Abb. 4: Gemeinsamer Aufbau der ersten mongolischen Gers (Jurte).

Die Bildungsarbeit in den Länderhütten im internationalen Teil des Wildniscamps baut auf den Erfahrungen aus den Themenhütten auf. In Hütten oder Zelten indigener und anderer traditioneller Bewohnerinnen und Bewohner von Nationalparks aus aller Welt können Gruppen jeden Alters, vor allem jedoch Jugendgruppen übernachten. Diese mit zahlreichen Gegenständen des täglichen Lebens ausgestatteten Hütten, die Schutzgebiete aus denen sie stammen, und die Menschen, die traditionell darin wohnen, bieten Anknüpfungspunkte für die Bildungsarbeit mit den Gruppen. Die Wohnstätten sind von der Architektur und Inneneinrichtung her im Stil der jeweiligen Ursprungsländer gebaut und unter Anleitung von Fachleuten aus den Schutzgebieten aufgestellt (Abbildungen 4 und 5).

Im Internationalen Wildniscamp finden Globales Lernen und Umweltbildung an einem Ort zusammen. Unterschiedliche Zielgruppen werden angesprochen und verschiedene Kompetenzen gefördert, mit dem Ziel, den Menschen Motivation und Fähigkeiten mit auf den Weg zu geben, um die Zukunft im Sinne einer nachhaltigen Entwicklung aktiv mitzugestalten.

Bildung für nachhaltige Entwicklung ist ein sehr anspruchsvolles und komplexes Konstrukt. Um die Gestaltungskompetenz, wie sie in diesem Zusammenhang von HAAN & HARENBERG (1999) ebenso wie von BÖGEHOLZ & BARKMANN (2002) als Ziel formuliert wird, durch Bildungsarbeit zu fördern, bedarf es vieler kleiner Schritte. Eine besondere Herausforderung besteht darin, die überaus komplexen globalen Zusammenhänge so aufzubereiten, dass keine Hilflosigkeit entsteht, sondern dass sich daraus Motivation zum eigenen Handeln ableitet. Es geht folglich auch darum, regionale und thematische Beispiele so aufzubereiten, dass sie die (oft Angst machende) Komplexität nachhaltiger Entwicklung reduzieren – selbstverständlich ohne übergeordnete Zusammenhänge aus den Augen zu verlieren (KOHLER et al. 2005). Ein wichtiges Lernziel ist es hier auch, den Umgang mit sachlichen Widersprüchen zu lernen.

SCHEUNPFLUG (2000) betont, wie wichtig interkulturelle Erfahrungen sind, um sich in einer Welt voller Widersprüche zurecht zu finden (Ambiquitätstoleranz). Sie sieht den Erfolg in kleinen Schritten: „*Gestaltungskompetenz im Sinne nachhaltiger Entwicklung zu erlernen, kann kleinschrittig [...] erfolgen, indem Einzelkompetenzen in Hinblick auf globale Herausforderungen vermittelt werden*". In diesem Kontext versteht sich das Internationale Wildniscamp als ein Ort, an dem eine Vielzahl von kleinen Schritten gegangen werden kann.

Das pädagogische Konzept beruht zunächst auf eigenem Erleben: die umgebende Natur des Nationalparks Bayerischer Wald gilt es zu erkunden und allein schon die Bewältigung des Alltags im Camp, fernab von Familie und gewohnten Abläufen, sowie die Unbilden des Wetters bieten große Herausforderungen für einige Jugendliche. Das eigene Erleben, Fühlen und Durchdenken, aber auch die Suche von Lösungen für ganz konkrete Probleme vor Ort bieten wichtige Anknüpfungspunkte für erfolgreiche Bildungsarbeit. Nachweislich sind Naturerfahrungen, wie sie die mehrtägigen Aufenthalte im Wildniscamp darstellen, von großer Bedeutung für das eigene Umwelthandeln (BÖGEHOLZ 1999, 2001, 2006). Neben diesem intensiven Naturerlebnis bieten die einfachen Hütten und Zelte aber auch die Möglichkeit, fremde Kulturen und Lebensweisen kennen zu lernen, indem sie neugierig machen auf Lebensstile, Glaubenswelten und Wirtschaftsweisen anderer Völker. Nicht jedem Jugendlichen ist es möglich, selber in fremde Länder zu reisen, um eine unverfälschte originäre Begegnung mit anderen Kulturen zu erfahren. So sei der Ansatz des Internationalen Wildniscamps, einen Teil fremder Kulturen nach Deutschland zu holen, erlaubt – auch wenn dies Kompromisse und Eingeständnisse erfordern mag.

Abb. 5: Amazonashütte.

Eigene Erfahrungen in Verbindung mit vermitteltem Sachwissen und der kognitiven Auseinandersetzung mit divergierenden Auffassungen und Sachverhalten sind zentrale Grundlagen für die Ausbildung von Werten, sind also ein erster Schritt zur Bewertungskompetenz (BÖGEHOLZ et al. 2006). In der pädagogischen Arbeit mit den

Gruppen im Wildniscamp alternieren Aktions- mit Reflektionsphasen. Hintergrundwissen erarbeiten sich die Teilnehmer durch eigene Recherchen und unter Zuhilfenahme von bereitgestellten Materialien (thematisch und Länder- bzw. schutzgebietsspezifisch). Bei der Aufarbeitung und systematischen Bewertung von Sachverhalten werden die Jugendlichen durch kompetentes Personal begleitet – dabei besteht die Herausforderung darin, keine Werte und Ergebnisse von Entscheidungsprozessen vorzugeben. So mag das im Internationalen Wildniscamp Erlebte gemeinsam mit dem gewonnenen Sachwissen auch zur Reflexion des eigenen Lebensstils anregen und den Weg in den Alltag der Kinder und Jugendlichen finden.

Auch das Einüben demokratischer Spielregeln soll im Internationalen Wildniscamp grenzüberschreitend erlebbar werden: Geplant ist, dass ein deutsch-tschechisches Jugendforum, regelmäßig im Camp tagt; mitsprache- und stimmberechtigte Vertreter sollen in die Nationalparkausschüsse entsandt werden. Ferner soll das Camp als Endpunkt für mehrtägige Wildniswanderungen durch die beiden Nationalparke Bayerischer Wald und Šumava genutzt werden.

3.2 Inhalte und Themen

Anders als bei der pädagogischen Arbeit rund um die Themenhütten, wo eine sehr freie Projektarbeit im Vordergrund steht, gibt es im internationalen Teil des Wildniscamps vorgegebene übergeordnete Themen, die sich an denen der UN-Dekade orientieren, wie z. B. kulturelle und natürliche Vielfalt, globaler Klimawandel oder Wasser. Diese Themen werden von den Kleingruppen in den einzelnen Länderhütten bearbeitet und immer wieder in der Gesamtgruppe zusammengetragen. Ausgangspunkt sind die Situationen in den jeweiligen Partnerschutzgebieten und das tägliche Lebensumfeld ihrer Bewohner, repräsentiert durch die traditionellen Wohnstätten im Wildniscamp. Fragestellungen ergeben sich durch das Eintauchen der Jugendlichen in ihre neue Gast-Lebenswelt nahezu zwangsläufig, wie z. B: zum Klimawandel:

- Wie wirken sich wenige Zentimeter Meeresspiegelanstieg auf die Partner-Schutzgebiete an den Küsten Vietnams und Venezuelas aus?
- Was passiert, wenn in Sibirien die Permafrost-Böden auftauen?
- Welchen Einfluss hat die Ausdehnung der Wüsten in den mongolischen Steppen auf die traditionellen Lebensweisen der Jurtenbewohner?
- Wird durch das Abschmelzen der Anden-Gletscher bei den Mapuche in Chile die Trinkwasserversorgung für Mensch und Tier gefährdet?
- Wie können Mensch und Natur im Amazonas-Gebiet der voranschreitenden Austrocknung begegnen?

- Zeigt der Klimawandel im artenreichen Pendjari-Nationalpark im westafrikanischen Benin bereits spürbare Auswirkungen?
- Wie sieht es denn im Vergleich zu den weltweiten Partner-Schutzgebieten bei uns selber aus, im grenzüberschreitenden Nationalpark Bayerischer Wald-Šumava?
- Welche Aktionen gibt es auf politischer, wirtschaftlicher, gesellschaftlicher Ebene, um die Gefahren zu mindern?
- Letztlich auch die Frage: Was hat das alles mit mir zu tun? Wie kann ich selber einen Beitrag leisten?

Das Wochenprogramm einer Schulklasse zum Thema Klimawandel umfasst eine Vielzahl von unterschiedlichen Lehr- und Lernmethoden, die den Aufenthalt spannend und interessant gestalten, zum Nachdenken anregen und schließlich konkrete Ansätze für den eigenen Alltag bieten:

Das Ankommen im Camp und das Eintauchen in fremde Lebenswelten ist ein sehr wichtiger Schritt im Gesamtkonzept. Dementsprechend wird diesem Aspekt ausreichend Raum und Zeit zugebilligt. Dies ermöglicht es den Teilnehmern, einen Perspektivenwechsel zu vollziehen, der für die weitere inhaltliche Arbeit genutzt werden kann. Es geht also zunächst darum, sich mit der jeweiligen Hütte, dem Schutzgebiet und dem kulturellen Umfeld auseinanderzusetzen. Dies erfolgt auf spielerische, erkundende Art und Weise. In Frage- und Antwortspielen im Stil von „Wer wird Millionär?" können grundlegende Fakten zum Thema erarbeitet werden. Die Berechnung des eigenen ökologischen Fußabdruckes und dem von Bewohnern der jeweiligen Schutzgebiete führt bei manchen Jugendlichen zur kritischen Durchleuchtung der eigenen Lebenswelt. Im Anschluss daran setzt sich jede Kleingruppe mit den Auswirkungen des Klimawandels auf ihr spezielles Schutzgebiet auseinander.

Eine gemeinsame Tageswanderung ist wichtig für das Zusammengehörigkeitsgefühl der Gruppe und ermöglicht es, ganz konkrete Orte im Nationalpark anzugehen und sich dort eine Vorstellung von möglichen klimatisch bedingten Veränderungen in Deutschland zu machen. Im Rollenspiel „Weltklimakonferenz" besteht die herausfordernde und kreativ anzugehende Aufgabe der Teilnehmer darin, die Positionen ihrer Gast-Länder in einer imaginären Vertragsstaatenkonferenz zu vertreten. Mit viel Engagement und Phantasie bereiten sich die „Hütten-Delegationen" auf ihren Einsatz vor: Welche Argumentationslinie soll die Mongolei gegenüber den USA verfolgen? Was für Verhandlungspunkte sind Sibirien wichtig? Welche Ansprüche stellen der Amazonasraum oder Vietnam an die Weltgemeinschaft? Wie weit engagiert sich Deutschland im Rahmen von Unterstützungsangeboten? Gegen Ende des Camp-Aufenthaltes erfolgt im Rahmen der Methode „Zukunftswerkstatt" in drei Schritten ein

Transfer des Erlebten in den eigenen Alltag (Kritikphase – Phantasiephase – Realisierungsphase); ein individueller, konkreter Aktionsplan wird erstellt.

3.3 Vernetzung

Das Internationale Wildniscamp ist eingebettet in ein umfangreiches Netzwerk (Abbildung 6). Die internationale Vernetzung wurde möglich durch die Kooperation mit der deutschen Entwicklungszusammenarbeit und wird konkret in der Zusammenarbeit mit den beteiligten internationalen Schutzgebieten und lokalen Jugendgruppen im Umfeld dieser Partner-Schutzgebiete. Auf nationaler Ebene sind verschiedene Bildungsakteure beteiligt, die bei der didaktischen Konzeption oder Evaluation beraten und bei der Umsetzung unterstützen.

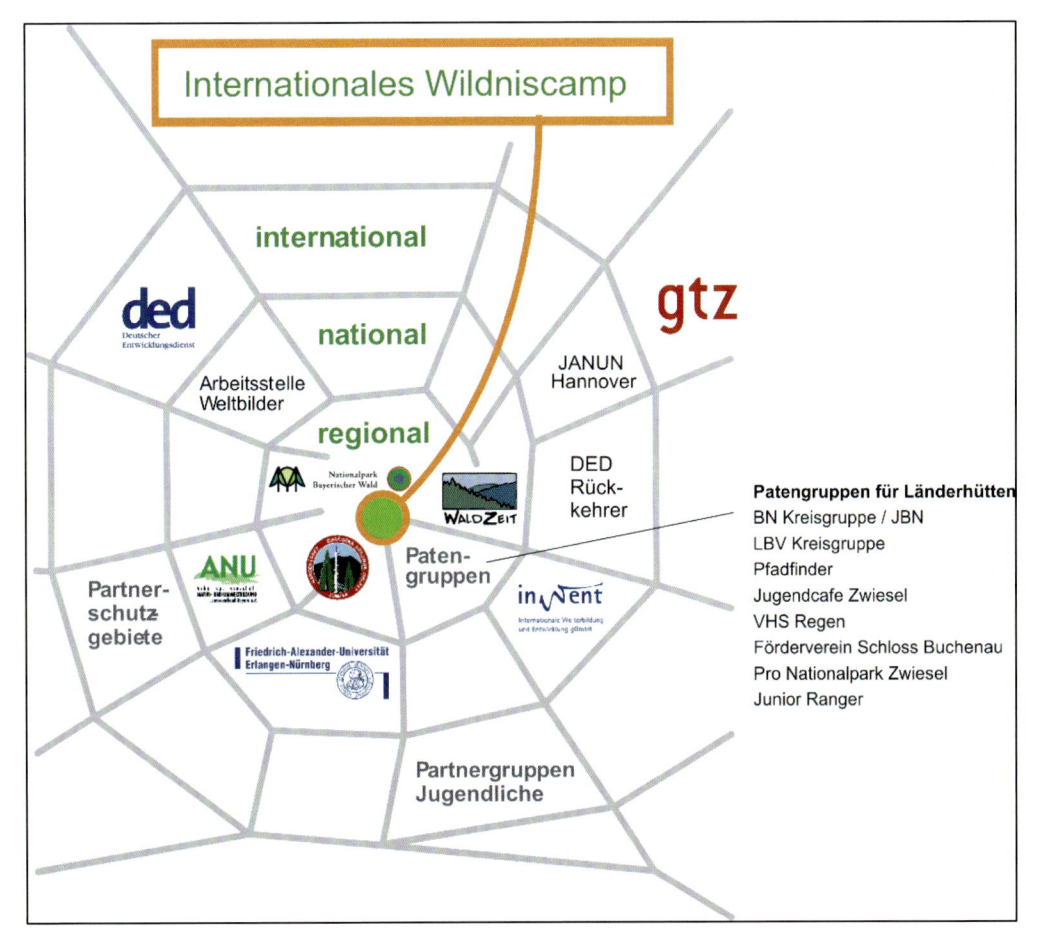

Abb. 6: Das Internationale Wildniscamp wird getragen von einer Vielzahl von Personen und Organisationen, die auf regionaler, nationaler und internationaler Ebene aktiv und miteinander vernetzt sind.

Auf regionaler Ebene sind neben den beiden Nationalparken Bayerischer Wald und Šumava viele lokale Gruppen eingebunden, die Patenschaften für einzelne Länderhütten bzw. Partner-Schutzgebiete übernommen haben. Die Zusammenarbeit erfolgt sowohl innerhalb der Ebenen als auch ebenenübergreifend und reicht von der lokalen Jugendgruppe im Bayerischen Wald bis hin zu jungen Indigenen aus Westsibirien. Gerade durch die Patenschaften soll das Internationale Wildniscamp auch in der Region verankert werden.

3.4 Beispiele

Die meisten der Partner in Asien, Afrika und Lateinamerika sind über die Deutsche Gesellschaft für technische Zusammenarbeit (GTZ) und den Deutschen Entwicklungsdienst (DED) vermittelt worden. Im Rahmen des Aufbaus der Hütten waren immer wieder Gäste aus den beteiligten Schutzgebieten im Camp, um die Arbeiten anzuleiten oder selber durchzuführen. Diese Aufenthalte wurden auch genutzt um öffentliche Vorträge oder Wokshops anzubieten – nicht zuletzt für die eigenen Mitarbeitenden, die die Gruppen in den Länderhütten betreuen. Wichtig war aber auch das gemeinsame handwerkliche Arbeiten. So deckten Jugendliche des Jugendbauernhofs Neureichenau, einer Rehabilitationseinrichtung für ehemalige Suchtkranke, ein Strohdach ein, während Mitarbeitende der Regenwaldschule aus Venezuela Lehmwände verputzten, Handwerker aus Vietnam gemeinsam mit Arbeiterinnen und Arbeitern des Nationalparks Holzkonstruktionen errichteten. Alle arbeiteten Hand in Hand – ohne auch nur ein Wort der anderen Sprache zu verstehen.

Jede der internationalen Kooperationen hat ihre eigene Entstehungsgeschichte und ihre Besonderheiten. Wie im Einzelnen die Zusammenarbeit mit den Partnerschutzgebieten aussehen kann und welche inhaltlichen Anknüpfungspunkte es gibt, soll im Folgenden an drei Beispielen aus Afrika und Asien aufgezeigt werden.

3.4.1 Vietnam

Im Mai 2006 besuchte eine vietnamesische Gruppe unter der Leitung der GTZ (Projekt „Nationalpark- und Randzonenmanagement Tam Dao") den Nationalpark Bayerischer Wald, um die Bildungsarbeit im Park kennen zu lernen. Bereits im Vorfeld wurde auf die Möglichkeiten einer Zusammenarbeit innerhalb des Internationalen Wildniscamps hingewiesen. Nach dem Besuch des Wildniscamps am Falkenstein war der Leiter des Tam Dao-Nationalparks (Hr. Tien) so von der Idee überzeugt und begeistert, dass er sofort der Zusammenarbeit für den Aufbau einer vietnamesischen Hütte zustimmte.

Mittlerweile hat sich eine Reihe von gemeinsamen Aktivitäten ergeben, die auch in eine offizielle Kooperationsvereinbarung beider Nationalparke gemündet sind.

Im August 2006 war der Projektleiter des Wildniscamps Lukas Laux auf Einladung der GTZ als Kurzzeitexperte in Vietnam im Nationalpark Tam Dao tätig, um dort bei der Ausbildung von Waldführerinnen und Waldführern und auch bei der Konzeption von Umweltbildungsangeboten zu unterstützen. Gleichzeitig wurden konkrete Abmachungen für die Zusammenarbeit im Wildniscamp getroffen. Es wurde der zu bauende Hüttentyp ausgewählt, das Prozedere des Baus und Transports abgeklärt, die Inneneinrichtung zusammengestellt und in einem feierlichen Abschluss die Kooperationsvereinbarung unterzeichnet.

Anfang Februar wurde das in Vietnam gebaute traditionelle Langhaus probehalber dort aufgebaut, nach traditionellen Riten geweiht und gemeinsam mit der Inneneinrichtung verschifft. Auf dem Gelände des Wildniscamps aufgebaut wurde es unter Anleitung des erfahrensten Baumeisters der Region in Vietnam sowie unter tatkräftiger Mithilfe eines jungen Rangers aus dem Tam Dao Nationalpark (Abbildung 7). Dieser Ranger verbrachte anschließend einige Monate im Nationalpark Bayerischer Wald, um mehr über die Bildungsarbeit im Nationalpark zu erfahren, vor allem aber auch um Gruppen zu betreuen, die im vietnamesischen Langhaus untergebracht waren. Im Mai 2007 fand im Tam Dao Nationalpark der Internationale Tag der Artenvielfalt statt. Die dort gemachten Erfahrungen sind wertvoll für die Forschungsabteilung des Nationalparks Bayerischer Wald, die 2008 den Tag der Artenvielfalt in Deutschland ausrichten wird. Der Transfer von Lern- und Lehrerfahrungen geht also nicht nur in eine Richtung, sondern erfolgt auf diversen Ebenen in beide Richtungen – sowohl was die Materialien angeht als auch was das Know-how betrifft.

Abb. 7: Vietnamesisches Langhaus.

3.4.2 Russland / Westsibirien

Völlig anders ist die Kooperation mit den indigenen Gruppen der Chanty und Mansi aus Westsibirien entstanden. Sie waren durch einen Vortrag auf das Internationale Wildniscamp aufmerksam geworden und traten mit dem konkreten Wunsch der Zusammenarbeit an uns heran. Die Volksgruppe dieser Indigenen aus der westsibirischen

Ugra-Region (autonome Khanty-Mansiisk Okrug) zählt heute noch ca. 9.000 Mitglieder. Die ehemals vornehmlich als Rentierzüchter lebenden Nomaden versuchen ihre Kultur zu bewahren, indem sie unter anderem für junge Menschen Sommercamps durchführen und dort ihre Kultur pflegen und weitergeben. Im Rahmen eines Jugendaustausches des JugendUmweltBüros JANUN e. V. aus Hannover besuchte eine Gruppe junger Chanten und Mansen auch den Nationalpark Bayerischer Wald, um hier ein typisches Tschum aufzubauen (Abbildung 8). Dieses Tipi-ähnliche Zelt bietet Platz für 12 Personen – kaum vorstellbar für uns, dass auf einer so geringen Grundfläche (7,50 m Durchmesser) mehrere Familien gemeinsam leben.

Für die jungen sibirischen Indigenen hat dieser Besuch auch die Besonderheit der eigenen Kultur unterstrichen; sie erzählten mit Freude und Enthusiasmus von ihrer Heimat und boten öffentliche Workshops an. Künftig soll über den Europäischen Freiwilligendienst alljährlich eine Person aus Westsibirien im Internationalen Wildniscamp eingesetzt werden. Neben der Betreuung von Gruppen im Camp soll auch die Möglichkeit geboten werden, einen Einblick in die weitere Bildungsarbeit im Nationalpark zu erhalten und Methoden und Ideen kennen zu lernen, die später bei eigenen Camps in Sibirien anwendet werden können. Außerdem besteht 2008 für die bayerischen „Paten"-Jugendlichen der Nationalparkregion die Möglichkeit zu einem Gegenbesuch in Sibirien. Inhaltlich ist das Gebiet des Ugra Okrug für uns Deutsche besonders interessant, weil wir von dort einen Großteil unseres Erdöls und Erdgases beziehen. Der Bezug zur eigenen Lebenswelt ist somit schnell hergestellt. Eigene Konsummuster können in Relation zu einer Region gesehen werden, die ansonsten recht weit entfernt erscheint.

Abb. 8: Sibirisches Tschum.

3.4.3 Benin

Mit dem westafrikanischen Projektpartner im Benin, dem Biosphärenreservat und Nationalpark Pendjari ist ein aus naturschutzfachlicher Sicht sehr interessanter Aspekt integriert. Der Pendjari beheimatet als einer der größten Savannenparks Westafrikas vier der sogenannten „big five": Elefanten, Büffel, Löwen sowie Leoparden. Er gilt daher als äußerst attraktiv für den internationalen Jagdtourismus. Die Parkleitung und das begleitende GTZ-Projekt haben sich dazu entschlossen, den lukrativen internationalen Jagdtourismus zu nutzen, um das Biosphärenreservat finanzieren und erhalten zu können und Einkommensmöglichkeiten für die (vormals wildernde), in extremer Armut lebende Bevölkerung der Region zu schaffen. Dieses Beispiel zeigt uns, dass andere Länder oftmals für uns zunächst undenkbare Wege gehen müssen, um ihr Schutzgebiet erhalten zu können. Tendieren wir dazu, aus dem Blickwinkel unserer reichen Industriestaaten die im Benin umgesetzte Lösungsmöglichkeit aus moralisch-ethischen Gründen vorschnell abzulehnen, so wird nach intensiven Diskussionen vielen Jugendlichen im Camp bewusst, dass dieser Weg unter den Verhältnissen Westafrikas – auch aus Naturschutzsicht – ein sinnvoller sein kann.

4 Ausblick

Bislang scheinen das innovative Konzept und der integrative Bildungsansatz aufzugehen: Die ersten Jugendgruppen haben bereits in den Länderhütten gewohnt und sehen laut Rückmeldungen der Betreuer am Ende des Aufenthaltes ihre Erwartungen erfüllt. Das Interesse an den fremden Kulturen ist groß und die Teilnehmenden lassen sich wirklich auf Neues ein. Eine begleitende Evaluation durch die Universität Nürnberg-Erlangen wird dazu detailliertere Ergebnisse liefern. Verstärkt sollen auch ehemalige Entwicklungshelfer des DED eingebunden werden. Sie gehen entweder bereits im Vorfeld der Aufenthalte in die Schulen oder berichten im Wildniscamp selber authentisch aus den Partnerländern. Das Interesse vieler in Deutschland lebender Gäste bzw. Mitbürger und Mitbürgerinnen aus den Partnerländern des Wildniscamps ist sehr groß und allenthalben wird uns eine Bereitschaft signalisiert, sich für kulturelle Aktionen, Führungen oder Gruppenbetreuungen einzubringen. Sollte es uns gelingen, die umtriebige, tolerante, offene und interessierte Atmosphäre, die während der Aufbauphase im Camp vorherrschte, im weiteren Betrieb auch nur annähernd aufrecht zu erhalten, dann braucht man sich um die erfolgreiche Umsetzung der gesteckten Ziele keine Sorgen zu machen.

5 Literaturverzeichnis

BÖGEHOLZ, S. (1999): Qualitäten primärer Naturerfahrung und ihr Zusammenhang mit Umweltwissen und Umwelthandeln. – Opladen (Leske und Budrich): 237 S.

BÖGEHOLZ, S. (2001): Möglichkeiten und Grenzen von „empirischen" Naturerfahrungstypen in der Umweltbildung. – In: HAAN, G. DE, LANTERMANN, E.-D., LINNEWEBER, V. & REUSSWIG, F. (Hrsg.): Typenbildung in der sozialwissenschaftlichen Umweltforschung. – Opladen (Leske und Budrich): 325 S.

BÖGEHOLZ, S. (2006): Nature experience and its importance for environmental knowledge, values and action: Recent German empirical contributions. – Environmental Education Research 12 (1): 65-84.

BÖGEHOLZ, S. & BARKMANN, J. (2002): Natur erleben – Umwelt gestalten: Von den Stimmen der Bäume zu den Stimmen im Gemeinderat. – Natur erleben 1/2: 10-13.

BÖGEHOLZ, S., BITTNER, A. & KNOLLE, F. (2006): Der Nationalpark Harz als Bildungsort. Vom Naturerleben zur Bildung für eine nachhaltige Entwicklung. – Gaia 15 (2): 135-143.

BÖGEHOLZ, S., SCHMIDT, V., BARKMANN, J. & EIGNER, S. (2002): Gutachten für ein Konzept „Bildung für Nachhaltige Entwicklung in Schleswig Holstein". Außerschulischer Bereich. Endbericht. – Universität Göttingen für das Ministerium für Umwelt, Natur und Forsten des Landes Schleswig-Holstein: 124 S.

DUK (DEUTSCHE UNESCO-KOMMISSION) (2005): Nationaler Aktionsplan für Deutschland. UN-Dekade „Bildung für nachhaltige Entwicklung". – Berlin: 73 S. Download unter: www.bne-portal.de/coremedia/generator/unesco/de/Downloads/Dekade__Publikationen__national/Der_20Nationale_20Aktionsplan_20f_C3_BCr_20Deutschland.pdf (abgerufen am 08.08.08).

HAAN, G. DE & HARENBERG, D. (1999): Bildung für eine nachhaltige Entwicklung – Gutachten zum Programm. – Bonn. BLK (BUND-LÄNDER-KOMMISSION FÜR BILDUNGSPLANUNG UND FORSCHUNGSFÖRDERUNG) (Hrsg.). – Materialien zur Bildungsplanung und Forschungsförderung 72: 110 S. Download unter: www.blk-bonn.de/papers/heft72.pdf (abgerufen am 01.08.08).

KOHLER, B., BITTNER, A. & BÖGEHOLZ, S. (2005): Von der waldbezogenen Umweltbildung zu einer waldbezogenen Bildung für eine nachhaltige Entwicklung. – Schweizerische Zeitschrift des Forstwesens 156 (2): 52-58.

SCHEUNPFLUG, A. (2000): Die globale Perspektive einer Bildung für nachhaltige Entwicklung. – sowi-onlinejournal 1. Download unter: www.sowi-online.de/journal/nachhaltigkeit/scheunpflug.htm (abgerufen am 01.08.08).

Adressen der Autorin und der Autoren:

Lukas Laux und Achim Klein
Nationalparkverwaltung Bayerischer Wald
Freyunger Str. 2
94481 Grafenau

Tel.: 08552 9600 134 / -184
Fax: 08552 9600 100
Email: lukas.laux@npv-bw.bayern.de
achim.klein@@npv-bw.bayern.de
Internet: www.nationalpark-bayerischer-wald.bayern.de
www.wildniscamp.de

Dr. Thora Amend
für die Deutsche Gesellschaft für technische Zusammenarbeit (GTZ) GmbH
Bahnhofstr. 9
79725 Laufenburg

Tel.: 07763 80 38 08
Email: thora.amend@gmx.net
Internet: www.gtz.de
www.conservation-development.net

Bildung trifft Entwicklung – Rückkehrerinnen und Rückkehrer in der entwicklungspolitischen Bildungsarbeit

MARKUS HIRSCHMANN

Zusammenfassung

Das Aktionsprogramm 2015 (AP 2015) formuliert den deutschen Beitrag zur globalen Armutsbekämpfung und die Strategie der Bundesregierung zur Umsetzung der Ziele der Millenniumserklärung. Die Millenniumsentwicklungsziele bilden den zentralen Bestandteil der Millenniumserklärung. Die Initiative „Bildung trifft Entwicklung" und die daraus entstandenen Regionalen Bildungsstellen sind ein Teil des Beitrags des Deutschen Entwicklungsdienstes (DED) zum Aktionsprogramm der Bundesregierung zur Armutsbekämpfung. Mit dieser Initiative trägt er zu einem Bewusstseinswandel in Deutschland und zu einer nachhaltigen und sozialverantwortlichen Gestaltung von Globalisierung bei. Wesentliche Akteure der Bildungsarbeit sind die zurückgekehrten Entwicklungshelferinnen und -helfer.

> „Die Millenniumsentwicklungsziele werden nicht bei der UN erreicht. Sie müssen in jedem einzelnen Mitgliedsstaat der Vereinten Nationen durch die gemeinsamen Anstrengungen der Regierungen und Menschen verwirklicht werden."
>
> KOFI ANNAN.

Durch Leben und Arbeiten in einer anderen Kultur haben Entwicklungshelferinnen und Entwicklungshelfer einen Perspektivenwechsel und die Relativität der eigenen Weltsicht erfahren sowie die Sicht anderer Kulturen kennen gelernt. Sie verfügen über Fähigkeiten, die für „Globales Lernen" als pädagogische Antwort auf die Globalisierung wesentlich sind. Beispiele aus der theoretischen und praktischen Bildungsarbeit des DED zeigen die Möglichkeiten auf, Gestaltungskompetenzen im Rahmen von Umweltbildung und Globalem Lernen zu vermitteln. Lernen im weltweiten Kontext ist notwendig für alle, die sich in dieser Welt zu Recht finden und verantwortlich handeln wollen. Ein wesentlicher Bestandteil des Globalen Lernens ist die Vernetzung des vorhandenen Wissens im Rahmen von internationalen Partnerschaften.

1 Millenniumsentwicklungsziele

Am 8. September 2000 verabschiedeten 189 Vertreter und Vertreterinnen ihrer jeweiligen Länder die Millenniumsentwicklungsziele (MDG, Millennium Development Goals) und damit einen Katalog grundsätzlicher und verpflichtender Zielsetzungen für alle UN-Mitgliedsstaaten. Bis zum Jahre 2015 sollen durch das Engagement jedes einzelnen Mitgliedsstaates folgende acht Ziele umgesetzt werden:

- Den Anteil der Weltbevölkerung, der unter extremer Armut und Hunger leidet, zu halbieren,
- allen Kindern eine Grundschulausbildung zu ermöglichen,
- die Gleichstellung der Geschlechter und die politische, wirtschaftliche und soziale Beteiligung von Frauen zu fördern, besonders im Bereich der Ausbildung,
- die Kindersterblichkeit zu verringern,
- die Gesundheit der Mütter zu verbessern,
- HIV / AIDS, Malaria und andere übertragbare Krankheiten zu bekämpfen,
- den Schutz der Umwelt zu verbessern,
- eine weltweite Entwicklungspartnerschaft aufzubauen.

1.1 Aktionsprogramm 2015

Das Aktionsprogramm 2015 (AP 2015) ist der deutsche Beitrag zur Umsetzung der MDG und umschreibt wie Deutschland bis 2015 dazu beitragen will, diese acht Ziele zu verwirklichen. Dabei bezieht sich die Bundesregierung vorrangig auf das erste Millenniumsentwicklungsziel, die Halbierung extremer Armut. Sie strebt folgende strategische Teilziele an:

- Verankerung von Armutsbekämpfung als internationale Gemeinschaftsaufgabe und als Aufgabe der gesamten Bundesregierung,
- Herstellung von Kohärenz relevanter innenpolitischer und multilateraler Politikfelder im Hinblick auf Armutsbekämpfung,
- Bildung neuer Allianzen für Entwicklung,
- Wirkungsorientierung der Entwicklungszusammenarbeit.

Als staatliche Durchführungsorganisation der deutschen Entwicklungszusammenarbeit ist der DED unmittelbar in die Umsetzung des AP 2015 und damit der MDG eingebunden (www.ded.de). Seit 2001 hat er daher in seinem Leitbild die Armutsminderung als übergreifendes Ziel seiner Arbeit festgeschrieben. Hierbei setzt der DED im Wesentlichen auf zwei strategische Ansätze:

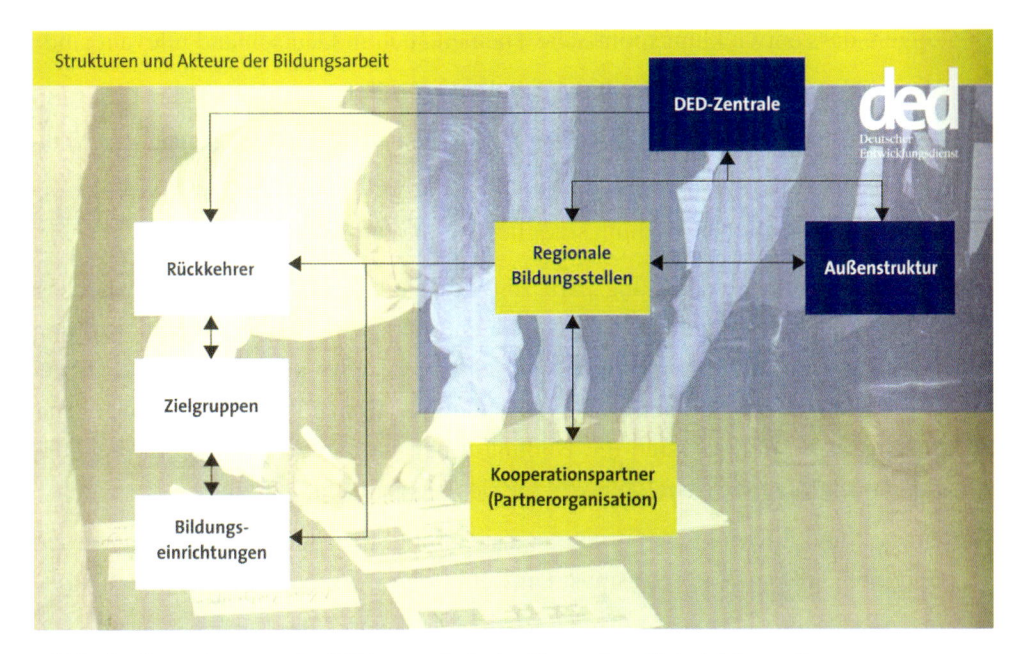

Abb. 1: Organigramm der Bildungsarbeit des Deutschen Entwicklungsdienstes.

Zum einen soll das übergreifende Ziel der Armutsbekämpfung stärker und sichtbarer in der Arbeit des DED in den Partnerländern verankert werden. Dies geschieht insbesondere durch eine durchgängige Orientierung seiner Zusammenarbeit mit seinen Partnern vor Ort an den potentiellen Wirkungen der Maßnahmen und an der Einführung eines systematischen Wissensmanagements im Hinblick auf die Erfahrungen, die „Generationen" von Fachkräften des DED Jahr für Jahr vor allem im Bereich der Armutsbekämpfung machen (Abbildung 1).

Zum anderen sollen in konkreten Einzelvorhaben vor allem Ansätze gefördert werden, die strukturelle Gründe für Armut nachhaltig beseitigen und die Menschen in die Lage versetzen, ihre Zukunft eigenständig zu gestalten.

1.2 Bildungsarbeit

Darüber hinaus hat der DED seine entwicklungspolitische Bildungsarbeit in Deutschland im Rahmen seines Beitrags zum AP 2015 erheblich ausgebaut und betreibt mittlerweile vier regionale Bildungsstellen in Weimar, Düsseldorf, Reutlingen und Göttingen sowie das Schulprogramm Berlin in jeweils enger Zusammenarbeit mit lokalen Bildungsträgern. Das daraus entstandene Programm „Bildung trifft Entwicklung" soll nicht nur zum Bewusstseinswandel in Deutschland beitragen, sondern auch neue nachhaltige und sozialverantwortliche Wege finden, Globalisierung zu gestalten. Die „Entwicklungshilfe im eigenen Land" hat folgende Aufgaben:

- zeigen, dass entwicklungspolitische Themen auch in Deutschland relevant sind,
- Vorurteile gegenüber Entwicklungsländern korrigieren,
- globale Zusammenhänge zwischen Partnerländern und dem deutschen Alltag aufzeigen,
- konkrete persönliche Handlungsmöglichkeiten erarbeiten.

Zielgruppen der Initiative „Bildung trifft Entwicklung" sind alle im Bildungsprozess stehenden Personen, also Kinder, Jugendliche und junge Erwachsene in Kindergärten, Schulen und außerschulischen Bildungseinrichtungen, aber auch Erzieherinnen und Erzieher, Lehrkräfte, Studierende sowie Dozenten und Dozentinnen der freien Jugendarbeit. Thematisch orientiert sich die Bildungsarbeit an den Arbeitsfeldern des DED und hat demnach folgende Schwerpunkte für sich ausgemacht:

- Umwelt und Entwicklung (Ernährungssicherung, Ressourcenschutz, erneuerbare Energien, Wasser, Ökotourismus, Umweltbildung, Klima, Biodiversität, u. a.),
- das Lebensnotwendige verdienen (Fairer Handel, Corporate Social Responsibility, Globalisierung und ihre Folgen, u. a.),
- Frauen stärken (Rolle der Frauen in Gesellschaft und Wirtschaft, Genderaspekte, Frauenprojekte zur Überwindung von Armut),
- Konflikte bearbeiten und Frieden fördern (Möglichkeiten der zivilen Friedenssicherung, friedliche Austragung von Konflikten, Vermittlung und Versöhnung),
- die gesellschaftliche Teilhabe von Armen fördern (Stärkung der Zivilgesellschaft, Menschenrechte, Kommunale Selbstverwaltung, u. a.),
- länderspezifische Themen (z. B. Kultur und Alltag in Thailand, Nepal, Äthiopien, u. a.).

1.3 Rückkehrerinnen und Rückkehrer

Eine besondere Rolle in der Bildungsarbeit des Deutschen Entwicklungsdienstes spielen die zurückgekehrten Entwicklungshelferinnen und Entwicklungshelfer (Abbildung 2). Diese Art „globale Ressource" zu nutzen liegt nahe, wenn man betrachtet, welche Kompetenzen die ehemaligen Entwicklungshelfer und -helferinnen durch ihre Erfahrungen im Ausland in den Bildungsprozess einbringen können. Dabei handelt es sich um Fähigkeiten, die für das Globale Lernen von Vorteil sind:

- Perspektivenwechsel und Authentizität,
- Relativierung der eigenen Wahrnehmung,
- andere Kulturen verstehen und schätzen lernen.

Bildungseinrichtungen können auf diese Kompetenzen zurückgreifen, indem sie Rückkehrerinnen und Rückkehrer in ihre Projektarbeit einbinden. Vermittelt werden die DED-Bildungsreferentinnen und -referenten über die Regionalen Bildungsstellen, die auch anderwietig zu geplanten entwicklungspolitisch relevanten Themen und Projekten beraten. Die Initiative „Bildung trifft Entwicklung" wurde für ihr Engagement von der UNESCO-Kommission als offizielles Projekt der UN-Weltdekade „Bildung für nachhaltige Entwicklung" ausgezeichnet.

Abb. 2: Fortbildung von DED-Referentinnen und -Referenten in Kooperation mit ausländischen Studierenden (Stube Niedersachsen).

2 Die Regionale Bildungsstelle Göttingen – Gestaltungskompetenz im Rahmen von Umweltbildung, Globalem Lernen und Bildung für Nachhaltige Entwicklung

Die Regionale Bildungsstelle Göttingen ist im Entwicklungspolitischen Informationszentrum Göttingen (EPIZ) angesiedelt (www.epiz-goettingen.de). Neben der Vermittlung und Qualifizierung von Referentinnen und Referenten für die entwicklungspolitische Bildungsarbeit entwickelt sie auch neue Materialien und verfolgt eigene Projekte in Kooperation mit anderen Bildungseinrichtungen und Netzwerken. Im Folgenden sollen zwei der derzeit laufenden Projekte kurz skizziert werden.

2.1 „Armes Afrika – Reiches Afrika"

Das Projekt besteht aus einem Medien- und Lernangebot für Schulen und Bildungsträger in und um Hannover, das die Regionale Bildungsstelle Göttingen in Kooperation mit dem Medienpädagogischen Zentrum Hannover anbietet (www.media-21.de). Ziel dieses Projektes ist es, stereotype Medienbilder über Afrika zu korrigieren und der medial überrepräsentierten Armut Afrikas, den vielfältigen kulturellen

Abb. 3: Kinder erleben hautnah den Lebensalltag von Kindern in Mali / Westafrika durch den Referenten Léo Kéita.

Reichtum dieses Kontinents entgegenzusetzen. Durch Einblicke in das afrikanischen Alltagsleben soll es ermöglicht werden, eine Begegnung auf Augenhöhe zu praktizieren. Methodisch wird dieses Vorhaben besonders durch die lebensnahe Vermittlung des Bildungsreferenten Léo Kéita aus Mali unterstützt, der den vollen Erfahrungsschatz seines Migrationshintergrundes nutzt, um möglichst authentische Gegenbilder von Afrika zu vermitteln (Abbildung 3). Weiterhin lädt ein alternatives Medienprogramm dazu ein, audiovisuell ein anderes Afrika zu entdecken, als jenes, was man glaubt aus den Medien zu kennen. Das verwendete multimediale Lernmaterial ist dabei besonders gut an die Bedürfnisse des Globalen Lernens angepasst, indem es einen kritischen Umgang mit den in unserer Zeit unumgänglich gewordenen Medien vermittelt. Auch thematisch greift „Armes Afrika – Reiches Afrika" auf Entwicklungspolitik und die Inhalte der MDG zurück.

2.2 „Der Wald in uns"

Des Weiteren läuft derzeit ein Umweltkommunikationsprojekt mit dem Titel „Der Wald in uns – Nachhaltigkeit kommunizieren" (MARS in diesem Band). Der Titel beschreibt nicht nur unsere Beziehung zur Natur, sondern auch: Wie lernen wir? Woran orientieren wir uns? In diesem Projekt graben wir, im „Wald in uns", um an die geistigen Ressourcen von Natur und Kultur zu kommen, bei denen wir eine orientierende Funktion für unser Handeln und für die Zukunft vermuten (www.derwaldinuns.de).

Studien zeigen, dass das Gefühl und das Wissen um Bedeutung und Funktion des Waldes für eine nachhaltig gesicherte Zukunft der Menschen immer mehr verloren gehen. Das Projekt der „Wald in uns" will daher dieser Entwicklung und Entfremdung entgegenwirken und ein Naturbewusstsein fördern, bei dem ganzheitliches, globales und vernetztes Denken und Lernen höchste Priorität haben. Die Natur liefert den Lernstoff und der Wald die Sinnesbildung.

Charakteristisch für das Projekt ist die Zielsetzung, kulturelle und künstlerische Aspekte mit Sachthemen wie Regionalentwicklung, Umgang mit Ressourcen, Klima, Umwelt- und Naturschutz, Lebensqualität, Lebensstil sowie Natur zusammenzubringen. Dabei wird ein intensiver Dialog zwischen den Generationen gefördert. Erzählcafés, Schreibwerkstätten, Sinnesschulungen, Waldspaziergänge, Medien- und Landartworkshops, schulinterne unterrichts- und fächerübergreifende Aktionen sowie praktische Baumpflanzaktionen dienten der methodisch-didaktischen Umsetzung (Abbildung 4). Aus der Arbeit entstanden zwei regionale und generationsübergreifende Netzwerke in Göttingen und Münster. Die Ergebnisse des Projekts werden in einem Buch und Film dokumentiert (MARS & HIRSCHMANN 2008).

Partner der Regionalen Bildungsstelle ist die Gesellschaft zur Förderung von Solidarität und Partnerschaft e. V. in Göttingen und die Arbeitsstelle Weltbilder in Münster. Das Projekt „Der Wald in uns" wird vom Bundesministerium für Bildung und Forschung (Programm „Bürger initiieren Nachhaltigkeit") und der Niedersächsischen Lottostiftung gefördert.

Neben den Projekten entwirft die Regionale Bildungsstelle Göttingen auch Ausstellungen und Unterrichtsmaterialien, die zum einen die eigene Bildungsarbeit unterstützen und zum anderen einen Beitrag zum Globalen Lernen leisten. Auf diese Weise ist u. a ein Lernkoffer zum Thema „G(arten)-vielfalt – Landleben in Äthiopien", der das Thema Biodiversität in Hausgärten beleuchtet (HETHKE et al. 2006) und ein Arbeitsbuch für Umweltbildung und Globales Lernen „Mit 18 Bäumen um die Welt" (GEIßLER & HIRSCHMANN 2007) entstanden. Außerdem wurde unter Beteiligung einer Referentin und von ihr betreuten Zivildienstleistenden das Planspiel „Transit durch die Sahara" entworfen, welches die afrikanische Migration nach Europa zum Thema hat.

Abb. 4: „Der Wald in uns", Outdoor-Fortbildung für DED-Referentinnen und -Referenten im Bereich Umweltbildung und Globales Lernen.

Die Spieler und Spielerinnen müssen ihren Weg aus dem Herzen Afrikas nach Europa meistern und lernen dabei die Motive der Migration sowie die vielen Risiken und Hürden auf der Reise in die EU kennen.

2.3 Kooperationen und Netzwerke

Die Regionale Bildungsstelle Göttingen pflegt außerdem auch internationale Partnerschaften, durch die Lernen in einen weltweiten Kontext gestellt werden soll. Ein Beispiel für die Aktivitäten auf internationaler Ebene ist das Nord-Süd-Netzwerk „Schulwälder für Westafrika – Kinderwälder weltweit" (Abbildung 5). Projektpartner sind deutsche und ghanaische Schulen, Schülerfirmen und Bildungseinrichtungen. Ziel ist es, Natur- und Umweltschutz in Deutschland und Ghana praktisch zu verankern und durch die Einbeziehung von Schulen in diesen Prozess eine Bildung für nachhaltige Entwicklung umzusetzen. Dabei wird vor allem auf erfahrungsorientiertes Lernen gesetzt. Dieses Engagement wurde mit dem GLOBO:LOG-Preis (www.globolog.net) (JANECKI in diesem Band) und durch die Anerkennung als offizielles Projekt der UN-Weltdekade „Bildung für nachhaltige Entwicklung" ausgezeichnet.

Ein positiver Effekt der Arbeit mit Bildungsreferentinnen und -referenten ist, dass immer wieder neue Ideen und Konzepte zum Globalen Lernen entstehen. Diese Ressource wollen wir mit anderen teilen, in dem wir besonders erfolgreiche Projekte theoretisch reflektieren und so aufarbeiten, dass sie für andere Akteure des Globalen Lernens nutzbar werden.

In dieser Form sind bisher Konzeptpapiere zu den Themen „Partizipative Beratung – Studenten entdecken Partizipation als wichtigen Baustein für das Berufsleben" und „Globales Lernen in Kunst- und Malschulen – Kinder entdecken künstlerisch die Vielfalt der Einen Welt" entstanden.

Abb. 5: Schülerinnen und Schüler der Partnerschule in Ghana / Nyakrum, die Ihren Schulhof bepflanzten.

Zusammenfassend kann gesagt werden, dass die Regionale Bildungsstelle Göttingen als Akteur in verschiedenen Netzwerken und Projekten daran arbeitet, die Bemühungen des AP 2015 und somit die MDG zu unterstützen. Bildung für nachhaltige Entwicklung als Weg in eine gerechtere Zukunft kann nur gelingen, wenn viele Menschen nicht nur viele kleine Projekte verwirklichen, sondern wenn sie vor allem zusammenarbeiten, ihre Kräfte bündeln und ihre Ziele gemeinsam angehen. Aus diesem Grund möchte ich mit einem Zitat von Antoine de Saint-Exupéry schließen, das auf wunderbare Weise den Ansatz der Bildungsarbeit des Deutschen Entwicklungsdienstes verdeutlicht.

> *„Wenn Du ein Schiff bauen willst, so trommle nicht die Leute zusammen, um Holz zu beschaffen, sondern lehre die Leute die Sehnsucht nach dem weiten Meer."*
>
> ANTOINE DE SAINT-EXUPERY

3   Literaturverzeichnis

GEIßLER, K. & HIRSCHMANN, M. (2007): Mit 18 Bäumen um die Welt. Ein Arbeitsbuch für Umweltbildung und Globales Lernen. – München (oekom): 112 S.

HERMINGHAUSEN, M. & MEYER, T. (2006): „Versprochen ist versprochen …!" – Mit Theater die UN-Millenniumsziele einfordern – ein Aktionshandbuch. – UN-Millenniumkampagne in Deutschland, DEUTSCHER ENTWICKLUNGSDIENST (DED) & GRIPS THEATER GmbH (Hrsg.) – Berlin/Bonn: 76 S.

HETHKE, M., FEHRMANN, I. & MAHLMANN, A. (2006): Der Äthiopienkoffer. – DEUTSCHER ENTWICKLUNGSDIENST (DED) & GEWÄCHSHAUS FÜR TROPISCHE NUTZPFLANZEN IN WITZENHAUSEN (Hrsg.): 78 S.

KRÄMER, G. (2006): „Entwicklungshindernis Gewalt – Ein Arbeitsbuch über neue Kriege und erzwungene Armut für Oberstufe und Erwachsenenbildung". – DEUTSCHER ENTWICKLUNGSDIENST (DED) & MISEREOR UND WELTHAUS BIELEFELD (Hrsg.) – 1. Auflage. – Wuppertal (Peter-Hammer Verlag): 208 S.

MARS, E.M. & HIRSCHMANN, M. (Hrsg.) (2008): Der Wald in uns. Nachhaltigkeit kommunizieren. – München (oekom Verlag): 128 S.

Adresse des Autors:

Markus Hirschmann
Leiter der Regionalen Bildungsstelle Nord im Programm „Bildung trifft Entwicklung"
im Institut für angewandte Kulturforschung e.V. (IFAK)
Wilhelmsplatz 3
37073 Göttingen

Tel.:   0551 4882 471
Fax: 0551 4882 477
E-Mail: markus.hirschmann@bildung-trifft-entwicklung.de
Internet: www.ded.de > Bildungsarbeit

Globales Lernen in Botanischen Gärten und ähnlichen Einrichtungen

MARINA HETHKE und CORNELIA LÖHNE

Zusammenfassung

Ihr Pflanzenreichtum und das Fachwissen der Mitarbeiterinnen und Mitarbeiter weisen die Botanischen Gärten als ausgezeichnete Lernorte zu allen Themen rund um die Pflanzenwelt, zu deren Gefährdung und zu den Bemühungen um die Erhaltung der Biologischen Vielfalt aus. Der Beitrag untersucht vor allem die (außeruniversitären) Bildungsangebote von Botanischen Gärten und vergleicht sie mit denen anderer Einrichtungen wie zoologischen Gärten und Freilichtmuseen.

Biodiversität und internationale Zusammenarbeit gehören zu den Schlüsselthemen einer nachhaltigen Entwicklung. Die Verflechtung der Bildungsinhalte an Botanischen Gärten mit internationalen Abkommen erweitert die „klassische" Themenpalette von Botanik, Artenkenntnis und Ökologie um weitere nachhaltigkeitsrelevante Inhalte wie Natur- und Artenschutz, Verteilungsgerechtigkeit, Welthandel, Energie und Klimaschutz, Konsum und Lebensstile. Botanische Gärten vermitteln diese in großer Methodenvielfalt von Führungen über praktische Arbeiten mit Schulklassen bis hin zu Diskussionsrunden und Rollenspielen.

Botanische Gärten, Zoos und Freilichtmuseen sind profilierte Bildungspartner. Besonders im Bereich des Globalen Lernens sind Projekte und Aktionen z. B. mit Eine-Welt-Läden, politischen Organisationen oder Naturschutzverbänden, ein wichtiges, aber bisher vor allem in Botanischen Gärten zu wenig ausgeschöpftes Instrument. Beispielhaft werden hier das Kooperationsprojekt „WeltGarten" in Witzenhausen und ein Forschungs- und Entwicklungsvorhaben der Botanischen Gärten Bonn erläutert.

1 Einleitung

Ökologie gilt als Schlüsselthema der Nachhaltigkeit, daher spielt die Vielfalt der Natur als Grundpfeiler und Motor menschlichen Lebens und menschlicher Kultur auch im Bildungskonzept des Globalen Lernens eine zentrale Rolle. Außerschulische Lernorte haben hierin eine besondere Funktion, denn Einrichtungen wie Botanische Gärten, Zoos und Freilichtmuseen erlauben einen direkten Kontakt mit lebendiger Natur.

Eine anschauliche Vermittlung der vielfältigen ökologischen Wechselwirkungen ist dort möglich und der konkrete Bezug zur menschlichen Kultur kann hautnah erlebt werden. Ein Besuch in einem Freilichtmuseum, einem zoologischen oder botanischen Garten kann als emotional ansprechendes Erlebnis die im Globalen Lernen geforderte konkrete Begegnung mit Fremdem erlauben (SCHREIBER 1996). Die deutschen Botanischen Gärten, Zoos und Freilichtmuseen sind bundesweit für die Bevölkerung leicht erreichbar. Sie locken durch ihre Lage, ihre attraktive Gestaltung und ihren Pflanzen- und Tierreichtum bis zu 60 Millionen Besucherinnen und Besucher[1] jährlich an (Abbildung 1). Die Zusammensetzung des Publikums und die Beweggründe für einen Besuch sind allerdings so unterschiedlich, wie die Einrichtungen selbst. Die meisten Gäste nutzen sie vor allem in der Freizeit und kommen ohne konkrete Lernabsichten, wodurch auch der informellen Bildung ein besonderer Wert beizumessen ist (WOHLERS 2003).

Abb.1: Die deutschen Botanischen Gärten locken alljährlich etwa 14 Millionen Gäste.

Die große Bedeutung der Botanischen Gärten als außerschulische Lernorte ist unbestreitbar, denn jeder zweite Garten unterhält heute eine so genannte „Grüne Schule", die – den Zoo- und Museumsschulen vergleichbar – Schulklassen aller Altersstufen, aber auch Erwachsene zielgruppengerecht betreut. Eine Gesamtbefragung im Frühsommer 2007 erfasste den Umfang und Inhalt der Bildungsangebote[2] an den Gärten und ordnete die Ergebnisse in das Bildungskonzept „Globales Lernen" ein (HETHKE 2007).

---

[1] In Deutschland zählen allein die Zoos, Tierparks und Wildgehege jährlich etwa 40 Millionen Besucherinnen und Besucher (mündl. Mitteilung H. Lücker, Verband deutscher Zoodirektoren e.V., Dresden). Die Zahl der Besucherinnen und Besucher botanischer Gärten pro Jahr wird auf rund 14 Millionen geschätzt (RAUER et al. 2000), die der über 100 Freilichtmuseen in Deutschland auf ca. 6 Millionen (INSTITUT FÜR MUSEUMSKUNDE 2005).

[2] Vorliegender Beitrag betrachtet, unabhängig von der Trägerschaft der Botanischen Gärten, ausschließlich die außeruniversitäre Bildung.

Der nachfolgende Artikel präsentiert einige ausgewählte Ergebnisse dieser Studie und gibt einen Ausblick auf andere Einrichtungen der informellen und außerschulischen Bildung wie Zoos und Freilichtmuseen. Diese werden derzeit von den Botanischen Gärten der Universität Bonn in einem Forschungs- und Entwicklungsvorhaben im Auftrag des Bundesamtes für Naturschutz untersucht, das Chancen und Potenziale für Natur- und Naturschutzbildung in diesen Einrichtungen aufzeigen und verstärken soll.

2   Deutsche Botanische Gärten als Lernorte zur Biodiversität

Bundesweit gibt es derzeit 94[3] Botanische Gärten in unterschiedlicher Trägerschaft: davon 51 universitäre, 26 kommunale und 17 private Gärten (BECK 2003). „*Botanische Gärten sind Institutionen, welche dokumentierte lebende Sammlungen von Pflanzen kultivieren, um insbesondere Aufgaben in den Bereichen wissenschaftlicher Forschung und Lehre, der Bildung[4] sowie des Arten- und Naturschutzes zu erfüllen.*" (RAUER et al. 2000: 25) Zu den Botanischen Gärten gehören demnach zoologisch-botanische, landwirtschaftliche, pharmazeutische, forstbotanische oder ökologisch-botanische Anlagen ebenso, wie allgemein-botanische Gärten ohne weitere Zweckbestimmung sowie die den Naturschutzgebieten angeschlossenen Gärten. Die spezifischen Profile und Aufgaben der Botanischen Gärten ergeben sich aus ihrer jeweiligen geografischen Lage, ihrer Anbindung und Geschichte, ihrer Größe und der jeweiligen Pflanzensammlung, ihren Baulichkeiten und Ressourcen (BECK 2003).

Kein Garten gleicht einem anderen und jeder ist auf seine Art unverwechselbar. Darüber hinaus ist ein Botanischer Garten auch Erholungs- und Entspannungsort mit Freizeitwert, Schauplatz kultureller Ereignisse und nicht zuletzt lebendes „Museum"[5] der Pflanzenwelt. Nur in den seltensten Fällen kann es allerdings einem einzelnen Garten gelingen, alle oben genannten Aufgabenbereiche mit gleicher Intensität und gleichem Erfolg zu erfüllen. Bereits heute zählt jedoch fast jeder zweite Garten die Umweltbildung zu seinen Aufgaben und jeder siebte Garten das Globale Lernen (HETHKE 2007, Abbildung 2).

---

[3] Zahl und Zusammensetzung der Botanischen Gärten schwankt je nach Autor und Datum der Erhebung. Dieselbe Anzahl beschriebener Gärten deckt so unter Umständen unterschiedliche Einrichtungen ab.

[4] Die Begriffe „Bildung" und „Öffentlichkeitsarbeit" sind im Kreis der Botanischen Gärten nicht klar definiert und werden teilweise gleichwertig gebraucht.

[5] Botanische Gärten begreifen sich i.d.R. nicht als traditionelle Museen, da sie Lebendsammlungen halten. Der Internationale Museumsrat rechnet die Gärten aber sehr wohl zur Museumslandschaft (ICOM 2007).

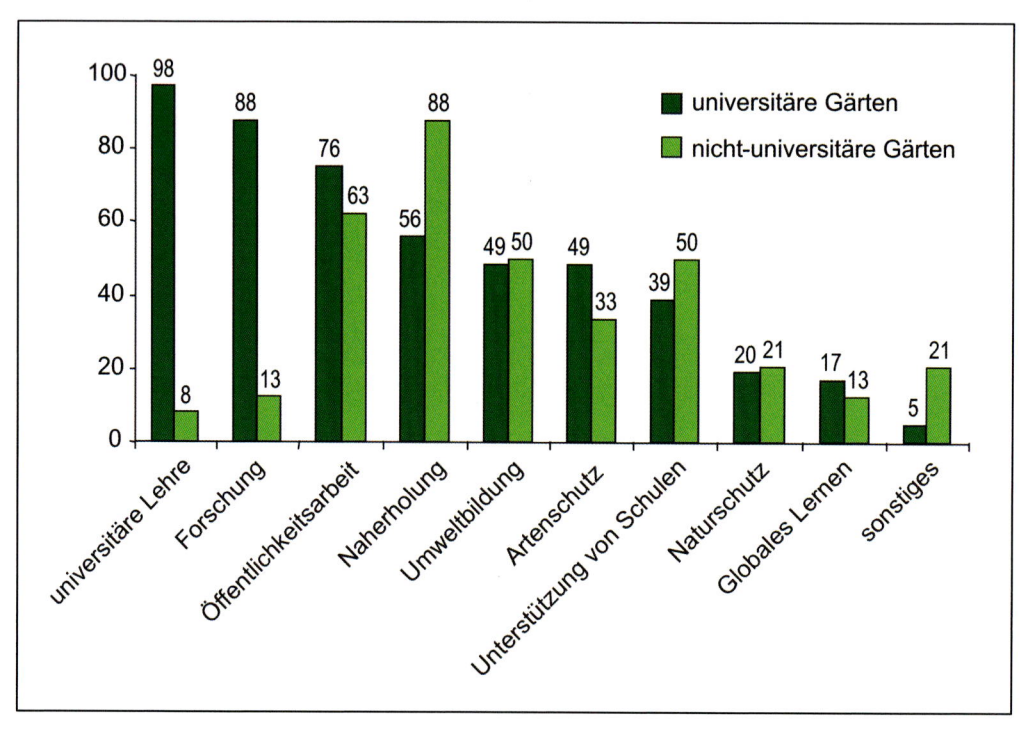

Abb. 2: Hauptaufgaben von universitären und nicht-universitären Gärten. Ergebnisse einer aktuellen Befragung der wissenschaftlichen Leiter aller deutschen botanischen Gärten (antwortende Gärten: N = 65, Mehrfachantworten möglich) (HETHKE 2007).

Die Botanischen Gärten pflegen und erhalten bedeutende Pflanzensammlungen, sie betreiben Genbanken sowie Schutzsammlungen mit Erhaltungskulturen gefährdeter Pflanzenarten. Sie sind so genannte Ex-situ-Kollektionen[6] zur Erhaltung pflanzlicher Vielfalt und kultivieren in ihren Anlagen insgesamt etwa 50.000 Pflanzenarten (RAUER et al. 2000). Dieser Pflanzenreichtum und das Fachwissen der Mitarbeiterinnen und Mitarbeiter machen die Botanischen Gärten zu ausgezeichneten Lernorten zu allen Themen rund um die Pflanzenwelt, zu deren Gefährdung und zu den Bemühungen um die Erhaltung der (pflanzlichen) Biodiversität. Somit unterstützen und erfüllen die Gärten die Verpflichtungen der Bundesrepublik zum Übereinkommen über die Biologische Vielfalt (CBD)[7]. Eine wichtige Rolle kommt ihnen bei der Umsetzung von Artikel 13 der CBD zu, in welchem die Aufklärung und Bewusstseinsbildung der Öffentlichkeit zu allen Themen rund um die biologische Vielfalt gefordert wird.

---

[6] Ex-situ-Kollektionen sind Erhaltungsmaßnahmen an Orten außerhalb der natürlichen Verbreitungsgebiete, z. B. Sammlung und langfristige Lagerung von Saatgut oder Sammlungen lebender Pflanzen.

[7] Die Abkürzung CBD für die englische Bezeichnung „Convention on Biological Diversity" wird weiterhin im Text verwendet.

Das Bundesamt für Naturschutz (BfN) hat die Bedeutung dieses völkerrechtlich bindenden Übereinkommens für die Botanischen Gärten ausführlich dargestellt (BfN 1999). Botanische Gärten können und sollen als Promotoren des Themas Biodiversität wirken (IUCN 1987), denn nach BRAMWELL (1993: 18) hat ein *„moderner Botanischer Garten"* auch eine *„moderne und äußerst wichtige Rolle"* zu übernehmen: nämlich Bildung und Aufklärung der Bevölkerung zu all jenen Fragen, die Umwelt und nachhaltige Entwicklung in Bezug auf Pflanzen betreffen.

Auch wenn der Norden der Welt die höchste Dichte an Botanischen Gärten[8] aufweist und der Süden die höchste Artenvielfalt, befinden sich die Gärten im Norden dennoch am richtigen Platz: Im Norden werden die meisten Ressourcen verbraucht und deshalb ist gerade hier Bildungsarbeit zur Erhaltung der Biodiversität notwendig. „[…] *To them* [unseren Besuchern, Anm. der Autorinnen] *we must sell the message of the importance of plant and indeed of all nature conservation.*"[9] (BRAMWELL 1993)

Botanische Gärten erreichen durch ihre Bildungsarbeit vor allem Kinder und Jugendliche, denn Schulklassen sind für zwei Drittel der Gärten die wichtigste Zielgruppe. Fast genauso häufig kommen erwachsene Besucher bis 65 Jahre und Seniorinnen und Senioren in die Botanischen Gärten (HETHKE 2007). Botanische Gärten eignen sich besonders als Lernorte zur Thematisierung folgender Inhalte:

- Artenvielfalt der Pflanzenwelt,
- die komplexen Beziehungen zwischen Pflanzen und ihrer Umwelt,
- die wirtschaftliche, kulturelle und ästhetische Bedeutung der Pflanzen in unserem Leben,
- die Verbindung von Pflanzen und indigener Bevölkerung,
- die lokale Umwelt und ihre globalen Bezüge,
- die globale Bedrohung der Flora und die Konsequenzen ihrer Vernichtung (WILLISON 1994, 2006).

In der Praxis sind 80 % aller Bildungsveranstaltungen deutscher Botanischer Gärten weitgehend disziplinär und erwartungsgemäß klassisch botanisch orientiert, etwa jeder zweite beschäftigt sich mit den Themen Ökologie, Regenwald oder

---

[8] Weltweit gibt es etwa 1.800 Botanische Gärten, davon über 400 in Europa (BARTHLOTT et al. 1999).

[9] „(...) An unsere Besucher müssen wir die Botschaft über die Bedeutung der Pflanzenwelt und natürlich des gesamten Naturschutzes vermitteln" (sinngemäße Übersetzung durch die Verfasserinnen).

Biodiversität (Abbildung 3). Dieses zentrale Themenfeld des Globalen Lernens können Botanische Gärten hervorragend abdecken. „Modernere" Themen wie CBD oder Agenda 21 bieten jeweils nur 2 % der antwortenden Gärten an; der Faire Handel erreicht als Spezialthema 11 %.

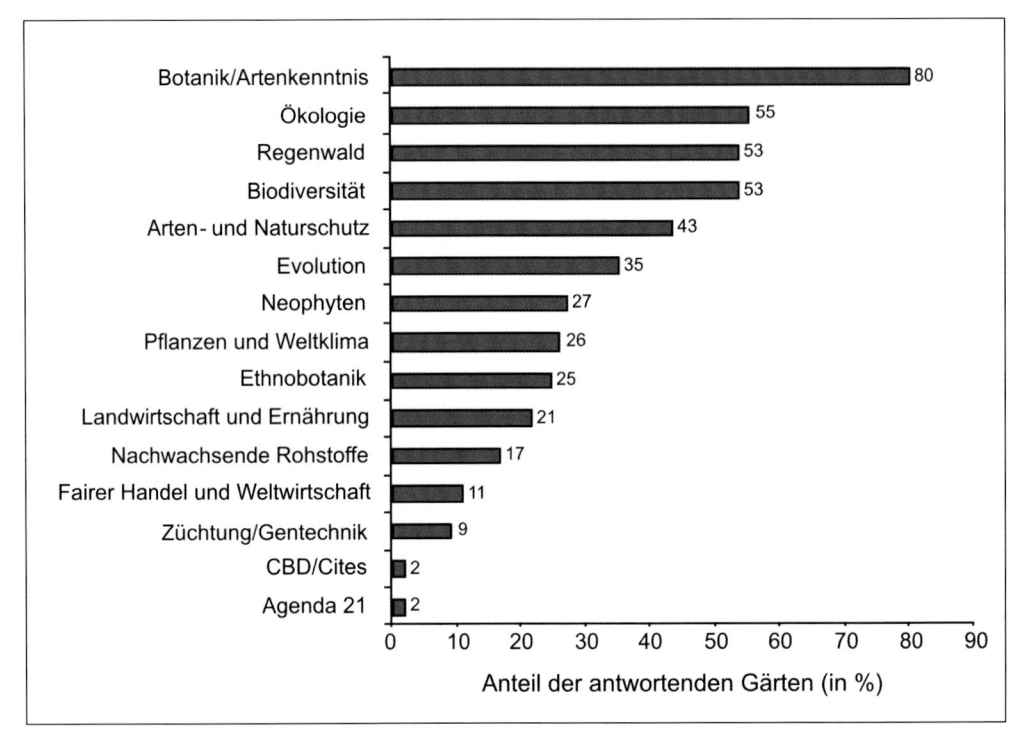

Abb. 3: Spezialthemen im Bildungsangebot der Botanischen Gärten (HETHKE 2007, hier Frage nach Häufigkeit der Themen). Dargestellt ist der Anteil der Angaben mit „häufig" und „sehr häufig" (Mehrfachantworten möglich).

Führungen sind die dominierende Veranstaltungsform, denn jeder Garten bietet sie an (Tabelle 1). Unterrichtsgänge finden in jedem zweiten Garten statt. Globales Lernen fordert interaktive, handlungs- und erfahrungsorientierte Methoden (Abbildung 4), die dazu beitragen sollen, abstrakte Themen anschaulich zu gestalten und ein ganzheitliches Verstehen zu fördern. Hierzu gehören auch die in jedem dritten Garten stattfindenden Rallyes oder praktischen Arbeiten.

Die Verflechtungen der Bildungsarbeit an Botanischen Gärten mit Internationalen Abkommen wie den Millennium Development Goals (MDG)[10] oder der Global Strategy for Plant Conservation[11] sind evident, denn Ökologie und die Erhaltung der Biologischen Vielfalt sind zentrale Bestandteile dieser Internationalen Abkommen (KNEEBONE 2005, TILBURY & CALVO 2005).

Die Botanischen Gärten haben sich der Umsetzung der CBD verpflichtet; die Ziele des Übereinkommens beinhalten jedoch nicht nur die Erhaltung und nachhaltige Nutzung der biologischen Vielfalt, sondern auch die gerechte Verteilung von Vorteilen aus der Nutzung genetischer Ressourcen.

Tab. 1: Botanische Gärten nutzen bereits unterschiedlichste Vermittlungsmethoden. Fast jeder dritte antwortende Garten bietet bereits Rallyes und praktisches Arbeiten an.

Methoden	In % der befragten Botanischen Gärten
Führungen	100
Unterrichtsgänge	49
Rallyes	32
Praktische Arbeit	32
Arbeitsblätter	31
Projektarbeit	17
Spiele	15
Diskussionsrunden	8
Rollen- und Planspiele	6

Auch FIEN (2001: 11) verlangt von der Bildung im Botanischen Garten mehr, als die Vermittlung rein ökologisch-botanischer Dimensionen, denn „[...] *Visitors to Botanic Gardens need to address questions of this nature as well as strictly ecological ones. While biodiversity is basically an ecological topic, biodiversity problems and issues are connected to every fabric of our global society. Poverty, ill, health and environment decline cannot be stopped merely by education about ecology*"[12].

---

[10] 189 Staaten haben im Jahr 2000 die „Millenniumsziele 2015" (www.un.org/millenniumgoals/) verabschiedet, die in den Bereichen Armutsbekämpfung, Friedenserhaltung und Umweltschutz überprüfbare Resultate bis zum Jahr 2015 bringen sollen. Eines der 8 Ziele ist beispielsweise die Sicherung der ökologischen Nachhaltigkeit.

[11] Die Global Strategy for Plant Conservation (Globale Strategie zur Erhaltung der Pflanzen) ist seit 2002 ein wichtiger Bestandteil der CBD und ist mit 16 konkreten, ergebnisorientierten Zielen speziell der Erhaltung der pflanzlichen Vielfalt gewidmet.

[12] FIEN (2001) verweist hiermit auf die komplexen Fragestellungen, die allein schon das Thema „Biodiversität" aufwirft, denn die Beschäftigung mit Ökologie allein kann nicht ausreichen, um Armut, Krankheit und Umweltprobleme zu bewältigen (sinngemäße Übersetzung durch die Autorinnen).

Die „klassische" Themenpalette im Botanischen Garten von Botanik, Artenkenntnis bis hin zu Natur- und Artenschutz sowie Ökologie sollte also um nachhaltigkeitsrelevante bzw. politische Inhalte wie Verteilungsgerechtigkeit, Welthandel, Energie und Klimaschutz, Konsum und Lebensstile erweitert werden.

3 Botanische Gärten als Bildungspartner

Das Bildungskonzept „Globales Lernen" richtet sich an Erwachsene, Kinder und Jugendliche gleichermaßen, auch wenn die theoretische Fundierung für Erwachsene bisher noch nicht erfolgt ist. Grundsätzlich ist für Botanische Gärten die Anpassung bzw. Ausweitung ihrer bisherigen Bildungsprogramme sowohl in der formellen Bildung für die Hauptzielgruppe „Schulklassen" als auch in der informellen Bildung für Freizeitgruppen denkbar. Bisher gibt es allerdings – anders als in zoologischen Gärten und Museen – zur Erstellung und Umsetzung von Bildungsprogrammen nur in 15 % aller deutschen Gärten fest angestellte Pädagoginnen und Pädagogen und nur in 16 % abgeordnete Lehrkräfte (HETHKE 2007). Fast die Hälfte der Gärten greift auf Honorarkräfte für die Bildungsarbeit zurück. Eine Ursache für die oft unzureichende personelle Ausstattung ist in der traditionellen „Zweckbestimmung" universitärer botanischer Gärten zu suchen: Die klassischen Universitätsgärten, die den Großteil aller botanischen Gärten ausmachen, sind vorrangig Einrichtungen für universitäre Lehre und Forschung.

Abb. 4: Rollenspiel zur Produktion und Verarbeitung von Kakao – eine auch für Erwachsene geeignete Methode.

Das größte Handicap für die Bildungsarbeit allgemein und somit auch für das Globale Lernen ist also die Personalsituation und die Ausstattung insgesamt. Botanische Gärten können allerdings trotz limitierter Ressourcen profilierte Kooperationspartner sein. Derzeit arbeitet bereits etwa jeder zweite Garten mit anderen Bildungseinrichtungen, etwa jeder dritte mit Einrichtungen des Natur- und Umweltschutzes, allerdings nur jeder zehnte mit entwicklungspolitischen Gruppen zusammen (Abbildung 5). Botanische Gärten können den Ort für eine anschauliche Vermittlung stellen und das ökologische und botanische Fachwissen liefern, um Schlüsselthemen aus der Nachhaltigkeitsdiskussion zu vermitteln. Kooperationen bieten sich also als möglicher Ausweg aus dem Ausstattungsdilemma an und sind außerdem ein guter Anreiz, bei der Bildungsarbeit im Botanischen Garten weg von den rein botanischen Themen hin zur Interdisziplinarität zu gelangen.

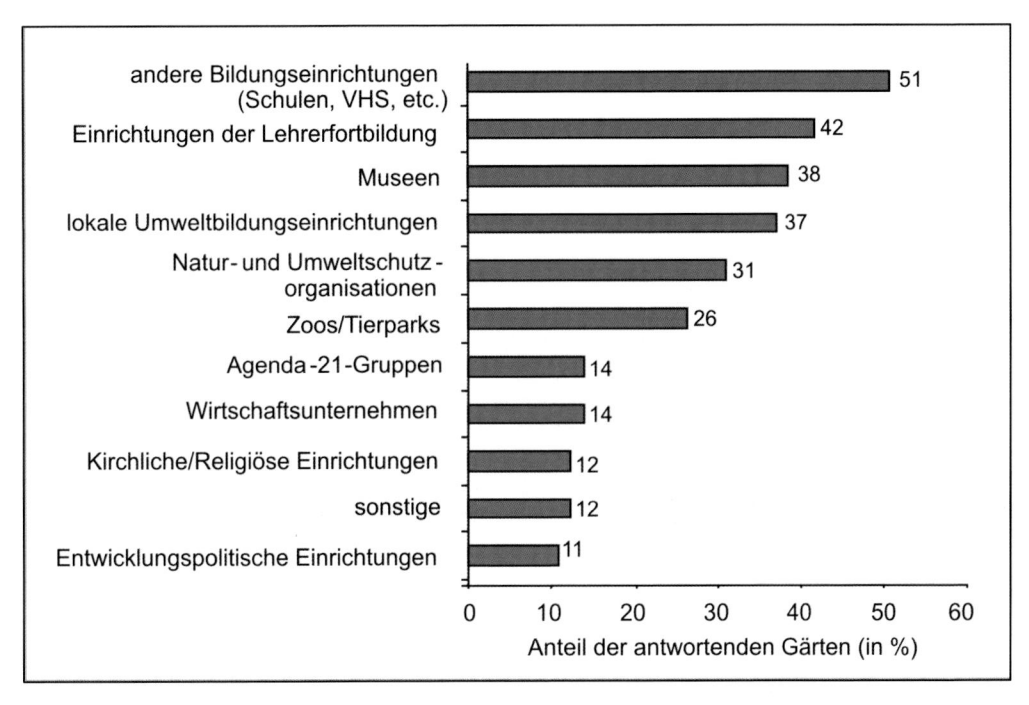

Abb. 5: Projektbezogene Kooperationen im Bildungsbereich der antwortenden Botanischen Gärten (Mehrfachantworten möglich) (HETHKE 2007).

Globales Lernen ist situationsorientiertes Lernen; es schafft Anlässe zum Überdenken von Konsumgewohnheiten (BÜHLER 1996). Hierzu können die Pflanzensammlungen vieler Botanischer Gärten Anstoß geben, denn sie zeigen die Biodiversität der Länder des Südens und die Rohstoff liefernden Pflanzenarten, deren Produkte zum täglichen Konsum gehören. Das besondere Potenzial der Gärten liegt in der Vielfalt ihrer Pflanzensammlungen, die über Nutzung und Produkte ein „Andocken" an die Lebenswelten der Besucherinnen und Besucher ermöglichen. Andererseits eröffnet die besondere Atmosphäre der Sammlungen (Abbildung 6), vor allem in den tropischen Gewächshäusern, sinnliche und emotionale Zugänge zu den Gästen bzw. Lernenden, die eine positive Stimmung bewirken können. BRÜNJES (2003) sieht in den emotional positiv belegten Verbindungen zwischen einem Produkt und seinen Nutzern eindeutige Vorteile für das Globale Lernen, denn über einzelne Produkte (Pflanzen) kann der „Brü-

Abb. 6: Botanische Gärten bieten eine ganz besondere Atmosphäre.

ckenschlag" vom Leben der Schülerinnen und Schüler[13] in die „*weite Welt*" gelingen. Produkte wie Schokolade sind bei den Lernenden häufig positiv besetzt. Das Thema ist an ihren Interessen orientiert und mit vielen sinnlichen Erfahrungen verknüpfbar. Dabei muss die Auseinandersetzung über die Pflanze bzw. den Rohstoff, die Verarbeitung und die Verwendung hinausgehen und auch das Leben der Produzentinnen und Produzenten sowie die Diskussion eines inhaltlichen Lösungsansatzes wie dem Fairen Handel beinhalten.

Eine Kooperation zwischen Weltläden und Botanischen Gärten könnte hier Synergieeffekte bringen. Der Faire Handel ist als vielfältiges Lernmodell anerkannt: er bietet Handlungsmöglichkeiten in der Schule sowie der außerschulischen Jugendarbeit, außerdem lässt er sich als Unterrichtsinhalt dazu verwenden, Weltzusammenhänge zu verstehen und das Thema „Gerechtigkeit" zu bearbeiten (GOEBEL in diesem Band). Im Weltladen können sich junge Menschen ehrenamtlich engagieren und so informell,

---

[13] Dieser Bildungsansatz gilt nicht nur für Schülerinnen und Schüler, sondern auch für alle an deren Gäste.

selbst organisiert lernen (ASBRAND 2003). Im Fairen Handel sind zahlreiche pflanzliche Waren (Kaffee, Tee, Kakao) und Produkte aus pflanzlichen Rohstoffen (Korb- und Papierwaren, Kleidung) im Angebot. In gemeinsamen Veranstaltungen könnten Botanische Gärten das ökologische und Weltladengruppen das soziale bzw. politische Know-how liefern. Da es in Deutschland fast 100 Botanische Gärten und etwa 600 Weltläden gibt, ist rein zahlenmäßig eine Vernetzung möglich. Interdisziplinäre Fortbildungen könnten hierbei unterstützend wirken. Die Schulklassen und Weltläden könnten in diesem Konstrukt vom Lernort profitieren und die Gärten von steigenden Besucherzahlen und besserer Bekanntheit.

Bundesweit gibt es bereits einige Botanische Gärten[14], deren Veranstaltungen sich dem Globalen Lernen zuordnen lassen. Dies manifestiert sich insbesondere in Kooperationen zwischen Weltläden und Botanischen Gärten, wie sie beispielsweise aus dem WeltGarten-Projekt in Witzenhausen oder aus dem Botanischen Garten Marburg bekannt sind (INWENT 2004). Weltläden und Botanische Gärten können gemeinsam informieren, sensibilisieren sowie für Konsumenten Handlungsoptionen offerieren und so den didaktischen Prinzipien des Globalen Lernens Rechnung tragen.

4   Fair-Führen und Vernetzen: „WeltGarten Witzenhausen" – Ein Beispiel für kooperatives Globales Lernen

Kooperationen von Regierungs- und Nichtregierungsorganisationen, von kirchlichen und universitären Trägern ist in der Bildungsarbeit möglich und von Einrichtungen für Globales Lernen ausdrücklich gewünscht (VENRO 2000). Das Projekt „WeltGarten Witzenhausen" (WeGa) basiert im Wesentlichen auf der Bildungs- und Öffentlichkeitsarbeit des Tropengewächshauses der Universität Kassel. Unter den 95 Botanischen Gärten in Deutschland ist diese Nutzpflanzensammlung unbestreitbar ein „Exot": sie gehört zwar zu dem Kreis der universitären Botanischen Gärten, ist aber nicht an eine biologische, sondern an eine landwirtschaftliche Fakultät angebunden. Ihre Wurzeln liegen in der Kolonialzeit. Die Pflanzensammlung umfasst bis heute vornehmlich gartenbaulich und landwirtschaftlich kultivierte Arten und Sorten der wärmeren Klimate.

Die Bildungsangebote sind thematisch der ökologischen tropischen Landwirtschaft im Sinne einer nachhaltigen Wirtschaftsweise verpflichtet. Die personellen und finanziellen Kapazitäten reichten lange Zeit nicht dazu aus, methodisch vielfältige, mehrstündige Veranstaltungen für Schulklassen anzubieten.

---

[14] Eine Zusammenstellung findet sich in HETHKE (2007).

Dieses Problem ließ sich erst durch eine informelle Kooperation mit dem örtlichen Weltladen lösen. Seit Mitte der 1990er Jahre können deshalb im Tropenhaus Veranstaltungen zu entwicklungspolitischen Themen „[…] *mit Augenmerk auf der Pflanze als Rohstofflieferant, den Auswirkungen ihres Anbaus auf Mensch und Umwelt und den Handelsstrukturen ihrer Vermarktung*" stattfinden (HETHKE 1998).

2002 mündete die langjährige Kooperation zwischen dem Tropengewächshaus und dem örtlichen Arbeitskreis Eine Welt e.V. / Weltladen in das Projekt WeltGarten. Erstmals konnte somit in einem deutschen Botanischen Garten entwicklungspolitische Bildungsarbeit institutionalisiert werden. Seit 2006 verknüpft das Projekt den Lernort Botanischer Garten mit den Lernorten Weltladen und Völkerkundemuseum. Weiterhin sind Referentinnen und Referenten aus drei weiteren Bildungseinrichtungen in die inhaltliche und konzeptionelle Durchführung und Weiterentwicklung sowie in die Finanzierung des Projekts eingebunden. Es sind vernetzt: das Deutsche Institut für Tropische und Subtropische Landwirtschaft (DITSL) als Träger der Maßnahme sowie der Arbeitskreis Eine Welt Witzenhausen, der Deutsche Entwicklungsdienst (DED), Bildungsstelle Göttingen, das Internationale Bildungszentrum Witzenhausen GmbH (IBZW), die Ökumenische Werkstatt der evangelischen Kirche Kurhessen Waldeck, Kassel und das Tropengewächshaus der Universität Kassel (WELTGARTEN 2007).

4.1 Organisation

Derzeit ist eine Mitarbeiterin für drei Jahre halbtags eingestellt, um die Vernetzung der Partner untereinander durch ein gemeinsames, mehrtägiges Angebot für Schulklassen weiter voranzutreiben. WeGa kooperiert innerhalb der Region mit schulischen Bildungsträgern und ist Mitglied im Entwicklungspolitischen Netzwerk Hessen (EPN). Im Juli 2006 erhielt das Projekt die Auszeichnung der UN-Dekade „Bildung für Nachhaltige Entwicklung". WeGa erhält seit 5 Jahren eine Förderung durch entwicklungspolitische Institutionen wie dem Evangelischen Entwicklungsdienst, dem Katholischen Fonds für weltkirchliche Entwicklungsarbeit sowie dem Bundesministerium für wirtschaftliche Zusammenarbeit und Entwicklung (BMZ).

4.2 Lernorte und Programm

Die Kooperationspartner bieten derzeit für schulische Projekttage folgende Themen an:

- Biodiversität, Ökologie / Regenwald, Landwirtschaft / Hausgärten, Ernährung, Biopiraterie (Lernort Tropengewächshaus),
- Konsum, Weltmarkt, Verbrauchereinfluss, Fairer Handel (Lernort Weltladen),

- Leben und Wirtschaften in den Ländern des Südens, Erwerb von Nahrung (Lernort Völkerkundemuseum).

Mehrtägige Klassenfahrten unter Einbeziehung der anderen Partner erweitern das Themenangebot um:

- Globalisierung (Referentinnen und Referenten Ökumenische Werkstatt),
- interkulturelle Kommunikation, Gewaltprävention (Referenten IBZW, DED),
- Literaturrecherche zu den relevanten Themen insbesondere zur Kolonialgeschichte (Bibliothek / DITSL).

Im Zentrum der Aktivitäten steht das Tropenhaus, dessen Pflanzenvielfalt mit ihrem üppigen Grün, der erhöhten Luftfeuchtigkeit und Temperatur ein einzigartiges Lernambiente schafft, welches das „Einfühlen" in Produktions- und Lebensbedingungen ermöglicht. Dies wiederum unterstützt den kognitiven Lernprozess. Über die Rohstoffe und Produkte der Nutzpflanzen lassen sich Anknüpfungspunkte zum Alltag der Schülerinnen und Schüler finden. Es lassen sich Verbindungslinien herstellen zwischen dem Leben hier und dem Leben in den Produktionsländern. Dies verdeutlicht die eigene Rolle der Lernenden in Konsum und Wirtschaft. In jedem Fall sind die Lebenswelt der Lernenden und ihre individuellen Erfahrungen der Ausgangspunkt für den Lernprozess. Die Erkundung des Weltladens und seiner Produkte bieten im Anschluss reale Möglichkeiten, sich zu engagieren sowie die Erfahrungen und Erkenntnisse in Handlungen umzusetzen.

4.3 Methoden und Umsetzung

Das Angebot für Schulklassen besteht derzeit optional aus verschiedenen Modulen: einer „Fair-Führung" im Tropengewächshaus, „Fair-Handeln" im Weltladen, einem Besuch des Völkerkundemuseums und einer Veranstaltung in der Schule. Vorab ist eine Besprechung mit den Lehrkräften ebenso vorgesehen wie die Bereitstellung von Unterrichtsmaterialien.

Im Tropenhaus erarbeiten die Kinder das Thema in einer Rallye oder an Stationen, erleben die Produktion von Kakao, Bananen oder Kaffee im Rollenspiel und an den Pflanzen „hautnah"; eine Erkundung des Weltladens schließt sich an. Diese beiden Module sind seit einigen Jahren erprobt und vielfach mit allen 5. und 6. Klassen der örtlichen Gesamtschule durchgeführt worden. In Witzenhausen hat sich also fast jedes schulpflichtige Kind mit dem Anbau von Bananen und Kakao beschäftigt und kennt die zugehörigen fair gehandelten Produkte. Ganz im Sinne des Globalen Lernens steht ihnen danach eine Entscheidung für und wider eine Handlungsweise im Sinne des „Fair-P(l)ay" offen.

5 Zoologische Gärten und Freilichtmuseen als Orte des Globalen Lernens

Neben Botanischen Gärten sind auch Zoos, Tierparks oder Freilichtmuseen Einrichtungen, in denen Besucherinnen und Besucher lebendige Natur direkt beobachten und erleben können. Vor allem die exotischen Tiere in modern gestalteten Zoos mit naturnahen, weitläufigen Gehegen wirken ganz besonders attraktiv auf Menschen aller Altersgruppen. In Deutschland zählen Zoos, Tierparks und Wildgehege jedes Jahr rund 40 Mio. Besucherinnen und Besucher. Die hohe Symbolkraft eindrucksvoller Tiere, wie z. B. Bären, Tiger und Elefanten, ermöglicht es sogar, so komplexe Themen wie Biologische Vielfalt, Artensterben oder Klimawandel einfach und direkt in die Öffentlichkeit zu transportieren. Ein bekanntes Beispiel dafür ist der Eisbär Knut, das Maskottchen des Bundesministeriums für Umwelt, Naturschutz und Reaktorsicherheit (BMU).

Auch für viele Bereiche des Globalen Lernens bieten die exotischen Tiere in Zoos vielfältige Anknüpfungspunkte, denn die Zerstörung der Lebensräume bedrohter Tiere hängt oft auch direkt mit dem Konsumverhalten hier in Deutschland zusammen. So beeinträchtigt beispielsweise der massive Abbau von Coltanerz, das zur Herstellung von Mobiltelefonen benötigt wird, den Lebensraum des Flachlandgorillas in Zentralafrika. Der Lebensraum von Tiger und Orang-Utan in den Regenwäldern Südostasiens fällt der Papierproduktion oder zur Erschließung neuer Flächen für Ölpalmplantagen für den internationalen Markt zum Opfer. Viele Zoos greifen bereits jetzt diese Themen in ihren Bildungsangeboten, vor allem im informellen Bereich durch Beschilderung, interaktive Lernstationen oder Ausstellungen auf und machen ihre Gäste auf diese Zusammenhänge aufmerksam. Hervorzuheben ist an dieser Stelle ein Projekt des Zoos und der Zoologischen Gesellschaft Frankfurt.

Abb. 7: Naturschutz-Botschafter der Zoologischen Gesellschaft und des Zoos Frankfurt. An mobilen Ständen informieren geschulte Ehrenamtliche zu einzelnen Tierarten, deren Bedrohung und zeigen den Besucherinnen und Besuchern Möglichkeiten zur aktiven Einflussnahme auf (Foto: Christine Feser, Zoologische Gesellschaft Frankfurt).

Dort werden besonders geschulte Ehrenamtliche als so genannte Naturschutz-Botschafter eingesetzt, um an mobilen Stationen im Zoo den Besucherinnen und Besuchern deren Einflussmöglichkeiten auf den Schutz bedrohter Tiere und deren Lebensräume zu veranschaulichen (Abbildung 7 und www.naturschutz-erleben.de).

Freilichtmuseen sind volkskundliche Museen, die historische Bau-, Siedlungs- und Wirtschaftsformen ganzheitlich, d. h. in den regionalen kulturellen und naturräumlichen Kontext eingebettet, darstellen. Durch die lebensnahe Gestaltung von Geschichte sind Freilichtmuseen Lernorte mit ganz besonderer Atmosphäre und mit direktem Bezug zur Lebenswelt der Gäste, ihrer Geschichte und der Lebensweise ihrer Vorfahren. Die zahlreichen Möglichkeiten zur Interaktion, z. B. durch traditionelle Markttage, Brotbäckereien und Kräutergärten, machen einen Besuch in einem Freilichtmuseum zu einem emotional besonders ansprechenden Erlebnis.

Der Fokus von Bildungsmöglichkeiten in Freilichtmuseen liegt eindeutig auf lokalhistorischen Themen, dennoch lassen sich auch hier zahlreiche Bezüge zum Globalen Lernen herstellen. Das Erleben und Begreifen der „eigenen" Geschichte macht es vielen Besucherinnen und Besuchern leichter, die vielfältigen Wechselwirkungen zwischen Mensch und Natur, die Abhängigkeit des Menschen von seinem Lebensraum oder die für einen Westeuropäer heute relativ fernen Probleme wie Hunger, Mangelkrankheiten oder Vertreibung nachzuvollziehen. So ist es oft wesentlich einfacher, Empathie für die existenziellen Probleme ländlicher Bevölkerung in Entwicklungsländern aufzubringen. Folglich können ausgehend von der Heimatgeschichte auch globale Themen angesprochen werden. Anknüpfungspunkte könnten zum Beispiel historische Nutzpflanzen und deren Weg nach Europa bzw. Deutschland, die Geschichte von Migration oder die nachhaltige Nutzung von Ressourcen in der traditionellen Landwirtschaft sein. Beispiele für derartige Themen in Freilichtmuseen sind die Ausstellung „Schöne Neue Welt – Rheinländer erobern Amerika" über die Migrationsbewegungen im 18. Jahrhundert im Rheinischen Freilichtmuseum Kommern (www.kommern.lvr.de) oder eine Ausstellung zum früheren und zum heutigen Wasserverbrauch im Dorf im Freilichtmuseum Beuren (Abbildung 8 und www.freilichtmuseumbeuren.de).

Die Kapazitäten für Bildungsarbeit scheinen in Zoos und Freilichtmuseen auf den ersten Blick besser zu sein als in Botanischen Gärten. So hat fast jeder Zoo eine Zooschule, in der in der Regel abgeordnete Lehrkräfte tätig sind. Zwei Drittel aller untersuchten Zoos und Tierparks und fast die Hälfte der bisher untersuchten Freilichtmuseen haben speziell für die Bildungsarbeit zuständige Mitarbeitende. Gründe für diese Unterschiede können in der Organisationsform der Einrichtungen gesucht werden: Zoos und Freilichtmuseen sind häufig kommunalen oder anderen öffentlichen

Abb. 8: Einblick in die Ausstellung „Wasser–aqua–H_2O: Wasser auf dem Dorf" im Freilichtmuseum Beuren. Hier können Besucherinnen und Besucher an Beispielen aus der Heimatgeschichte die essentielle Bedeutung von ausreichendem und sauberem Wasser erfahren und Anregungen zu einer Wasser sparenden Lebensweise mitnehmen.

Trägern zugehörig, während viele botanische Gärten universitär angebunden sind. Somit haben Zoos und Museen meist einen offiziellen Bildungsauftrag außerhalb von schulischer oder universitärer Bildung[15].

Allerdings bleiben die tatsächlichen Möglichkeiten für innovative Bildungsangebote oft auch in diesen Einrichtungen hinter den Ansprüchen und Wünschen der im Bildungsbereich Aktiven und den Potenzialen dieser Bildungsorte zurück. So werden auch in Zoos meist „klassische" biologische bzw. in Freilichtmuseen geschichtliche Themen angeboten und „klassische" Methoden wie Führungen und Unterrichtsgänge angewendet. Auch hier gibt es noch weitere Möglichkeiten, die Schlüsselthemen des Globalen Lernens und der Nachhaltigkeit verstärkt einzubinden.

Wie auch in den Botanischen Gärten ist ein wichtiger Erfolgsfaktor für interdisziplinäre, „moderne" Bildungsangebote die Zusammenarbeit mit anderen Einrichtungen, Organisationen und Bildungsträgern. So gibt es bereits eine Vielzahl von unterschiedlichsten Kooperationsprojekten. Meist handelt es sich um individuelle, projektbezogene Kooperationen bei Ausstellungen, Aktionstagen und anderen Veranstaltungen. Ein nicht alltägliches Beispiel ist der „Energielernpfad" im Zoo Heidelberg, auf dem Besucherinnen und Besucher interaktiv und spielerisch den Nutzen erneuerbarer Energien erfahren und praktische Tipps zum Energiesparen erhalten.

---

[15] Die in diesem Abschnitt dargestellten Einschätzungen und Beispiele beruhen auf vorläufigen Ergebnissen des F+E-Vorhabens „Innovative Bildungsangebote in Botanischen Gärten, Zoos und Freilichtmuseen", das von den Botanischen Gärten der Universität Bonn im Auftrag des Bundesamts für Naturschutz (BfN) durchgeführt wird. Eine abschließende Übersicht wird im Herbst 2008 vorgelegt. Weitere Informationen zu diesem Projekt gibt es im Internet unter www.bildungnatur.de.

Dieser Lehrpfad entstand in Kooperation mit einer Stiftung und dem lokalen Energieversorger.

Das Freilichtmuseum Kiekeberg bei Hamburg hat im Rahmen eines niedersachsenweiten Kooperations- und Bildungsprojektes mit Regionalen Umweltzentren ein Programm für Schulkinder entwickelt, das mit der Fragestellung „Was esse ich da eigentlich?" die Herkunft unserer Nahrung beleuchtet (BROCKHOFF & MEYER ZUM FELDE 2005).

Diese Beispiele zeigen, dass neben den Botanischen Gärten vor allem die Zoos, aber auch die zahlreichen Freilichtmuseen in Deutschland außergewöhnliche, viel versprechende Lernorte zu globalen Themen sind.

6 Fazit

Botanische Gärten, wie auch Zoos und Freilichtmuseen, können wichtige, zusätzliche Bausteine im Bildungskonzept „Globales Lernen" sein, denn sie

- sind außerschulische Lernorte mit hoher Fachkompetenz zum Schlüsselthema Biodiversität,
- sind informelle Lernorte für Millionen Menschen,
- sind dem Übereinkommen über Biologische Vielfalt (CBD) verpflichtet und setzen dessen Ziele „Bewusstseinsbildung und Öffentlichkeitsarbeit (CEPA)" um,
- stellen die lebendige Natur oft in einem globalen Kontext dar (v. a. Zoos und Botanische Gärten),
- haben eine hohe Kooperationsbereitschaft in Bildungsfragen,
- halten umfangreiche Sammlungen bereit und können Anschauungsmaterial in konzentrierter Form zur Verfügung stellen,
- tragen zur Erhaltung von genetischen Ressourcen, (Kultur-)Pflanzen und (Nutz-)Tieren bei,
- bieten ein einzigartiges Ambiente zum kognitiven, emotionalen und sozialen Lernen,
- vermitteln ökologisches Grundwissen und arbeiten methodisch vielfältig.

Darüber hinaus stellen sie auf vielfältige Weise den Bezug zur Lebenswelt der Lernenden her. Zögern Sie also nicht, „Ihrem" Botanischen Garten, Zoo oder Freilichtmuseum einen Besuch abzustatten!

7 Literaturverzeichnis

ASBRAND, B. (2003): Keine Angst vor Komplexität: Der Faire Handel als Lernort und Lerngegenstand Globalen Lernens. – Zeitschrift für Internationale Bildungsforschung und Entwicklungspädagogik 26 (2): 7-13.

BARTHLOTT, W., RAUER, G., IBISCH, P., DRIESCH, M. VON DEN & LOBIN, W. (1999): Biodiversität und Botanische Gärten. – In: BUNDESAMT FÜR NATURSCHUTZ (Hrsg.): Botanische Gärten und Biodiversität, Erhaltung Biologischer Vielfalt durch botanische Gärten und die Rolle des Übereinkommens über die Biologische Vielfalt. – Bonn: 1-24.

BECK, E. (2003): Aufbruch ins 21. Jahrhundert: Die Botanischen Gärten Deutschlands, Aufgaben, Ziele, Ressourcen. – In: DEUTSCHE BOTANISCHE GESELLSCHAFT e.V. (Hrsg.): Eine Denkschrift. – Berlin: 31 S.

BRAMWELL, D. (1993): Botanical Gardens and Environmental Education. – In: PEREZ, J. R. & HENRIQUEZ, M. N. G. (Eds.): Cultivating Green Awareness. Proceedings 2nd International Congress on Education in Botanic Gardens. – Las Palmas de Gran Canaria (Botanic Gardens Conservation International): 367 S.

BROCKHOFF, H. & MEYER ZUM FELDE, H.-J. (Hrsg.) (2005): Was esse ich da eigentlich? Unterrichtsideen zum Thema Landwirtschaft und Ernährung. – Schriften des Freilichtmuseums am Kiekeberg 52: 111 S.

BRÜNJES, W. (2003): Brückenschlag - Produktthemen im Unterricht. Eine Welt in der Schule 1: 2-3.

BÜHLER, H. (1996): Perspektivenwechsel? Unterwegs zu Globalem Lernen. – Frankfurt am Main (IKO-Verlag für Interkulturelle Kommunikation): 297 S.

BFN (BUNDESAMT FÜR NATURSCHUTZ) (Hrsg.) (1999): Botanische Gärten und Biodiversität: Erhaltung Biologischer Vielfalt durch botanische Gärten und die Rolle des Übereinkommens über die Biologische Vielfalt. – Bonn: 70 S.

FIEN, J. (2001): Stand up, stand up and be counted: education for sustainability and the journey of getting from here to there. – In: HOBSON, C. & WILLISON, J. (Eds.): Teaching for the 21st Century, Botanic Garden Education for a New Millennium, Proceedings of the Third International Congress on Education in Botanic Gardens 1996. – (Botanic Gardens Conservation International, USA): 136 S.

HETHKE, M. (1998): Von der Botanik zum Welthandel. – In: GROTHE et al. (Hrsg.): Umweltbildung in Botanischen Gärten. – (Botanic Gardens Conservation International und Verband Botanischer Gärten e.V.): 30.

HETHKE, M. (2007): Untersuchungen zur Bildungsarbeit in Botanischen Gärten unter besonderer Berücksichtigung des Globalen Lernens. – Rostock (Universität Rostock, Umwelt & Bildung), 70 S. + Anhang.

INSTITUT FÜR MUSEUMSKUNDE (Hrsg.) (2005): Statistische Gesamterhebung an den Museen der Bundesrepublik Deutschland für das Jahr 2004. – Berlin. – Materialien aus dem Institut für Museumskunde 59: 96 S.

INTERNATIONAL COUNCIL OF MUSEUMS - ICOM (2007): Ethische Richtlinien für Museen, Anhang: Definition der Begriffe „Museum" und „qualifiziertes Museumspersonal". – Berlin (ICOM-Deutschland). Download unter: www.icom-deutschland.de/client/media/94/dicom.pdf (abgerufen am 01.08.08).

INWENT (INTERNATIONALE WEITERBILDUNG UND ENTWICKLUNG gGmbH) (Hrsg.) (2004): Nachhaltigkeit lernen/Globales Lernen, Dokumentation der Fachtagung „Biologische Vielfalt als interdisziplinäres und interkulturelles Thema". – Feldafing: 87 S.

IUCN (INTERNATIONAL UNION FOR THE CONSERVATION OF NATURE) (1987): The IUCN Botanic Gardens Conservation Strategy: A Summary. – In: BRAMWELL, D., HAMANN, O., HEYWOOD, V. H. & SYNGE, H. (Eds.): Botanic Gardens and the World Conservation Strategy, International Conference 1985, Gran Canaria. – (IUCN Academic Press): XXXIX. 367 S.

KNEEBONE, S. (2005): A vital role for Botanic Garden educators in plant conservation: the global strategy for Plant Conservation and You! – Roots 2 (1): 29-32.

RAUER, G., DRIESCH, M. VON DEN, IBISCH, P., LOBIN, W. & BARTHLOTT, W. (2000): Beitrag der Deutschen Botanischen Gärten zur Erhaltung der Biologischen Vielfalt und Genetischer Ressourcen, Bestandsaufnahme und Entwicklungskonzept. – BUNDESAMT FÜR NATURSCHUTZ (Hrsg.). – Bonn: 246 S.

SCHREIBER, R. (1996): Globales Lernen für eine zukunftsfähige Entwicklung – Plädoyer für ein Unterrichtsprinzip Globales Lernen. – Zeitschrift für Internationale Bildungsforschung und Entwicklungspädagogik 19 (1): 15-18.

TILBURY, D. & CALVO, S. (2005): International Agendas Implications for Botanic Garden Education. – Roots 2 (1): 5-8.

VENRO (VERBAND ENTWICKLUNGSPOLITIK DEUTSCHER NICHTREGIERUNGSORGANISATIONEN e.V.) (2000): Globales Lernen als Aufgabe und Handlungsfeld entwicklungspolitischer Nichtregierungsorganisationen. – Arbeitspapier 10: 22 S. Download unter: ww.venro.org/fileadmin/Publikationen/arbeitspapiere/arbeitspapier_10.pdf (abgerufen am 01.08.08).

WELTGARTEN (2007): Bildung für Nachhaltige Entwicklung im WeltGarten Witzenhausen: Chili, Jeans und Schokolade. – DEUTSCHES INSTITUT FÜR TROPISCHE UND SUBTROPISCHE LANDWIRTSCHAFT (Hrsg.): Download unter: www.weltgarten- witzenhausen.de (Abruf: 20.5.07).

WILLISON, J. (1994): Environmental Education in Botanic Gardens – Guidelines for developing individual strategies. – (Botanic Gardens Conservation International, UK): 32 S.

WILLISON, J. (2006): Education for Sustainable Development: Guidelines for Action in Botanic Gardens. – (Botanic Gardens Conservation International, UK): 25 S.

WOHLERS, L. (Hrsg.) (2003): Methoden informeller Umweltbildung. Umweltbildung, Umweltkommunikation und Nachhaltigkeit 13 – Frankfurt am Main (Peter Lang): 169 S.

Adresse der Autorinnen:

Marina Hethke
Tropengewächshaus der Universität Kassel
Steinstr. 19
37213 Witzenhausen

Tel.: 05542 981 231
Fax: 05542 981 213
E-Mail: tropengewaechshaus@uni-kassel.de
Internet: :www.uni-kassel.de/agrar/tropengewaechshaus
www.weltgarten-witzenhausen.de/

Dr. Cornelia Löhne
Botanische Gärten der Universität Bonn
Meckenheimer Allee 171
53111 Bonn

Tel.: 0228 73 9055
Fax: 0228 73 1690
E-Mail: c.loehne@bildungnatur.de
Internet: www.bildungnatur.de
www.botgart.uni-bonn.de

Aktuelle Adresse:
Botanischer Garten und Botanisches Museum Berlin-Dahlem, Freie Universität Berlin
Königin-Luise-Str. 6-8
14195 Berlin

Tel.: 030 838 50135
Fax: 030 838 50218
E-Mail: c.loehne@bgbm.org
Internet: ww.bgbm.org/

Potenziale der Entwicklungszusammenarbeit am Beispiel Tambacounda / Senegal und Hannover / Deutschland

ABDOU KARIM SANÉ

Zusammenfassung

Die in diesem Beitrag vorgestellten entwicklungspolitisch-ökologischen Projekte werden vom Freundeskreis Tambacounda e. V. getragen. Der Verein hat seinen Sitz in Hannover und engagiert sich seit 1991 in der entwicklungspolitischen Arbeit. Ausgangspunkt für die Umsetzung von entwicklungspolitischen Projekten war der Wiederaufbau und die Unterstützung der Grundschule „Sada Maka Sy" in Tambacounda. Aus der laufenden Arbeit werden die aktuellen Projekte des Vereins aus den Bereichen Ökologie, Bildung und Gesundheit vorgestellt. Die Bedeutung des „Globalen Lernens" wird aus der Sicht des Vereins geschildert und Stellung genommen zum Thema Entwicklungszusammenarbeit im Norden und Süden.

1 Vorbemerkung

Zu Beginn des 21. Jahrhundert erscheint die internationale Migration als ein Phänomen, dessen Ausmaße und Erscheinungsmuster sich von denen vergangener Jahrhunderte unterscheiden. Die westlichen Nationen, die dieses Thema traditionell innenpolitisch behandeln, sind zusehends aufgefordert, international zu handeln. Es muss überlegt werden, wie Lösungen aussehen könnten, um die Auslöser für große Wanderungsbewegungen wenn nicht einzudämmen, so doch zumindest zu entschärfen.

Die täglichen Tragödien, die viele tausend Menschen zwingen, oder die sich gezwungen sehen, den Ort ihrer Geburt zu verlassen, rücken immer eindringlicher in das Bewusstsein der Menschen in den westlichen Industrienationen. Das, was fern schien, ist nah geworden. So sind es politische, ökonomische aber auch ökologische Faktoren, die Menschen oftmals regelrecht dazu zwingen mobil zu werden. Diese auslösenden Faktoren für Migration stehen teilweise miteinander in Wechselwirkung und verstärken sich untereinander. Der Schutz der Umwelt muss, neben der gerechten Verteilung der Ressourcen und der Schaffung globaler, nachhaltiger Lebensstile, zukünftig das große Thema internationalen Bemühungen sein, um das Überleben aller Menschen zu gewährleisten.

Mit diesem Artikel soll ein Einblick in die Arbeit des „Freundeskreis Tambacounda e. V." gegeben und gezeigt werden, dass die Themen Ökologie und Umweltschutz eine zunehmend größere Rolle in der entwicklungspolitischen Arbeit des Vereins spielen (www.africa-info.de). Gleichzeitig soll aber auch deutlich werden, dass aktiver Umweltschutz erst dort ansetzen kann, wo andere Faktoren, wie Massenarbeitslosigkeit, Armut, Menschenrechte, Bildungsengpässe gleichzeitig angegangen werden.

2 Der „Freundeskreis Tambacounda" stellt sich vor

Der Freundeskreis Tambacounda e. V. ist ein Verein zur Vermittlung afrikanischen Kulturgutes in Deutschland und zur Förderung von Entwicklungsprojekten in Afrika. Gegründet wurde er im Sommer 1991 nach einer Reise durch den Senegal. Von Anfang an waren die Ziele der Arbeit des Vereins, die Kulturvermittlung und den Kulturaustausch zu fördern und im Süden in den Bereichen Bildung, Ökologie und Gesundheit aktiv zu werden. Dabei geht es dem Freundeskreis darum, die Menschen in Tambacounda dabei zu unterstützen, ihr Schicksal in die eigenen Hände zu nehmen und eigene Lösungen zu finden.

2.1 Tambacounda - eine Provinzstadt wurde vergessen

Benannt wurde der Verein nach der Hauptstadt Tambacounda der Region Sénégal Oriental, im Osten des Senegals. Die Region wird durch das extreme Klima, bestehend aus Hitze, Trockenheit und Dürre, aber auch starke Regenfälle während der Regenzeit, geprägt. Armut, Arbeitslosigkeit und der Mangel an Ausbildungsplätzen sind insbesondere für viele junge Menschen Gründe, der Region den Rücken zu kehren und in die ca. 500 km entfernte Metropole Dakar abzuwandern. Die Region hat ca. 50.000 Einwohnerinnen und Einwohner. Sénégal Oriental ist der flächenmäßig größte aber am dünnsten besiedelte Distrikt des Landes. Tambacounda ist ein wichtiger Verkehrsknotenpunkt im Südosten des Senegal und damit Durchgangsstelle für viele Han-

Abb. 1: Tambacounda liegt im Südosten des Senegal (Quelle www.wikipedia.de, verändert).

delsbeziehungen zwischen dem Senegal und seinen Nachbarländern Mali, Mauretanien, Guinea-Bissau, Guinea und Gambia (Abbildung 1).

Neben dem Anbau von Erdnüssen ist das wichtigste Produkt der Region die Baumwolle, die allerdings vor Ort selbst nicht weiter verarbeitet, sondern nach Dakar in die Baumwollfabrik transportiert wird. Tambacounda ist eine typische Provinzstadt. Relativ vergessen von der Metropole Dakar, wird trotz alledem versucht, die täglichen Probleme zu bewältigen. Es gibt keine regelmäßige Müllabfuhr und keine Kanalisation. Nur wenige Häuser sind an eine öffentliche Wasserversorgung angeschlossen. Darüber hinaus hat die Gemeinde wenig Geld, um öffentliche Einrichtungen und Gebäude zu erhalten und mit dem Nötigsten auszustatten.

Tambacounda hat keine eigene Zeitung, dafür aber eine lokale Radiostation, von der aus ein Mal pro Woche eine Regionalsendung für den Zentralrundfunk Dakar produziert wird. Trotz der schwierigen Bedingungen gibt es in Tambacounda vielfältige Initiativen, die versuchen, die Verhältnisse zu ändern und Notlagen zu überwinden.

Abb. 2: Erfahrungsaustausch von Freiwilligen und Praktikanten im Jahr 2006 in Hannover.

Der Freundeskreis Tambacounda e. V. hat sich zum Ziel gesetzt, diese Initiativen zu fördern und zu unterstützen, aber auch neue Wege aufzuzeigen – oder alte Traditionen wiederzubeleben.

Wir begannen mit einer Informationsarbeit über Tambacounda in Hannover und organisierten gleichzeitig die Sanierung einer Grundschule in Tambacounda. Mit verschiedenen Partnern führten wir Veranstaltungsreihen zu unterschiedlichen Themen durch. Dabei ging es um das Leben im Senegal, um afrikanische Kultur und Geschichte sowie politische Hintergründe. Zu unserer Arbeit gehören auch kulturelle Veranstaltungen, Dia-Vorträge und Workshops an Schulen.

Für die Arbeit des Freundeskreises sind die Themen „Bildung" und „nachhaltige Entwicklung" von zentraler Bedeutung. Ziel des Vereins ist es dabei, Globales Lernen unter der Prämisse, die Welt ökologisch und sozial zukunftsfähig zu gestalten, durch ganz konkrete und beispielhafte Projekte erlebbar zu machen. Dabei geht es auch immer wieder darum, nach Möglichkeiten, Methoden und Kompetenzen zu suchen, die die

Wechselbeziehungen von lokalen und globalen Prozessen anschaulich machen. In diesem Prozess lernen alle voneinander und miteinander (Abbildung 2). Und über das, was wir gelernt haben und wo es noch zu lernen gilt, möchten wir an dieser Stelle gerne berichten.

2.2 Ziele der Arbeit

„Bildung ist eine unerlässliche Voraussetzung für die Förderung nachhaltiger Entwicklung und die Verbesserung der Fähigkeit des Menschen, sich mit Umwelt- und Entwicklungsfragen auseinander zusetzen."(BMU 1992) Wir verteilen keine Almosen, sondern wollen in den Bereichen Bildung, Soziales, Gesundheit und Ökologie initiativ werden und vorhandene Initiativen unterstützen, Selbstvertrauen fördern und bei der Gründung von Existenzen helfen. Wir arbeiten als Nichtregierungsorganisation (NRO) partnerschaftlich „von unten", von Mensch zu Mensch und von Institution zu Institution.

Unsere konkreten Ziele lauten:

- Förderung von Entwicklungsprojekten in Afrika,
- Vermittlung afrikanischen Kulturgutes im Norden und europäischen Kulturgutes im Süden,
- Erarbeitung und Vermittlung eines differenzierten Afrika- und Europabildes,
- Hilfe zur Selbsthilfe statt Geschenke,
- Antirassismusarbeit,
- Verbesserung der Lebensbedingungen und Bildungschancen afrikanischer Migrantinnen und Migranten in Hannover

Diese Ziele werden in den Bereichen Bildung, Gesundheit, Geschichte, Kultur, Integration und Ökologie durch Projekte in Nord und Süd verfolgt. In den letzten Jahren wurden in Hannover die folgenden Themen bearbeitet sowie Projekte und Veranstaltungen organisiert und durchgeführt.

3 Projekte in Hannover / Deutschland
3.1 Gesundheit

Im Fokus unserer Arbeit zum Thema Gesundheit steht hier die Präventions- und Aufklärungsarbeit für Menschen mit Migrationshintergrund. Dazu gab es Gesundheitstage, an denen z. B. zur Krankheit Diabetes informiert wurde. Ein zentraler Schwerpunkt ist das Thema „Weibliche Genitalverstümmelung (FGM), zu dem schon diverse Veranstaltungen durchgeführt wurden. Unter anderem fand im Sommer 2000 in Zusammenarbeit mit der Medizinischen Hochschule (MHH) eine Vortragsreihe mit Filmvorführungen und Podiumsdiskussion statt (FREUNDESKREIS TAMBACOUNDA 2000): Referent war u. a. Prof. Dr. Horst von der Hardt. Außerdem organisierte der Verein die Ausstellung „Künstlerinnen und Künstler aus Nigeria klagen an" in Zusammenarbeit mit Terre des Femmes (SANÉ 2003). Eine Untersuchung zur Situation von betroffenen Migrantinnen in Niedersachsen wurde mit Unterstützung des niedersächsischen Sozialministeriums durchgeführt. Zuletzt organisierte der Verein am 08.07.2006 ein Tagesseminar in der Ärztekammer Hannover für Medizinerinnen und Mediziner, Hebammen und weitere Interessierte. Der Titel der Veranstaltung lautete „Medizinische Behandlungsmöglichkeiten von weiblicher Genitalverstümmelung – Einordnung aus medizinischer, ethnologischer, juristischer und kultureller Sicht".

3.2 Kultur

Renommierte Künstler, wie beispielsweise die weltbekannten Filmemacher Ousmane Sembéne und Moussa Sene Absa, oder auch Schriftstellerinnen wie Aminata Sow Fall wurden zu Lesungen und Filmvorführungen nach Hannover eingeladen. Des Weiteren gab es Ausstellungen, wie z. B. 1997 mit dem Titel „Meister des Wortes – Amadou Hampaté Ba und die Literatur Westafrikas". Während der Weltausstellung EXPO 2000 in Hannover gab es eine Filmreihe, „Filmland Senegal", die der Freundeskreis in Zusammenarbeit mit einigen Partnern veranstaltete.

3.3 Geschichte

Die Geschichte des Kolonialismus, der Sklaverei und des Sklavenhandels und deren Folgen bis heute sind vielen Menschen nicht bewusst. Auch die Rolle Europas ist wenig bekannt, bzw. wird gern verdrängt. Die Aufklärung über dieses traurigste Kapitel der Menschheitsgeschichte ist jedoch sehr wichtig, denn hier liegen u. a. die Wurzeln des Rassismus. Erstmals im Jahr 1992 organisierte der Freundeskreis eine Vortragsreihe, die in elf großen deutschen Städten stattfand. Mitorganisatoren waren die Landeszentrale für Politische Bildung und das Kommunale Kino in Hannover. Referent war u.a. der Chefkonservator des Sklavenhauses auf Goreé im Senegal. Ende 2006 fand eine regelmäßige Diskussionsrunde zum Thema „Deutscher Kolonialismus in Afrika" statt.

3.4 Integration und Bildung

Im Zusammenhang mit dem Programm „Soziale Stadt Hainholz" führte der Freundeskreis im Stadtteil Hannover-Hainholz im Jahr 2005 eine Untersuchung zur Situation afrikanischer Migrantinnen und Migranten im Stadtteil durch. Ziel der Studie war es, Informationen über die Bildungs- und Beschäftigungslage, insbesondere der afrikanischen Menschen mit Migrationshintergrund im Stadtteil zu gewinnen. Die Ergebnisse flossen ein in die Konzeptionierung der Projekte „Info-Net-Café" und „Go-Job". Diese Projekte erhielten Unterstützung durch das Programm „Lokales Kapital für soziale Zwecke" (LOS). In Zusammenarbeit mit der „Projektwerkstatt Umwelt und Entwicklung e. V." wurden beide Projekte von 2006 bis 2007 durchgeführt.

Das „Info-Net-Café"-Projekt hatte zum Ziel, die Medienkompetenz von Menschen mit Migrationshintergrund zu fördern, die mit dem Aufbau von Sprachkompetenz, sozialer Kompetenz und persönlicher Weiterbildung einhergeht.

Seit Juni 2006 wird das Projekt „Go-Job" in Hainholz realisiert, bei dem es neben dem Erwerb von Medienkompetenz auch um die Verbesserung der Vermittlungschancen auf dem Arbeitsmarkt geht. Für beide Projekte stellten wir reges Interesse fest und es zeigte sich, dass sich die afrikanischen Migrantinnen von den bisherigen Angeboten nicht angesprochen fühlten.

4 Projekte in Tambacounda / Senegal
4.1 Ökologie

„Global denken, lokal handeln": Das Klima des Senegal ist als randtropisch zu bezeichnen. Die Trockenzeit dauert von Dezember bis Mai, die Regenzeit von Juni bis November. Im Süden des Landes sind weitaus häufiger Niederschläge zu finden, sodass die Vegetation Feuchtwald bis Feuchtsavanne umfasst (Abbildung 3).

Neben dem oft sumpfigen und flachen Küstengebiet existieren im Norden des Landes überwiegend Trockensavannen. Rund ein Drittel Senegals ist nach einem drastischen Rückgang des Baumbestandes bewaldet. An den Küsten überwiegen Mangrovensümpfe, besonders im Süden dichter Regenwald, vor allem Ölpalmen, Bambus, Mahagoni und Teak. Weite Teile der Landflächen stehen inzwischen unter Naturschutz und sind als Nationalparks ausgewiesen worden. Im trockeneren Norden des Landes findet man die sahel-typische Grasvegetation.

Abb. 3: Blick auf den Regenwald des Parc National du Niokolo Koba.

Die Tierwelt verfügt über einen großen Reichtum an seltenen Arten. Neben Flusspferden und Krokodilen in den Küstenregionen sind Elefanten, Löwen, Affen, Antilopen und Warzenschweine hier beheimatet. Eine besondere Vielfalt bietet zudem die Küstenregion mit ihren Meeresbewohnern und Vögeln.

Im Senegal gibt es mehrere Nationalparks. Der größte Nationalpark, der „Parc National du Niokolo Koba" (Abbildung 4) liegt ca. 55 km von Tambacounda entfernt und erstreckt sich auf einer Fläche von ca. 1,2 Mio. ha. Fast alle großen Wildtierarten leben in dem Gebiet und mehrere hundert Vogelarten. 1981 wurde der Park als UNESCO-Weltnaturerbe anerkannt. Mittlerweile steht der Park auf der Roten Liste des gefährdeten Welterbes, da ein geplanter Staudamm am Gambia-Fluss die regelmäßige Überflutung des Graslandes verhindern würde. Zudem ist es den Behörden bisher nicht gelungen, die Wilderei einzudämmen.

Abb. 4: Klassenausflug der Grundschule Sada Maka Sy in den Nationalpark Niokolo Koba im Dezember 2007 – finanziert durch einen Sponsor aus der Grundschule Suthwiesenstraße in Hannover.

Die Umweltsituation des Senegal muss aufgrund der geographischen Lage (Sahelzone mit problematischer Wasserversorgung und fortschreitender Wüstenbildung), der Monokultur in der Landwirtschaft (Erdnuss- und Baumwollanbau), dem hohen Bevölkerungswachstum als prekär eingeschätzt werden. Anhaltende Landflucht führt insbesondere in der Hauptstadt Dakar zu großen Problemen bei der Wasserversorgung sowie der Abwasser- und Müllentsorgung, der zunehmende Verkehr erhöht die Lärm- und Luftbelastung (Abbildung 5).

Der Freundeskreis Tambacounda hat verschiedene Projekte zu ökologischen Themen in Tambacounda initiiert und durchgeführt. Dabei standen die Themen Siedlungsentwicklung, Solarenergie, Müllentsorgung, Wiederaufforstung und Siedlungsentwicklung im Vordergrund. Anlass einer vom Freundeskreis durchgeführten Machbarkeitsstudie zur ökologischen und sozialverträglichen Siedlungsentwicklung war eine große Überschwemmung in Tambacounda im Juli 1998. Damals wurden ca. 200 Familien obdachlos. Für diese Familien sollte eine neue Unterkunft erstellt werden. Die Untersuchungen bezogen sich im Schwerpunkt auf den Stadtteil „Dépôt". Dieser Stadtteil wurde durch die Überschwemmung am stärksten betroffen.

Die interdisziplinäre Projektinitiative „Habitat Tambacounda" dient dazu, langfristige Ziele zu formulieren und umzusetzen. Vorrangiges und übergeordnetes Ziel der Projektinitiative ist es, für den ärmsten Stadtteil, Dépôt, realistische Maßnahmen im Sinne einer nachhaltigen Siedlungsentwicklung vorzuschlagen und Strategien für eine Umsetzung zu erarbeiten, die langfristig auch für andere Bereiche und Regionen beispielhaft sein können.

Abb. 5: Müllverbrennung im Rahmen einer Aktion „Sauberer Stadtteil" im Jahr 2005.

Zum einen sollen durch den Rückgriff auf traditionelle, örtliche Bauweisen und Materialien Chancen und Möglichkeiten für die Partizipation der Bevölkerung, die Schaffung von Arbeitsplätzen und die Stärkung der kulturellen Identität eröffnet werden. Zum anderen – und damit zusammenhängend – gilt es, ökonomische und ökologische, soziale wie technische Aspekte im Sinne der Forderungen der AGENDA 21 im Zusammenhang zu sehen und in eine Gesamtplanung zu integrieren.

Der Verein „Freundeskreis Tambacounda e. V." bemühte sich um eine Förderung durch die EU, das Umweltprogramm der Vereinten Nationen oder das Bundesministerium für Zusammenarbeit und Entwicklung (BMZ). Bisher ist es jedoch noch nicht gelungen, für dieses große Projekt Mittel zu akquirieren. Eine wichtige Voraussetzung dafür ist auch, dass sich die Bewohnerinnen und Bewohner von Tambacounda am Projekt beteiligen (finanziell und besonders durch eine Mitarbeit). Die Sanierung darf nicht als Geschenk aufgefasst werden. Die Projektziele lassen sich wie folgt zusammenfassen:

- Im Kapitel 7 der AGENDA 21 ist die Rede von „Förderung einer nachhaltigen Siedlungsentwicklung" und „Schaffung angemessener Unterkunft für alle". Der Verein „Freundeskreis Tambacounda e. V." bemüht sich seit seiner Gründung im Jahr 1991 um eine Verwirklichung des oben genannten Kapitels, zunächst für den Stadtteil Dépôt in der Stadt Tambacounda, die regelmäßig alle zwei Jahre von einer Überschwemmung heimgesucht wird, aber darüber hinaus auch für andere

Städte und Regionen. Die Überschwemmung wird zum Teil durch das Benutzen des Flussbetts des Mamacounda als Mülldeponie verursacht. Dies macht deutlich, wie ökologische und soziale Probleme miteinander vernetzt sind. Nur Projekte, die mit einem integrativen Ansatz an die Probleme herangehen und die Bevölkerung als handelnde Subjekte in die Problemlösung integrieren, können die Situation der Menschen dauerhaft verbessern.

- Schulungs- und Ausbildungsmöglichkeiten in diesem Bereich sollen angeboten werden, um auf verschiedenen Ebenen Qualifikationen zu erreichen und insbesondere auch Mädchen und Frauen an diese Technik heranzuführen,
- die Hygienebedingungen sollen durch die Einführung eines Trockentoilettensystems verbessert werden,
- sollen Fachleute vor Ort in die Planung, den Bau und die Nutzung einbezogen werden.

4.2 Solar- und Hygienezentrum Tambacounda

Mit dem Solar- und Hygienezentrum (Abbildung 6) konnte ein erstes Musterhaus im Sinne des Projekts „Habitat Tambacounda" errichtet werden. Dieses zukunftsorientierte, gemeinnützige Projekt wurde im Jahr 2003 begonnen, um ökologische Bauweisen, regenerative Energien, Vermeidung von Müll und Wasserverschmutzung ganz konkret und anschaulich zu zeigen und zur Nachahmung zu empfehlen. Durch die Unterstützung der Niedersächsischen Lottostiftung und den tatkräftigen Einsatz arbeitsloser junger Menschen vor Ort konnte 2003 mit dem Bau begonnen und das erste Gebäude am 21. Oktober 2004 eingeweiht

Abb. 6: Das Solar- und Hygienezentrum 2008 – die künstlerische Gestaltung übernahm ein Künstler aus Tambacounda.

werden. In den Räumen des ersten Gebäudes wurden ein Internetcafé, Büro- und Werkstatträume, ein PC-Schulungsraum und zwei Trockentoiletten untergebracht. Mit einem zweiten Bauabschnitt wurde 2005 begonnen. So sind bislang eine Tischlerei, eine

Bibliothek und Wohnräume für die Mitarbeiter und Mitarbeiterinnen sowie für die Praktikantinnen und Praktikanten des Zentrums entstanden. Mit Hilfe zweier reisender Handwerksgesellen konnte 2007 außerdem ein Fachwerkhaus fertiggestellt werden. Dieses wird vom Zentrum als Gemeinschaftsraum für die Bevölkerung genutzt und soll demnächst zum Café ausgebaut werden. Das Internetcafé ist nun in das neue Gebäude umgezogen und verfügt über mehr Platz und Funktionalität.

Ziele der Projektinitiative „Solar- und Hygienezentrum" sind u. a. realistische Maßnahmen im Sinne einer nachhaltigen Siedlungsentwicklung aufzuzeigen und Strategien für eine Umsetzung zu erarbeiten, die langfristig auch für andere Bereiche und Regionen beispielhaft sein könnten. So ist ein wichtiges Ziel, das es noch zu erreichen gilt, das Zentrum von der staatlichen Stromversorgung abzukoppeln, da diese viele Probleme mit sich bringt (hohe Kosten, Stromausfälle), indem sie komplett auf Photovoltaik umgestellt wird. Um die Finanzierung dieses Vorhabens zu sichern, bemühen wir uns zurzeit, Sponsoren zu finden.

Das Zentrum ist auch ein Bildungszentrum. So finden Schulungen, Seminare u. ä. statt, um der Bevölkerung zu zeigen, welche Möglichkeiten sich zum Hygieneschutz und zur praktischen Nutzung der Sonnenenergie bieten. Neben einem PC-Schulungsraum , weiteren Schulungs- und Seminarräumen sollen auch Werkstätten angeschlossen werden, um Ausbildungsmöglichkeiten zu schaffen. Mit der Anpflanzung von Bäumen auf dem Gelände des Zentrums und darum herum wurde ein Zeichen für die Wiederaufforstung gesetzt und um zu zeigen, dass sich das Mikroklima durch diese Maßnahmen verbessern lassen. Da in der Region Tambacounda im Senegal große Waldgebiete abgeholzt werden und die staatliche Stromversorgung unzureichend ist, versucht der Freundeskreis die Verbreitung von Solarenergie voranzutreiben. Im Jahr 1997 organisierte der Freundeskreis erstmals eine große Veranstaltung mit dem Titel „Möglichkeiten der direkten Solarenergienutzung in Afrika" an der Universität Hannover.

Abb. 7: Das Trockentoilettengebäude.

Im Solar- und Hygienezentrum soll auch zukünftig zu diesem Thema durch Anschauungsmaterial und Kurse Aufklärungsarbeit gewährleistet werden.

Die menschlichen Fäkalien gefährden das Grundwasser, das nur einige Meter entfernt aus dem Brunnen geschöpft wird. Diese schlechte hygienische Situation verursacht viele Infektionskrankheiten, einer der Gründe für die hohe Säuglings- und Kindersterblichkeit im Land. Eine Kanalisation ist nicht nur aus finanziellen Gründen nicht ausführbar. Acht Monate im Jahr fehlt darüber hinaus das Wasser für die Schwemmkanalisation und vier Monate – in der Regenzeit – können die Fäkalien nicht abgeführt werden. Zurzeit sieht die Toilettensituation in Tambacounda so aus, dass die Toilettenräume in oder neben den Häusern direkt über einer Senkgrube stehen, die so lange genutzt wird, bis sie voll ist. Ein Abpumpen der Senkgrube findet meist nicht statt, weil der Pumpwagen der Kommune nicht einsatzbereit ist. Die Trockentoilette funktioniert nach dem Prinzip „trennen, trocknen, kompostieren" (Abbildung 7).

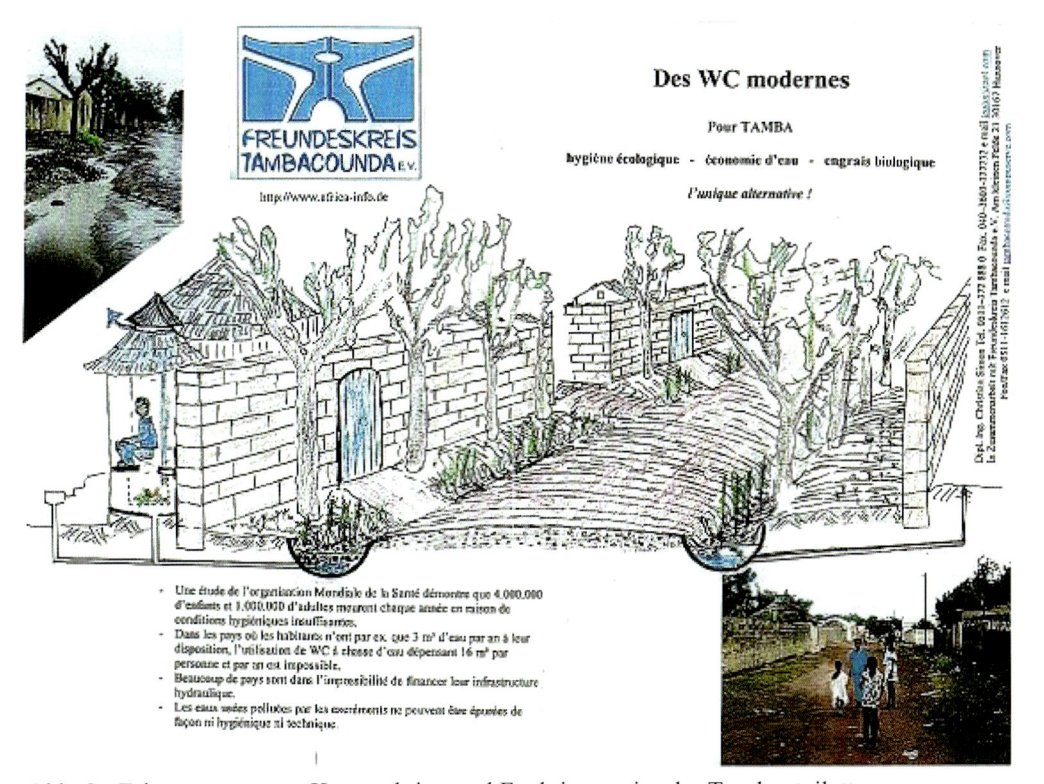

Abb. 8: Erläuterungen zur Konstruktion und Funktionsweise der Trockentoiletten.

Urin und Fäkalien werden getrennt, der Urin als Dünger in ein Pflanzenbeet geleitet, die Fäkalien getrocknet und anschließend kompostiert. Damit wird der Verunreinigung des Grundwassers entscheidend entgegengewirkt.

Das in Tambacounda verwendete Modell der Trockentoiletten basiert auf einem von der Kinderärztin Dr. Chiara Morano und dem Architekten Christian Simon entwickelten System, das Krankheitserreger in den Fäkalien auf einfache Weise schnellstmöglich abtötet und dadurch eine ökologische Hygiene sicherstellt. Die Fäkalien werden in einem luftumströmten Korb aufgefangen. In nebenstehend dargestellter Variante wird der Urin direkt mit dem Wasch- und Küchenwasser einem Entwässerungsgraben im Straßenraum zugeführt und im Wurzelraum gereinigt. Danach kann das Wasser unbedenklich zur Bewässerung verwendet werden (Abbildung 8). Die Gräben sind so bemessen, dass sie in der Regenzeit auch das Regenwasser abführen können. Alle hierfür notwendigen Materialien sind vor Ort vorhanden. Wenn die Methode des Trockentoilettensystems eine breitere Anwendung finden soll, ist technische und gesundheitliche Aufklärung der entscheidende Faktor. Die Basis für diesen Schritt bildet das Projekt im "Solar- und Hygienezentrum Tambacounda", das auch bereits vielfältige Aufmerksamkeit erlangt hat.

5 Aktuelle Projekte

5.1 Zeig mir was von dir

Vor ein paar Monaten startete ein Videoprojekt. Mit dem Projekt „Zeig mir was von Dir" wollen die „Projektwerkstatt Umwelt und Entwicklung e. V." und der „Freundeskreis Tambacounda e. V." durch die Produktion und den Austausch kurzer aber regelmäßiger Videobotschaften in beide Richtungen Aktivitäten stärken (www.soumou.org).

5.2 Afrika macht Schule

In unserer langjährigen Projektarbeit mit Schulen mussten wir immer wieder feststellen, dass sowohl bei Pädagoginnen und Pädagogen, bei Kindern und Jugendlichen als auch bei Eltern das „Afrikabild" und die Kenntnisse über den afrikanischen Kontinent durch Stereotype geprägt sind. Viele dieser Bilder und Muster (Afrika = unzivilisiert, arm, notleidend, aber schöne wilde Natur) sind aus kolonialem Gedankengut entstanden. Andererseits stellten wir fest, dass das Europabild vieler Menschen in Afrika bzw. im Senegal nicht minder von Stereotypen geprägt ist (Europa = paradiesisch, weil reich und ohne Sorgen).

Mit dem Projekt „Afrika macht Schule" wollen wir in Zusammenarbeit mit Expertinnen und Experten, mit unterschiedlichen Materialien und Methoden sowie unter Beteiligung interessierter Lehr- und Fachkräfte ein differenziertes „Afrikabild" bzw. „Europabild" erarbeiten und vermitteln (www.afrika-macht-schule.de). Dies ist ein wichtiger Schritt, den Rassismus in unserer Gesellschaft zu bekämpfen und ein gleichberechtigtes Zusammenleben zu ermöglichen. Zudem ist es ein Baustein im Rahmen unserer entwicklungspolitischen Arbeit im Süden: nicht die Auswanderung als Garant für ein besseres Leben zu sehen, sondern die eigenen Potenziale für die Verbesserung der Lebensbedingungen vor Ort einzusetzen.

Ein „Pool" afrikanischer Expertinnen und Experten zu den Fachthemen Historie, Politikwissenschaft, Kunst sowie Afrika-spezifischen Themen soll zusammengestellt werden. Sie erhalten während der Projektlaufzeit eine in die praktische Zusammenarbeit mit Schulen eingebettete Begleitung und Qualifizierung. Gleichzeitig werden Themen und Methoden in der pädagogischen Praxis erprobt und verbessert. Die Fachleute sollen anschließend in Schulen als Referentinnen und Referenten eingesetzt werden (Abbildung 9).

Abb. 9: Eröffnung der Senegal-AG am Kurt-Schwitters-Gymnasium Misburg mit Eloi Coly, Konservateur (Konservator) des Maison des Esclaves (Sklavenhaus) auf der Insel Gorée / Senegal im November 2007.

Gerade für Lehrende (und Erziehende) in den unterschiedlichen Bildungsinstitutionen ist es für die Vermittlung eines differenzierten Afrikabildes wichtig, sich selbst ein differenziertes „Bild" zu machen. Dies kann beispielsweise durch Begegnungen mit afrikanischen Expertinnen und Experten sowie Künstlerinnen und Künstlern erlebt werden, aber auch durch Medien oder einen gegenseitigen Erfahrungsaustausch.

Afrika macht Schule ist ein umfassendes Angebot zum Thema „Afrika". Aus dem entstandenen Pool von Themen und Materialien (Abbildung 10) können Lehrkräfte und Interessierte ihren Schwerpunkt auswählen und Fachleute zu den einzelnen Themen nachfragen.

Wir versuchen durch die parallele Arbeit in Hannover und im Solar- und Hygienezentrum in Tambacounda (Lesungen, Workshops, Kurse etc.) die Vorurteile auf beiden Seiten, auf der Seite der Deutschen als auch der Senegalesen, aufzubrechen. Uns geht es darum deutlich zu machen, dass Afrika und die afrikanische Bevölkerung nicht immer mit Unterentwicklung, Armut und Hilflosigkeit stigmatisiert werden sollten. Gleichzeitig sollen die Afrikanerinnen und Afrikaner zukünftig nicht mehr von dem Bild geprägt bleiben, dass Europa das „El-Dorado" ist, das sie sich oft vorstellen. Eine echte Partnerschaft kann, aus unserer Sicht, nur auf den Prinzipien von gegenseitigem Respekt und eines Gebens und Nehmens entwickelt werden.

Abb. 10: Eröffnung der Ausstellung „Wer hat Angst vorm Schwarzen Mann" im Juni 2008, die die Besucherinnen und Besucher damit konfrontiert, wie der afrikanische Kontinent in den verschiedenen Erscheinungsformen populärer Kultur, wie Werbung, Comics und Spielzeuge, dargestellt wurde und wird.

6 Ausblick

Unser konkreter Wunsch ist, eine fruchtbare Zusammenarbeit mit umweltpolitischen Gruppen aus Deutschland zustande kommen zu lassen. Dabei geht es uns darum, umweltpolitische Gruppen in die lokale Arbeit vor Ort einzubinden. Aufklärungsarbeit ist ein wesentlicher Bestandteil der Vereinsphilosophie. Alle Projekte des Freundeskreises wollen aber auch ganz praktisch Alternativen aufzeigen und konkrete Beiträge zur Veränderung leisten.

Das „Solar- und Hygienezentrum" bietet beispielsweise einen konkreten Ort, an dem Wissen ausgetauscht, vermittelt und vermehrt werden kann. Das Zentrum bietet jungen Leuten aus Tambacounda und auch aus Deutschland Praktikumsmöglichkeiten und neue Lernerfahrungen. Dabei ist der Schwerpunkt des einzelnen Praktikums, je nach Fähigkeiten und Interessen der Praktikantinnen und Praktikanten, sehr unterschiedlich. Es gab Deutschkurse, Seminare zum Thema weibliche Genitalverstümmelung, Video- und Zirkusprojekte, Aufklärungsarbeit zum Thema Umweltschutz etc. Wir versuchen die Praktikantinnen und Praktikanten optimal auf ihren Aufenthalt in Tambacounda vorzubereiten und mit ihnen gemeinsam die Ziele für ihr Praktikum im Zentrum auszuarbeiten. Uns geht es stets darum, im Zentrum etwas Bleibendes entstehen zu lassen, woran die Praktikantinnen und Praktikanten direkt beteiligt sind und von dem die Bevölkerung Tambacoundas direkt profitieren kann.

In Zukunft soll dieser Schwerpunkt unserer Arbeit, also die Wissensvermittlung im Solar- und Hygienezentrum, ausgebaut werden. Wir hoffen, dass umweltpolitische Gruppen uns dabei helfen können, engagierte und fähige Interessenten für Praktika zu finden. Des Weiteren hoffen wir natürlich auch, dass sich in Richtung Ausbildungsprojekte etwas entwickelt. In Tambacounda sind Ausbildungsmöglichkeiten für junge Menschen rar. Es fehlt an fachlich ausgebildeten Leuten und an Werkstätten, die ausreichend ausgestattet sind. Wir hoffen gemeinsam mit interessierten unweltpolitischen Gruppen in diesem Bereich etwas entwickeln und erreichen zu können. Denn gut ausgebildete junge Leute vor Ort sind ein Garant dafür, dass das Bewusstsein für aktiven Umweltschutz in Tambacounda wachsen kann.

Somit möchten wir Interessierte dazu ermuntern, sich bei uns zu melden. Wir informieren gerne eingehender über unsere Arbeit im Allgemeinen und die einzelnen Projekte im Besonderen. Auch Anregungen sind sehr willkommen und so wünschen wir uns für die Zukunft noch mehr gute Kooperationen und gemeinsame Erfahrungen, die allen Seiten von Vorteil sein können und eine gemeinsame Zukunft gestalten können.

7   Literaturverzeichnis

BMU (BUNDESMINISTERIUM FÜR UMWELT, NATURSCHUTZ UND REAKTORSICHERHEIT) (1992): Konferenz der Vereinten Nationen für Umwelt und Entwicklung im Juni 1992 in Rio de Janeiro. Dokumente. – Bonn (Köllen Druck und Verlag GmbH): 312 S.

EHBEN, A. (2006): Entwicklungsmöglichkeiten peripherer Räume durch Dezentralisierung höherer Bildung am Beispiel der Region Tambacounda / Senegal. – Diplomarbeit in Zusammenarbeit mit dem Freundeskreis Tambacounda e.V. – Institut für Wirtschafts- und Kulturgeographie der Universität Hannover: 108 S. Erhältlich beim Freundeskreis Tambacounda e.V.

FREUNDESKREIS TAMBACOUNDA e. V. (Hrsg.) (1998): Dokumentation „Möglichkeiten der direkten Solarenergienutzung in Afrika. Tagung 1997 – Hannover: 20 S. Erhältlich beim Freundeskreis Tambacounda e.V.

FREUNDESKREIS TAMBACOUNDA e. V. (Hrsg.) (2003): Weibliche Genitalverstümmelung – Untersuchung zur Situation von Migrantinnen in Niedersachsen. – Hannover: 44 S. Erhältlich beim Freundeskreis Tambacounda e.V.

FREUNDESKREIS TAMBACOUNDA e. V. (Hrsg.) (2003): Dokumentation „Solo für alle, 16. Juni 2001 – zum internationalen Tag der Flüchtlinge. – Hannover: 41 S. Erhältlich beim Freundeskreis Tambacounda e.V.

FREUNDESKREIS TAMBACOUNDA e. V. (Hrsg.) (2006): Dokumentation des Tagesseminars Genitalverstümmelung – Einordnung aus medizinischer, ethnologischer, juristischer und kultureller Sicht. – Hannover: 37 S. Erhältlich beim Freundeskreis Tambacounda e.V.

ORTMANN, S. & SANÉ, A. K. (1991): Bewegung in der Provinz. Themen: Entwicklungszusammenarbeit – Ländliche Entwicklung in Tambacounda / Senegal. – Datenbank der Kooperation Dritte Welt Archive. Download unter: www.archiv3.org (Dok-Nr: 106320): 1-16. Erhältlich beim Freundeskreis Tambacounda e.V.

SANÉ, A. K. (1997): Die Dritte Welt ist überall – Die Dritte Welt interessiert doch niemanden! – In: MAYER, J. F. (Hrsg.): Agenda 21 für Niedersachsen – Stand und Perspektiven einer nachhaltigen Entwicklung auf regionaler Ebene. Loccumer Protokolle 24/97: 179-182.

SANÉ, A. K. (2003): Frauensache? Männersache? Menschenrecht! – In: TERRE DES FEMMES (eds.): Schnitt in die Seele – Weibliche Genitalverstümmelung eine fundamentale Menschenrechtsverletzung. – Frankfurt am Main (Mabuse-Verlag): 95-100.

Adresse des Autors:

Abdou Karim Sané
Freundeskreis Tambacounda, Verein zur Vermittlung afrikanischen Kulturgutes und zur Förderung von Entwicklungsprojekten in Afrika e. V.
Am kleinen Felde 12
30167 Hannover

Tel.:   0511 161 2612
Fax: 0511 161 26 12
E-Mail: tambacounda@arcor.de
Internet: www.africa-info.de
          www.soumou.org

Globales Lernen und Bildung für nachhaltige Entwicklung in der Schule

GERTRAUD GAUER-SÜß und ANGELIKA KRENZER-BASS

Zusammenfassung

Mit seinen Angeboten zum Globalen Lernen will das Bremer Informationszentrum für Menschenrechte und Entwicklung (biz) Handlungswege aufzeigen und die Menschen zur aktiven Teilnahme an der Gestaltung der Gesellschaft und der Welt befähigen (Gestaltungskompetenz).

Wesentliche Leitlinien der Arbeit sind Partizipation, Interdisziplinarität und Innovation. Unsere Angebote setzen an der Lebenswelt der Zielgruppen (Schülerinnen und Schüler) an und bieten Themen / Zugänge, die die jungen Menschen ansprechen. Sie sind möglichst handlungsorientiert.

Die Rahmenbedingungen in den Schulen, wie auch für die außerschulischen Partner sind wie folgt weiterzuentwickeln:

- Ausweitung von fächerübergreifendem und interdisziplinärem Lernen in den Schulen,
- Öffnung von Schule in die Gesellschaft,
- Verankerung von Bildung für nachhaltige Entwicklung (BNE) im Schulprofil,
- themen- und methodenspezifische Lehrerfortbildungen,
- methodisch-diaktische Qualifizierungsangebote für Mitarbeiterinnen und Mitarbeiter aus Nichtregierungsorganisationen (NRO),
- längerfristige Absicherung von Angeboten durch entsprechende finanzielle Ausstattung,
- Qualitätssicherung.

1 Kurzvorstellung der Einrichtung mit Leitlinien, Struktur, Angeboten und Arbeitsweise

Das Bremer Informationszentrum für Menschenrechte und Entwicklung (biz) wurde 1979 gegründet. Es wird getragen von der Arbeitsgemeinschaft Entwicklungspolitik und Menschenrechte e. V. mit Einzelmitgliedern und derzeit acht Trägergruppen.

Das biz ist als UN-Dekadeprojekt „Bildung für nachhaltige Entwicklung" ausgezeichnet. Das biz will mit seiner Arbeit:

- den Dialog der Kulturen fördern,
- über globale Zusammenhänge und Abhängigkeiten informieren,
- sich für die Menschenrechte einsetzen,
- sich für eine zukunftsfähige Entwicklung engagieren,
- schwerpunktmäßig in und für Bremen tätig sein.

Das biz

- betreibt ein Informationszentrum mit Bibliothek / Mediothek,
- plant und organisiert Veranstaltungen, wie z. B. Vorträge, Ausstellungen, Seminare, Workshops usw., zu entwicklungspolitischen und Menschenrechtsthemen sowie Fragen von nachhaltiger Entwicklung,
- berät und unterstützt Gruppen bei der Planung und Durchführung von Veranstaltungen,
- berät und unterstützt Schulen.

Das biz hat folgende Arbeitsschwerpunkte:

- Globales Lernen praktisch / Bildung für nachhaltige Entwicklung (seit 2002, zielgruppenorientiert),
- Fairer Handel,
- Kampagne für saubere Kleidung,
- Nachhaltiger Tourismus,
- UN-Millenniumsentwicklungsziele (MDG),
- Wasser.

Bei den Schwerpunkten Wasser, Kampagne für saubere Kleidung und MDG bestehen dauerhafte Arbeitsgruppen mit anderen NRO, vor allem aus dem Umwelt- und kirchlichen Bereich, die sich in regelmäßigen Abständen (ca. alle 6 Wochen) treffen. Darüber hinaus existieren noch Kooperationen, bei denen sich die Kooperationspartner regelmäßig anlassbezogen zusammen arbeiten. Die interdisziplinäre Zusammensetzung der Arbeitsgruppen garantiert in der Regel eine Betrachtung der Themen aus ökologischer, sozialer und ökonomischer Perspektive.

Das biz ist in seiner Arbeit mit verschiedensten Partnern vernetzt, z. B. mit Schulen, Weiterbildungseinrichtungen, NRO, Behörden, Hochschulen, Kirchen und Wirtschaft. Die Zusammenarbeit reicht über die lokale Ebene hinaus. In einigen Projekten und

Arbeitsgruppen bestehen bundesweite bzw. internationale Kooperationen (z. B. Programm Transfer 21, Kampagne für saubere Kleidung, Faire Woche, FAIROS-Kaffee).

Die Nutzerinnen und Nutzer des Infozentrums bzw. der Unterstützungs- und Beratungsangebote des biz sind zu etwa einem Fünftel Schülerinnen und Schüler sowie Studierende, ein weiteres Fünftel sind Ehrenamtliche aus anderen Gruppen, 13 % sind Lehrkräfte (Abbildung 1). Knapp die Hälfte der persönlichen und telefonischen Anfragen an das biz kommen von hauptamtlichen Mitarbeiterinnen und Mitarbeitern anderer Einrichtungen und Organisationen.

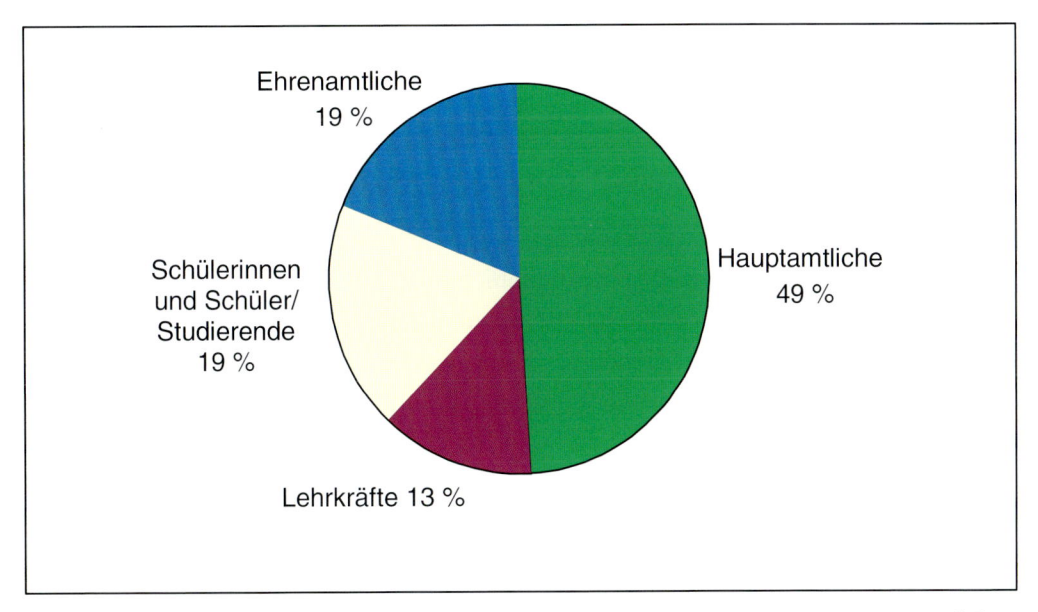

Abb. 1: Die Nutzerinnen und Nutzer des Infozentrums bzw. der Unterstützungs- und Beratungsangebote des biz.

Die Arbeit des biz wird aus öffentlichen Mitteln (Landes- und Bundesmittel), kirchlichen Mitteln sowie privaten Spenden und Mitgliedsbeiträgen finanziert. Etwa die Hälfte des zur Verfügung stehenden Etats ist derzeit für die Arbeit mit Schulen bestimmt.

2 Angebote für Schulen
2.1 Angebote allgemein

Die Angebote sind vielfältig und orientieren sich am jeweiligen Bedarf. Sie umfassen die Beratung und Unterstützung bei Unterrichtsvorhaben, Projekttagen und -wochen, die Bereitstellung von Materialien (Themen-Koffer und -kisten, didaktische Materialien,) für den Einsatz im Unterricht, Recherchemöglichkeiten für Schülerinnen und

Schüler im Infozentrum, Vermittlung von Referentinnen und Referenten für den Unterricht sowie Hinweise auf außerschulische Lernorte und themenbezogene Lehrkräftefortbildungen. Grundlagen aller Angebote sind die Konzepte des Globalen Lernens und der Bildung für nachhaltige Entwicklung. Zielsetzung ist es, den Schülerinnen und Schülern Handlungswege aufzuzeigen und sie zur aktiven Teilnahme an der Gestaltung der Gesellschaft und der Welt zu befähigen, d. h. die Förderung der Gestaltungskompetenz.

Wesentliche Leitlinien der biz-Arbeit für und mit Schulen sind Partizipation, Interdisziplinarität und Innovation. Unsere Angebote setzen an der Lebenswelt der Schülerinnen und Schüler an und bieten Themen / Zugänge, die junge Menschen ansprechen. Dabei sind sie möglichst handlungsorientiert.

2.2 Vorstellung des Projekts „FAIROS-Kaffee"
2.2.1 Hintergründe

Mit dem Projekt FAIROS-Kaffee wird exemplarisch die Arbeit des biz im Bereich Bildung für nachhaltige Entwicklung (BNE) vorgestellt. Die landwirtschaftliche Kooperative RAOS in Marcala / Honduras produziert seit einigen Jahren organisch angebauten Rohkaffee, der über die Gesellschaft zur Förderung der Partnerschaft mit der Dritten Welt mbH (gepa) in den Fairen Handel nach Deutschland vermarktet wird. Ein Teil dieses Kaffees wird in der letzten noch existierenden Familienrösterei in Bremen geröstet und anschließend über verschiedene Wege, u. a. Schulen und Schülerfirmen vertrieben. Durch eine aus der Region Bremen stammende Mitarbeiterin des Deutschen Entwicklungsdienstes (DED) in Marcala wurde ursprünglich ein Kontakt zwischen RAOS und der Bremer Erzeuger-Verbrauchergenossenschaft (EVG) aufgebaut. Letztere beschloss, den Kaffee von RAOS in ihrem Bauernladen anzubieten. Im Verlauf der weiteren Entwicklung unterstützen weitere Akteure das Projekt in vielfältiger Weise (Abbildung 2).

2.2.2 Beteiligung von Schulen

Am Projekt waren und sind zwei berufsbildende Schulen beteiligt, denen damit ein handlungs- und praxisorientiertes Lernen ermöglicht wird. Die Schülerfirma *Kursivdesign* am Schulzentrum SII Alwin-Lonke-Str. entwickelte für den „neuen" Kaffee ein Produktdesign (Name, Verpackung und Werbeträger) im Rahmen des Bildungsgangs „Gestaltungstechnische Assistentinnen / Assistenten". Zusätzlich beschäftigten sich die Schülerinnen und Schüler im Unterricht mit inhaltlichen Themen rund um den Fairen Handel am Beispiel Kaffee.

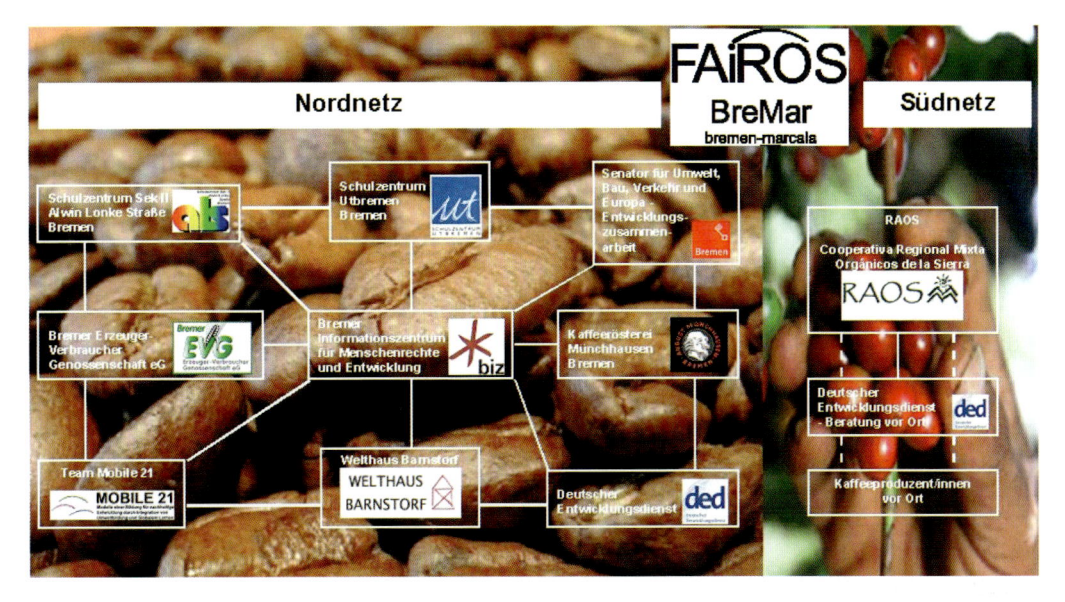

Abb. 2: FAIROS Kaffee Projekt - Das FAIROS-Netz.

Schülerinnen und Schüler des Bildungsgangs „Wirtschaftsassistentinnen / -assistenten Fremdsprachen" des Schulzentrums SII Utbremen übernehmen einen Teil der Vermarktung des Kaffees. Durch die Zusammenarbeit von drei Lehrkräften ist das Projekt in die Fächer Wirtschaft, Politik und Spanisch eingebunden. In den Fächern Politik und Wirtschaft lernen die Schülerinnen und Schüler exemplarisch Strukturen des Weltmarktes, Konzept und Umsetzung des Fairen Handels sowie Lebens- und Arbeitsbedingungen der Bevölkerung in einem Land des Südens kennen. Im Spanischunterricht wenden sie durch den E-Mail Kontakt mit der Kooperative RAOS ihre Fremdsprachenkenntnisse praxisorientiert an. Im Fairos-Kaffee-Shop, der im Rahmen des Projekts in der Schule eingerichtet wurde, verkaufen die Schülerinnen und Schüler zudem 1 Mal pro Woche Kaffee an Lehrkräfte und die Bevölkerung und gewinnen damit betriebswirtschaftliche Erfahrungen. In einem weiteren Praxisteil können sie mit

Abb. 3: Bremer Schülerinnen und Schüler bei Kaffeebauern in der Region Marcala / Honduras, Sommer 2006.

einem jährlichen Informations- und Probierstand in der Bremer Innenstadt in Rahmen der Fairen Woche unterschiedliche Marketinginstrumente erproben.

2.2.3 Relevanz für den Unterricht

Das Projekt bewarb sich auf Initiative des biz als GLOBO:LOG-Projekt (Globaler Dialog in regionalen Netzwerken) beim Verband Entwicklungspolitik Niedersachsen (VEN) und wurde als förderwürdig ausgewählt. GLOBO:LOG will den Austausch und die Begegnung zwischen Netzwerken (Schulen, NRO und anderen Akteuren) im Norden und im Süden fördern (JANECKI in diesem Band). In diesem Rahmen besuchten im Sommer 2006 fünf Schülerinnen und Schüler sowie zwei Lehrkräfte für zehn Tage die Partner in der Region Marcala (Abbildung 3). Durch den Besuch von Kaffeefincas und zahlreiche Gespräche konnten sie wesentliches über den Kaffeanbau sowie die Lebensbedingungen der Produzentinnen und Produzenten erfahren. Im Mai / Juni 2007 waren vier Mitglieder von RAOS in Bremen und Niedersachsen zu Gast. Hier verfolgten sie den Weg ihres Kaffees vom Hafen bis zu den Verbraucherinnen und Verbrauchern (Abbildung 4).

Abb. 4: Partner aus Marcala im SZ Utbremen am Fairos-Verkaufs- und Informationsstand, Sommer 2007.

Diese persönlichen Begegnungen sowie die Erfahrungen in Honduras stellen für die Schülerinnen und Schüler eine außerordentliche Bereicherung des regulären Unterrichtsgeschehens dar. Darüber hinaus ergeben sich für den Unterricht folgende konkrete Relevanzebenen:

- Handlungs- und Praxisorientierung durch Info- und Verkaufsstände sowie Mail und persönlichen Kontakt zu RAOS,
- Interdisziplinarität und Eignung zum fächerübergreifenden Unterricht, da in verschiedenen Fächern inhaltlich verankert Betriebswirtschaftslehre / Volkswirtschaftslehre (BWL / VWL), Politik, Sprachen,
- die drei Dimensionen der Nachhaltigkeit (ökologische, ökonomische, sozial / kulturelle),

- Öffnung von Schule ins Umfeld,
- Kooperationsmöglichkeiten mit externen Partnern (Rösterei, EVG, etc.).

2.2.4 Aufgaben des biz im Projekt

Es erwies sich als wichtig, dass eine Organisation für die Bereiche Kommunikation und Kooperation im Netzwerk zuständig war, die keine wesentlichen Eigeninteressen innerhalb des Projekts besaß. Darüber hinaus waren folgende Aufgaben von Bedeutung:

- Gesamtkoordination des Netzwerks , Finanzabwicklung, Dokumentation,
- Beratung von Schulen, Vermittlung von Fachreferenteninnen und -referenten in die Schulen,
- Öffentlichkeitsarbeit und Wissenstransfer,
- Überregionale Vertretung und Vernetzung des Projekts.

2.2.5 Bewertung des Projekts

Zum gegenwärtigen Zeitpunkt können die Stärken des Projekts und die zukünftigen Herausforderungen wie folgt formuliert (Tabelle 1) werden.

Tab. 1: Stärken und Herausforderungen des Projekts.

Stärken	Herausforderungen
Lebensweltbezug im Unterricht.	Eigeninteresse einzelner Akteure mit Gesamtkonzept besser vereinbaren.
Handlungsorientiertes und interdisziplinäres Lernen.	Die Partizipation der Schülerinnen und Schüler erhöhen.
Persönliche Begegnungen schaffen hohe Motivation bei Schülerinnen und Schülern.	Vermarktung insgesamt verbessern (über Schulaktivitäten hinaus).
Sensibilisierung aller Beteiligten für globale Themen.	Kosten für Bio- und Transfair-Zertifizierung sehr hoch.
Vermittlung des Prinzips der Nachhaltigkeit.	Weiteren Entwicklungsverlauf klären.
Synergieeffekte für alle Beteiligten.	Ökologische Dimension stärker berücksichtigen.

2.2.6 Abgleich mit den Kriterien (Teilkompetenzen) der Gestaltungskompetenz

Wichtigstes Ziel einer Bildung für nachhaltige Entwicklung ist die Erlangung von Gestaltungskompetenz. Diese gliedert sich nach HAAN (2002) in die folgenden zehn Teilkompetenzen:

- Weltoffen und neue Perspektiven integrierend Wissen aufbauen,
- Vorausschauend denken und handeln,
- Interdisziplinär Erkenntnisse gewinnen und handeln,
- Gemeinsam mit anderen planen und handeln können,
- An Entscheidungsprozessen partizipieren können,
- Andere motivieren können, aktiv zu werden,
- Die eigenen Leitbilder und die anderer reflektieren können,
- Selbstständig planen und handeln können,
- Empathie und Solidarität für Benachteiligte zeigen können,
- Sich motivieren können, aktiv zu werden.

Aus unserer Sicht ist das Projekt sehr geeignet, die einzelnen Teilkompetenzen, wenn auch in unterschiedlicher Intensität, zu erwerben. Das Projekt ist insgesamt ein gelungenes Beispiel dafür, wie Bildung für Nachhaltige Entwicklung im schulischen Bereich gestaltet werden kann. Das Zusammenwirken der unterschiedlichen Akteure befähigt die Schülerinnen und Schüler, aktiv an der Gestaltung gesellschaftlicher Entwicklungen mit zu wirken, sowohl in ihrer eigenen Gesellschaft wie auch in Gesellschaften im Süden. Es ist ein Projekt das Mut macht, den eingeschlagenen Weg weiter zu gehen und das auf andere Bereiche übertragbar ist.

3 Wünsche und Perspektiven

Aus unserer Erfahrung im Bereich Globales Lernen / Bildung für nachhaltige Entwicklung ergeben sich folgende Wünsche und Perspektiven zur Sicherung bzw. Verbesserung der BNE in der schulischen Bildung:

- Ausweitung von fächerübergreifendem und interdisziplinärem Lernen in den Schulen,
- Öffnung von Schule in die Gesellschaft,
- Verankerung von BNE im Schulprofil,
- themen- und methodenspezifische Lehrkräftefortbildung zu BNE,

- methodisch-didaktische Qualifizierung von Mitarbeitenden aus NRO,
- Längerfristige Absicherung von Angeboten durch entsprechende finanzielle Ausstattung,
- Qualitätssicherung der Angebote.

4   Literaturverzeichnis

HAAN, G. DE (2002): Die Kernthemen einer Bildung für Nachhaltige Entwicklung. – Zeitschrift für internationale Bildungsforschung und Entwicklungspädagogik 25 (1): 13-20.

Adresse der Autorinnen:

Gertraud Gauer-Süß und Angelika Krenzer-Bass
Bremer Informationszentrum für Menschenrechte und Entwicklung (biz)
Bahnhofsplatz 13
28195 Bremen

Tel.:   0421 17 1910
Fax: 0421 17 1016
E-Mail: g.gauer@bizme.de
         a.krenzer-bass@bizme.de
Internet: www.bizme.de

Aspekte der Umsetzung von Bildung für nachhaltige Entwicklung durch die UNESCO-Projektschulen

KARL-HEINZ KÖHLER

Zusammenfassung

Der am 1. Juli 2004 mit den Stimmen aller Fraktionen vom Deutschen Bundestag verabschiedete „Aktionsplan zur UN-Dekade Bildung für nachhaltige Entwicklung" weist dem Netzwerk der UNESCO-Projektschulen eine herausragende Rolle zu. Bildung für nachhaltige Entwicklung (BNE) ist als einer der Schwerpunkte der UNESCO-Projektschulen in deren Leitlinien verankert. Die UNESCO-Projektschulen agieren dabei nicht als isolierte Akteure, sondern als Mitglieder eines weltumspannenden Netzwerkes, die gemeinsame Projekte planen, miteinander Erfahrungen austauschen und kooperieren. Weltweit sind rund 8.000 Schulen in 177 Ländern, in Deutschland 190 Schulen in dieses Netz eingebunden.

Bewusst beziehen die UNESCO-Projektschulen Schulen außerhalb des Netzwerkes in gemeinsame Projekte ein und kooperieren mit ihnen, z. B. im Rahmen der Internationalen Projekttage. In der weltweiten Evaluation des UNESCO-Schulnetzwerkes, die das Centre for International Education and Research der Universität Birmingham im Jahr 2003 durchgeführt hat, werden diese Schulen als „centres of innovation" bezeichnet.

Zentral für die UNESCO-Projektschulen ist die Bildungskonzeption, die die UNESCO in ihrem Bericht zur Bildung für das 21. Jahrhundert mit dem Titel „Lernfähigkeit: Unser verborgener Reichtum" (Delors-Bericht) vorgelegt hat (DUK 1997). Ausgangspunkt ist das Faktum der Globalisierung und ihre Konsequenzen in ökologischer, sozialer und ökonomischer Hinsicht. Aus den dargelegten Befunden werden Folgerungen für den Bildungsbereich gezogen. Insgesamt zeigt diese Bildungskonzeption, mit der die UNESCO-Projektschulen schon seit den 1990er Jahren arbeiten, zahlreiche Berührungspunkte mit dem Konzept der BNE. Im Selbstverständnis und in der Praxis der UNESCO-Projektschulen ergänzen sich beide Konzepte sehr gut.

Anhand einiger Praxisbeispiele wird herausgearbeitet, wie die UNESCO-Projektschulen das Konzept der BNE auf der Grundlage der Bildungskonzeption des Delors-Berichts umsetzen und welche Erfahrungen dabei gesammelt wurden.

Die Praxisbeispiele verdeutlichen, dass sich die ökologische und die entwicklungspolitische Dimension, Umweltbildung und Globales Lernen in der Projektarbeit sehr gut verbinden lassen.

1 Einleitung

Kofi Annan, der ehemalige Generalsekretär der UNO, hat einmal formuliert, dass die größte Herausforderung im 21. Jahrhundert darin besteht, die sehr abstrakt erscheinende Idee einer nachhaltigen Entwicklung zur täglichen Realität für alle Menschen dieser Erde werden zu lassen. Dazu wollen die UNESCO-Projektschulen, die auf wertvollen Erfahrungen in diesem Bereich aufbauen können, ihren Beitrag leisten. Die Hamburger Erklärung der Deutschen UNESCO-Kommission von 2003 zur UN-Dekade Bildung für nachhaltige Entwicklung weist ihnen in diesem Zusammenhang eine zentrale Aufgabe zu: *„Die bisher erprobten Projekte sollten ausgeweitet und in die Unterrichtspraxis der einzelnen Schulstufen integriert werden"*, das Netzwerk der UNESCO-Projektschulen sollte *„[…] intensiv für den Transfer von Innovationen genutzt werden."* (DUK 2003) Auch der am 1. Juli 2004 mit den Stimmen aller Fraktionen des Deutschen Bundestags verabschiedete „Aktionsplan zur UN-Dekade ‚Bildung für nachhaltige Entwicklung'" weist dem Netzwerk der UNESCO-Projektschulen eine herausragende Rolle zu. Der Bundestag empfiehlt, „in Bezug auf die Integration des Leitbildes" der Nachhaltigkeit an vielfältige Aktivitäten und Maßnahmen anzuknüpfen, die im Verlauf der letzten Jahre in die Wege geleitet wurden, z. B. an die Projekte *„[…] der deutschen UNESCO-Projektschulen, die im Verbund mit dem […] weltweiten UNESCO-Schulnetz wichtige Ergebnisse im Hinblick auf die Integration des Leitbildes ‚globaler Lerngemeinschaften' in die schulische Bildung in Deutschland erbracht"* haben und *„[…] konzeptionelle Grundlagen und Praxisbeispiele einer globalen Bildung anderen Schulen zur Verfügung […]"* stellen (DEUTSCHER BUNDESTAG 2004). Im Folgenden werden exemplarisch theoretische Grundlagen und ein Praxisbeispiel aus der Arbeit der UNESCO-Projektschulen im Bereich Bildung für nachhaltige Entwicklung vorgestellt. Bei nachhaltiger Entwicklung geht es letztlich darum, allen Menschen dieser Erde – den jetzt lebenden und auch den folgenden Generationen – ein menschenwürdiges Leben zu ermöglichen, das durch *„[…] hohe ökologische, ökonomische und sozial-kulturelle Standards […]"* gekennzeichnet ist (ROGALL 2003: 26).

2 Das Netzwerk der UNESCO-Projektschulen

Zuerst wird kurz das UNESCO-Schulnetzwerk vorgestellt. Die UNESCO-Projektschulen haben sich auf die Ziele der UNESCO, der Sonderorganisation der

Vereinten Nationen für Bildung, Wissenschaft, Kultur und Kommunikation, verpflichtet. In der Verfassung der UNESCO, die 1945, also unmittelbar nach dem Ende der verheerenden Herrschaft des Nationalsozialismus und des Zweiten Weltkrieges, beschlossen worden ist, wird deren Zielsetzung klar benannt: *„Da Kriege im Geist der Menschen entstehen, muss auch der Frieden im Geist der Menschen verankert werden."* (DUK 2003: 39) Nach der Verfassung der UNESCO soll dieses Ziel vor allem durch eine „Erziehung zu Gerechtigkeit, Freiheit und Frieden" sowie durch die *Stärkung der „Achtung vor [...] den Menschenrechten und Grundfreiheiten [...]"* verwirklicht werden (DUK 2003: 39f.).

Seit der Gründung des UNESCO-Schulnetzes 1953, an dem Deutschland von Anfang an beteiligt war, haben die deutschen UNESCO-Projektschulen diese Zielsetzungen entsprechend den gewandelten Herausforderungen jeweils konkretisiert und auf die veränderte Schulwirklichkeit bezogen. Heute sind vor allem folgende Schwerpunkte für die Arbeit der UNESCO-Projektschulen zentral:

- Menschenrechtsbildung, Friedens- und Demokratieerziehung,
- Interkulturelles Lernen,
- Globales Lernen,
- Umweltbildung / Bildung für nachhaltige Entwicklung (BNE) (siehe Leitlinien der UNESCO-Projektschulen auf der Website der UNESCO-Projektschulen www.ups-schulen.de).

Das Besondere an den UNESCO-Projektschulen ist, dass sich die ganze Schulgemeinschaft, d. h. die Lehrkräfte, die Schülerinnen und Schüler, die Eltern und die Schulleitung, auf diese Schwerpunkte verpflichtet haben, wodurch ihre Umsetzung erleichtert wird und effektiv gestaltet werden kann. Die UNESCO-Projektschulen agieren dabei nicht als isolierte Einzelkämpferinnen, sondern als Mitglieder eines weltumspannenden Netzwerkes. Weltweit sind rund 8.000 Schulen in 177 Ländern in dieses Netz eingebunden, in Deutschland 190 Schulen.

Das Netzwerk der UNESCO-Projektschulen bietet Jugendlichen z. B. die Möglichkeit, sich in Seminaren oder Summer Camps auf regionaler, nationaler oder internationaler Ebene darüber zu verständigen, was es heißt, sich für nachhaltige Entwicklung einzusetzen und friedlich miteinander zu leben. Lehrkräfte können sich in diesem Netzwerk mit Kollegen und Kolleginnen über die Grenzen von Schularten und Ländern hinweg austauschen und gemeinsame Projekte und Veranstaltungen planen und durchführen. Diesen Planungen dienen die Tagungen der UNESCO-Projektschulen eines Bundeslandes, aber auch die Jahrestagungen auf Bundesebene und die Internationalen Projekttage, die alle zwei Jahre organisiert werden. Das Entscheidende ist aber, dass die

Schwerpunkte der UNESCO-Projektschulen im alltäglichen Unterricht in den einzelnen Fächern umgesetzt werden. Nachhaltige Entwicklung, interkulturelles Lernen, Menschenrechte und Armutsbekämpfung stehen auf dem Stundenplan. Zahlreiche Austausche, Begegnungen, gemeinsame Projekte, Partnerschaften und Internetkontakte zwischen Schulen in Deutschland und 60 anderen Ländern werden im Rahmen UNESCO-Schulnetzwerkes organisiert, wobei jährlich ungefähr 15.000 Schülerinnen und Schüler involviert sind. Dadurch werden interkulturelle Kompetenz vermittelt und die Grundlagen für ein friedliches Miteinander in der Zukunft gelegt.

Bewusst beziehen die UNESCO-Projektschulen Schulen außerhalb des Netzwerkes in gemeinsame Projekte ein und kooperieren mit ihnen, z. B. im Rahmen der Internationalen Projekttage. In der weltweiten Evaluation des UNESCO-Schulnetzwerkes, die das Centre for International Education and Research der Universität Birmingham im Jahr 2003 durchgeführt hat, werden diese Schulen als „centres of innovation" bezeichnet (CENTRE FOR INTERNATIONAL EDUCATION AND RESEARCH 2004: 8). In diesem Sinne stellen sie sich neuen Herausforderungen und vernachlässigten Bereichen wie z. B. der BNE, dem interkulturellen und Globalen Lernen.

3   Bildungskonzeption für das 21. Jahrhundert

Grundlage für die Projekte der UNESCO-Projektschulen ist die Bildungskonzeption, die die UNESCO in ihrem Bericht zur Bildung für das 21. Jahrhundert, der den Titel „Lernfähigkeit: Unser verborgener Reichtum" trägt, vorgelegt hat (Delors-Bericht). Die Konzeption geht von dem Faktum der Globalisierung aus: *„Das Schicksal des einzelnen Menschen wird heute auf einer Weltbühne entschieden – ob uns das gefällt oder nicht. Das Netz wirtschaftlicher, wissenschaftlicher, kultureller und politischer Verflechtungen wird immer enger geknüpft. Diese Entwicklung ist das Ergebnis der weltweiten Öffnung der Grenzen, entstanden unter dem Druck von Freihandelstheorien, forciert durch den Zusammenbruch der Sowjetunion und die neuen Möglichkeiten moderner Informationstechnologien."* (DUK 1997: 31) Die fortschreitende Verflechtung lässt die Vielzahl der Probleme und Ungleichheiten deutlich sichtbar werden: die Kluft zwischen den Wohlhabenden und den gesellschaftlich Ausgeschlossenen, den Raubbau natürlicher Ressourcen, der die Zerstörung der Umwelt beschleunigt, die Ungleichheiten in der Entwicklung, wodurch die „[…] ärmsten Länder […] weit abgeschlagen" sind (DUK 1997: 38). In dieser Situation sei aktive internationale Solidarität „ […] *notwendig, um durch den langsamen Aufbau einer gerechteren Welt eine gemeinsame Zukunft zu sichern."* (DUK 1997: 39) Damit ist schon in diesem frühen Dokument einer der Kerngedanken des Nachhaltigkeitskonzeptes klar formuliert.

Aus diesem Befund werden folgende Konsequenzen für den Bildungsbereich gezogen: *„Eine der wichtigen Aufgaben von Bildung ist es, eine real existierende, gegenseitige Abhängigkeit in eine freiwillige Solidarität umzuwandeln. Zu diesem Zweck muss Bildung den Menschen helfen, durch ein besseres Verständnis der Welt sich selbst und andere zu verstehen."* (DUK 1997: 40) Hierzu werden in dem UNESCO-Bericht zur Bildung für das 21. Jahrhundert verschiedene Schritte skizziert:

- Wissen erwerben, um *„ […] die zunehmende Komplexität globaler Ereignisse besser zu begreifen und die daraus resultierende Unsicherheit abzubauen"*,
- *„[…] lernen, Fakten im richtigen Kontext zu sehen und dem Informationsfluss kritisch zu begegnen, um dann zu einem eigenen Urteil zu kommen"*.
- *„Bildung muss jedem helfen, Bürger dieser Welt zu werden"*, d. h. Weltbürger (DUK 1997: 40).

Hier kommt in dem darzustellenden Konzept nun die Umwelt ins Spiel: *„Die Welt kann offensichtlich nicht begriffen werden, ohne die Beziehung zwischen Menschen und ihrer Umwelt zu erfassen. Daraus sollte kein neues Schulfach entstehen, das die ohnehin schon überfüllten Lehrpläne noch stärker ausweitet, sondern es sollte dazu führen, bereits bestehende Fächer neu zu organisieren. Der Kern wäre ein umfassendes Verständnis der Beziehungen von Männern und Frauen zu ihrer Umwelt und beträfe sowohl die Naturwissenschaften als auch die Sozialwissenschaften."* (DUK 1997: 40) Diese besondere Betonung der Umwelt erscheint allein schon deshalb gerechtfertigt, weil viele der drängenden Umweltprobleme wie etwa der Klimawandel durch die enge globale Verflechtung noch verstärkt werden und nur durch weltweit solidarisches Handeln gelöst oder zumindest gelindert werden können.

Bedeutsam in diesem Bildungskonzept ist die ethische Dimension: *„Bildung trägt somit eine besondere Verantwortung im Aufbau einer Welt gegenseitiger Hilfe. […]. Bildung muss die Saat eines neuen Humanismus werden. Ein Humanismus, der deutlich durch eine ethische Komponente charakterisiert ist und sein Gewicht auf Wissen und Respekt vor anderen Kulturen und spirituellen Werten verschiedener Zivilisationen legt. Ein mehr als notwendiges Gegengewicht zu einer Globalisierung, die ansonsten rein ökonomisch und technisch ausgerichtet wäre! Das Gefühl gemeinsamer Werte und eines gemeinsamen Schicksals ist die Plattform, auf der jede Form internationaler Zusammenarbeit ruhen muss."* (DUK 1997: 41) An dieser Konzeption ist bemerkenswert, dass sie in unserer realpolitisch orientierten Zeit Ideen wagt, die utopische bzw. visionäre Qualität haben.

Zentrale Aspekte der Bildungskonzeption, die den Projekten der UNESCO-Projektschulen zugrunde liegt, sind darüber hinaus:

- die Balance von Umweltbildung und globalem Lernen sowie
- Handlungsorientierung, durch die Unterricht in reale Kontexte gestellt wird, Schülerinnen und Schüler Verantwortung für Problemlösungen außerhalb der Schule übernehmen und somit Handlungskompetenz erwerben.

Diese beiden Aspekte sind entscheidende Grundsätze moderner Bildungskonzeptionen. Sie spielen sowohl in der „Empfehlung der Ständigen Konferenz der Kultusminister der Länder in der Bundesrepublik Deutschland (KMK) und der Deutschen UNESCO-Kommission (DUK) vom 15.06.2007 zur Bildung für nachhaltige Entwicklung in der Schule" (KMK & DUK 2007) als auch in dem „Orientierungsrahmen für den Lernbereich Globale Entwicklung im Rahmen einer Bildung für nachhaltige Entwicklung" (KMK & BMZ 2007) eine zentrale Rolle.

Der Orientierungsrahmen ist das Ergebnis eines gemeinsamen Projektes der KMK und des Bundesministeriums für wirtschaftliche Zusammenarbeit und Entwicklung (BMZ). So wird in dem Orientierungsrahmen die gleichgewichtige „Behandlung von Umwelt und Entwicklung" betont (KMK & BMZ 2007: 6). Und in Bezug auf Handlungsorientierung heißt es in der Empfehlung der KMK und DUK: „*BNE zeigt Möglichkeiten für die Gestaltung der Schule als erweiterten Lernort auf. Die Öffnung der Schule zum regionalen Umfeld und zur Lebenswirklichkeit der Schüler und Schülerinnen, der Gestaltung der Schulräume und der Lernumgebung, der Erweiterung der Lern- und Erfahrungsmöglichkeiten sind wichtige Handlungsfelder […] Es geht nicht nur um den Erwerb von allgemeinem Wissen, sondern auch um dessen Anwendung in konkreten Situationen, in denen die Schülerinnen und Schüler die Auswirkungen des eigenen Handelns einzuschätzen lernen.*" (KMK & DUK 2007: 4)

Damit wird „Gestaltungskompetenz" erworben: „*Mit Gestaltungskompetenz wird die Fähigkeit bezeichnet, Wissen über nahhaltige Entwicklung anzuwenden und Probleme nicht nachhaltiger Entwicklung erkennen zu können. Das bedeutet, aus Gegenwartsanalysen und Zukunftsstudien zur ökologischen, ökonomischen und sozialen Entwicklung in ihrer wechselseitigen Abhängigkeit Schlussfolgerungen ziehen und darauf basierende Entscheidungen treffen und gemeinschaftlich und politisch umsetzen zu können.*" (KMK & DUK 2007: 5)

4 Praxisbeispiel Schulacker und Globales Lernen

An dem Schulacker-Projekt der Josef-Guggemos-Volksschule in Irsee kann gezeigt werden, wie UNESCO-Projektschulen diese Bildungskonzeption umsetzen. Seit einigen Jahren bewirtschaftet diese Schule (www.irsee.de/schule) mit ihren ca. 60 Grundschülerinnen und Grundschülern einen 3.000 qm großen Acker nach den Richtlinien des ökologischen Landbaus. Neben verschiedenen Getreidearten (Weizen, Roggen, Hafer, Gerste und Mais) wachsen dort Sonnenblumen, Lein, Zuckerrüben, Kartoffeln, Hopfen und zahlreiche Ackerwildkräuter. Im Laufe der Zeit entstand auf dem Schulacker ein Lehrpfad, der gerne auch von Klassen anderer Schulen und von Dorfbewohnern besucht wird und Basis für zahlreiche Ratespiele bietet.

Die Schulacker-Projekte wie z. B. „Vom Korn zum Brot" dauern naturgemäß jeweils ein Vegetationsjahr. Im Frühling und Sommer bearbeiten die Kinder im Klassenverband oder in der AG „Schulacker" die einzelnen Felder, wobei ein größerer Arbeitsaufwand lediglich bei Kartoffeln und Mais erforderlich ist (Abbildung 1). Hier helfen auch Eltern und größere Geschwister bei freiwilligen Arbeitseinsätzen am Nachmittag mit.

Abb. 1: Schüler der Josef-Guggemos-Volksschule in Irsee bei der Kartoffelernte.

Im Herbst wird geerntet und der Ertrag verarbeitet. In den Klassenzimmern oder auf einem Bauernhof dreschen, mahlen etc. die Kinder selbst. Anschließend backen sie in der Schule „Blumentopfbrot", das ihnen natürlich außergewöhnlich gut schmeckt.

Den Abschluss der Arbeiten feiern die Klassen mit einem „Korn-Fest", bei dem die Kinder Referate über Getreidearten und ihre Verwendung vortragen, bei dem sie singen und tanzen, Gedichte rezitieren oder kleine Theaterstücke aufführen. Einige Klassen erstellten in einem Jahr während des Projektes ein „Kornbuch", in dem selbst produzierte Texte und Bilder alles Wichtige zu diesem Thema festhalten.

Im Winter kommt die Zeit, um über den Tellerrand zu schauen. In Gruppen gestalten die 3. und 4. Klasse eine Ausstellung zu Ernährung, Essgewohnheiten und dem Leben der Kinder in anderen Kontinenten. Die Schülerinnen und Schüler bringen darüber hinaus in Referaten den Mitschülern und der Öffentlichkeit ihre Einsichten nahe. Die Ausstellung richtet sich an alle Sinne. Die Besucherinnen und Besucher können viele Körner und Knollen nicht nur anfassen, sondern auch riechen und gelegentlich sogar kosten. Bei diesem Anlass fanden Agenda 21-Arbeitskreis und AG „Schulacker" zusammen. Seither betreiben sie gemeinsam eine Schülerfirma mit dem Namen „Fenster zur Welt", in der Kinder und Erwachsene gemeinsam einmal in der Woche auf dem örtlichen Biomarkt Produkte aus fairem Handel verkaufen.

Im Bereich des Schulackers und Biomarktes handeln und wirtschaften die Kinder nachhaltig im Einklang mit der Natur. Das bedeutet für die Arbeit auf dem Schulacker,

- dass die Kinder nur unbehandeltes Saatgut verwenden,
- dass sie den Einsatz von Kunstdünger, Pestiziden und Herbiziden vermeiden und somit der Schulacker Lebensraum für zahlreiche Tiere ist und
- dass sie die umweltschonend erzeugten Nahrungsmittel verarbeiten und essen.

Und für den Verkauf durch die Schülerfirma „Fenster zur Welt" auf dem Biomarkt heißt das:

- die Kinder verkaufen Produkte vom Schulacker,
- sie fördern die Vermarktung von nachhaltig erzeugten Nahrungsmitteln aus der Region, indem sie sich aktiv am Irseer Biomarkt beteiligen,
- sie verschenken Saatgut und
- sie gestalten ein Rahmenprogramm mit Liedern und Gedichten sowie Rätseln zur Artenkenntnis usw.

Die Schülerinnen und Schüler tun etwas für die Verbesserung der Lebensqualität in den Ländern der „Dritten Welt" durch den Verkauf von Transfair–Produkten und durch die finanzielle Unterstützung von Entwicklungshilfe-Projekten aus dem Gewinn der Schülerfirma.

Die Schulleiterin hebt an dem Projekt besonders die Aspekte der Handlungsorientierung und der damit verbundenen Freude hervor: *„Bei all unseren Aktivitäten steht immer die Freude am sinnvollen, verantwortungsbewussten Handeln an erster Stelle, keinesfalls der erhobene Zeigefinger."* Auf diese Weise kann Handlungskompetenz im Sinne der Empfehlung der KMK und der DUK zur „Bildung für nachhaltige Entwicklung in der Schule" angebahnt bzw. erworben werden.

Die zentralen Elemente der Bildungskonzeption der UNESCO, wie sie im Delors-Bericht dargelegt wurden, werden in diesem Projekt umgesetzt. Die Schülerinnen und Schüler setzen sich intensiv mit der Lebenswirklichkeit in Ländern des Südens, aber auch mit der Beziehung Mensch-Umwelt auseinander (Abbildung 2). Komplexe Zusammenhänge können besser verstanden und Vorstellungen kritisch überprüft werden, da sich die Kinder auf der Grundlage eigener praktischer Erfahrungen der Realität nähern. Durch den Verkauf fair gehandelter Produkte, mit deren wirtschaftlichen Zusammenhängen sich die Schülerinnen und Schüler intensiv beschäftigt haben, praktizieren sie weltweite Solidarität – und durch die Handlungsorientierung kann erwartet werden, dass die Haltung der weltweiten Solidarität nicht nur kurzfristig die Kinder beseelt, sondern als langfristige Werteinstellung und Attitüde erworben wird. Ebenso verhält es sich mit den Aspekten Umwelt- und Naturschutz, die auch handlungsorientiert in den Unterricht integriert werden. Auf diese Weise wird guter Unterricht gemacht, da theoretisches Wissen (z. B. über Ernährung in anderen Ländern) auf der Grundlage der praktischen Erfahrung und Anschauung effektiv vermittelt werden kann.

Wie die Leitlinien der UNESCO-Projektschulen führt auch das Schulacker-Projekt Umweltschutz und globales Lernen zusammen – auf dem Fundament ethischer Orientierung, gegenseitiger Hilfe, weltweiter Solidarität (siehe Leitlinien der UNESCO-Projektschulen).

Das Schulacker-Projekt der UNESCO-Projektschule Josef-Guggemos-Grundschule Irsee verbindet die drei wesentlichen Dimensionen der Nachhaltigkeit – Ökologie, Ökonomie und Soziales – in anschaulicher und handlungsorientierter Weise.

Abb. 2: Kartoffelernte als gemeinschaftlicher Prozess. Eine Auseinandersetzung mit der Natur, der Gruppe und sich selbst.

Das Beispiel zeigt, wie Handlungskompetenz im Hinblick auf Nachhaltigkeit so vermittelt werden kann, dass Freude an sinnvollem Tun im Zentrum steht.

An dem Projekt der Josef Guggemos-Grundschule, das hier als Beispiel dafür steht, wie UNESCO-Projektschulen Bildung für nachhaltige Entwicklung vermitteln, wird darüber hinaus deutlich, dass sich in der Unterrichtspraxis die beiden didaktischen Ausprägungen der Bildung für nachhaltige Entwicklung gut verbinden lassen, die auf der theoretischen und politischen Ebene oft noch im Kampf miteinander liegen: Umweltbildung und entwicklungspolitische Orientierung.

5 Literaturverzeichnis

CENTRE FOR INTERNATIONAL EDUCATION AND RESEARCH (2004): Main Elements of the Report "Global review of the UNESCO associated schools project network". Results, Recommendations and Conclusions. – University of Birmingham. – Paris: 40 S.

DEUTSCHER BUNDESTAG (2004): Beschlussempfehlung und Bericht des Ausschusses für Bildung, Forschung und Technikfolgenabschätzung (17. Ausschuss). Aktionsplan zur UN-Weltdekade „Bildung für nachhaltige Entwicklung". – Berlin. – Bundestagsdrucksache 15/3472.

DUK (DEUTSCHE UNESCO-KOMMISSION) (Hrsg.) (1997): Lernfähigkeit: Unser verborgener Reichtum. UNESCO-Bericht zur Bildung für das 21. Jahrhundert. – Neuwied (Luchterhand): 241 S.

DUK (DEUTSCHE UNESCO-KOMMISSION) (Hrsg.) (2003): Grundlagentexte. – Bonn: 103 S.

KMK & BMZ (KULTUSMINISTERKONFERENZ & BUNDESMINISTERIUM FÜR WIRTSCHAFTLICHE ZUSAMMENARBEIT UND ENTWICKLUNG) (2007): Orientierungsrahmen für den Lernbereich Globale Entwicklung im Rahmen einer Bildung für nachhaltige Entwicklung. Ergebnis eines gemeinsamen Projekts der Kultusministerkonferenz (KMK) und des Bundesministeriums für wirtschaftliche Zusammenarbeit und Entwicklung (BMZ). – Bonn: 199 S. Download unter: www.kmk.org/aktuell/070614-globale-entwicklung.pdf (abgerufen am 08.08.08).

KMK & DUK (KULTUSMINISTERKONFERENZ & DEUTSCHE UNESCO-KOMMISSION) (2007): Empfehlung der Ständigen Konferenz der Kultusminister der Länder in der Bundesrepublik Deutschland (KMK) und der Deutschen UNESCO-Kommission (DUK) vom 15.06.2007 zur „Bildung für nachhaltige Entwicklung in der Schule". – Bonn: 8 S. Download unter: www.kmk.org/aktuell/KMK-DUK-Empfehlung.pdf (abgerufen am 08.08.08).

ROGALL, H. (2003): Akteure der nachhaltigen Entwicklung. Der ökologische Reformstau und seine Gründe. – München: 341 S.

Adresse des Autors:

Dr. Karl-Heinz Köhler
Bundeskoordinator der UNESCO-Projektschulen
Langwartweg 72
53129 Bonn

Tel.:   0228 688 444 30
Fax: 0228 688 444 79
E-Mail: koehler@asp.unesco.de
Internet: www. ups-schulen.de/index.php

Globales Lernen in der Natur- und Umweltbildung

ELISABETH MARIE MARS

Zusammenfassung

Die Folgen des Klimawandels machen inzwischen jedem klar: Umweltprobleme machen vor keiner Ländergrenze Halt und Umweltbildung kann keine Heimatkunde sein. Unsere Lebens-, Produktions- und Konsumgewohnheiten haben Einfluss auf die Lebens- und Zukunftsmöglichkeiten anderer Völker. Insofern gibt es zahlreiche Verbindungen zwischen Umweltbildung und Globalem Lernen und für unser aller Zukunft wird entscheidend sein, dass wir den tiefen Sinn der Verbindungen verstehen, die wir Globalisierung nennen.

Umweltbildung und Globales Lernen sind die zwei Seiten einer Medaille, um Umwelt und Entwicklung zusammen zu denken. Global meint in seiner schönen Doppeldeutigkeit „umfassend" und „weltumspannend" zugleich. Bei Globalem Lernen sind die Themen und Inhalte im weltweiten Horizont verortet und erschließen sich auf der Lernebene in ganzheitlichen, interdisziplinären und multiperspektivischen Formen.

Wir müssen umlernen, schneller und dramatischer, als wir es gewohnt sind umzulernen. Das kulturelle Muster, das den nun sichtbaren Fehlentwicklungen zugrunde liegt, sitzt tief. Die größte Hürde liegt in uns selbst, in unserer Art zu denken. Jede Veränderung fängt im Kopf an, denn: Die Natur und die Welt sind nicht etwas Abstraktes um uns herum, wir selbst sind die Natur und die Welt. Unsere eigene Beziehung, der ganze Prozess unseres Denkens, Handelns und Lebens entscheidet letztlich darüber, wie die Wirklichkeit um uns herum aussieht. Deswegen hätte es weit reichende und verändernde Auswirkungen, wenn jeder und jede Einzelne von uns beginnen würde, seinen (ihren) eigenen Ideenreichtum verantwortungsvoll ins Spiel zu bringen.

Wir brauchen einen Paradigmenwechsel, bei dem ganzheitliches, vernetztes Denken und Lernen höchste Priorität hat. Deswegen brauchen wir Globales Lernen in der Natur- und Umweltbildung. Umwelt, Wirtschaft, Politik, Transport, Kultur etc. sind ohne die internationale Dimension nicht mehr denkbar und haben eine zunehmende internationale Verflechtung. Globalisierung äußert sich nicht nur in der Zunahme von internationalen Vereinbarungen und Verträgen, dem Entstehen einer internationalen Öffentlichkeit etc., sondern auch in der Fähigkeit der einzelnen Menschen, sich darin zu bewegen. Das zu tun, erfordert Kreativität und Phantasie, emotionale Intelligenz und (selbst)kritisches

Denkvermögen, Verständigungs- und Kooperationsfähigkeit, vorausschauendes Denken in Zusammenhängen, Fähigkeit zur Entscheidungsfindung auch in komplexen und risikoreichen Situationen sowie die Bereitschaft zur demokratischen Mitwirkung. Dies alles sind Schlüsselkompetenzen, ohne die wir die aktuelle Situation nicht verstehen können.

Fragen nach erneuerbaren Energien, effizienten Stoffumsätzen, sparsamem Materialverbrauch oder sorgsamem Umgang mit natürlichen Ressourcen sind gleichzeitig Fragen nach einem guten, sinnhaften, gelungenen Leben hier und anderswo. Die Gefährdung unserer natürlichen Lebensgrundlagen ist nur möglich, weil wir die Natur als ausbeutbare Ressource für unsere menschlichen Bedürfnisse betrachten – und das gilt weltweit. Die Natur spiegelt unsere eigenen geistigen Konzepte.

1   Umweltprobleme machen vor keiner Ländergrenze Halt

Deswegen kann Umweltbildung keine Heimatkunde sein. Die Art, wie wir leben, wie und was wir produzieren, hat Einfluss auf die Lebens- und Zukunftsmöglichkeiten anderer Völker. Klimawandel, Biodiversität und kulturelle Vielfalt – die großen aktuellen Themen zeigen offensichtlich, dass wir die Dinge nicht mehr getrennt sehen können. Denn mit der Artenvielfalt verschwindet auch die kulturelle Vielfalt. Und wenn das Eis um Grönland weiter mit der aktuellen Geschwindigkeit schmilzt, wird Bangladesh überflutet. Aktuell hat die europäische Weltraumbehörde ESA gemeldet, dass die Nordwestpassage vor der Küste Kanadas komplett eisfrei ist – so wenig Meereis wurde seit Beginn der Satelitenbeobachtung vor 30 Jahren noch nie gemessen (SPIEGEL-ONLINE 2007).

Wenn wir beginnen, über „unseren Tellerrand hinauszuschauen", wenn wir die traditionelle Umweltbildung um internationale Aspekte erweitern, sind wir bei den Themen zur sozialen und globalen Gerechtigkeit, Fragen in Bezug auf unseren Lebensstil, unsere Denkweise sowie unsere Produktions- und Konsummuster.

Die Folgen und Wirkungen der Globalisierung betreffen nicht nur wirtschaftliche Prozesse auf dem Weltmarkt, sondern ebenso objektive und subjektive Veränderungen in Bezug auf Kommunikation, Technologie, Bildung, Sport und Alltagskultur. Es scheint, als hätte die Welt ihre Begrenzung verloren, alles scheint verfügbar, erreichbar, bekannt. Auch wenn wir unseren Frühstückstisch hier mit Produkten aus der ganzen Welt decken, bedeutet dies nicht, dass wir einander besser verstehen oder die Erfahrungen von Menschen weltweit ähnlicher geworden seien.

Wir leben in einer historisch besonderen Situation, in der das Lernen von heute für das Leben von morgen schon nicht mehr taugt. Die äußeren Veränderungen haben eine solche Geschwindigkeit, dass sie mit unserer inneren Disposition nicht mehr Schritt halten.

Die weltweiten wirtschaftlichen, kulturellen, politischen und sozialen Verflechtungen erfordern es, dass wir die Welt als Ganzes begreifen. Die multikulturelle Gesellschaft ist genauso Wirklichkeit wie der Klimawandel und auch die tägliche Informationsflut bestärkt uns in dem Bild von der „Einen Welt". Aber unser Lernen und die Veränderungsbereitschaft sind langsamer. Sie zu schließen, korrespondiert mit dem Bemühen, alle Fragen nach einem guten sinnvollen Leben hier zu stellen.

Aus dem Fremden für das Eigene lernen: die eigenen Entwicklungsvorstellungen durch solche aus anderen Kulturen spiegeln, um so die Verbindungen zwischen unserer Art zu leben und der anderer Völker konkret werden zu lassen.

2 Fragen nach erneuerbaren Energien, effizienten Stoffumsätzen, sparsamem Materialverbrauch oder sorgsamem Umgang mit natürlichen Ressourcen sind gleichzeitig Fragen nach einem guten, sinnhaften, gelungenen Leben hier und anderswo

„Globales Lernen zielt auf die Einsicht, die kulturelle Gebundenheit und Partikularität der eigenen Weltsicht zu erkennen und die Bereitschaft, anderen Anschauungsweisen mit Achtung und Neugier zu begegnen." (SEITZ 2001) Das setzt voraus, dass wir uns mit Grundfragen von Entwicklung auseinandersetzen. Im Bereich Globalen Lernens kennen wir eine 60 Jahre alte Diskussion über die „Leitidee einer Entwicklung", an der sich alle Nationen zu orientieren haben – ähnlich einem Leuchtturm, der den Weg zur rettenden Küste zeigt. Die europäischen Kolonialmächte und die USA wurden und werden nicht müde, ihre Botschaft von Wachstum und Fortschritt zu verbreiten. Fast alle Länder des Südens setzten Hoffnung in diese „Leitidee" und sind heute – 60 Jahre später – oft weiter von der rettenden Küste entfernt denn je.

Alle vergangenen Theorien machen „Entwicklung" an Defiziten fest, denen ein ordnungspolitisches Strukturkonzept entgegen gestellt werden muss. Menschen kamen in diesen Entwicklungskonzepten nicht vor, auf jeden Fall nicht als Gestaltende, höchstens als „Zielgruppe". Manchmal auch als solche, die dieser Zukunftsgestaltung, die man endlich in den Griff bekommen wollte, im Wege standen. Auf die Umwelt wurde ebenfalls keine Rücksicht genommen. In letzter Zeit ändern sich die Leitideen – vermutlich durch die vielfältigen Bedrohungen, denen Menschen, Umwelt und Kulturen ausgesetzt sind und die inzwischen unübersehbar sind. Seit Kolumbus seinen Fuß auf Santo Domingo gesetzt hat, sind wir weitgehend von den Folgen dieser Expansion verschont geblieben. Doch inzwischen kommen die verheerenden ökologischen, wirtschaftlichen, kulturellen und sozialen Folgen auch bei uns an. Das auf „Entwicklung" ruhende Weltbild und der darauf geeichte geistige Kompass funktionieren nicht mehr.

Die Inhalte Globalen Lernens befassen sich mit den elementaren Fragen menschlichen Überlebens, Lebens und Zusammenlebens – und die können wir nur für uns beantworten, nicht für andere Länder oder Ethnien. Die Zukunft der Weltgesellschaft entscheidet sich auch in unseren eigenen Lebensentwürfen. Paradox womöglich, aber vielleicht müssen wir einmal innehalten, um weiter zu kommen.

Jedes Jahr verschwinden z. B. allein im brasilianischen Amazonasgebiet 20.000 qkm Regenwald, ohne dass wir wissen, welcher Artenreichtum damit verloren geht und welchen Nutzen er – bei nachhaltiger Bewirtschaftung – für die Menschen hätte haben können. Wir müssen also nicht nur diese Vorstellung von „Entwicklung" aus unseren Köpfen tilgen, sondern uns auch mit allen damit verbundenen negativen Folgen für Mensch und Natur auseinander setzen. Diese Tatsachen und Erfahrungen bestimmen das, was wir Globales Lernen nennen: eben nicht die Informationsflut eintrichtern (das wäre ein aussichtsloses Unterfangen und würde zudem die Lernenden entmündigen), sondern alle Zugänge zu öffnen, die Lernen aus- und spannend machen. Außerdem gilt es, an den sozialen Erfahrungen der Beteiligten anzuknüpfen und die zum Ausgangspunkt von Lernprozessen zu machen. Wissen und Informationen können nur dann integriert werden, wenn sie einen Bezug zum eigenen Lebenszusammenhang haben. Nicht Informationen führen zu Veränderungen, sondern Gefühle wie Mut, Empathie und Kreativität.

3 Umweltbildung und Globales Lernen sind die zwei Seiten einer Medaille, um Umwelt und Entwicklung zusammen zu denken

Global meint in seiner doppelten Bedeutung: „auf die ganze Erde bezogen" und „umfassend" zugleich. Globales Lernen meint: über globale Fragen auf ganzheitliche Weise lernen. Die pädagogische Antwort auf die Prozesse und Folgen der Globalisierung sind die vielfältigen Formen Globalen Lernens. Ihnen gemeinsam ist die Einsicht, dass wir ohne einen geschärften Sinn für weltweite Zusammenhänge und Verantwortung keine Zukunft denken, geschweige denn leben können. Wir können nicht mehr nur für eine nationale Lebenswelt sozialisieren, während bereits fast alles in unserem Leben und unserem Alltag internationalisiert ist.

Globales Lernen bedeutet, dass wir über eine Veränderung von Themen und Methoden Einsicht in globale Zusammenhänge bekommen. Die Internationale Enzyklopädie der Erziehungswissenschaft beschreibt die zwei zentralen Elemente Globalen Lernens sehr prägnant in ihrer Definition *„Globales Lernen kennzeichnet ein Lernkonzept, nach dem Schülerinnen und Schüler über globale Fragen lernen und dabei Wissen und Kompetenzen auf eine ganzheitliche Weise erwerben."* (LENZEN 1995)

Auf der Gegenstandsebene bedeutet dies, dass Themen und Inhalte in einem weltweiten Horizont verortet sein müssen und auf der Lernebene, dass sich diese erst in ganzheitlichen, interdisziplinären und multiperspektivischen Formen erschließen.

Globales Lernen bedingt einen weitreichenden Umbau der Lernkonzepte, eine Bildungswende hin zu innovativen Formen und Inhalten. Dabei sollten sich Wissen, Kunst, Religion, Erziehung und Erfahrung verbinden und nicht mehr in ihren Erkenntnissen nebeneinander aufgereiht werden wie in einer Enzyklopädie. Globales Lernen regt zu vernetztem, interdisziplinärem und systemischem Denken an – und das aus gutem Grund, denn die Art, wie wir denken, ist mit entscheidend dafür, wie wir in Zukunft leben werden. Deswegen hat Globales Lernen mit Persönlichkeitsbildung und mit Erziehung zur Weltgesellschaft zu tun, mit Eigensinn und mit Gemeinsinn. Es hat zu tun mit der Kompetenz, sich selbst als Teil eines Ganzen zu verstehen.

4   GrünKultur ist nicht nur ein interkulturelles Umweltbildungsprojekt, sondern auch ein künstlerisches

GrünKultur ist ein Projekt, das in die Aktivitäten der Landespartnerschaft Nordrhein-Westfalen und Mpumalanga / Südafrika eingebunden ist. In Mpumalanga sind vier Projektschulen und in Nordrhein-Westfalen fünf Projektschulen sowie das Naturkundemuseum in Bielefeld eingebunden. In allen Schulen wurden Färbergärten angelegt. Das Wissen über den Anbau und die Verarbeitung von Pflanzen zum Färben und Heilen, aber auch die Verbindungen von Menschen und Boden sind der Ausgangspunkt für den Austausch von Erfahrungen aber auch künstlerischen Produkten, wie beispielsweise bemalte Stofftaschen, zwischen den Partnerschulen. Die Wirklichkeit bietet wie eine Landschaft viele Perspektiven. In GrünKultur suchen wir mit allen Sinnen nach dem Sinn. Die Gärten in GrünKultur sind real und eine Metapher für kreatives Wachstum. GrünKultur ist nicht nur ein interkulturelles Umweltbildungsprojekt, sondern auch ein künstlerisches. Das entspricht unserer Vorstellung von ganzheitlichem Globalem Lernen (www.gruenkultur.com/).

Dazu brauchen wir Vermittlungsformen und Methoden, durch die wir lernen, perspektivisch zu denken, offen und dialogfähig zu werden und uns in andere Sichtweisen hineinzuversetzen. Globales Lernen lenkt gleichzeitig den Blick auf die eigenen Füße (differenziertes Verständnis der eigenen Lebenswirklichkeit) und schaut über den Horizont hinaus (Einsicht in globale Zusammenhänge). Deswegen haben die GrünKultur-Aktivitäten mit Schulung von Wahrnehmung und häufigem Perspektivenwechsel (sich selbst mit den Augen der anderen sehen lernen) zu tun.

Ebenso müssen wir lernen, Ambivalenzen auszuhalten und Veränderungen in Angriff zu nehmen. Veränderte Einstellungen wachsen schrittweise aus gemeinsamem Handeln.

Deswegen arbeiten wir in GrünKultur an unterschiedlichen Aufgaben in wechselnden Arbeitsteams zusammen. Auch sollte die Art des Lernens Einsichten in die komplexen Zusammenhänge gewährleisten, ohne die Einzelnen zu überfordern. Andernfalls würde die Suche nach einfachen Lösungen durch den Aufbau von Feindbildern, durch Fundamentalismus, Rassismus oder andere totalitäre Ideologien zunehmen. Darum arbeiten wir in GrünKultur mit authentischen Zeugnissen, die kulturelle Selbstreflexion zulassen oder ermöglichen. Ein Beispiel dafür ist die Foto-Kunst-Aktion „24 hours". Einmalkameras wurden an verschiedene Menschen mit der Bitte verteilt, innerhalb von 24 Stunden einen Film zu fotografieren und einen kurzen Text dazu zu schreiben. Daraus entstanden visuelle Tagebücher, die ein authentisches Bild des Lebens und wichtiger Situationen der Fotografinnen und Fotografen vermitteln.

Genau so wenig, wie die Globalisierung eine einheitliche Welt hervorbringt, genau so wenig kann Globales Lernen eine einheitliche Weltsicht vermitteln. *„Eine Wirklichkeit, die von allen Standpunkten gleich aussieht, ist ein Nonsens [...] Die Wirklichkeit bietet wie eine Landschaft unendlich viele Perspektiven, die alle gleich wahr und gleichberechtigt sind. Falsch ist allein die Perspektive, die behauptet, die einzig wahre zu sein."* (ORTEGA Y GASSET 1996)

In GrünKultur suchen wir mit allen Sinnen nach dem Sinn. Dazu sind künstlerische, kulturelle und erfahrungsbezogene Vermittlungsformen und Methoden besonders gut geeignet, weil sie mehr Raum als andere für eigene Ideen lassen und alle Sinne ansprechen. Schließlich lernen wir nicht nur mit dem Kopf, sondern mit allen Sinnen. Die Gärten in GrünKultur sind nicht nur real, sondern auch eine Metapher für kreatives Wachstum (ARBEITSSTELLE WELTBILDER & MARS 2005). Hier denken, lernen und arbeiten nicht nur junge und ältere Menschen, sondern auch solche aus völlig unterschiedlichen Kontexten miteinander. Hier geht es um Fragen von Umwelt und Entwicklung, um Ressourcen und nachhaltiges Wirtschaften genauso wie um Lebensstile und Zukunftswünsche.

Globales Lernen fordert neue Vermittlungsformen, die Verstehen und Handeln zusammenbringen. Dazu sind gemeinsame Handlungsfelder und gemeinsame Aufgaben besonders gut geeignet. Das gemeinsame Dritte ist der Stoff, der Verstehen und Handeln verbindet. In GrünKultur ist das gemeinsame Dritte der Garten – als tatsächlicher und symbolischer Ort, der uns in Nordrhein Westfalen mit den Beteiligten in Mpumalanga / Südafrika verbindet (ARBEITSSTELLE WELTBILDER & MARS 2006a). Die Erde als verbindendes Element, in der wir gemeinsame „Wurzeln" entdecken können, während die darauf wachsenden „Pflanzen" unsere Unterschiedlichkeiten dokumentieren.

5 Wir brauchen einen Paradigmenwechsel, bei dem ganzheitliches, vernetztes Denken und Lernen höchste Priorität haben

„The problems we have today cannot be solved by thinking the way we thought when we created them". (ALBERT EINSTEIN) Kommunikation und Bildung in Naturschutz und Umweltbildung müssen über die Vermittlung ökologischer Zusammenhänge hinaus neue Zugänge zum Verstehen der Wirklichkeit, attraktive Möglichkeiten zur Veränderung und Gestaltung, Kreativität weckende Vermittlungsformen, reflektierte Selbst- und Fremdwahrnehmung und die Integration von ethischen Wertfragen beinhalten. Das meint im Grunde, dass wir unsere Sichtweise und Erfahrungen von Umwelt und Entwicklung befragen, um so zu einem tieferen Verständnis unserer eigenen Entwicklungsvorstellungen zu kommen: Veränderungen fangen im Kopf an. *„Die Ressource Wissen und ihre Nutzung wird eines der kostbarsten Güter im 21. Jahrhundert werden, um Entwicklungsprozesse nachhaltig und menschenwürdig zu gestalten."* (ERKLÄRUNG DES KONGRESSES „NORDRHEIN-WESTFALEN IN GLOBALER VERANTWORTUNG", Dezember 2000)

Es geht letztendlich um einen Paradigmenwechsel, bei dem wir uns einfühlen in das Gesamt der Wirklichkeit, in das wir verwoben sind und das wir zerstören werden, wenn wir die Natur und Umwelt nur als Material betrachten und beanspruchen. Die Zukunft unseres Planeten wird davon abhängen, ob wir noch rechtzeitig zu einer dialogischen Einstellung der Wirklichkeit finden oder ob wir die gesamte Schöpfung um eines kurzfristigen „Gewinns" wegen hemmungslos verbrauchen. Und diese Zukunft beginnt jetzt und hier, überall ist eine neue Sensibilität und Achtsamkeit gefragt. Wir müssen die Beziehungen verstehen lernen, die uns mit allen und allem verbinden. Die Natur und die Welt sind nicht etwas Abstraktes um uns herum, wir selbst sind die Natur und die Welt. Unsere eigene Beziehung, der ganze Prozess unseres Denkens, Handelns und Lebens entscheiden darüber, wie die Wirklichkeit um uns herum aussieht.

Unsere Arbeitserfahrungen zeigen, dass Kinder und Jugendliche für diese Art des Lernens noch aufgeschlossen sind – so, als würden sie sich noch daran erinnern, dass Lernen auf natürliche Weise ganzheitlich ist.

6 Bildung ist mehr als das, was wir von Schule und Staat erwarten können

Künstlerische Methoden und Arbeitsformen, die in unseren Projekten Vorrang haben, lassen mehr Raum als andere für eigene Ideen und sprechen möglichst viele Sinne an. Es hätte weitreichende und verändernde Auswirkungen, wenn jeder und jede Einzelne von uns beginnen würde, ihren (seinen) eigenen Ideenreichtum verantwortungsvoll ins Spiel zu bringen, so unsere Erfahrung. Die entdeckende, erforschende und dialogische Kraft künstlerischer Vermittlungsformen ist wie ein Spiegel, in dem wir die Schlüsselqualifikationen einer Bildung für nachhaltige Entwicklung sehen können. Zu diesen gehören ganz sicher: Kreativität und Phantasie, emotionale Intelligenz und (selbst)kritisches Denkvermögen, Verständigungs- und Kooperationsfähigkeit, vorausschauendes Denken in Zusammenhängen, Fähigkeit zur Entscheidungsfindung auch in komplexen und risikoreichen Situationen sowie die Bereitschaft zur demokratischen Mitwirkung.

Wir werden Bildung, Umweltbildung und Bildung für nachhaltige Entwicklung auch in die eigenen Hände nehmen müssen, so gut und erforderlich auch die Bemühungen der Politikerinnen und Politiker, der Lehrer und Lehrerinnen sowie der Umweltpädagoginnen und Umweltpädagogen sind. Wir werden lernen, dass Bildung mehr ist als das, was wir von Schule und Staat erwarten können: nämlich eine Verantwortung, die bei jedem einzelnen Menschen liegt. Die einzelne Person, ihre eigenen Lebenserfahrungen und ihre Verantwortung gegenüber ethischen, allgemein akzeptierten Werten sind entscheidend für die Gestaltung unserer Welt. Wie sonst sollen wir zu der Erfahrung kommen, Teil eines weltweiten Prozesses zu sein, der seine Kraft durch die Anteilnahme vieler Menschen erfährt?

„Gestaltungskompetenz" wird als Schlüsselqualifikation einer Bildung für nachhaltige Entwicklung bezeichnet. Sie meint das nach vorne weisende Vermögen, die Zukunft von Gruppen und Gesellschaften, in denen man lebt, in aktiver Teilhabe im Sinne nachhaltiger Entwicklung modifizieren und gestalten zu können (HAAN & HARENBERG 1999). Und das muss man üben können. Wir benötigen viele solcher Übungsfelder – und zwar für durchaus unterschiedliche Zielgruppen.

7 „crossroads": Wir haben die Wahrnehmungen verdichtet und Veränderungen bewusst gemacht

Im Rahmen von „crossroads" sind, in ganz Nordrhein-Westfalen Kunstwerke entstanden, die jeweils auf spezifische Aspekte der Verhältnisse von Menschen zu ihrer Umwelt und zu spezifischen, lokalen Entwicklungen hinweisen. Beispielsweise wird der Braunkohletagebau bei Garzweiler mit akustischen Installationen thematisiert, im Projekt „Natürlich Kunst" wird eine „Art" Naturlehrpfad mit 14 Stationen im Wald angelegt und in „Ein Loch, um in den Himmel zu schauen" gestalten Anwohnerinnen und Anwohner gemeinsam eine Auto-Skulptur, die auf der ausgewählten Trasse einer Umgehungsstraße platziert wurde (www.zukunftspfad-nrw.de/). Das Ziel der Kunstwerke war, die Menschen zu berühren, zu erinnern, zu sensibilisieren, einen Perspektivwechsel beim Schauen und Denken vorzunehmen, Alternativen zu entwickeln und zu ermutigen, Neues zu schaffen. Mit „crossroads" sind Visionen entstanden für eine mögliche nachhaltige Entwicklung. Wie können wir gut leben, ohne weiter zu zerstören? Wie können wir begreifen, dass unsere Art zu leben Einfluss auf die Lebensmöglichkeiten anderer Völker hat?

„crossroads" ist ein Projekt an den Schnittpunkten zwischen Kunst, Umwelt und Entwicklung. Es will genau dort, an diesen Scheidewegen zeigen, wie wichtig Interesse, Bewusstheit und Achtsamkeit für unseren Umgang mit natürlichen Ressourcen sind. „crossroads" will Umweltbildung und entwicklungsbezogene Bildung einander näher bringen, Agenda-Prozesse und andere Formen von Bürgerbeteiligung unterstützen oder initiieren und sich aktiv an der Diskussion über nachhaltige Entwicklung beteiligen. „crossroads" will durch künstlerische Vermittlungsformen dazu beitragen, kreative Problemlösestrategien und Gestaltungskompetenz zu stärken. „crossroads" stellt Grundfragen von Entwicklung für unsere Gesellschaft – so unsere Ausgangsideen.

Die künstlerischen Methoden und Arbeitsformen, die im Projekt von „crossroads" den Vorrang hatten, fördern Sensibilität und Achtsamkeit im Umgang mit der uns umgebenden Wirklichkeit. Sie haben Wahrnehmungen verdichtet, Veränderungen bewusst gemacht, Fragen in Bezug auf unseren Lebensstil, unsere Denkweise und Produktionsmuster aufgeworfen. Das Projekt hat bei verschiedenen Zielgruppen Interesse und Bewusstheit für den Umgang mit „Umwelt und Natur" gefördert sowie den Blick für andere Erfahrungen und Vorstellungen geschärft. Durch den dadurch erreichten Gewinn an Kompetenzen ist es möglich geworden, sich der eigenen Vorstellungen, Wahrnehmungen und Wünsche bewusster zu werden, sich aktiver an der Diskussion über eine nachhaltige Entwicklung zu beteiligen und an Veränderungen teilzunehmen bzw. sie zu initiieren (ARBEITSSTELLE WELTBILDER & MARS 2006b).

„crossroads" hat eine ständige Wechselwirkung zwischen Eigenem und Fremdem zugelassen und aus dieser Spannung heraus Neugier und Interesse geweckt. Diese sind besonders geeignete Gefühlsqualitäten, um die globalen Dimensionen unserer Existenz zu erfassen. Wir haben einen Such-, Lern- und Gestaltungsprozess für Nachhaltigkeit selbst zum Gegenstand eines Projekts gemacht, dabei nach geeigneten Verfahren, Methoden und Kommunikationsstrukturen geforscht und als Ergebnis Vorstellungen und Visionen von Lösungen in verschiedenen Formen präsentiert. Wir haben ein Stück weit die traditionelle Art des Denkens überschritten, durch neue Zusammenschlüsse, andere Methoden oder innovative Inhalte für Dynamik gesorgt. Vielleicht haben wir sogar ein Stück Neuland betreten und an Wissen, Handlungs- und Gestaltungskompetenz, Sinnhaftigkeit, Innovationsfähigkeit und Dialogbereitschaft gewonnen.

8 Unsere ökologischen, sozialen und geistigen Herausforderungen sind miteinander verknüpft

Zukunftsfähige Lösungen hängen auch davon ab, inwieweit wir diese Zusammenhänge berücksichtigen. Die Natur verkörpert, was auch wir sind. Sie ist wie ein Spiegel, in dem wir unsere eigenen Emotionen und geistigen Konzepte sehen können. Darum spielt Natur in den kulturellen Traditionen – gleich wo auf der Welt – eine so große Rolle. Produktivität, Erneuerung, Wachstum, Tod, Scheitern, Vergehen, Beginn – all diese Dinge können wir in der Natur studieren. Die Sehnsucht nach Natur gehört zu unserem Wesen und die Entfremdung, Zerstörung oder sogar der Verlust von Natur könnten ungeahnte Folgen für uns haben. Schon heute machen Forscher darauf aufmerksam, dass Herz- und Kreislaufprobleme, Depressionen und andere psychische Erkrankungen damit zu tun haben.

Nur im Spiegel anderen Lebens können wir uns selbst verstehen – wir kennen das aus der interkulturellen Arbeit, es betrifft allerdings genauso alle anderen Formen des Lebens in der Natur. Diese Erfahrung machen wir gerade in unserem aktuellen Projekt „Der Wald in uns" (MARS & HIRSCHMANN 2008, HIRSCHMANN, in diesem Band). Die Erd-Charta, ein wichtiges internationales Dokument beschreibt diesen Zusammenhang so: „*Sie versteht sich als eine inspirierende Vision grundlegender ethischer Prinzipien für eine nachhaltige Entwicklung und soll ein verbindlicher Vertrag der Völker auf der ganzen Welt werden.* […] *Wir haben die Wahl: Entweder bilden wir eine globale Partnerschaft, um für die Erde und füreinander zu sorgen oder wir riskieren, uns selbst und die Vielfalt des Lebens zugrunde zu richten. Notwendig sind grundlegende Änderungen unserer Werte, Institutionen und Lebensweise. Wir müssen uns klar machen: sind die Grundbedürfnisse erst einmal befriedigt, dann bedeutet menschliche Entwicklung vorrangig "mehr Sein" und nicht "mehr Haben". Wir verfügen über das Wissen und die Technik, alle zu versorgen und schädliche Eingriffe in die Umwelt zu vermindern. Das Entstehen einer weltweiten Zivilgesellschaft schafft neue Möglichkeiten, eine demokratische und humane Weltordnung aufzubauen. Unsere ökologischen, sozialen und spirituellen Herausforderungen sind miteinander verknüpft, und nur zusammen können wir umfassende Lösungen entwickeln.*" (ERDCHARTA 2001)

9 Verantwortlicher Umgang mit der Natur und Umwelt setzt ein verändertes Kulturverständnis voraus und umgekehrt können kulturelle Mittel eine ökologische Sensibilisierung bewirken

Globales Lernen und Umweltbildung zu verbinden, könnte auch bedeuten, Kunst und Kultur als vierte Dimension der Nachhaltigkeit – neben Ökonomie, Ökologie und

Sozialem zu stärken. „*Nachhaltigkeit braucht und produziert Kultur: als formschaffenden Kommunikations- und Handlungsmodus, durch den Wertorientierungen entwickelt, reflektiert, verändert und ökonomische, ökologische und soziale Interessen austariert werden.*" (TUTZINGER MANIFEST 2001)

Künstlerische Vermittlungsformen geben vielfältige Anstöße: sie lassen weitere Beteiligung zu, können Anlass zum Nachdenken und Innehalten sein, können Widerspruch, Irritation oder Aktion auslösen. Mit Hilfe künstlerischer Vermittlungsformen lassen sich die jeweiligen eigenen Vorstellungen und Erfahrungen von Entwicklung darstellen bzw. hinterfragen und andere Vorstellungen und Erfahrungen in ihrem Kontext verstehen. Sie helfen, ein differenziertes Verständnis unserer eigenen multikulturellen, global vernetzen Lebenswirklichkeit von innen heraus sichtbar zu machen. Erst ganzheitliche Lern- und Vermittlungsformen öffnen – von innen her! – den Blick für die Weltgesellschaft. Wahrnehmen, Fühlen, Denken, Urteilen und Handeln müssen ebenso miteinander verbunden werden wie globale Anschauungsweisen mit kultur- und interessengebundenen Perspektiven.

Hier taucht die Frage nach ethischen Konzepten innerhalb der Verbindung von neuen Lern- und Kommunikationsformen mit Kunst und Kultur auf. Die UNESCO-Konferenz zu Kultur und Entwicklung in Stockholm hat bereits 1998 anerkannt: „*Nachhaltige Entwicklung und kulturelle Entfaltung sind wechselseitig voneinander abhängig*" (UNESCO 2001). In den kulturellen Ressourcen sind unsere gesellschaftlichen Normen und Werte verankert. Kunst und Kultur helfen, diese zu entwickeln, zu reflektieren, zu bearbeiten, zum Ausdruck zu bringen und auszubalancieren. Fredrico Major, früherer Generalsekretär der UNESCO vergleicht Ethik mit einer Orientierungshilfe, wenn er sagt: „*Ethik ist die einzige Seekarte, mit der wir unsere Reise in die Zukunft absichern können*" (UNESCO 2001).

Deswegen brauchen wir im Bereich der Kultur und Kulturpolitik auch Ansätze zu einem anderen Naturverständnis. Denn beide bedingen sich: verantwortlicher Umgang gegenüber der natürlichen Mitwelt setzt ein verändertes Kulturverständnis voraus und umgekehrt können kulturelle Mittel eine ökologische Sensibilisierung bewirken. Warum also keine ökologisch orientierte Kulturpolitik? Warum keine kulturelle Praxis, die sich an Nachhaltigkeit und Zukunftsfähigkeit ausrichtet? Die Umweltbewegung ist immer auch eine ästhetische Bewegung, sie richtet sich gegen das Hässliche, Zerstörerische, Bedrohliche der industriellen Entwicklung. Und Kultur hat immer auch zum Inhalt, wie wir leben und leben wollen.

10 Literaturverzeichnis

ARBEITSSTELLE WELTBILDER & MARS, E.M. (Hrsg.) (2005): GrünKultur I_ Nachhaltigkeit in Farbe. – München (oekom Verlag): 127 S.

ARBEITSSTELLE WELTBILDER & MARS, E.M. (Hrsg.) (2006a): GrünKultur II_ Interkulturelle Umweltbildung. – München (oekom Verlag): 128 S.

ARBEITSSTELLE WELTBILDER & MARS, E.M. (Hrsg.) (2006b): CROSSROADS – Neue Wege zur Bildung für nachhaltige Entwicklung. – München (oekom Verlag): 128 S.

ERDCHARTA (2001): DIE ERD-CHARTA. Internationales Erd-Charta Sekretariat. – San José. – Deutsche Übersetzung von der Ökumenischen Initiative Eine Welt e.V. und BUND. – Berlin: 20 S. Download unter: www.erdcharta.de/oi-cms/downloads_publik/erdcharta.pdf (abgerufen am 08.08.08).

HAAN, G. DE & HARENBERG, D. (1999): Bildung für eine nachhaltige Entwicklung. Gutachten zum Programm. – Bonn. BLK (BUND-LÄNDER-KOMMISSION FÜR BILDUNGSPLANUNG UND FORSCHUNGSFÖRDERUNG) (Hrsg.). – Materialien zur Bildungsplanung und Forschungsförderung 72: 110 S. Download unter: www.blk-bonn.de/papers/heft72.pdf (abgerufen am 01.08.08).

LENZEN, D. (Hrsg.) (1995): Enzyklopädie Erziehungswissenschaft. 12 Bände. – Stuttgart. 1982-1986. – Reprint als Taschenbuchausgabe. – Stuttgart.

MARS, E.M. & HIRSCHMANN, M. (Hrsg.) (2008): Der Wald in uns. Nachhaltigkeit kommunizieren. – München (oekom Verlag): 128 S.

ORTEGA Y GASSET, J. (1996): Gesammelte Werke in 6 Bänden. – Stuttgart (Deutsche Verlagsanstalt).

SEITZ, K. (2002): Die Globalisierung als Herausforderung für Schule, Pädagogik und Bildungspolitik. – Vortrag auf der Jahrestagung der UNESCO-Projektschulen am 17. September 2001. – Speyer: 14 S. Download unter: www.globaleslernen.de/coremedia/generator/ewik/de/07__Didaktik_20Globales_20Lernen/Grundlagentexte,page=S.html (abgerufen am 08.08.08).

SPIEGEL-ONLINE (2007): Dramatische Arktis-Schmelze. Nordwest-Passage komplett eisfrei. Download unter: www.spiegel.de/wissenschaft/natur/0,1518,505951,00.html. Ausgabe vom 15.09.2007 (abgerufen am 08.08.08).

TUTZINGER MANIFEST (2001): Tutzinger Manifest für die Stärkung der kulturell-ästhetischen Dimension Nachhaltiger Entwicklung. Download unter: www.kupoge.de/ifk/tutzinger-manifest/pdf/tuma-d.pdf (abgerufen am 08.08.08).

UNESCO (2001): The Power of Culture - Aktionsplan über Kulturpolitik für Entwicklung. – Verabschiedet von der UNESCO-Weltkonferenz „Kulturpolitik für Entwicklung". – Stockholm, 30. März-2. April 1998. Download unter: www.unesco.de/458.html?&L=0 (abgerufen am 08.08.08).

Adresse der Autorin:

Elisabeth Marie Mars
Leiterin der Arbeitsstelle Weltbilder, Fachstelle für Interkulturelle Pädagogik und Globales Lernen
Althausweg 156
48159 Münster

Tel.: 0251 72 00 9
Fax: 0251 79 97 87
E-Mail: mars@arbeitsstelle-weltbilder.de
Internet: www.arbeitsstelle-weltbilder.de
www.derwaldinuns.de

Westafrikanische Musiken und Tänze als Mittel der interkulturellen Bildung

ULI MEINHOLZ

Zusammenfassung

„3 göttliche Wesen nahmen uns die Sorgen ab: es waren Trommel, Tanz und Gesang." (TUTOLA 2001) In meinem Beitrag gehe ich näher auf die von mir benutzten Techniken der Vermittlung über die Sinne ein. Ich berichte über auftretende Schwierigkeiten und Erkenntnisse (Teamgeist) beim Lernen und weise auf die Rahmenzusammenhänge des Aufführungskonzepts in den Herkunftsländern hin (Musik aus sozialen Anlässen). Die Texte der Lieder und die Tanzbewegungen lassen viele Rückschlüsse über die Kultur und die Werte, die hinter der jeweiligen Musik stecken, zu.

Auch meine Erfahrungen beim Lernen in den jeweiligen Ländern sowie Diskussionen über verschiedene kulturelle Vorstellungen und Werte sind Teil meines Unterrichts. Des Weiteren berichte ich von meiner Faszination für diese Musik und gebe Beispiele für die Reaktionen der Kursteilnehmerinnen und Kursteilnehmer. Die Bedeutung von Musik und Tanz in der interkulturellen Bildungsarbeit fasse ich wie folgt zusammen.

Körperlich: Musik und Tanz sind für die allermeisten Menschen Freude spendende, erholsame Tätigkeiten. Sie verbinden den Menschen mehr mit seinem Körper, seinen Mitmenschen und halten die Aufmerksamkeit in der Gegenwart. Dadurch, dass durch reines Nachahmen (die erste Form des Lernens) schon recht akzeptable Erfolge zu verzeichnen sind, ermutigen sie den Menschen in seinem Sein und Tun. Selbst Menschen, die in anderen Bereichen als leistungsschwach eingestuft werden, erzielen hier viele Erfolgserlebnisse. In Afrika sagt man: *„Die Musik schmeckt gut"*. Da die sinnliche Betätigung (Fühlen) die rechte Gehirnhälfte anregt und durch rhythmische und sprachliche (als Symbol) Betätigung die linke Hälfte aktiviert wird, ist der gesamte Mensch gefordert und es werden viele neue Vernetzungen im Gehirn geschaffen. Stress kann abgebaut werden und der natürliche Tätigkeitsdrang eines jeden wird befriedigt.

Moralisch / intellektuell: Welche Rolle spielen wir als Teil einer multikulturellen Weltgesellschaft? Auf das Verweben von ökologischen, sozialen und ökonomischen Themen gehe ich anhand von einigen Praxisbeispielen ein.

1 Was ist meine Arbeit?

Seit ca. 20 Jahren bin ich in der Erwachsenenbildung als selbständige Musiklehrerin für westafrikanische und brasilianische Rhythmen, Tänze und Lieder tätig. Ein weiterer Teil meiner Unterrichtstätigkeit ist die Arbeit mit Kindern und Jugendlichen. Ich unterrichte sowohl selbst organisiert in meiner Trommelschule als auch auf Anfrage bei öffentlichen Einrichtungen (Kindergärten, Horte, Schulen, Universitäten, Behinderteneinrichtungen) und für spezielle Veranstaltungen (Frauentage, Schwerpunktthema Afrika etc.). Meine Lehrtätigkeit fand bisher überwiegend in Deutschland statt und kann durch folgende Punkte charakterisiert werden:

- vordergründig umfasst meine Arbeit als Trommellehrerin die technische Handhabung der Perkussionsinstrumente und die Vorgehensweise des Lernens selbst;
- gleichzeitig und automatisch in derselben Unterrichtseinheit ist meiner Meinung nach das Wichtigste, was es von westafrikanischer Perkussionsmusik zu lernen gibt, der Teamgeist und das Gemeinschaftsgefühl;
- darüber hinaus vermitteln die Rhythmen und Tänze, die in den allermeisten Fällen für soziale Anlässe konzipiert sind (KEITA 1999) einen Einblick in den Alltag und die kulturellen Eigenheiten der Herkunftsethnien. Wird ein Rhythmus oder ein Tanz zur Feldarbeit (KEITA 1999), zur Hochzeit, zur Anbetung von Gott und Naturkräften oder auch für Rituale des Heranreifens (wie auch Beschneidung) verwendet?
- Verfeinernd kommen die Texte der Lieder hinzu die Auskunft geben über die Kultur der Herkunftsvölker: über ihre Werte und Gesellschaftsformen, ihre Geschichte (mündliche Überlieferung – djeliya), ihre Ängste, ihren Humor etc.;
- gewürzt wird das Ganze noch durch Erfahrungsberichte meiner Reisen in diverse Länder: Wie ging es mir dort beim Lernen, wie lernt man dort, was ist dort schwierig für mich, wie werde ich als Lernende aus einer anderen Kultur dort behandelt?
- Zum Schluss kommt es auch zu Diskussionen: Was unterscheidet und verbindet die Kulturen? Welches sind typisch deutsche Werte und Sichtweisen? Welche anderen Werte und Sichtweisen gibt es z. B. in West-Afrika? Welche Werte sind uns individuell wichtig?

2 Warum ich diese Arbeit begann und was mich daran fasziniert

Vor allem die Freude an der rhythmischen Musik, am Ausdruck und am Klang brachte mich vor über 20 Jahren zum Trommeln. Die Herangehensweise des ersten Tuns und dann Verstehens von Musik erschien mir natürlicher als das Erlernen von Notenschrift, um dann in einem zweiten Schritt daraus Musik zu machen. Mich fasziniert die Möglichkeit, fremde Klänge, Melodien und Bewegungen auszuprobieren und dadurch unterschiedliche Kulturen intensiver wahrzunehmen als durch reinen Konsum von Musik. Auch die Freude am laut sein dürfen und überschüssige Energien anders auszuleben gehört dazu.

Das „Wir-Gefühl" beim Tun und die Kommunikation zwischen den Akteuren waren ebenfalls Gründe, immer weiter in diese Musikwelt einzudringen und ein Bedürfnis dieses „Schöne" möglichst vielen anderen Menschen mitzuteilen. Besonders schätze ich den „Wert der Musik", den Westafrika mit diesen Kulturgütern für uns (z. B. Deutschland) bereithält. Was mir erst später bewusst wurde ist die Rolle „Türöffnerin für andere" zu sein, die in beide Richtungen für Toleranz und Verständigung eintritt.

Faszinierend ist es, die einfachen Wahrheiten, die in vielen Liedern stecken zu entdecken wie auch, dass es (Gesellschafts-) Strukturen gibt, die mir fremd sind und die ihren eigenen Regeln folgen und funktionieren. Hochinteressant ist darüber hinaus, die Komplexität der Rhythmen zu entdecken, die dort üblich sind. Besonderheiten stellen, im Vergleich zur individualisierten westeuropäischen Kultur, der

Abb. 1: Uli Meinholz bei der Demonstration unterschiedlicher Vermittlungstechniken. Eine Einbeziehung der Lernenden erfolgt durch das Ausprobieren der Gesangs-, Trommel- und Tanzelemente, das Zusammenspielen und Reflektieren.

Wert von Gemeinschaft aber auch die Einhaltung von Regeln dar, um Teil dieser Gemeinschaft zu sein.

3 Welche Vermittlungsmethoden benutze ich?

Da die Menschen unterschiedlich schnell lernen und nach der Theorie des Konstruktivismus die Realität aus bereits Erlerntem und neuem Wissen individuell rekonstruiert wird, werden unterschiedliche Techniken zum „Musik lernen" angeboten:

- sehen, hören und nachahmen;
- fühlen: Wie machen meine Hände das?
- Eine Möglichkeit ist auch das „Gehen" auf der Trommel zu lernen (hand to hand Technik) und dabei laute (kräftige) und leise (ausfüllende) Schläge zu differenzieren;
- es gibt die äußerst erfolgreichen Eselsbrücken der Sinnsprüche (Trommelsprache), Trommelsilben und Singspiele um Rhythmen zu erfassen (MILLER-CHERNOFF 1999);
- ebenfalls wichtig ist die Erfahrungen zu memorisieren durch Aufschreiben in der herkömmlichen europäischen Notation (die aber für diese Zwecke höchst unzureichend ist), eine inzwischen übliche Rhythmusnotation (KEITA 1999) oder eine eigene Art des Notierens zu finden;
- für manche sind auch das akustische Mitschneiden der Unterrichtsstunden oder „play alongs" hilfreich, die es den Lernenden erlauben, zu Hause zu üben was in den Stunden gelernt wurde;
- gern benutze ich auch die Methode „Lernen durch Lehren" d. h. eine Person zeigt einer anderen Person wie es geht, denn was man weiter vermitteln kann, das hat man auch verstanden;
- wichtig sind auch der Erfahrungsaustausch der Schülerinnen und Schüler untereinander (soziale Interaktion), das gemeinsame Besuchen von Konzerten mit der jeweiligen Musik (auch Literatur von afrikanischen Autoren oder Filme) oder das gemeinsame Anhören von Originalaufnahmen.

Da Lernen auch immer ein sozialer Prozess ist, spielen die Sinne, der Teamgeist und das Erreichen „erhabener" Momente eine überaus große Rolle:

Die Sinne
- Aufnehmen über das Hören: für auditive Personen und Kinder;
- Aufnehmen über das Sehen: für visuelle Typen, Nachahmen der Schlagpositionen und Schlagfolgen, Tanzschritte, Handhabung des Instruments;

- Aufnehmen über das Fühlen: Welcher Teil der Hand berührt die Trommel? Kann die eine Hand das genauso wie die andere? Wie ist die Intensität der Bewegung? Warum tut der Schlag weh? Stampf in den Boden! Wie drückst Du Sammeln und Verteilen (mit Händen, Füßen, dem gesamten Körper) aus?
- Aufnehmen über den Intellekt: Aufschreiben der Rhythmen in Aktions- und Pauseeinheiten (Notation), auch tabellarisches Untereinanderschreiben (bei Polyrhythmen: was passiert gleichzeitig, vorher, nachher) (KEITA 1999).

Der Teamgeist
- „Der Andere stört, weil er etwas macht was meine Konzentration beeinträchtigt";
- „ich halte durch und lasse mich nicht irritieren";
- „ich kann mich an dem was der Andere tut orientieren (abgucken), wenn er dasselbe tut";
- „vor meinem Ton muss ich den des Anderen abwarten" (wo sind gemeinsame Aktionen, wo verzahnen sich die Rhythmen);
- „ich finde meinen Einsatz an der Figur des Anderen wieder";
- „wir setzten innerhalb einer übergeordneten Rhythmusfamilie verschiedene Akzente (Kreuzrhythmik / Polyrhythmik) (KONATE & OTT 1997), die zu einem größeren Ganzen werden, das ich fühlen hören oder sehen kann".

Die „erhabenen" Momente
- „Wir können uns in den Rollen die wir erfüllen gegenseitig und gemeinsam wahrnehmen und damit kommunizieren (Frage und Antwort bei Gesang und Solopassagen, der Tänzer gibt vor, der Trommler unterstützt den Schritt mit seinem Rhythmus)";
- „wir haben einen gemeinsamen flow d. h. fließen im selben musikalischen Gefühl (z. B. shuffle feel) (GIGER 1993))";
- „wir schaffen ein gemeinsames Klangbild";
- „ich werde von den Anderen (musikalisch) getragen".

4   Vom Trommeln zur Kultur und zum Lebensstil

Die meisten Rhythmen werden in West-Afrika zu sozialen Anlässen gespielt (Hochzeit, Namensfest, Beerdigung, Übergangszeremonien), die ich meinen Schülerinnen und Schülern mitteile und abfrage (z. B. Bala kulan dian wird gespielt bei Festen im Zusammenhang mit Kindern – da gibt es aber keine Geburtstage). Die Bedeutung von Liedern und Tänzen wird erklärt, dadurch ergeben sich Fragen nach Sinn und Herkunft der Inhalte (eine Trommelsprache der Yoruba sagt z. B.: *„Ich bin ein kleines Kind, mach mich nicht mit Deinen Hinternperlen verrückt!"*).

Daraus ergeben sich immer wieder Diskussionen zu unterschiedlichen Lebensstilen in Nord und Süd sowie West und Ost. Ich habe Flyer über verschiedene afrikanische Vereine ausliegen oder verleihe z. B. eine „Infomappe über Genitalverstümmlung vom Freundeskreis Tambacounda" (SANÉ in diesem Band) an Interessierte. Ein ständiger Begleiter ist auch der Bildkalender der Gesellschaft für bedrohte Völker, dessen wunderschöne Fotos im Trommelraum hängen. Dies animiert die Schülerinnen und Schüler zum Nachfragen. Unterschriftenaktionen von verschiedenen Nichtregierungsorganisationen liegen fast ständig aus.

5   Wie reagieren die Teilnehmenden der Kurse darauf und was bringt es ihnen?

Vor allem am Anfang sind alle glücklich über neue Erfahrungen: wenn ein Rhythmus längere Zeit durchgehalten wurde macht es viel Spaß, es fördert die Konzentration auf eine Sache und bringt neue Fähigkeiten mit sich (*„ich kann ja auch Musik machen…"*). Es ist eine Herausforderung (ich => der / die andere=> wir), aufeinander zu hören, aber auch eine Bereicherung.

Trommeln ist anstrengend (auch körperlich) und je nach Begabung (oder musikalischer Vorbildung) manchmal richtig schwierig (Trommeln als Handwerk). Das sind Feststellungen, die entscheiden ob die Lernenden weiter machen, um zu Trommelenthusiasten zu werden oder sich nach einem Reinschnuppern für etwas anderes entscheiden.

Auch Lernblockaden können auftreten und einige Schülerinnen und Schüler lösen mit dem Trommeln Knoten, die andere lieber unangetastet lassen. Positiv ist auf jeden Fall, dass die Rechts-Links-Koordination verbessert wird und alle Teilnehmenden den eigenen Körper besser spüren. Auch die Interaktion mit sowie der Kontakt zu Anderen bis zur Bildung von selbst organisierten Trommelensembles sind positive Ergebnisse der Arbeit.

Vor allem bei Kindern aber auch in der Erwachsenenarbeit können durch die Beschäftigung mit der Musik als Teil komplexer kultureller Strukturen, neue „Schubladen" geöffnet werden bzw. ein anderes, differenzierteres Afrikabild entstehen, welches wiederum zu einer Reflexion der eigenen Werte, neuer Werte auslösen kann. Viele gewinnen auch über das Trommeln den Mut, noch ein anderes Instrument zu lernen (z. B. Flöte, Gitarre) oder sich einem Chor anzuschließen. Und für einige ist die Beschäftigung mit dem Trommeln und der dazugehörigen Kultur so interessant, dass sie sich auf den Weg machen selbst nach Afrika zu reisen und dort eigene Erfahrungen zu sammeln.

6 Verweben von ökologischen, sozialen und ökonomischen Themen

Das Verweben von kulturellen und sozialen Themen mit ökologischen oder ökonomischen ist für mich in der Arbeit längst Realität geworden, durch die Werte, die die anderen Kulturen beinhalten und die Teil der Entstehung der Musiken und Lieder sind. Dieses Wissen in die Bildungsarbeit einzubinden und mit neusten Informationen weiterzuentwickeln ist schon immer Teil der Folklore gewesen. Als Beispiele für die praktische Bildungsarbeit möchte ich gerne von einigen Events berichten:

Für die mehrwöchige Tour in verschiedenen Städte und kleinere Ortschaften (jeweils gebucht von den damals aktiven Gruppen, die oft auch im Kirchenumfeld aktiv waren) suchte Pro Regenwald Künstler, die bereit waren, ihre Arbeit für einige der Veranstaltungen zur Verfügung zu stellen. Da ich engagiert für den Regenwald bin und genügend Zeit hatte, arbeitete ich an einigen Informationsveranstaltungen aktiv mit. Die Veranstaltungen liefen meistens so ab, dass nachmittags in der Fußgängerzone ein Stand aufgebaut wurde. Da das Trommeln immer Leute anlockt, trommelte ich mehrere kleine Sequenzen. Die Mitarbeiterinnen und Mitarbeiter von Pro Regenwald hatten es leichter, mit den Interessierten ins Gespräch zu kommen. Bei den Abendveranstaltungen wurde eingangs musiziert (z. T. auch mit Gruppen aus den Orten) und daran anschließend ein Film oder Dias gezeigt. Meistens schloss sich daran eine Diskussion an und abschließend machte ich häufig noch einmal Musik.

Der Workshop „Können Mädchen auf die Pauke hau'n?", der innerhalb des alle zwei Jahre stattfindenden Mädchenferiencamps des Landkreises Hannover durchgeführt wurde, hatte vor allem die Aufgabe, Mädchen zu ermutigen, sich auch in untypischen Aktivitäten (Trommeln, Baumklettern mit Seilen, Stelzenlauf etc.) auszuprobieren und Selbstvertrauen zu gewinnen. Neben Eltern waren auch die verschiedenen Sponsoren zur Abschlussveranstaltung gekommen. Die Präsidentin der Region Hannover äußerte sich hinterher begeistert darüber, dass die Mädchen bei der Präsentation auch gesungen haben. Das war für sie toll zu sehen, denn: „[...] *gesungen wird heute kaum noch*". Früher war es normal, dass jede Schülerin und jeder Schüler Volkslieder kannten. Die Jugendlichen von heute kennen oft nur noch Hitparadenstücke.

Die Ihmeschule Hannover (eine sog. Förderschule) hatte Mittel zur Gewaltprävention von verschiedenen Sponsoren akquiriert um damit einen Trommelworkshop zu finanzieren. Nach den positiven Auswirkungen des letzten Workshops (die Jugendlichen waren aufmerksam, haben sich konzentriert, Rücksicht genommen und miteinander musiziert und hatten das Erfolgserlebnis, bei der Präsentation gut anzukommen) erschien es den sehr engagierten Lehrkräften sehr sinnvoll, diese Art gemeinsam zu Trommeln für o. g. Zwecke einzusetzen.

Bei einem After-Workshop in Kooperation mit dem Allerweltsladen Hannover bei der VERDI konnten die Teilnehmenden sich über fair gehandelte Musikinstrumente, deren Herkunft und Produktion erkundigen, um hinterher die Trommeln unter Anleitung auszuprobieren. Durchweg positiv äußerten sich die Teilnehmenden über das musikalische Ergebnis und das Konzept.

Aus Westafrika beispielsweise weiß ich, dass in den Dörfern oft Theater- oder Masken- aber auch Musikgruppen auftreten, die z. T. höchst brisante Themen wie Aidsvermeidung durch Kondome mit szenischen Darstellungen einem möglicherweise sonst schlecht zu informierenden Publikum näher bringen (CHRISTOPH & OBERLÄNDER 1995). Allen Menschen wohnt eine gewisse Neugier inne und die Lust zuzuschauen, wenn etwas Spektakuläres dargeboten wird. Wer mit diesen Mitteln kreativ und respektvoll umgeht, kann den Menschen fast alles näher bringen und ihre Begeisterung wecken.

7   Resümee

Nach den oben genannten Praxisbeispielen werde ich nun meine wichtigsten Kriterien zusammenfassen und ein Resümee ziehen:

a)   Körperlich / sinnlich

Musik und Tanz sind für die allermeisten Menschen Freude spendende, erholsame Tätigkeiten. Sie verbinden die Menschen mehr mit ihren Körpern, den Mitmenschen und halten die Aufmerksamkeit in der Gegenwart. Dadurch, dass durch reines Nachahmen (die erste Form des Lernens) schon recht akzeptable Erfolge zu verzeichnen sind ermutigen sie die Lernenden in ihrem Sein und Tun. Selbst Menschen, die in anderen Bereichen als leistungsschwach eingestuft werden, erzielen hier viele Erfolgserlebnisse.

In Afrika sagt man: „Die Musik schmeckt gut". Da die sinnliche Betätigung (Fühlen) die rechte Gehirnhälfte anregt und durch rhythmische und sprachliche (als Symbol) Betätigung die linke Hälfte aktiviert wird, ist der gesamte Mensch gefordert und es werden viele neue Vernetzungen im Gehirn geschaffen. Stress kann abgebaut werden und der natürliche Tätigkeitsdrang eines jeden wird befriedigt.

b)   Intellektuell / kulturell / moralisch

Wenn ein Teil der zwischen den verschiedenen Kulturen stattfindenden Bildungsarbeit anhand praktischer Übungen und Beispiele weitergegeben wird, fördert das die gegenseitige Toleranz. Wenn ich weiß, welche Gemeinschaftsrituale andere Menschen haben und sie selbst ausprobieren durfte, stelle ich fest, dass sie Menschen mit Bedürfnissen sind, die fast wie meine sind und bin eher bereit über ihre (vermeintlichen) Schwächen hinwegzusehen. Wenn ich sehe, dass der Andere bereit ist, sich auf meine Kultur einzulassen, ist er mir nicht mehr fremd. Auch wenn man nicht alles verstehen und akzeptieren kann, fördern doch gemeinschaftliche Tätigkeiten die Akzeptanz. Hierzu schrieb VENRO (2000) *„Gegenüber früheren Formen entwicklungspolitischen Lernens zeichnet sich "Globales Lernen" dadurch aus, dass gesellschaftliche Entwicklungsfragen nicht nur in der "fernen Dritten Welt" lokalisiert, sondern im Kontext weltgesellschaftlicher Strukturen verstanden werden."*

Hemmend bei der praktischen Bildungsarbeit ist oft der Anspruch, den die Wissenschaft an die Aktiven stellt. Jemand ohne Diplom und möglicherweise sogar mit Schreib- oder Leseschwächen kann ein Mensch sein, der perfekt zwischen den Kulturen vermitteln kann. Doch wie erreicht man diese Personen und wer gibt über deren Kompetenzen Auskunft? Ich finde das Internet hat diese übergreifenden Strukturen schon Wirklichkeit werden lassen, doch vor Ort braucht es vor allem engagierte Menschen und Zeit um herauszufinden, wer zu welcher Veranstaltung und zu welchem Thema passt. Vielleicht wären Foren für einen übergreifenden Austausch in verschiedenen Städten eine gute Möglichkeit, stadtinterne Netzwerke zu bilden (z. B. Visitenkartenpartys für selbstständige Gewerbetreibende hier in Hannover (Consult, Frauenbranchenbuch). Dieser Workshop „Bildung für nachhaltige Entwicklung – Positionierung des Naturschutzes" mit dem thematischen Schwerpunkt Globales Lernen war ein solcher Ansatz und ich denke, das wird sich mit den Teilnehmenden fortpflanzen.

Meines Erachtens kann nicht eine Person alle Themen umfassend bearbeiten und Kooperationen bieten die beste Möglichkeit, mehr als bloßes Wissen bzw. Sinneswahrnehmung ohne Erkenntnisse weiter zu geben. Vernetzung ist das A und O.

Die verschiedenen Institutionen untereinander sollten sich besser vernetzen, aber auch mit Künstlerinnen und Künstlern aus den verschiedenen Sparten und verschiedenen Ländern.

8 Literaturverzeichnis

CHARRY, E.S. (2000): Mande Music: Traditional and Modern Music of the Maninka and Mandinka of Western Africa. – Chicago Studies in Ethnomusicology. University of Chicago Press: 531 S. Bezug über: www.press.uchicago.edu/cgi-bin/hfs.cgi/00/13940.ctl.

CHRISTOPH, H. & OBERLÄNDER, H. (1995): Voodoo. – Köln (Taschen Verlag): 240 S.

GIGER, P. (1993): Die Kunst des Rhythmus. – Mainz (Schott Verlag): 336 S.

KEITA, M. (1999): Ein Leben für die Djembé. – Uhlstädt-Kirchhasel (Arun Verlag): 175 S.

KONATE, F. &.OTT, T. (1997): Rhythmen und Lieder aus Guinea. – Uhlstädt-Kirchhasel (Arun Verlag): 111 S.

MILLER-CHERNOFF, J. (1999): Rhythmen der Gemeinschaft: Musik und Sensibilität im afrikanischen Leben. – Wuppertal (Peter-Hammer-Verlag): 284 S.

TUTOLA, A. (2001): Der Palmweintrinker. – Zürich (Unionsverlag): 123 S.

VENRO (VERBAND ENTWICKLUNGSPOLITIK DEUTSCHER NICHTREGIERUNGSORGANISATIONEN) (Hrsg.) (2000): Globales Lernen als Aufgabe und Handlungsfeld entwicklungspolitischer Nichtregierungsorganisationen. – VENRO-Arbeitspapier Nr. 10. – Bonn: 23 S. Download unter: www.venro.org/fileadmin/Publikationen/arbeitspapiere/arbeitspapier_10.pdf (abgerufen am 08.08.08).

Adresse der Autorin:

Uli Meinholz
Trommelschule ILU
Lilienstr. 2
30167 Hannover

Tel.:   0511 161 05 27
Fax: 0511 161 05 27
E-Mail: trommelschule.ilu@web.de
Internet: www.trommel-holz.de

Autorinnen- und Autorenverzeichnis

Dr. Thora Amend

Jahrgang 1959. Sie studierte Geographie, Ethnologie und Anglistik in Freiburg und promovierte dort über die Küstennationalparke Venezuelas. Seit mehr als 20 Jahren arbeitet sie als freie Gutachterin für die deutsche Entwicklungszusammenarbeit. Ihre Arbeitsschwerpunkte liegen neben der universitären Lehrtätigkeit in der Beratung von Schutzgebietsmanagerinnen und -managern zu Aspekten der Umweltbildung und Umweltkommunikation, Konfliktmanagement und Mediation, sowie der Konzeption und Moderation von Fortbildungen im entwicklungsorientierten internationalen Naturschutz. Sie ist im Auftrag der Gesellschaft für technischen Zusammenarbeit (GTZ) die Ansprechpartnerin für Konzeptentwicklung, Kommunikation und Kooperation zwischen dem Nationalpark Bayerischer Wald und den Partnerprojekten der Entwicklungszusammenarbeit.

Prof. Dr. Susanne Bögeholz

Jahrgang 1966. Susanne Bögeholz schloss ihre Lehramtsausbildung an der Universität Bonn in den Fächern Biologie und Pädagogik mit dem 1. und 2. Staatsexamen ab. Sie promovierte 1998 an der Universität Kiel zur Bedeutung von Naturerfahrung und nahm 2001 einen Ruf auf die Professur „Didaktik der Biologie" an der Georg-August-Universität Göttingen an. Sie ist unter anderem Vorstandsmitglied des Zentrums für empirische Unterrichts- und Schulforschung der Universität Göttingen und Mitglied des wissenschaftlichen Beirats von GLOBE Germany und DIVERSITAS Deutschland. Ihre Forschungsschwerpunkte im Rahmen von Bildung für Nachhaltige Entwicklung sind: Bewertungskompetenz, Naturerfahrung, ökologisch-soziale Dilemmata sowie Biodiversity Education.

Prof. Dr. Karl-Heinz Erdmann

Prof. Dr. Karl-Heinz Erdmann ist Jahrgang 1956. Studium der Geographie, Evangelischen Theologie, Erziehungswissenschaften und Bodenkunde in Bonn. Wissenschaftlicher Oberrat im Bundesamt für Naturschutz (BfN), dort Leiter des Fachgebietes „Gesellschaft, Nachhaltigkeit, Tourismus und Sport". Honorarprofessor am Geographischen Institut der Universität Bonn. U. a. Vorsitzender der „Gesellschaft für Mensch und Umwelt" (GMU), Sprecher des „Arbeitskreises Geographie und Naturschutz" (AKGN) innerhalb der „Deutschen Gesellschaft für Geographie" (DGfG), Schriftleiter der Zeitschrift „Natur und Landschaft". Mitglied des Nationalen Beirats der Online-Zeitschrift „Landscape Online", Mitglied des Fachbeirats der Zeitschrift „Standort".

Dr. Horst Freiberg

Dr. Horst Freiberg wurde 1954 geboren und absolvierte ein Studium der Forstwissenschaften in München. Er ist wissenschaftlicher Mitarbeiter im Bundesamt für Naturschutz (BfN), Fachgebiet „Naturschutzinformation, Geoinformation". Arbeitsschwerpunkte: Fachinformationssysteme PortalU sowie Clearing-House Mechanismus des Übereinkommens über die biologische Vielfalt, Technologie- und Wissenstransfer, Naturbildung und Bildung für nachhaltige Entwicklung.

Gertraud Gauer-Süß

Gertrud Gauer-Süß ist 1963 geboren. Studium der Biologie (Universität Kaiserslautern) mit einem Aufbaustudium „Dritte Welt" an der Universität Bremen. Sie ist Geschäftsführerin des Bremer Informationszentrums für Menschenrechte und Entwicklung (biz) und arbeitet seit über zehn Jahren im Bereich entwicklungspolitische Bildungs- und Informationsarbeit, Globales Lernen, Bildung für Nachhaltige Entwicklung. Thematische Schwerpunkte sind u. a. Fairer Handel und die Arbeitsbedingungen in der Bekleidungsindustrie.

Julia Goebel

Julia Goebel ist Dipl.-Pädagogin. Sie arbeitet als freiberufliche Bildungsreferentin und leitet ehrenamtlich die AG Weltladen & Schule im Weltladen-Dachverband. Als Bildungsreferentin war sie von 2004 bis 2006 in einem dreijährigen Jugendprojekt des Weltladen-Dachverbands und von 2002 bis 2004 im Marburger Weltladen tätig.

Marina Hethke

Die Agraringenieurin/MA Marina Hethke ist als Kuratorin im Tropengewächshaus der Universität Kassel tätig. Sie ist dort für den Erhalt und Ausbau der Pflanzensammlung, für das Management aller internen und externen Aktivitäten und für die Bildungs- und Öffentlichkeitsarbeit verantwortlich. Seit fast 20 Jahren entwickelt sich unter ihrer Leitung ein Besucherprogramm mit Nord-Süd Bezug. Marina Hethke ist seit 1992 involviert in die Lehrkräftefortbildung (Globales Lernen), seit 1995 aktives Mitglied im Arbeitskreis Eine Welt e.V. (Aktionen und Schulprojektwochen) und als Gründungsmitglied seit 1993 in der Arbeitsgruppe Pädagogik im Verband Botanischer Gärten e.V. (Fortbildungen und Publikationen) tätig. Sie hat sich im Rahmen des Masterstudiengangs „Umwelt & Bildung" intensiv mit Bildung für nachhaltige Entwicklung und Globalem Lernen auseinandergesetzt.

Markus Hirschmann

Markus Hirschmann ist Dipl.-Forstingenieur und leitet die Regionale Bildungsstelle Nord im Institut für angewandte Kulturforschung e.V. (IFAK) im Programm „Bildung trifft Entwicklung" in Göttingen. Er engagiert sich in zahlreichen Projekten und Publikationen im Zusammenhang von Umwelt und Entwicklung sowie Bildung für nachhaltige Entwicklung.

Gabriele Janecki

Gabriele Janecki ist Jahrgang 1963 und Dipl.-Geographin. Sie arbeitet seit 1999 als pädagogische Mitarbeiterin beim Verband niedersächsischer Bildungsinitiativen (VNB) e.V. in Hannover. Sie ist zuständig für Bildungs- und Öffentlichkeitsarbeit sowie Projektmanagement im Bereich Globales Lernen, Bildung für nachhaltige Entwicklung und Umweltbildung. Sie koordiniert u. a. das „Netzwerk für Globales Lernen und Bildung für Nachhaltige Entwicklung in Bremen und Niedersachsen". Weiterhin ist sie die Vorstandsvorsitzende des Verbandes Entwicklungspolitik Niedersachsen (VEN).

Achim Klein

Achim Klein wurde 1971 geboren und studierte Forstwirtschaft und Ökologie in Göttingen, Essen und Trondheim. Der Schwerpunkt seiner beruflichen Tätigkeiten liegt in der Umweltbildung. In der Nationalparkverwaltung Bayerischer Wald betreute er grenzüberschreitende deutsch-tschechische Projekte und koordinierte den Aufbau des Internationalen Wildniscamps. Seine naturwissenschaftlichen Wurzeln hat er nie vergessen und sein Interesse an der Waldökologie nicht verloren, so arbeitet er zudem in Forschungsprojekten von Nationalparkverwaltung und TU München sowie freiberuflich.

Dr. Karl-Heinz Köhler

Studium der Germanistik, Geschichte und Politikwissenschaft in Erlangen, Göttingen und München; danach beruflich tätig als Gymnasiallehrer, Seminarlehrer und -leiter in München, als Referent am Staatsinstitut für Schulqualität und Bildungsforschung (früher: für Schulpädagogik) München, Lehrer an der Deutschen Schule Brüssel, Lehrbeauftragter des Goethe-Instituts und der Ludwig-Maximilians-Universität München; seit 2003 Bundeskoordinator der UNESCO-Projektschulen / Deutsche UNESCO-Kommission Bonn.

Dr. Oskar Kölsch

Oskar Kölsch wurde im Jahr 1958 in Essen geboren. Er studierte an der Universität Bonn Agrarwissenschaften und Soziologie. Nach Abschluss des Studiums war er als wissenschaftlicher Mitarbeiter im Bereich Agrar-, Entwicklungssoziologie und Humanökologie an der Universität Göttingen tätig. Dort promovierte er 1989 mit einer empirischen Arbeit zur Lebensform Landwirtschaft in der Modernisierung. Seit 1991 arbeitet er bei der Aktion Fischotterschutz e.V. in Hankensbüttel. Er ist heute stellvertretender Vorstandsvorsitzender des Naturschutzverbandes und Leiter der Abteilung „Biotop- und Regionalentwicklung".

Angelika Krenzer-Bass

Angelika Krenzer-Bass ist Lehrerin. Sie arbeitete beim Landesamt für Entwicklungszusammenarbeit Bremen im Bereich Bildungs- und Informationsarbeit und kann auf mehrjährige Arbeitsaufenthalte in Bolivien und der VR China zurück blicken. Seit 2002 ist sie für das Bremer Informationszentrum für Menschenrechte und Entwicklung (biz) tätig. Die Schwerpunkte ihrer Arbeit bilden die Themen: Wasser, nachhaltiger Tourismus, Globales Lernen, Bildung für nachhaltige Entwicklung und die Zusammenarbeit mit Schulen. Ehrenamtlich engagiert sie sich in der Entwicklungszusammenarbeit mit Ostasien.

Lukas Laux

Geboren 1960, studierte Biologie, Geographie und Pädagogik in Hamburg. Nach zahlreichen Tätigkeiten im nordfriesischen Wattenmeer wechselte er 1989 in den Nationalpark Bayerischer Wald und ist dort als stellvertretender Sachgebietsleiter Umweltbildung und Regionalentwicklung zuständig für die Bildungsarbeit. Er wirkt mit in nationalen und internationalen Gremien zur Umweltbildung und Bildung für nachhaltige Entwicklung. Aus seinem besonderen Interesse an der grenzüberschreitenden und internationalen Naturschutzjugendarbeit entwickelte er in Kooperation mit der deutschen Entwicklungszusammenarbeit die Idee des Internationalen Wildniscamps.

Dr. Cornelia Löhne

Jahrgang 1975. Studium der Biologie an den Universitäten Leipzig und Heidelberg, Studienschwerpunkt Botanik und Tropenökologie. Promotion 2006 an der Universität Bonn am Lehrstuhl von Prof. Barthlott, Bereich Molekulare Phylogenie der Blütenpflanzen. Cornelia Löhne arbeitete von 2003-2008 im Führungsservice der Botanischen Gärten der Universität Bonn und von 2006-2008 im Projektmanagement in den Botanischen Gärten Bonn. Themenschwerpunkte waren die Bildungsarbeit in Botanischen Gärten, Zoos und Freilichtmuseen sowie Umsetzung der Globalen Strategie zur Erhaltung der Pflanzen in Deutschland. Seit April 2008 ist sie Wissenschaftliche Koordinatorin im Bereich Science Policy am Botanischen Garten und Botanischen Museum Berlin-Dahlem.

Thomas Lucker

Jahrgang 1961. Studium der Biologie mit dem Schwerpunkt Limnologie an der Universität Bremen. Zunächst Projekttätigkeit beim BUND, Landesverband Bremen, mit den Schwerpunkten Weserökologie und Umweltbildung. Seit 1996 wissenschaftlicher Mitarbeiter bei der Aktion Fischotterschutz e.V. in Hankensbüttel. Zu seinen Aufgabengebieten gehören die Gewässerrevitalisierung, Umweltkommunikation und Partizipationsprojekte. Seit Anfang 2006 koordiniert er das vom Bundesamt für Naturschutz (BfN) geförderte F+E-Vorhaben „Bildung für nachhaltige Entwicklung – Positionierung des Naturschutzes".

Elisabeth Marie Mars

Die Dipl.-Pädagogin Elisabeth Marie Mars absolvierte das Studium der Soziologie, Psychologie und Erziehungswissenschaften an der Westfälischen Wilhelms Universität in Münster. Nach mehrjährigen Tätigkeiten für das Deutsche Institut für Wissenschaftliche Pädagogik, die Bundeszentrale für politische Bildung und das Comenius Institut leitet sie seit 1989 die Arbeitsstelle Weltbilder, Fachstelle für Interkulturelle Pädagogik und Globales Lernen in Münster. Sie ist Fachpromotorin des Landes Nordrhein-Westfalen für Globales Lernen. In diesem Rahmen setzte sie verschiedene Praxisprojekte, wie beispielsweise „jugend schreibt zukunft" (erstes Kommunikationsprojekt des Rats für nachhaltige Entwicklung), „crossroads" (neue Wege zur Bildung für nachhaltige Entwicklung, Auszeichnung von der Landesregierung Nordrhein-Westfalen als „Offizielles Agenda 21 NRW-Best Practice Beispiel"), „GrünKultur" (interkulturelles Umweltbildungsprojekt mit Beteiligung von Schulen aus Mpumalanga / Südafrika und NRW), „Der Wald in uns" (Umweltkommunikationsprojekt mit der Zusammenführung unterschiedlicher Methoden und Vermittlungsformen). Darüber hinaus ist sie Mitglied am Runden Tisch der UN-Weltdekade und ist Autorin zahlreicher Veröffentlichungen zu Interkulturellem und Globalem Lernen sowie Bildung für nachhaltige Entwicklung.

Prof. Dr. Susanne Menzel

Susanne Menzel, Jahrgang 1976, studierte Biologie, Pädagogik und Englisch in Münster, Williamsburg (U.S.A.) und Dakar (Senegal). 2002 schloss sie ihr Studium an der Westfälischen-Wilhelms-Universität Münster mit dem 1. Staatsexamen für Lehrämter (Biologie, Pädagogik) und Magister (Pädagogik, Englisch und Biologie) ab. Susanne Menzel promovierte zum Thema „Learning Prerequisites for Biodiversity Education" und engagiert sich ehrenamtlich unter anderem bei der Joko Senegal AG e.V. in Münster. Von 2002-2008 ist sie wissenschaftliche Mitarbeiterin an der Abteilung Didaktik der Biologie der Georg-August-Universität Göttingen. Forschungsschwerpunkte: Interkulturelle Studien, Globales Lernen, Wahrnehmung von Biodiversitätsverlust und Bereitschaften zum Schutz von Biodiversität. Seit Mai 2008 bekleidet Susanne Menzel eine Professur für die „Didaktik der Biologie" an der Universität Osnabrück.

Uli Meinholz

Wuchs überwiegend mit klassischer Musik und Kirchenmusik auf. Nach musikalischen Abstechern zur Blockflöte, Geige und Gitarre zog es sie bald zur Perkussion und dort vor allem zu westafrikanischen und brasilianischen Rhythmen. Auf zahlreichen Workshops und bei Studienaufenthalten in Brasilien, Nigeria, Ghana, Burkina Faso, Guinea und Mali erweiterte sie ihr Können und lebt heute als gefragte Musikerin und Dozentin in Hannover. Neben der Gründung verschiedener Sambabands (u. a. Samba da minha aba / Hannover) ist sie in verschiedenen Besetzungen aktiv, z. B.: „Jambo-Rio" und „Amoroso" (Brasil), „Aiwa fo", „An Ka Taa!" und „Bantamba moolu" (Mandingo beat). Letzter Afrikaaufenthalt: 2007 als Dozentin eines 14-tägigen Workshops für brasilianische Perkussion und Capoeira (Kampftanz) in Tambacounda / Senegal im Centre d'energie solaire et d'hygiene.

Prof. Dr. Bernd Overwien

Nach Tätigkeiten als Elektriker, einem Lehramtsstudium Technik / Arbeitslehre und Politikwissenschaft, Tätigkeiten in der beruflichen und politischen Bildung, die Promotion zum Kompetenzerwerb im kleingewerblichen Sektor Managuas / Nicaragua und eine Habilitation zum informellen Lernen. Er arbeitet an Bildungsthemen im internationalen Kontext. Im Rahmen der Professur für die Didaktik der politischen Bildung an der Universität Kassel setzt er Schwerpunkte im Feld des Globalen Lernens und der politischen Bildung für nachhaltige Entwicklung, der Internationalisierung von Forschung und Lehre und der Verbindung von informellem Lernen und formal organisierten Lernformen.

Abdou Karim Sané

Geboren 1955 in Tambacounda / Senegal. Lebt seit 1986 in Hannover. Er ist Vorsitzender des 1992 gegründeten „Freundeskreis Tambacounda, Verein zur Vermittlung afrikanischen Kulturgutes und zur Förderung von Entwicklungsprojekten in Afrika e.V.". Darüber hinaus Initiator und Organisator verschiedener Projekte und Veranstaltungen in Hannover und im Senegal, u. a. zu den Themen „nachhaltige Entwicklung", „Integration durch Bildung", „Antirassistische Arbeit" und „Weibliche Genitalverstümmelung (FGM)". Über mehrere Jahre Mitglied und bis 2002 Vorsitzender des Ausländerbeirats in Hannover, Vertreter der Stadt Hannover bei der UNO-Weltkonferenz gegen Rassismus und Fremdenfeindlichkeit in Durban / Südafrika im September 2001. Mitarbeit beim Nationalen Aktionsplan (NAP) „Durban Follow-Up". Seit 2007 Leiter des Projekts „Afrika macht Schule".

Dr. Christiane Schell

Dr. Christiane Schell. Jahrgang 1957, Studium der Biologie in Bonn. Wissenschaftliche Oberrätin im Bundesamt für Naturschutz (BfN), Fachgebiet „Gesellschaft, Nachhaltigkeit, Tourismus und Sport". Arbeitsschwerpunkte: Kommunikation und Akzeptanz, Naturbewusstsein, Naturbildung und Bildung für nachhaltige Entwicklung.

Gisela Stolpe

Jahrgang 1965, Studium der Biologie an der Universität Kiel und „Rural and Regional Resources Planning" an der Universität Aberdeen (UK). Verschiedene Tätigkeiten in Forschung, Lehre, Erwachsenen- und Umweltbildung. Seit 1993 am Bundesamt für Naturschutz (BfN) tätig; seit 2002 Leiterin des Fachgebiets „Internationale Naturschutzakademie Insel Vilm" des BfN.

Aktuelle Veröffentlichungen des Bundesamtes für Naturschutz

Ein Verzeichnis aller Veröffentlichungen ist im Internet einsehbar unter www.lv-h.de/bfn. Dort können auch alle lieferbaren Veröffentlichungen des BfN online bestellt werden.

Das gedruckte Veröffentlichungsverzeichnis kann beim Landwirtschaftsverlag kostenlos angefordert werden. Weitere kostenlose Informationsbroschüren sind erhältlich beim:

> Bundesamt für Naturschutz
> Öffentlichkeitsarbeit
> Konstantinstr. 110, 53179 Bonn
> Tel.: 02 28/84 91-10 33
> Fax: 02 28/84 91-10 39
> E-Mail: presse@bfn.de
> Internet: www.bfn.de

Heft 50:
Lucker, T. und Kölsch, O. (Bearb.)
Naturschutz und Bildung für nachhaltige Entwicklung
2008, 304 Seiten,
ISBN 978-3-7843-3950-4

Heft 51:
Klos, G., Kretschmer, H., Roth, R. und Türk, S.
Siedlungsnahe Flächen für Erholung, Natursport und Naturerlebnis
2008, 108 Seiten,
ISBN 978-3-7843-3951-1

Heft 52:
Peters, W., Bruns, E., Lambrecht, H., Trautner, J., Wolf, R., Klaphake, A., Hartje, V. und Köppel, J.
Erfassung, Bewertung und Sanierung von Biodiversitätsschäden nach der EG-Umwelthaftungs-Richtlinie
2008, 310 Seiten,
ISBN 978-3-7843-3952-8

Heft 53:
Schuster, K.
Gesellschaft und Naturschutz Empirische Grundlagen für eine lebensstilorientierte Naturschutzkommunikation
2008, 200 Seiten,
ISBN 978-3-7843-3953-5

Heft 54:
Erdmann, K.-H., Hopf, T. und Schell, C. (Bearb.)
Informieren und faszinieren – Kommunikation in Natur-Infozentren
2008, 194 Seiten,
ISBN 978-3-7843-3954-2

Heft 55:
Schöps, A., Szaramowicz, M., Busch, D. und Geßner, J.
Flächenpools und Flächenagenturen: Handbuch für die Praxis
2007, 100 Seiten,
ISBN 978-3-7843-3955-9

Heft 56:
Kowarik, I., Bartz, R. und Heink, U.
Bewertung „ökologischer Schäden" infolge des Anbaus gentechnisch veränderter Organismen (GVO) in der Landwirtschaft
2008, 248 Seiten,
1 CD-ROM
ISBN 978-3-7843-3956-6

Heft 57:
Gerken, B., Krannich, R., Krawczynski, R., Sonnenburg, H. und Wagner, H.-G.
Hutelandschaftspflege und Artenschutz mit großen Weidetieren im Naturpark Solling-Vogler
2008, 268 Seiten,
ISBN 978-3-7843-3957-3

Heft 58:

Oppermann, B.
Landschaftsplanung interaktiv!
2008, 132 Seiten,
ISBN 978-3-7843-3958-0

Heft 59:

Mendel, B., Sonntag, N., Wahl, J., Schwemmer, P., Dries, H., Guse, N., Müller, S. und Garthe, S.
Artensteckbriefe von See- und Wasservögeln der deutschen Nord- und Ostsee
2008, 438 Seiten,
ISBN 978-3-7843-3959-7

Heft 60:

Wolters, V. und Krüß, A. (Bearb.)
Naturschutz und Ökologie – Ausgewählte Beiträge zur GfÖ-Jahrestagung 2007 in Marburg
2008, 214 Seiten,
ISBN 978-3-7843-3960-3

Heft 61:

Mendel, B., Sonntag, N. Wahl, J., Schwemmer, Ph., Dries, H., Guse, N., Müller, S. und Garthe, S.
Profiles of seabirds and waterbirds of the German North and Baltic Seas
2008, 428 Seiten,
ISBN 978-3-7843-3961-0

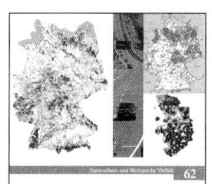

Heft 62:

Reck, H., Hänel, K., Jeßberger, J. und Lorenzen, D.
UZVR + UFR + Biologische Vielfalt
2008, 182 Seiten,
ISBN 978-3-7843-3962-7

Heft 63:

Burkhardt, I., Dietrich, R., Hoffman, H., Leschner, J., Lohmann, K., Schoder, F. und Schultz, A.
Urbane Wälder
2008, 214 Seiten,
ISBN 978-3-7843-3963-4

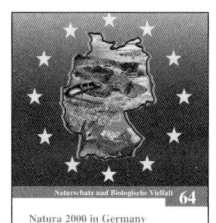

Heft 64:

Natura 2000 in Germany
2008, DVD mit 8 Seiten Booklet
ISBN 978-3-7843-3964-1

Heft 65:

Erdmann, K.-H., Eilers, S., Job-Hoben, B., Wiersbinski, N. und Deickert, S. (Bearb.)
Naturschutz und Gesundheit: Eine Partnerschaft für mehr Lebensqualität
2008, 266 Seiten,
ISBN 978-3-7843-3965-8

Heft 66:

Benz, A., Koch, H.-J., Suck, A. und Fizek, A.
Verwaltungshandeln im Naturschutz
2008, 166 Seiten,
ISBN 978-3-7843-3966-5

Heft 67:

Erdmann, K.-H., Löffler, J. und Roscher, S. (Bearb.)
Naturschutz im Kontext einer nachhaltigen Entwicklung
2008, 296 Seiten,
ISBN 978-3-7843-3967-2

Heft 68:

Lucker, T. und Kölsch, O. (Bearb.)
Naturschutz und Bildung für nachhaltige Entwicklung Fokus: Globales Lernen
2009, 278 Seiten,
ISBN 978-3-7843-3968-9

Heft 69:

Balzer, S., Dieterich, M. und Kolk, J. (Bearb.)
Management- und Artenschutzkonzepte bei der Umsetzung der FFH-Richtlinie
2008, 296 Seiten,
ISBN 978-3-7843-3969-6

Preisliste

Aus postalischen Gründen werden die Preise der Veröffentlichungen gesondert aufgeführt.

Naturschutz und Biologische Vielfalt

Heft 50 = € 18,-	Heft 57 = € 18,-	Heft 64 = € 14,-
Heft 51 = € 14,-	Heft 58 = € 16,-	Heft 65 = € 18,-
Heft 52 = € 22,-	Heft 59 = € 30,-	Heft 66 = € 16,-
Heft 53 = € 16,-	Heft 60 = € 16,-	Heft 67 = € 20,-
Heft 54 = € 16,-	Heft 61 = € 30,-	Heft 68 = € 18,-
Heft 55 = € 14,-	Heft 62 = € 16,-	Heft 69 = € 18,-
Heft 56 = € 22,-	Heft 63 = € 20,-	

Hinweis in eigener Sache:

Das Bundesamt für Naturschutz (BfN) publiziert seine wissenschaftlichen Ergebnisse nur noch in einer Schriftenreihe, die unter dem inhaltlich weiter gefassten Titel „Naturschutz und Biologische Vielfalt" das gewachsene Aufgabenspektrum des BfN thematisch besser abdeckt. Diese neue Reihe löst damit die bisherige „Schriftenreihe für Vegetationskunde", „Schriftenreihe für Landschaftspflege und Naturschutz" und „Angewandte Landschaftsökologie" ab.